高等教育安全科学与工程类系列教材
一流本科专业一流本科课程建设系列教材

安全检测与监控技术

主　编　秦　勇
副主编　吴海滨　牛訫琛
参　编　郭抗抗　杨　旭
主　审　蒋永清

机械工业出版社

本书从过程参数检测的原理与功能出发，全面、系统地介绍了安全生产过程所涉及的检测与监控的相关技术。全书共分为11章，主要内容包括：绪论、常用安全检测方法及设备、有毒有害气体检测与监控、生产性粉尘检测与监控、噪声检测与监控、环境辐射监测与监控、火灾探测与控制技术、无损检测技术、结构健康监测技术、视频监控技术、物联网技术及其在生产安全监控领域的应用。

本书内容全面，注重应用，理论联系实际，知识新颖丰富，符合当前教学需求。书中适当融入了课程思政的相关元素，方便教师开展相关教学。

本书主要作为普通高等院校安全工程及自动化、测控技术与仪器、机械电子工程等相关专业的本科教材，也可作为安全管理和安全技术人员的业务参考书。

图书在版编目（CIP）数据

安全检测与监控技术 / 秦勇主编. -- 北京 ：机械工业出版社，2025.6. --（高等教育安全科学与工程类系列教材）(一流本科专业一流本科课程建设系列教材).
ISBN 978-7-111-78603-0

I. X924.2

中国国家版本馆CIP数据核字第2025QX0973号

机械工业出版社（北京市百万庄大街22号　邮政编码100037）
策划编辑：冷　彬　　　　　　责任编辑：冷　彬　章承林
责任校对：薄萌钰　李小宝　　封面设计：张　静
责任印制：任维东
天津嘉恒印务有限公司印刷
2025年8月第1版第1次印刷
184mm×260mm・20印张・479千字
标准书号：ISBN 978-7-111-78603-0
定价：59.80元

电话服务　　　　　　　　　网络服务
客服电话：010-88361066　　机　工　官　网：www.cmpbook.com
　　　　　010-88379833　　机　工　官　博：weibo.com/cmp1952
　　　　　010-68326294　　金　书　网：www.golden-book.com
封底无防伪标均为盗版　　　机工教育服务网：www.cmpedu.com

前言

随着电子、计算机、网络与信息工程、安全工程、新能源及功能材料等专业技术的发展创新,加速培养具有创新创业意识、数字化思维和跨界整合能力的复合型人才,已经成为全社会的共识。

本书正是为适应当前社会对相关专业人才素质与能力的要求,结合当前高等院校安全工程等相关专业人才培养的目标及方案,依据专业建设和课程教学的需求而编写的。

安全检测与监控技术是安全工程专业重要的专业课程,它也是一门多学科交叉融合的课程,该课程将理论与工程技术应用相结合,涉及的知识非常广泛。本书侧重于安全检测与监控的实际应用,系统地阐述了安全检测及监控技术的基本理论、检测方法及监控系统应用技术。同时,为了能适应当前教学需求,及时反映当前行业与学科领域的发展动态,本书在传统教学大纲的基础上,添加了对安全检测与监控新技术、新材料、新设备、新方法及行业发展趋势的介绍,充分体现了安全检测与监控交叉学科的特色,将对提升教学效果,提高学生的工程实践能力起到积极的作用。

本书由秦勇任主编,负责全书的编写、大纲的拟定和统稿。全书共11章,具体的编写分工为:秦勇编写第1、9、11章及附录,吴海滨编写第6、10章,牛說琛编写第2、5章,郭抗抗编写第4、7章,杨旭编写第3、8章。本书在编写的过程中得到了哈尔滨理工大学教务处、测控技术与仪表系、安全工程系全体教师的支持,蒋永清教授担任了本书的主审。在此,向上述对本书的编写及出版给予帮助支持的同仁及专家致以谢意。

书中参考了相关的教材、专著等文献,对相关文献的作者表示衷心的感谢。

安全检测与监控技术涉及面广、专业性强,由于编者水平有限,书中难免有疏漏之处,敬请读者批评指正,并提出宝贵意见!

编 者

目　录

前　言

第 1 章　绪论　/　1
1.1　安全检测与监控的目的和功能　/　1
1.2　安全检测、监测与监控技术概述　/　2
1.3　安全监控与安全工程　/　8
1.4　安全检测与监控技术标准　/　9
思考题　/　9

第 2 章　常用安全检测方法及设备　/　10
2.1　安全检测相关基础知识　/　10
2.2　温度检测方法及温度传感器　/　12
2.3　压力检测方法及压力传感器　/　23
2.4　流量检测方法及流量传感器　/　30
2.5　物位检测方法及物位传感器　/　40
思考题　/　52

第 3 章　有毒有害气体检测与监控　/　53
3.1　有毒有害气体的分类及特性　/　53
3.2　有毒有害气体测量仪表及原理　/　59
3.3　有毒有害气体的监测技术　/　69
3.4　有毒有害气体监测报警系统　/　75
思考题　/　79

第 4 章　生产性粉尘检测与监控　/　80
4.1　粉尘基础知识　/　80
4.2　工作场所粉尘的采集　/　85

4.3 粉尘浓度的测定 / 90
4.4 粉尘分散度的测定 / 96
4.5 粉尘中游离二氧化硅含量的测定 / 98
4.6 粉尘可燃性和爆炸性特征值的测定 / 101
4.7 粉尘监测监控系统 / 106
思考题 / 107

第 5 章 噪声检测与监控 / 108

5.1 噪声物理量度 / 109
5.2 噪声测量仪表 / 116
5.3 噪声监测 / 120
思考题 / 128

第 6 章 环境辐射监测与监控 / 129

6.1 电离辐射 / 129
6.2 电磁辐射 / 141
6.3 光辐射与热辐射 / 152
6.4 集装箱检查系统的辐射泄漏监测预警 / 156
思考题 / 160

第 7 章 火灾探测与控制技术 / 162

7.1 火灾的产生及其分类 / 162
7.2 火灾探测器概述 / 166
7.3 感烟火灾探测器 / 169
7.4 感温火灾探测器 / 174
7.5 感光火灾探测器 / 179
7.6 火灾探测器的选用与自动消防控制系统 / 184
思考题 / 190

第 8 章 无损检测技术 / 192

8.1 无损检测概述 / 192
8.2 超声检测技术 / 194
8.3 射线检测技术 / 202
8.4 热学特性的检测技术 / 214
8.5 渗透检测技术 / 218

8.6 电磁特性的检测技术 / 222
8.7 无损检测在安全领域中的应用 / 226
思考题 / 229

第 9 章 结构健康监测技术 / 230

9.1 结构健康监测的背景 / 230
9.2 结构健康监测技术概念 / 232
9.3 结构健康监测技术应用 / 234
9.4 结构健康监测系统的组成 / 239
9.5 隧道结构健康监测系统设计与实施 / 252
思考题 / 255

第 10 章 视频监控技术 / 256

10.1 视频监控技术的发展 / 256
10.2 视频监控系统的组成 / 257
10.3 城市治安监控系统的设计 / 270
思考题 / 279

第 11 章 物联网技术及其在生产安全监控领域的应用 / 280

11.1 物联网的基本概念 / 280
11.2 物联网的组成与应用 / 281
11.3 物联网在生产安全监控领域的应用实例 / 288
思考题 / 296

附 录 有关安全监测的标准目录 / 298

参考文献 / 310

第 1 章 绪 论

我国社会经济不断向前发展的同时，党和国家坚定不移地贯彻总体国家安全观，把维护国家安全贯穿党和国家工作的各方面和全过程，确保国家安全和社会稳定。坚持以人民安全为宗旨，以政治安全为根本，以经济安全为基础，以军事、科技、文化、社会安全为保障，以促进国际安全为依托，统筹外部安全和内部安全、国土安全和国民安全、传统安全和非传统安全、自身安全和共同安全，统筹维护和塑造国家安全，夯实国家安全和社会稳定基层基础，完善参与全球安全治理机制，建设更高水平的平安中国，以新安全格局保障新发展格局。

坚持安全第一、预防为主，建立大安全大应急框架，完善公共安全体系，推动公共安全治理模式向事前预防转型。为促进安全生产，防止和减少生产安全事故，保障人民群众生命和财产安全，促进经济社会持续健康发展，国家加大了安全生产科学技术的研究和安全生产先进技术的推广应用，以提高安全生产水平。同时，国家推进安全生产风险专项整治，加强重点行业、重点领域安全监管，提高防灾减灾救灾和急难险重突发公共事件处置保障能力，加强国家区域应急力量建设。发展和提高安全检测与监控技术水平，识别各种危险源，确定事故隐患分布，有效控制事故与灾害的发生，有利于人民大众的根本利益。

1.1 安全检测与监控的目的和功能

安全生产是指在生产过程中保障人身安全和设备安全。安全检测与监控的目的是为职业健康安全状态进行评价、安全技术及设施监督、安全技术措施的效果进行评价等提供可靠而准确的信息，达到改善劳动作业条件，改进生产工艺过程，避免系统或设备的事故（故障）发生和损失降到最低程度。

从安全科学的整体观点出发，现代生产工艺的过程控制和安全监控功能应融为一个包括过程控制、安全状态信息监测、实时仿真、应急控制、自诊断及专家决策等各项功能在内的综合系统。这个系统的主要功能如下：

1. 全面监测与智能控制

实时监测生产系统的运行参数（如温度、压力、流量等）和状态，通过人工智能（AI）和机器学习（ML）技术实现智能化控制与优化指导。结合预测性维护和故障诊断，预防事故隐患，确保系统安全、可靠、高效运行。

2. 隐患分析与应急响应

通过大数据分析识别潜在隐患，进行风险评估和性能评估，为系统优化提供科学依据。集成自动化应急控制功能，在事故发生时快速启动预案，减少损失并提高处置效率。

3. 新技术赋能与数据驱动决策

应用物联网（IoT）、数字孪生和区块链技术，构建智能化、网络化的安全监控体系，实现设备互联、实时仿真和数据安全。利用专家系统和历史数据，提供数据驱动的决策支持，生成风险预警和优化建议。

4. 人机协同与环境健康监测

提供可视化界面和人机协同技术，增强操作人员与系统的交互能力，提升管理效率。扩展对生产环境的监测功能（如空气质量、噪声、辐射等），保障人员健康，并对危险区域进行智能预警。

由此可见，安全检测与监控系统功能涵盖了从监测、控制到隐患分析、应急响应，再到新技术应用和环境健康监测的全方位安全管理需求，体现了智能化、数据化和网络化的现代安全检测与监控系统的核心特点。

1.2 安全检测、监测与监控技术概述

1.2.1 相关概念及内涵

1. 关系

随着现代工业生产的发展和科学技术的进步，生产设备和装置的结构越来越复杂，功能越来越完善，自动化程度也越来越高，在生产效率提高的同时，其安全性也有大幅度提高，尤其是各类检测设备的使用及各种层次的检测技术与方法的应用，使得新型智能化安全监控技术日趋完善，应用也更加广泛，诸如煤矿检测、桥梁检测、汽车检测等，基本都应用了数字化监测管理系统。从发展趋势上看，各类安全监测与监控应用过程中，在获取检测对象运行参数、发现其变化、趋势或异常，并确保其运行在正常状态而进行的实时控制和干预等方面仍有提升的空间。

安全检测是为满足企业的安全生产需要，对生产系统与作业环境中危险、有害因素的类型、危害程度、危害范围等进行的检验和测试。通过对被测对象的某些与不安全、不卫生因素有关的参量连续或断续监视测量，如空气中可燃或有毒气体或蒸气、漂浮的粉尘、物理危害因素，以及反映生产设备和设施安全状态的温度、压力、流速、壁厚等参数，来获取危险有害因素的安全状态信息，目的是为安全管理决策提供数据，或者为控制系统提供基础参数，用以对生产过程进行检查、监督、保护、调整、预测，或者积累数据，寻求变化规律。

安全监测是为准确、及时、全面地反映环境质量现状及发展趋势，为环境管理、污染源控制、环境规划等提供科学依据，间断或者连续地测定环境中污染物的浓度，观察分析其变化和对环境影响的过程。安全监测可以是企业对内部场所或设备的监控性检测，如气体检测

报警系统、气体检测报警控制系统,由于具有很强的监视性;安全监测也可以是政府执法部门对企业某些指标所进行的检测,或者是对特种设备(如压力容器)及安全设施(如防雷装置接地电阻)的检测,目的是监督企业作业场所工作环境的质量,检查职业卫生设施或措施的有效性,这类监测属于强制性检测,所获得的监测结果可作为评判是否满足国家行业要求的依据。这类行政管理部门对所属企业的检测也属于安全监测的一种。

安全监控是使生产过程或特定系统按预定的指标运行,避免和控制系统因受意外的干扰或波动而偏离正常运行状态并导致故障或事故的过程。

对工业生产过程中危险源的安全检测、监测和监控过程的关系如图 1-1 所示。

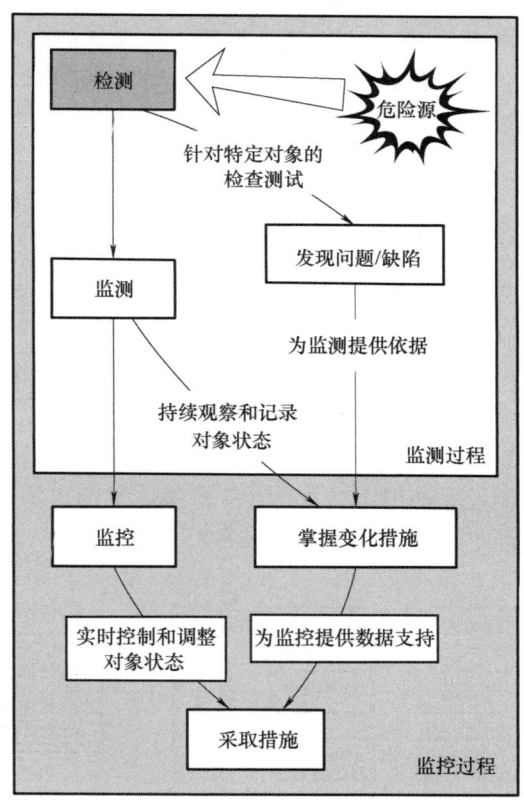

图 1-1 安全检测、监测与监控过程的关系

2. 被测对象

在工业生产过程中,对安全生产和人员身心健康有直接或间接的各种危险有害因素,如烟、尘、水、气、热辐射、噪声、放射线、电流、电磁波及化学因素,还有其他主客观因素等构成危险源,对生产环境产生污染、对生产产生不安全作用、对人体健康造成危害。主要包括:

1)粉尘危害因素:浓度、粒径分布;全尘或呼吸性粉尘;煤尘、石棉尘、纤维尘、岩尘、沥青烟尘等。

2)化学危害因素:可燃气体、有毒有害气体在空气中的浓度和氧含量。

3）物理危害因素：噪声与振动、辐射（紫外线、红外线、射频、微波、激光、同位素）、静电、电磁场、照度等。

4）机械伤害因素：人体部位误入机械动作区域或运动机械偏离规定的轨迹。

5）电气伤害因素：触电、电灼伤。

6）气候因素：气温、气压、湿度、风速等。

我国相关法律法规规定，相关危险因素的企业需要安装在线监控系统对危险源进行监控。在线监控系统配备自动取样设备，监测设备能够采集被测设备或场所的特定特征数据，这些数据随后由控制设备或由操作人员对检测数据进行分析，并依据预设标准判断是否需要调整被控制设备的运行状态。调整被控制设备的运行状态。如果需要调整，系统将向被控制设备发送启动信号，设备随即启动或调整运行参数，从而将危险源的状态调整至安全范围内。如果在线监控系统具备智能分析与控制功能，上述过程可以实现完全自动化。这一过程就是监控的全过程，涵盖监测与控制两个环节，其中，监测环节包括检测过程，且检测过程由设备自动完成。

1.2.2 典型安全监控系统的组成

典型监控系统主要由传感器、信号调理、多路数据采集卡（板）、计算机控制中枢、驱动单元、激励装置等几部分组成，该系统能完成对多点、多种随时间变化的参量的快速、实时测量，并能排除信号噪声干扰，进行数据处理、信号分析，由测得的信号求出与研究对象有关信息的量值或给出其状态的判别。它的复杂程度取决于被测信息检测的难易程度及所采用的实验方法，对监控系统的基本要求是可靠、实用、通用、经济，这也应成为考虑监控系统组成的前提条件。典型监控系统的组成如图1-2所示。被测对象的信息总是通过一定的物理量信号表现出来。信号通过不同的系统或环节进行传输。

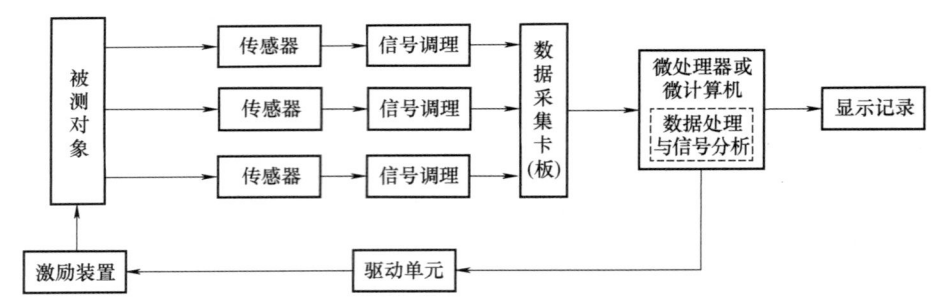

图1-2 典型监控系统的组成

1. 传感器

传感器是一种可将被测量转换成某种电信号的器件，通常由包括敏感器和转换器两部分组成。其中，敏感器的作用是将温度、压力、位移、振动、噪声等被测量转换成某种物理量（如形变、位移等），转换器则是将敏感器输出的这些物理量转换成容易检测的电量（如电阻、电容、电感的变化）。可见，传感器的作用是将被检测的量转换成相应的可用输出信号。被测量可以是各种非电气参量，也可以是电气参量，如气体浓度、噪声分贝、流体流量等，以便后续进行处理和分析。

2. 信号调理

信号调理环节把传感器的输出信号转换成适用于进一步传输和处理的形式。这种信号的转换多数是电信号之间的转换。信号调理的主要作用：一是可将来自传感器的微弱信号放大，放大到与数据采集卡（板）中的 A/D 转换器相适配。A/D 转换器，即模数转换器（Analog to Digital Converter），是将模拟信号转换成数字信号的电路。如果信号调理电路输出的是规范化的标准电信号（即 4～20mA 电流信号或 0～5V 电压信号），则称这种信号调理电路为变送器。二是抑制干扰噪声信号的高频分量，将频带压缩以降低采样频率，避免产生混淆。此外，根据需要还可进行信号隔离（如电气隔离）与变换（如电压-电流转换或电流-电压转换）等，以提高系统的抗干扰能力和信号传输的可靠性。

3. 数据采集卡（板）

数据采集卡主要起到三个作用：一是通过衰减器和增益可控的放大器进行量程自动改换；二是通过多路切换开关完成对多点多通道信号的分时采样，时间连续信号 $[x(t)]$ 经过采样后变为离散时间序列 $[x(n), n=0,1,2,\cdots]$；三是将信号的采样值通过 A/D 转换器转换为幅值离散化的数字量，或通过 V/F 转换器将电压信号转换为脉冲频率，以适应计算机工作。

4. 计算机控制中枢

计算机控制中枢的作用是进行数据处理与分析，按预定的程序自动进行信号采集与存储，自动进行数据的运算分析与处理，指令附属设备以适当的形式输出、显示或记录测量结果。通常，传感器部分与变送器安装在检测现场，其他部分安装在控制室。以上检测系统属于典型监控系统。

5. 驱动控制环节

驱动控制环节的主要功能是将计算机处理和分析后的信号传递到驱动单元，进而控制激励装置（如电动机、阀门、加热器等），从而对被测对象的状态进行调整，使其保持在正常或设定的工作状态。

驱动控制环节与监测系统共同构成了典型的监控系统，并能够实现对被测对象的实时监控和自动调整，确保系统运行的稳定性和安全性。

1.2.3 基于工业物联网的监控系统

工业物联网以工业控制系统为基础，通过工业资源的网络互联、数据互通和系统交互操作，实现制造原料的灵活配置、制造过程的按需执行、制造工艺的合理优化和制造环境的快速适应，达到资源的高效利用，从而构建服务驱动型的新商业生态体系。

基于工业物联网的监控系统是利用工业物联网技术体系构建的。将传感器按照一定的布设方式安装到监控的现场环境或设备上，对所测得的电/光/磁信号进行分析，从而获得现场环境或设备状态的各种信息，使现场环境或设备成为自感知、自诊断、自评估的健康监测系统。工业视频监控系统将分散在不同地点的结构和设备，从传统定期目测和外观检测的静态模式，转变为远距离专人值守的远程实时监测。现代通信和网络技术的广泛使用，使得监控系统的各种功能应用和业务管理实现远程、实时、在线、长期等监测成为可能。基于工业物联网的监控系统如图 1-3 所示。

图 1-3 基于工业物联网的监控系统示例

1. 感知互动系统

感知互动系统是基于工业物联网的监控系统的基础部分，通过传感元件将待测物理参量转变为可以直接识别的光/电/磁信号，并直接转换为数字信号以方便传输。监控系统在现场环境或设备上的各个关键部位均会布设大量传感元件，各个测点构成了分布式测量系统。

从监控系统的监测组成来看，具体包括：

1）金属结构传感子系统：监测结构关键部位性能指标以获得结构危险部位的力学状态。

2）工作机构传感子系统：监测重要工作机构及关键零部件性能指标以获得机构整体的运转状态。

3）电气控制传感子系统：监测电气控制系统关键动作执行元件性能指标以获得控制系统的故障状态。

4）安全防护传感子系统：监测重要安全防护装置的工作性能以获得整机或机构的危险

控制状态。

从监测指标（物理量）来看，具体包括：

1）力学性能：感知金属结构反应的力学特征及几何变形，用于监测被测部位在静态或动态状态下的强度（应力）和刚度（挠度）。例如，应力应变仪（电阻式或光纤光栅式）可获得结构的应力循环数和应力谱。

2）载荷状态：感知现场设备在各种工况中所受到的各种载荷，用于监测整机、机构、零部件的各种时变特性。例如，风速仪可获得风向风速变化历程（风载荷谱），温度计可获得温度变化历程（电动机和制动器局部温升曲线及环境温度），特殊要求时通过加速度计可获得地震状态下的振动响应。

3）行程位置：感知整机或机构所处的空间危险位置状态信息，用于监测作业过程中的不合理操作。

4）其他信息：电控系统监测可实现各种系统保护，配合上述传感元件还可记录整机或机构超速、超载、紧急停车、意外情况（突然断电/缓冲碰撞等）等；通过RFID（射频识别）技术可获得操作人员和设备的唯一标识信息；工业视频可获得整个作业过程的图像信息。

从监测位置和内容来看，具体包括：

1）重要监测部位涵盖整机、金属结构、工作机构、电控系统、安全保护装置等层面。

2）关键监测部位是在重要监测部位中具有重大危险源（引发损伤/失效/故障/失灵等）位置选取的重点监测内容。

感知互动系统不仅包括安装于待测点的各种传感元件设备和接口，还包括相应的信号采集与处理系统，从而形成数据信息的采集和初步处理。

2. 网络传输系统

网络传输系统是基于工业物联网监控系统的中间环节，通过各种有线传输技术和无线传输技术可以将各种类型复杂的数据信息传输到监测平台，形成规模庞大的数据库系统，以便形成集中统一的管理，方便后续的数据分析、处理与应用。有线传输技术主要以电信号和光信号进行传播，具有速度快、带宽宽、无辐射等特点。无线传输技术主要以无线电频率电波、微波、红外等电磁波为传输手段，相对比有线传输具有便携移动、布线极少、维护方便等特点。

3. 应用服务系统

应用服务系统是监控系统的关键应用，主要包括基于健康监测数据的分析、处理、应用和服务，对所收集的健康信息进行分析和处理，按照设备自身特征及各种识别理论建立对应的数据分析处理方法，实现监测对象的健康状态评价和健康数据管理。

应用服务系统组织结构框架应包含如下部分：

1）业务管理层：健康监测数据库在基于功能应用的综合分析与处理后，形成更易保存和识别的健康历史信息，并对这些数据资源进行统一规划和管理，以便根据各级相关部门的具体情况提供历史数据的查询、提取、服务、调控等业务。

2）综合应用层：通过健康监测数据库的综合分析与处理，实现监测对象在线监测、安全预警、诊断评估、信息管理、个性扩展等功能应用。

3）数据处理层：建立监测对象健康数据监测管理中心，对所收集的错综复杂的信息进行梳理和分析，建立金属结构、工作机构、电气控制、安全防护健康数据库子系统，并从各子系统中根据相关特性分离出整机健康数据库子系统。

1.3 安全监控与安全工程

早期的工业生产监控是指以计算机为基础的生产过程控制与调度管理自动化系统，通过对现场设备运行进行监视和控制，以实现工艺参数、数据采集、设备控制、参数节及各类信号报警等功能，属于被动式的灾害预防技术。它的目的是确保设备的安全运行，预防和消除事故隐患，避免事故发生。它的主要任务是及时地、正确地对运行设备的运行参数和运行状况做出全面监测，对设备的运行进行必要的指导，提高设备运行的安全性、可靠性和有效性，以期把运行设备发生事故的概率降低到最低水平，将事故造成的损失减低到最低程度；通过对设备运行进行监测、隐患分析和性能评估等，为设备的结构修改、设计优化和安全运行提供数据和信息。

随着对人类自身健康可持续发展的深入认识和安全科学与工程学科理论的持续完善，安全工程的研究范围遍及生产领域（安全生产及劳动保护方面）、生活领域（交通安全、消防安全与家庭安全等）和生存领域（工业污染控制与治理、环境灾变的控制和预防）。安全工程的研究对象是广泛存在于生产、生活、生存范围之内的各种不安全因素（危险和有害因素），通过研究分析这些不安全因素的内在联系和作用规律，探寻防止灾害和事故的有效措施，以达到控制事故、保证安全的目的。现代安全检测与监控技术是以人类健康可持续发展出发，以安全科学理论为指导，以智能技术为核心，集成了状态监测、评估示警、应急控制等功能，实现对环境或系统中各类危险和有害因素的有效监测、控制和管理。现代安全检测与监控技术与安全系统工程的关系如图 1-4 所示。

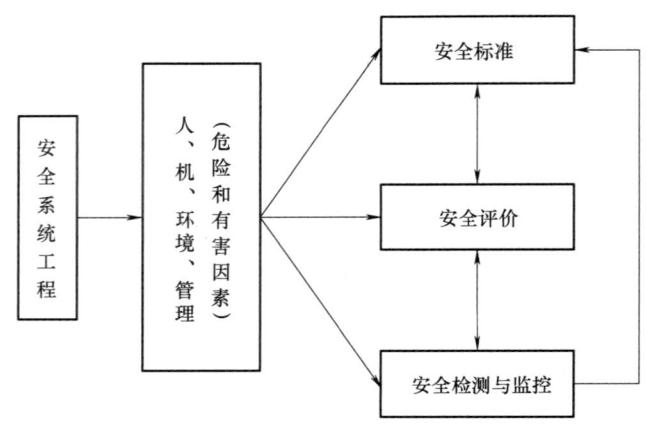

图 1-4 现代安全检测与监控技术与安全系统工程的关系

安全系统工程是以预测和预防事故为中心，以识别、分析、评价和控制系统风险为重点的安全理论和方法体系。安全系统工程领域研究主要致力于解决控制和消除人员伤亡、职业病、设备或财损失等问题，目的是在功能、时间、成本等规定的条件下，实现系统中人员和设备所受的伤害与损失的最小化。安全评价是安全系统工程的核心部分，它是通过安全科学与工程的原理和方法识别系统中存在的危险和有害因素，评价其危险程度，从而提出控制措施并对实施效果进行检验。系统中危险和有害因素的各种信息来源于人的观察或利用安全检测（监测）工具，安全对策或危险和有害因素的控制措施也是通过人的行为或工具进行实施的。

1.4 安全检测与监控技术标准

在工业领域中，安全检测的对象包括粉尘、可燃气体、有毒气体、噪声、静电、压力、温度、辐射、流速等许多方面，检测仪器种类多、型号多，原理也各不相同，检测地点也分室内室外，检测过程涉及许多领域的知识。为了得到准确可靠、可比性强的检测结果，最好采用标准的检测方法，没有标准检测方法的检测项目，可采用权威部门推荐的方法，或能被广泛认可的检测方法。现场使用的固定式检测报警系统，不仅要求检测的准确度高，而且还要求能快速探知泄漏，所以传感器的安装位置设计也要符合规范。我国颁布了许多有关作业场所空气中粉尘、有毒物质、噪声和辐射的卫生标准，包括最高容许浓度、时间加权平均浓度和检测方法，这些都是进行安全检测的依据。

在作业场所空气的尘毒检验中，常常需要进行定量分析，几乎所有的化学分析方法和现代仪器分析方法都可以用于空气理化检测，但是每种分析方法都有其各自的优缺点，至今还没有能适用于各种污染物的万能分析方法。目前，空气尘毒检验常用的分析方法有紫外-可见分光光度法、气相色谱法、高效液相色谱法、原子吸收光度法、电化学分析法、荧光光度法和滴定分析等实验室分析方法，以及很多采用便携式检测仪的方法。对于待测的空气污染物，选择分析方法的原则是尽量采用灵敏度高、选择性好、准确可靠、分析时间短、经济实用、适用范围广的分析方法。

除固定场所的常规检测外，突发事故时的应急检测也是安全检测的重要任务。它主要是对泄漏气体和挥发性液体蒸气的检测，有时需要对火灾时的燃烧热解产物（如一氧化碳、氰化氢、二氧化硫等）进行应急检测，有时也需要对临时性的受限作业空间（如设备内维修）进行检测。应急检测的目的是确定危险区域或判断人员是否有危险，但检测过程没有标准方法。

与检测有关的国家标准包括采样标准、检测方法标准、浓度阈限值标准、仪器安装设计标准、标准气体配置标准等，常用的检测标准见本书附录。

思 考 题

1. 简述安全检测与监控的目的。
2. 简述工业生产过程中常见的危害因素。
3. 简述安全检测与安全监测的区别。
4. 叙述典型监控系统的组成及其功能。
5. 叙述基于物联网的监控系统的基本组成及其功能。

第 2 章
常用安全检测方法及设备

2.1 安全检测相关基础知识

2.1.1 传感器的基本概念

在安全检测与监测过程中,为了对各种变量进行监测或控制,要先把这些变量转换成容易比较且便于传送的信息,这就要用到敏感元件、传感器、变送器和信号转换器。

1. 敏感元件

敏感元件是能够灵敏地感受被测变量并做出响应的元件。例如,某些金属材料(如铂电阻)能感受温度的升降而改变其电阻值,阻值的变化就是对温度升降的响应,所以此类金属材料就是一种温度敏感元件。又如,弹性膜盒能感受压力的高低而引起形变,形变程度就是对压力高低的响应,因此,弹性膜盒是一种压力敏感元件。

为了获得被测变量的精确数值,除要求敏感元件对所测变量的响应足够灵敏,还希望它不受或少受环境因素的影响,即敏感元件的输出响应最好单纯地取决于输入的被测变量。例如,铂电阻的阻值除受温度影响,也受压力的影响,这就要求采用适当的工艺消除应力。弹性膜盒的形变除取决于压力,也和环境温度有关,必要时应采取温度补偿措施。

2. 传感器

传感器不仅对被测变量敏感,而且能够把对被测变量的响应传送出去。《传感器通用术语》(GB/T 7665—2005)中对传感器的定义为"能感受被测量并按照一定的规律转换成可用输出信号的器件或装置,通常由敏感元件和转换元件组成。"其中,转换元件指传感器中能将敏感元件感受或响应的被测量转换成适于传输或测量的电信号部分。例如,弹性膜盒的输出响应是形变,是微小的几何量(位移),不便于远距离传送。如果把膜盒中心的位移转变为电容极板的间隙变化,就成为输出响应是电容量的压力传感器。倘若再通过适当的电路使电容量的大小变为振荡频率的高低,就演变成输出响应是频率值的压力传感器。电容量和频率值都可以用导线传送到别处测量,尤其是频率,更适合远距离传送。

为便于远距离传送,绝大多数传感器的输出都采用电信号的形式,如电压、电流、电阻、电感、电容和频率等。利用光导纤维传送信息的传感器正在发展,这类传感器在抗干扰、防爆和快速性等方面都有突出的优点。也有利用压缩空气的压力大小传送信息的，这种方式在抗电磁干扰和防爆方面比电信号传送要优越，但在气源和管路上的投资较大，且传送速度较低。总之，传感器可输出物理量多种多样，其数值范围也没有限制，只要便于传送，其他仪表易于接收其所传送的信息，就可以应用于安全监测。

3. 变送器

变送器是指输出为规定的标准信号的传感器。标准信号是物理量的形式和数值范围都符合国际标准的信号。当前通用的标准信号有直流电压（0~5V）、直流电流（4~20mA）、空气压力（20~100kPa）。无论被测变量是哪种物理或化学参数，也不论测量范围如何，经过变送器之后的信息都必须包含在标准信号之中。

有了统一的信号形式和数值范围，就方便把各种变送器和其他仪表组成监测系统。无论什么仪表或装置，只要有同样标准的输入电路或接口，就可以从各种变送器获得被测变量的信息。这样，兼容性和互换性大为提高，仪表的配套也极为方便。

4. 信号转换器

输出为非标准信号的传感器，必须和特定的仪表或装置配套，才能实现检测和控制功能。为了加强通用性和灵活性，某些传感器的输出可以靠信号转换器把非标准信号转换成标准信号，使之与带有标准信号输入电路或接口的仪表配套。例如，频率转换器就能把交流频率或脉冲频率转换成标准电压信号（0~5V）或电流信号（4~20mA）。不同的标准信号也可以借助信号转换器互相转换。例如，利用气/电转换器可以把20~100kPa的空气压力转换成4~20mA的直流电流。

2.1.2 传感器的分类

传感器的种类很多，以下为常用的分类方法。

1. 按输入量（被测对象）分类

传感器可分为物理量传感器、化学量传感器和生物量传感器三大类。其中，物理量传感器又可分为温度传感器、压力传感器、位移传感器等。这种分类方法给使用者提供了方便，使其容易根据被测对象选择所需要的传感器。

2. 按防爆等级分类

传感器按防爆等级可分为普通型、隔爆型和本安型等。

要根据传感器的安装场所有无易燃易爆气体及其危险程度选用符合防爆要求的仪表和电器。其具体要求在相关国家标准中有明确规定，如《爆炸性环境用气体探测器 第1部分：可燃气体探测器性能要求》（GB/T 20936.1—2022）等。

普通型传感器不考虑防爆措施，只能用在非易燃易爆场所；隔爆型传感器在内部电路和周围易燃气体之间采取了隔离措施，允许使用在有一定危险性的环境里；本安型是本质安全型的简称，这类传感器依靠特殊的电路设计，保证在正常工作及故障（意外短路或断路）状态下都不会引起燃爆事故，可用于易燃易爆场所。

3. 按测量方式分类

传感器按测量方式可分为接触式和非接触式。前者的敏感元件必须和被测介质或物体接触才能感受被测变量。例如，用热电偶测温便是接触式，而用红外辐射测温则为非接触式，用浮子测液位是接触式，而用超声波测液位则是非接触式。一般来说，非接触式传感器不会破坏被测量空间的分布状况，有利于密封和防腐蚀。

4. 按输出信号形式分类

传感器按输出信号形式可分为开关式、模拟式和数字式。开关式，即传感器在输入变量的整个变化范围内的输出响应只有两种状态，这两种状态可以是电路的"通"和"断"，可以是电压的"高"和"低"，也可以是空气压力的"高"和"低"。此类传感器多用于被测变量的越限报警、联锁保护、顺序控制及位式调节领域。而需要连续检测或调节某些变量时，多采用模拟式和数字式。模拟式传感器用计算机与其配合采集数据时，必须经过 A/D 转换器。也有一些传感器的输出是数字量，例如角度传感器中的码盘就有数字化功能，它可以把角度的大小转换为对应的循环码，以并行方式输出。光电式转速传感器则可把被测转速转换为脉冲频率，以串行方式输出。

5. 按输出信号性质分类

传感器按输出信号性质可分为电传送、气传送及光传送。输出信号为电量的传感器使用方便，很多输出响应为非电量的敏感元件需借助各种物理效应转变为电量而构成传感器。气传送方式多用于有压缩空气源而且周围环境有易燃易爆气体或粉尘的场所。光传送常常和电路配合，充分利用光的抗干扰和绝缘隔离能力，以及电信号易于放大和处理的特点，两者结合，可精确快速地实现传感和变送的目的。

在工业生产过程及安全监控中，通过各类传感器对各种工业参数（如温度、压力、流量、物位和气体成分等）进行监测与控制。安全监测常用的传感器有温度传感器、压力传感器、流量传感器、物位传感器和气体成分传感器等。这里把传感器、变送器和其他装置组合起来，构成一个监测系统或控制系统，完成对工业参数的安全监测。

2.2 温度检测方法及温度传感器

工业生产中，温度是最普遍且重要的参数，也是安全工程领域中检测和监测的重要生产参数之一。

温度是表征平衡系统冷热程度的物理量，在很多高温作业场所都需要进行必要的工艺温度检测和职业健康环境温度监测。例如，对工业生产中各类加热炉、热处理炉、反应炉、锅炉中的温度进行状态检测和控制，避免超温所带来的系统或设备故障，以及可能引发的灼烫类事故等。

温度的测量是借助冷热不同的物体之间的热交换及物体的某些物理性质随冷热程度不同而变化的特性来间接测量的。利用各种温度传感器，组成多种测温仪表。物体的温度变化会带来各种各样的效应。其中，因物理效应产生的变化量主要集中在长度、容积、相变等机械量，电阻、电势、电导等电学量，光强、辐射功率、波长等光学量；而化学效应主要体现在物质的分解、聚合及颜色变化等。

温度检测方法按照与被测对象是否接触分为接触式测温方法和非接触式测温方法。常用的测温方法、类型及特点见表 2-1。

表 2-1 温度检测方法的分类及特点

温度计的分类			工作原理	测温范围/℃	主要特点
接触式	膨胀式	液体式	利用液体（水银、酒精）或固体（双金属片）受热时产生膨胀的特性	−200~700	结构简单，使用方便，价格低廉，但测量上限和准确度受玻璃质量的限制，易碎，不能远传
		固体式			结构紧凑、牢固、可靠，但测量准确度低，量程和使用范围有限
	压力式	气压式	利用封闭在一定容积中的气体、液体或某些液体的饱和蒸气受热时其体积或压力变化的性质	−270~500	结构简单，抗振性好，具有良好的防爆性，价格低廉，可做近距离传送，但准确度低，滞后性大，不易测量迅速变化的温度
		液压式		−20~350	
		蒸气式		−100~600	
	热电偶式		利用热电性质	−200~2000	测温范围广，能远距离传送，适用于中、高温测量，但需要冷端温度补偿，低温测量准确度较低
	热电阻式	金属热电阻	利用导体或半导体受热导致其电阻值变化的特性	−260~850	准确度高，能远距离传送，多点、集中监测和自动控制，适于低、中温测量
		半导体热敏电阻		−50~350	灵敏度高，体积小，结构简单，使用方便，但互换性差，测量范围有一定限制
非接触式	光学式		利用物体辐射能随温度变化的性质	0~3500	适用于不能直接测温的场合，测温范围广，多用于高温测量，但测量准确度受环境条件的影响，对测量值修正后才能减小误差
	红外式				

2.2.1 接触式温度检测

接触式测温原理依据的是热力学第一定律，即两个或两个以上不同温度的物体（热力学系统）相互接触，进行能量交换，经过一段时间后热交换达到平衡，此时传递热量值为零，物体温度相同。选择适当的温度计、使其感温部分与待测物体接触，经过一段时间达到平衡后、温度计的显示值即为被测物体的温度。

这类温度传感器具有结构简单、工作可靠、精度高、稳定性好、价格低廉等优点。这类测温方法的温度传感器主要有：基于物体受热体积膨胀性质的膨胀式温度传感器、基于导体或半导体电阻值随温度变化的电阻式温度传感器和基于热电效应的热电偶温度传感器。

1. 膨胀式温度计测温

测温敏感元件在受热后尺寸或体积会发生变化，该变化与温度具有一定的函数关系，膨胀式温度计就是利用这个函数关系设计而成的。膨胀式温度计又可分为液体膨胀式温度计和固体膨胀式温度计两类。

（1）液体膨胀式温度计

液体膨胀式温度计是一种直读式的、应用最早的温度测量仪表，最常见的是玻璃管式温度计，其结构如图 2-1 所示。它由安全包、标尺、毛细管和感温包组成。毛细管一般用玻璃制造。液体受热膨胀后，毛细管中的液柱高度发生变化，根据液柱上升的高度可直接读出温度值。

在玻璃管式温度计中，水银温度计用得最多。它的优点是：不易氧化、不沾玻璃、易提纯，能在很大温度范围内（-36~365℃）保持液态，特别是在 200℃ 以下，它的体积膨胀与温度几乎呈线性关系，因此水银玻璃管式温度计的刻度是均匀的。若在毛细管中充以加压的氮气，并采用石英玻璃管，则测温上限可达 600℃ 或更高。玻璃管式温度计的感温液体除水银，还有其他的选择，见表 2-2，具体应用时应根据不同的测温范围来确定。

表 2-2 玻璃管式温度计的感温液体

感温液体	测量温度范围/℃
水银（汞）	-30~750
甲苯	-90~100
乙醇	-100~75
戊烷	-200~20

液体膨胀式温度计的测温上下限主要受液体汽化和凝固温度的限制，在高温下还要受外壳软化温度的限制。

（2）固体膨胀式温度计

利用固体膨胀原理做成的温度计主要有杆式和双金属片式两种。

1）杆式温度计。杆式温度计的结构如图 2-2 所示。图中，测温管 6 是用膨胀系数大的金属材料制成的感温元件，其上端固定在温度计的外壳 4 上。测温管内的传递杆 7 是用膨胀系数小的材料制成的传递元件，其下端用弹簧 5 紧压在测温管 6 的顶端。当测温管周围的被测介质温度升高或降低时，由于测温管的线膨胀系数比传递杆大，故使传递杆的上端向下或向上移动，并通过摇板 1 使指针 3 转动，从而指示出被测温度的数值。

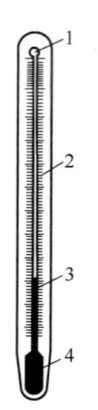

图 2-1 玻璃管式温度计

1—安全包 2—标尺 3—毛细管 4—感温包

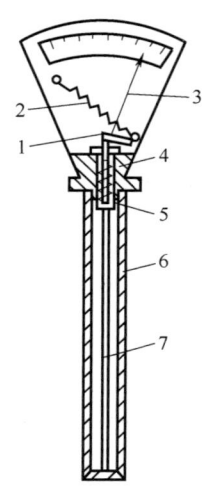

图 2-2 杆式温度计

1—摇板 2—拉簧 3—指针 4—外壳
5—弹簧 6—测温管 7—传递杆

2）双金属片式温度计。双金属片式温度计是固体膨胀式温度计中应用较多的一种。如图 2-3 所示，它的感温元件是用两片线膨胀系数不同的金属片叠焊在一起而形成的。在温度变化时将会因弯曲变形而使其一端有明显位移。借此带动指针移动而构成双金属温度计，带动电接点实现电路的通断而构成双金属温度开关。双金属敏感元件通常用高锰合金、殷钢等材料制造。

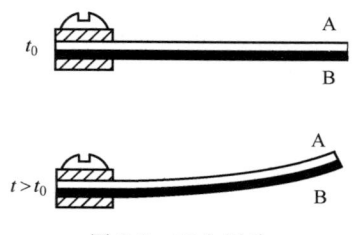

图 2-3 双金属片

高锰合金为锰、镍、铜的合金（含 Mn 72%、Ni 10%、Cu 18%），这种材料受热后膨胀十分明显，在 25~150℃ 间线膨胀系数约为 $27.5 \times 10^{-6}℃^{-1}$，即温度每上升 1℃，材料将伸长原尺寸的 27.5‰。

殷钢为铁和镍的合金（含 Fe 64%、Ni 36%），经研究证明，这种成分比例下的合金线膨胀系数极小，在 0~100℃ 间为 $(1~3) \times 10^{-6}℃^{-1}$，即在同样的温度变化范围下，其膨胀程度仅为高锰合金的 1/20 左右。

将上述两种材料轧制成叠合在一起的薄片，其中，膨胀系数大的材料为主动层，膨胀系数小的为被动层。把这种复合材料剪切成条，使其一端固定，另一端自由。受热后将向被动层一侧弯曲，受冷则向主动层一侧弯曲，恢复到原有温度则仍平直如前。

为了增大线膨胀长度差，提高灵敏度，也可选用非金属材料，如石英、陶瓷等。

双金属片式温度计通常被用作温度计电控制器、极值信号器或某一仪表的温度补偿器。最简单的双金属片式温度开关是由一端固定的双金属条形敏感元件直接带动触头构成的，如图 2-4 所示。温度低时触头接触，电热丝加热；温度高时双金属片向下弯曲，触头断开，加热停止。温度切换值可用调温旋钮调整，它可以调整弹簧片的位置，进而调节切换温度的高低。

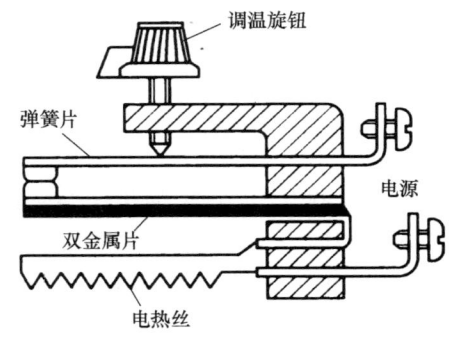

图 2-4 双金属片式温度开关

双金属片式温度计的结构如图 2-5 所示。螺旋状双金属片感温元件装在金属保护管内，以保护其不受机械损伤或有害介质的侵蚀。同时它的一端焊在保护管的尾部，为固定端；另一端焊在指针轴上，为自由端。

当温度发生变化时，自由端旋转，并带动固定在指针轴上的指针转动，在表壳内的刻度盘上可直接读出被测温度值。由于采用了螺旋状双金属片，因此仪表的灵敏度大大提高。双金属片式温度计的特点是结构简单、可靠，但精度不高。

2. 压力式温度计测温

压力式温度计是基于封闭在容器中的液体、气体或某种低沸点的饱和蒸气受热后体积膨胀而使压力发生变化的性质进行温度测量的。其特点是简单、可靠，抗振性好，且具有良好的防爆性，故常应用在飞机、汽车和拖拉机上，也可将它作为温度控制装置。但这种仪表动态性能差，示值的滞后较大，不易测量迅速变化的温度。

液体压力式温度计的结构如图 2-6 所示。在温度计的密闭系统中，填充的工作介质主要是液体或蒸气。仪表主要构件包括温包 1、金属毛细管 2、基座 3 和具有扁圆或椭圆截面的弹簧管 7。弹簧管的一端焊在基座上，内腔与毛细管 2 相通，另一端封闭，为自由端。在温度变化时，温度计内腔的压力会发生变化，使弹簧管的自由端产生角位移，通过拉杆 4、齿轮传动机构 6 和 8 带动指针 10 偏移，然后在刻度盘 9 上指示出被测温度值。

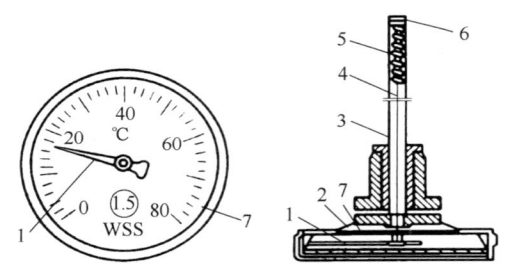
图 2-5 双金属片式温度计的结构
1—指针　2—表壳　3—金属保护管　4—指针轴
5—双金属片　6—固定端　7—刻度盘

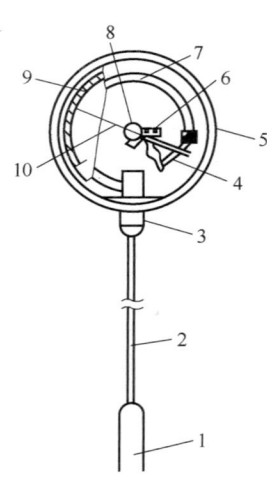
图 2-6 液体压力式温度计的结构
1—温包　2—金属毛细管　3—基座　4—拉杆
5—外壳　6—扇形齿轮　7—弹簧管
8—齿轮轴　9—刻度盘　10—指针

如图 2-7 所示，气体压力式温度传感器（又称为压力式温度计），由温包、毛细管和弹簧管三者的内腔构成一个封闭容器，其中充满工作物质（如氮气），工作物质的压力经毛细管传给弹簧管时，弹簧管产生变形，并由传动机构带动指针，指示出被测温度的数值。温包内的工作物质也可以是液体（如甲醇、二甲苯和甘油等）或低沸点液体的饱和蒸气（如乙酸、氯乙烷和丙酮等），温度变化时，温包内液体受热膨胀使液体或饱和蒸气压力发生变化，属于液体膨胀式的压力温度计。压力温度计结构简单、抗振及耐蚀性能好，与微动开关组合可作温度控制器用，但它的测量距离受毛细管长度限制，一般充液体可达 20m，充气体或蒸气可达 60m。

3. 热电偶温度计测温

（1）热电偶的特点

热电偶温度计是以热电效应为基础将温度变化转换为热电势变化进行温度测量的仪表，

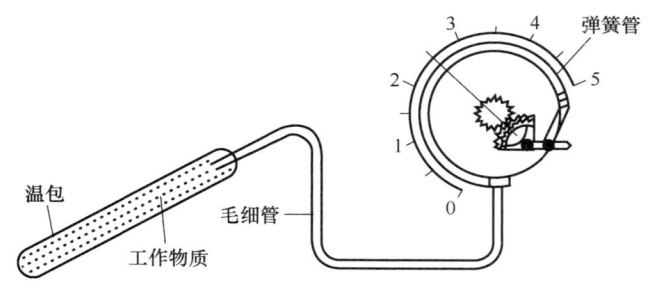

图 2-7 压力式温度计

属于接触式测温。它的测温范围很广，可检测生产过程中 -200~2000℃ 范围内液体、蒸气和气体介质及固体表面的温度。

用热电偶测温主要有如下优点：

1）结构简单，使用方便，容易制造，热电偶的大小和形状可按照需要自行设置。

2）测量温度范围广，低温用热电偶可达零下 270℃，高温用热电偶可达 3000℃。

3）测量精确度较高。

4）因为它是自发电型传感器，因此，测量时无须外加电源。

5）易于实现远距离传输和测量。

热电偶由于其优点而在工业生产自动化领域得到了普遍应用。

（2）热电偶的种类

热电偶的种类一般包括标准化热电偶和非标准化热电偶。标准化热电偶是指工艺较成熟，能成批生产，性能优良，应用广泛并已列入工业标准文件中的热电偶。同一型号的标准化热电偶可以互换，并具有统一的分度表，使用很方便，且有与其配套的显示仪表可供使用。

《热电偶 第 1 部分：电动势规范和允差》（GB/T 16839.1—2018）中所提及的 10 种标准化热电偶，其性能简介见表 2-3。其中，温度的测量范围是指热电偶在良好的使用环境下允许测量温度的极值。实际使用中，特别是长期使用时，一般允许测量的温度上限是极限值的 60%~80%。热电偶的特点导致其热电动势与温度之间存在非线性，使用时应进行修正。

表 2-3 标准化热电偶

分度号	热电偶名称	等级	温度范围/℃	允差值
R	铂铑$_{13}$-铂	I	0~1100	±1℃
			1100~1600	±[1+0.003(t-1100)]℃
		II	0~1600	±1.5℃ 或 ±0.25%t
S	铂铑$_{10}$-铂	I	0~1100	±1℃
			1100~1600	±[1+0.003(t-1100)]℃
		II	0~1600	±1.5℃ 或 ±0.25%t
B	铂铑$_{30}$-铂铑$_6$	I	600~1700	±0.25%t
		II	600~1700	±4℃ 或 ±0.5%t

（续）

分度号	热电偶名称	等级	温度范围/℃	允差值
K	镍铬-镍铝	I	-40~1000	±1.5℃ 或 ±0.4%$\|t\|$
		II	-40~1200	±2.5℃ 或 ±0.75%$\|t\|$
		III	-200~40	±2.5℃ 或 ±1.5%$\|t\|$
N	镍铬硅-镍硅	I	-40~1000	±1.5℃ 或 ±0.4%$\|t\|$
		II	-40~1200	±2.5℃ 或 ±0.75%$\|t\|$
		III	-200~40	±2.5℃ 或 ±1.5%$\|t\|$
E	镍铬-铜镍	I	-40~800	±1.5℃ 或 ±0.4%$\|t\|$
		II	-40~900	±2.5℃ 或 ±0.75%$\|t\|$
		III	-200~40	±2.5℃ 或 ±1.5%$\|t\|$
J	铁-铜镍	I	-40~750	±1.5℃ 或 ±0.4%$\|t\|$
		II	-40~750	±2.5℃ 或 ±0.75%$\|t\|$
T	铜-铜镍	I	-40~350	±0.5℃ 或 ±0.4%$\|t\|$
		II	-40~350	±1℃ 或 ±0.75%$\|t\|$
		III	-200~40	±1℃ 或 ±1.5%$\|t\|$
C	钨铼$_5$-钨铼$_{26}$	—	426~2315	±1%t
A	钨铼$_5$-钨铼$_{20}$	—	1000~2500	±1%t

注：1. 除 C 型和 A 型外，允差值可用摄氏温度偏差值表示，或用上表中温度 t（ITS-90 摄氏温度）的函数表示。取两者中的较大值。
2. 铂铑 10 表示含铂 90%、铑 10%，依此类推。
3. 热电偶的名称中写在前面的是正极材料，写在后面的是负极材料。
4. K 型热电偶的负极材料也常用镍硅，但一般不能与 N 型热电偶的负极互换。
5. J、T 和 E 型热电偶的负极材料铜镍也称为康铜。
6. t 为被测温度，$\|t\|$ 为 t 的绝对值。
7. 允许误差以温度偏差值或被测温度绝对值的百分数表示，两者之中采用最大值。

非标准化热电偶是指在使用范围或数量级上均不及标准化热电偶，一般也没有统一的分度表，主要用于某些特殊场合测量的热电偶产品，如钨铼系、铂铑系、铱铑系、非金属系热电偶等。例如，在工业中应用我国资源丰富的钨铼制作成热电偶取代部分贵金属热电偶来降低测温成本；采用热电动势和热电动势率大大超过金属热电偶的石墨-碳化钛热电偶、碳化硼-石墨热电偶等进行测温。

（3）热电偶的结构形式

热电偶可分为普通型、铠装型和薄膜型三种。

普通型工业用热电偶为了适应各方面的需要，其外形有：直形、角形和锥形等。主要用于测量气体、蒸气和液体等介质温度。根据测量范围和环境气氛的不同，选择的热电偶和保护管也不同。从安装固定方式来看，有固定法兰式、活动法兰式、固定螺纹式、焊接固定式和无专门固定式等几种。热电偶主要由接线盒、保护管、接线端子、绝缘套管和热电极组成，安装时需配以各种固定装置。图 2-8 为法兰式装配热电偶的结构。

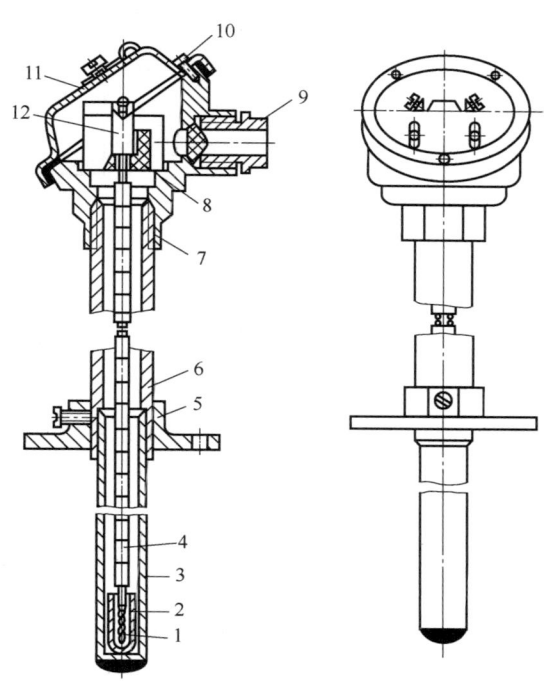

图 2-8　法兰式装配热电偶结构示意图

1—热电偶自由端　2—绝缘套　3—下保护套管　4—绝缘珠管　5—固定法兰
6—上保护套管　7—接线盒底座　8—接线绝缘座　9—引出线套管　10—固定螺钉
11—接线盒外罩　12—接线柱

铠装热电偶是由热电极、绝缘材料和金属套管三者组合加工而成的坚实组合体，也称为套管热电偶。铠装热电偶的热电极被周围致密的氧化物粉末所绝缘，其外壳的套管材料和绝缘材料的选择将直接影响铠装热电偶的绝缘电阻和使用寿命。与普通热电偶相比，它具有外径小、长度长、抗振、可挠、热响应时间短，价格便宜，使用安装方便等优点。

薄膜热电偶是由两种金属薄膜连接而成的一种特殊结构的热电偶，采用真空蒸镀、溅射、化学涂层和电泳等方法，制成既小又薄的温度测量端（$0.01 \sim 0.1 \mu m$），由于测量端的热容量很小，可以用于微小面积上的温度测量，且响应快，时间常数可达微秒级，因而可测瞬变的表面温度。

4. 热电阻温度传感器测温

热电阻温度传感器是利用导体或半导体的电阻值随温度变化而变化的原理进行测温的。热电阻温度传感器分为金属热电阻和半导体热电阻两大类。一般把金属热电阻称为热电阻，而把半导体热电阻称为热敏电阻。热电阻广泛用于测量$-200 \sim 850$℃范围内的温度，少数情况下，低温可测量至1K，高温达1000℃。标准铂热电阻温度计的精确度高，并用作复现国际温标的标准仪器。热电阻温度传感器由热电阻、连接导线及显示仪表组成，如图2-9所示。热电阻也可与温度变送器连接，将温度转换为标准电流信号输出。

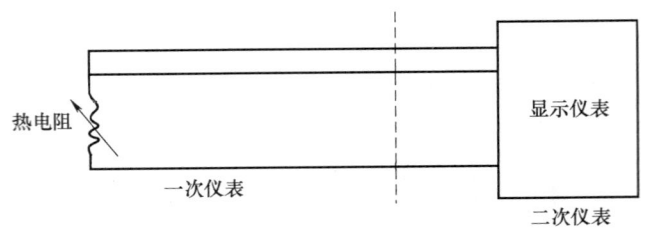

图 2-9 热电阻温度传感器

用于制造热电阻的材料应具有尽可能大和稳定的电阻温度系数和电阻率，输出最好呈线性，物理化学性能稳定，复现性好等。目前最常用的热电阻有铂热电阻和铜热电阻。

（1）铂热电阻

铂热电阻的特点是精度高、稳定性好、性能可靠，所以在温度传感器中得到了广泛的应用。按国际电工委员会（IEC）标准，铂热电阻的适用范围为 $-200\sim850$ ℃。金属铂容易提纯，在氧化性介质中具有很高的物理化学稳定性，有良好的复制性。但是铂的价格较贵；在还原性介质中，特别是在高温下很容易被沾污，使得铂丝变脆，进而影响它的电阻值与温度间的变化关系。

目前我国规定工业用铂热电阻有 $R_0=10\Omega$ 和 $R_0=100\Omega$（R_0 为 0℃时电阻值）两种，它们的分度号分别为 Pt10 和 Pt100，其中以 Pt100 较常用。铂热电阻不同分度号有相应分度表，即 $R、t$ 的关系表，这样在实际测量中，只要测得热电阻的阻值便可从分度表上查出对应的温度值。

铂热电阻中的铂丝纯度用电阻比 W_{100} 表示，它是铂热电阻在 100℃时的电阻值 R_{100} 与 0℃时的电阻值 R_0 之比。按 IEC 标准，工业使用的铂热电阻的 $W_{100}>1.3850$。

（2）铜热电阻

铜容易加工提纯，价格便宜；它的电阻温度系数很大，且电阻与温度呈线性关系；在 $-50\sim150$ ℃ 的测温范围内，具有很好的稳定性。铜热电阻的缺点是温度超过 150℃后易被氧化，氧化后会失去良好的线性特性；另外，由于铜的电阻率小（比铂小 5/6），为了要绕得一定的电阻值，铜电阻丝必须较细，长度也要长一些，故铜电阻的体积较大，机械强度较低。

常用金属热电阻的品种、代号、分度号和测温范围见表 2-4。

表 2-4　常用金属热电阻的品种、代号、分度号和测温范围表

热电阻名称	代号	0℃时电阻值 R_0/Ω	分度号	温度测量范围/℃
铂热电阻	IEC（WZP）	10	Pt10	0~850
		100	Pt100	-200~850
铜热电阻	WZC	50	Cu50	-50~150
		100	Cu100	
镍热电阻	WZN	100	Ni100	-60~180
		300	Ni300	
		500	Ni500	

5. 半导体热敏电阻测温

半导体热敏电阻是一种电阻值随温度呈指数规律变化的热电阻，具有灵敏度高、体积小和反应快等优点，其测温范围为-40~350℃，它作为温度传感器已大量用于家电、汽车的温度检测和控制中。

（1）热敏电阻的特性及分类

热敏电阻按其温度特性分为三种类型：负温度系数热敏电阻（NTC）、正温度系数热敏电阻（PTC）和临界温度系数热敏电阻（CTR）。通常所说的热敏电阻是指 NTC。

1）负温度系数热敏电阻（NTC）。NTC 的特点为电阻随温度的升高而降低，具有负的温度系数。主要是由两种以上金属（如铁、锰、镍、铁等）的复合氧化物构成的烧结体，通过不同的材质组合，能得到不同的电阻值 R_0 及不同的温度特性。

2）正温度系数热敏电阻（PTC）。PTC 的特点与 NTC 正好相反，电阻随温度的升高而增加，并且当达到某一温度时，阻值会突然变得很大。根据这个特性，PTC 可用作位式（开关型）温度检测元件。

3）临界温度系数热敏电阻（CTR）。CTR 在某一温度下电阻值急剧降低，必须分段研究其特性。

（2）热敏电阻的结构

半导体热敏电阻根据需要可制成各种形状，如珠形、扁圆形、杆形和圆片形等，如图 2-10 所示，目前最小的珠形热敏电阻尺寸可达 $\phi 0.2 mm$，常用来测"点"温和表面温度。

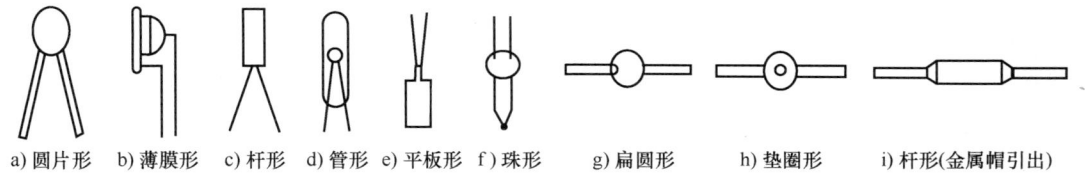

a) 圆片形　b) 薄膜形　c) 杆形　d) 管形　e) 平板形　f) 珠形　g) 扁圆形　h) 垫圈形　i) 杆形(金属帽引出)

图 2-10　各种热敏电阻的结构形式

（3）热敏电阻的特点

半导体热敏电阻的优点是电阻温度系数比金属大，一般为金属电阻的十几倍，灵敏度很高，而且电阻率很大，可做成体积很小而电阻值很大的电阻体，在使用时引线电阻所引起的误差可以忽略。缺点是互换性差，部分产品稳定性不好。但由于它结构简单，热响应快，灵敏度高且价格便宜，因此在汽车、家电等领域得到大量应用。

2.2.2 非接触式温度检测

非接触式测温方法应用的是物体的热辐射能量随温度的变化而变化的原理。物体辐射能量的大小与温度有关，并且以电磁波形式向四周辐射，当选择合适的接收检测装置时，便可测得被测对象发出的热辐射能量，并且转换成可测量和显示的各种信号，实现温度的测量。

区别于接触式测温，非接触式温度传感器的感温元件不必与被测对象达到热平衡，理论上不存在热接触式温度传感器的测量滞后和在温度范围上受感温元件材料熔点限制的问题，动态响应好，且测温设备不会对被测对象的温度场进行干扰，所以在测量高速旋转、移动或腐蚀性较强的物体温度时，比使用接触式测温仪表性能优越。ITS-90 国际温标规定，在961.78℃以上采用光学或光电高温计作为标准仪器。

非接触式测温方法的温度传感器主要有光学高温计、光电高温计、红外辐射温度计、光纤温度传感器等。

1. 光学高温计测温

光学高温计是采用亮度均衡法进行温度测量的。它使被测物体成像于高温计灯泡的灯丝平面上，通过光学系统在一定波长（0.66μm）下用人眼比较灯丝与被测物体的亮度，调节流过灯丝的电流以改变灯丝的亮度，使灯丝与被测物体的亮度相等，此时灯丝轮廓就隐灭在被测物体的影像中，高温计刻度盘上的示值就是被测物体的亮度温度。

图 2-11 所示的光学高温计（PV11）测温范围为 700~3000℃（由 6 段测量范围组成），加辅助滤光镜可测到 3500℃。显示分辨率为 1K，可测量小至 0.1mm 的物体，距离系数较大（φ1mm 的被测物体可在 5m 远处测量），在不同的测量距离下可轻松调节，同时发射率对测量影响非常小，可直接将测量结果通过数据接口传输至计算机专用软件中。光学高温计可以用于石墨样品池温度检测、真空炉中小金属试件温度测量、不同金属合金灯丝温度边界确定等，以及许多物理、化学和材料科学研究领域中的高温温度检测（校验）工作。

图 2-11　光学高温计

2. 光电高温计测温

光电高温计采用光电池作为敏感元件，其光电流与受热物体发出的光束成正比例，从而可以实现对受热物体温度的度量。它以客观的和无惰性的方式测量受热物体的温度，因此，既可测量高速进行的工作过程温度，还可以自动地记录和调节这些温度。按功能划分，高温计在形式上可分为两部分：一部分为光学机械系统、光电转换和微电流放大器；另一部分为由微控制器等组成的测量显示仪表。

图 2-12 所示的光电高温计测温系统可实现 650~3000℃ 范围内的温度高精度检测。它可配合黑体辐射源作为标准器使用，在 500~3500K 范围内对辐射温度计等开展检定校准工作，此外，也可以单独作为快速响应、高线性度、高准确度的标准光电高温计使用。

3. 红外辐射温度计测温

任何物体只要自身温度高于绝对零度（-273℃），就会有热辐射向外部发射。物体温度不同，其辐射的能量和辐射波的波长也不同，但始终包含着红外辐射。对于千摄氏度以下的物体，其热辐射中强的电磁波是红外波，所以通过对物体自身红外辐射的测量，便能准确测定它的表面温度。依据上述原理制成的红外测温仪，主要由光学系统、光电探测器、信号放大器、信号处理、显示输出等部分组成。光学系统将目标物体辐射出的红外能量汇聚起来，聚焦在光电探测器上，并转变为相应的电信号，再经过电路运算处理电路后，换算转变为被测目标的线性温度信号值,以便实现进一步的信号处理及控制。

图 2-13 所示的手持式红外测温仪,可进行 400~3000℃ 的高温工业温度检测,适用于钢铁、金属冶炼、铸造、热处理、陶瓷、半导体、石化、高温炉、电厂等行业。同时可通过无线数据传输方式将测量结果发送给计算机或智能手机,因此可作为临时在线测温仪使用。

图 2-12 光电高温计测温系统

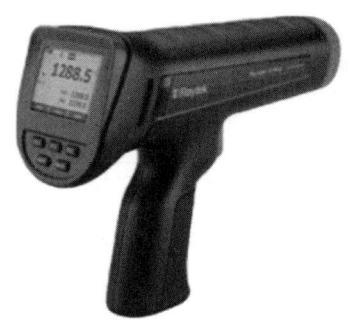

图 2-13 手持式红外测温仪

4. 光纤温度传感器测温

光纤温度传感器利用部分物质吸收的光谱随温度变化而变化的原理,分析光纤传输的光谱,从而了解实时温度。例如,采用一种和光纤折射率相匹配的高分子温敏材料(如砷化镓)涂覆在两根熔接在一起的光纤外面,使光能由一根光纤输入该反射面,然后从另一根光纤输出。由于这种新型温敏材料受温度影响,折射率会发生变化,因此输出的光功率与温度呈函数关系。

光纤温度传感器的种类很多,除常见的荧光和分布式光纤温度传感器外,还有光纤光栅温度传感器、干涉型光纤温度传感器及基于弯曲损耗的光纤温度传感器等。由于其种类很多,其应用发展也很广泛,例如,电力系统中应用于电力电缆温度、高压配电设备内部温度、发电厂环境温度等的检测;建筑业中用于对高速公路上桥梁的温度进行检测;航空航天业及海洋开发领域的相关检测等。

2.3 压力检测方法及压力传感器

压强是工业生产中经常需要测量的重要参数,也是生产企业保证安全生产,预防事故发生的最基本、最重要的参数之一。2022 年 8 月 14 日,山东海利尔化工有限公司车间反应釜在生产过程中由于釜内中间体混合物自分解,导致脱溶釜超压发生破裂。员工在面对反应釜超压超温等异常工艺指标时,未严格按操作规程进行及时切换操作,从而导致超压爆炸事故,致 2 人死亡。可见将压力控制在工艺规定的范围内,对生产过程的正常进行及安全至关重要。

压力传感器是压力监测及控制中重要的敏感元件,广泛应用于各种工业自控环境,涉及水利水电、铁路交通、智能建筑、生产自控、航空航天、军工、石化、油井、电力、船舶、机床、管道等众多行业。

压力测量主要有液柱压力检测、弹性压力检测、电气压力检测等多种方法，各方法都有各自的特点、测压范围及精度等级。常用的测压方法及其压力表形式和特点等见表2-5。

表 2-5 常用压力检测方法

方法	压力表形式	测压范围/kPa	精度等级	输出信号	特点
液柱式压力检测	U形管	$-10 \sim 10$	0.2，0.5	水柱高度	用于实验室的低、微压测量
	补偿式	$-2.5 \sim 2.5$	0.02，0.1	旋转刻度	用作微压基准校准
	自动液柱式	$-10^2 \sim 10^2$	0.005，0.01	自动计数	用光、电信号自动跟踪页面，用作压力基准校准
弹性式压力检测	弹簧管	$-10^2 \sim 10^6$	$0.1 \sim 4.0$	位移，转角或力	工业现场测量或校验
	膜片	$-10^2 \sim 10^2$	$1.5 \sim 2.5$		用于腐蚀性、高黏度介质的压力检测
	膜盒	$-10^2 \sim 10^2$	$1.0 \sim 2.5$		多用于烟道等的微压检测
	波纹管	$0 \sim 10^2$	1.5，2.5		多用于生产过程的低压检测
电气式压力检测	电阻式	$-10^2 \sim 10^4$	1.0，1.5	电压，电流	价格低廉，结构简单，耐振动性能较差
	电感式	$0 \sim 10^5$	$0.2 \sim 1.5$		使用环境要求低，信号处理较为灵活
	电容式	$0 \sim 10^4$	$0.05 \sim 0.5$		仅适用于动态压力测量，响应速度较快
	压阻式	$0 \sim 10^5$	$0.02 \sim 0.2$		性能稳定可靠，结构简单
	压电式	$0 \sim 10^4$	$0.1 \sim 1.0$	电压	仅适用于动态压力测量，响应速度极快
	应变式	$-10^2 \sim 10^4$	$0.1 \sim 0.5$		使用环境要求低，适用于冲击形式压力测量
	振频式	$0 \sim 10^4$	$0.05 \sim 0.5$	频率	输出信号便于计数处理
	霍尔式	$0 \sim 10^4$	$0.5 \sim 1.5$	电压	灵敏度较高，但易受测量环境影响

2.3.1 液柱式压力检测

液柱式压力检测是以液体静力学原理为基础的。一般采用水银或水作为工作液，用U形管、单管等进行压力测量，主要有U形管压力计、单管压力计和倾斜式压力计三种类型。

该方法常用于实验室或科学研究的低压、负压或压力差的测量，具有结构简单、使用方便、准确度较高等优点。其缺点是量程受液柱高低的限制，玻璃管易损坏，只能就地指示，不能远传。

1. U形管压力计测压

U形管压力计可以测量表压、真空及压力差，其测量上限可达1500mm液柱高度。U形管压力计结构如图2-14所示，它由U形玻璃管、刻度盘和固定板三部分组成。根据液体静力平衡原理可知，在 U 形管的右端接入待测压力 B，作用在其液面上的力为左边一段高度为 h 的液柱和大气压力 p_0。当作用在液面上的力达到平衡时，可得出待测压力 $B=\rho g h$。

U 形管压力计测得的表压力值，与玻璃管断面积无关，这个值等于 U 形管两边液面高度差与液柱密度的乘积。U 形管压力计的"零"位刻度在刻度板中间，液柱高度需两次读数。在使用之前，可以不调零，但在使用时应垂直安装。测量准确度受读数精度和工作液体毛细管作用的影响，绝对误差可达 2mm。玻璃管内径为 5～8mm，且截面积需要保持一致。

2. 单管压力计测压

由于 U 形管压力计的测量准确度受读数精度和工作液体毛细管作用的影响，会产生误差。单管压力计克服 U 形管测压需两次读数的缺点，其结构如图 2-15 所示。从图 2-15a 中可看到，单管液柱式压力计相当于把 U 形管压力计的一个管改换成杯形容器，杯形容器的内径远大于左边管子的内径，杯内充有水银或水。当杯内通入待测压力 B（$B>p_0$，p_0 为大气压）时，杯内液柱下降的体积与玻璃管内液柱上升的体积是相等的，右边液面的下降量将远小于左边液面的上升量（即 $h_2 \ll h_1$）。这样，就可以用杯形容器液面作为零点，液柱差可直接从玻璃管刻度上读出。

图 2-14 U 形管压力计结构示意图

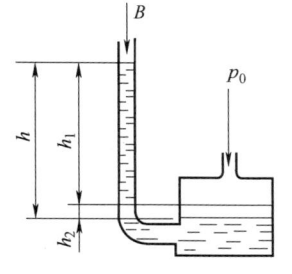
a) 单管液柱式压力计结构示意图

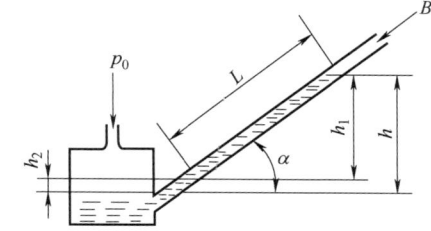
b) 倾斜管微压计结构示意图

图 2-15 单管压力计结构示意图

如图 2-15b 所示，在测量微压时，可将单管压力计的测量管倾斜放置来提高灵敏度，但倾斜角 α 不可太小（一般不小于 15°），否则液柱易冲散，读数较困难，误差增大。图 2-15b 所示这种倾斜管液柱式压力计，又称倾斜管微压计，它可以测量小到 0.98Pa 的微压。为了进一步提高微压计的精确度，应选用密度小的酒精作为工作液体。

2.3.2 弹性式压力检测

弹性式压力检测方法是通过弹性元件感受被测介质的压力而产生弹性变形实现压力检测的。该原理制成的弹性式压力计具有结构简单、使用可靠、读数清晰、牢固耐用、价格低廉、测压范围广及精度足够高等优点。若增加附加装置，如记录机构、电气变换装置、控制元件等，则可以实现压力的记录、远传、信号报警、自动控制等。

作为弹性式压力计中的测量元件，弹性元件是气动单元组合仪表的基本组成元件。测压范围不同，所用的弹性元件也不一样。常用的弹性元件主要有弹簧管式、薄膜式及波纹管式，如图 2-16 所示。

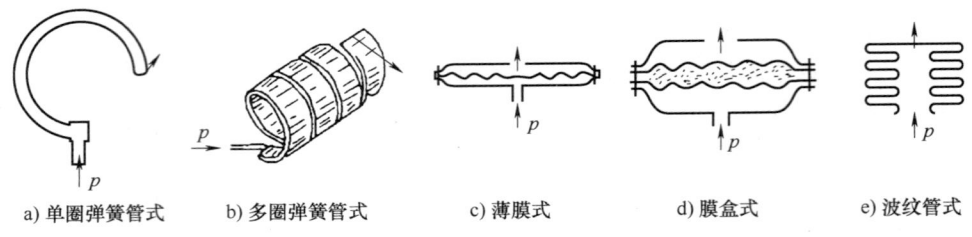

图 2-16 弹性元件示意图

1. 弹簧管式压力表测压

单圈弹簧管是弯成圆弧形的空心管子，如图 2-17 所示。它的截面呈扁圆或椭圆形，椭圆形的长半轴 a 与图面垂直和弹簧管中心轴 O 平行；A 为弹簧管的固定端，即被测压力的输入端；B 为弹簧管的自由端，即位移输出端；γ 为弹簧管中心角初始角；$\Delta\gamma$ 为中心角的变化量；R 和 r 分别为弹簧管弯曲圆弧的外半径和内半径；a 和 b 为弹簧管椭圆截面的长半轴和短半轴。

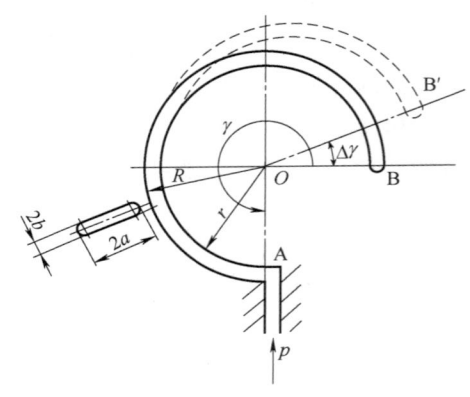

图 2-17 弹簧管的测压原理

作为压力-位移转换元件的弹簧管，当它的固定端通入被测压力后，由于椭圆形截面在压力 p 的作用下将趋向圆形，其自由端就由 B 移到 B′，如图 2-17 上虚线所示，弹簧管的中心角减小 $\Delta\gamma$。根据弹性变形的原理可知，中心角的相对变化值与被测压力 p 的关系可用下式表示。

$$\frac{\Delta\gamma}{\gamma}=p\,\frac{1-\mu^2}{E}\frac{R^2}{bh}\left(1-\frac{b^2}{a^2}\right)\frac{\alpha}{\beta+K^2} \qquad (2-1)$$

式中，μ 为弹簧管材料的泊松系数；E 为弹簧管材料的弹性模数；h 为弹簧管壁厚；K 为弹簧管的几何参数，$K=Rh/a^2$；α、β 为与 b、a 比值有关的参数。

由式（2-1）可知，如要求 p 与 $\Delta\gamma/\gamma$ 成正比关系，必须使式中其余各参数均为定值。而中心角的变化量 $\Delta\gamma$ 与中心角的初始值 γ 成正比（一般取 $\gamma=270°$），并随椭圆短半轴 b 的减小而增大。如果 $b=a$，则 $\Delta\gamma$ 将等于零，即具有均匀壁厚的圆形弹簧管不能用作测压元件。此外，$\Delta\gamma$ 的数值还与弹性材料的性质、几何尺寸等因素有关。

弹簧管压力表的结构原理如图 2-18 所示。被测压力由接头 9 通入后，弹簧管的椭圆形截面张大趋于圆形。由于变形，弹簧管自由端 B 产生位移，这个位移量一般很小，须通过放大机构才能指示出来。放大过程为：自由端 B 产生弹性变形位移，通过拉杆 2 使扇形齿轮 3 做逆时针转动，同轴的中心齿轮 4 带动指针 5 做顺时针偏转，从而在面板 6 的刻度标尺上显示出被测压力的数值。由于自由端的位移与被测压力间有正比关系，因此弹簧管压力表的刻度标尺是线性的。

游丝 7 用来克服因扇形齿轮和中心齿轮的间隙所产生的仪表变差。改变调整螺钉 8 的位置（即改变机械转动的放大系数），可以实现压力表量程的调整。

弹簧管的材料，一般在 $p<20\text{MPa}$ 时采用磷铜，在 $p>20\text{MPa}$ 时则采用不锈钢或合金钢。但是使用压力表时，必须注意被测介质的化学性质。例如，检测氧气时，应严禁沾有油脂，以确保安全。

2. 膜盒式压力计测压

膜盒式压力计又称微压表，适用于测量无爆炸危险、不结晶、不凝固，以及对铜和铜合金有腐蚀作用的液体、气体或蒸汽的低微压力，常用于锅炉炉膛负压及尾部的烟道压力测量等，其测压范围为 $-80\sim60000\text{Pa}$。如图 2-19 所示，膜盒式压力计主要由感受压力的波纹真空膜盒、传动机构、指针及刻度盘组成。当被测环境压力发生变化时，波纹真空膜盒收缩或膨胀，产生轴向变形，通过拉杆和传动机构带动指针偏转，指示被测压力值。

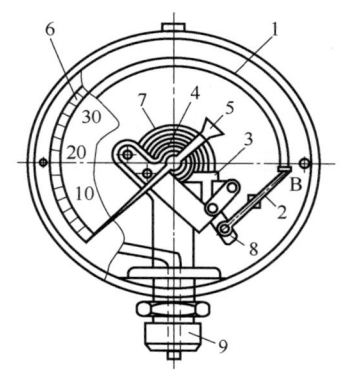

图 2-18　弹簧管压力表结构示意图
1—弹簧管　2—拉杆　3—扇形齿轮
4—中心齿轮　5—指针　6—面板
7—游丝　8—调整螺钉　9—接头

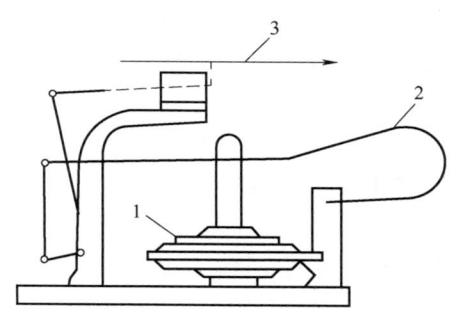

图 2-19　膜盒式压力计结构示意图
1—波纹真空盒　2—传动机构　3—指针

使用时，气压计水平放在测点处，并轻轻敲击仪器外壳，以消除传动机构的摩擦误差。由于该仪器有滞后现象，因此在测压地点一般要放置 $3\sim5\text{min}$（从一点移到另一点，若两点压差为 $2668\sim5337\text{Pa}$，则需放置 20min）方可读数。读数时，视线与刻度盘平面保持垂直。

2.3.3　电气式压力检测

电气式压力检测是利用压力敏感元件（简称压敏元件）将被测压力转换成各种电量，如电阻、频率、电荷量等来实现测量的。该方法具有较好的静态和动态性能，量程范围大，线性好，便于进行压力的自动控制，尤其适用于压力变化快、高真空、超高压的测量。该原理制成的压力计主要有压电式压力计、电阻式压力计、振频式压力计、霍尔式压力计等。

如图 2-20 所示，电气式压力计一般由压力传感器、检测电路和信号处理装置组成。常用的信号处理装置有指示器、记录仪、控制器等。

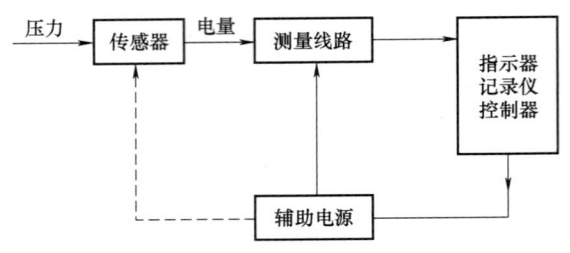

图 2-20　电气式压力计的组成

1. 电接点压力表及压力开关测压

电接点压力表是在弹簧管式压力表上附加电接点而构成的位式作用传感器，其指示部分的结构与普通压力表完全相同，但增加了两对电接点，分别提供上、下限报警信号。上、下限的压力值可以调整。当指针到达报警上限压力时，上限电接点动作，发出报警信号，压力超过报警上限时，电接点保持在报警状态，而指针仍然能指示压力。下限电接点的动作原理也一样。这种电接点压力表把指示和位式信号功能结合在一起，比较方便实用。

压力开关也叫压力信号器，是不带指示的位式压力传感器。通常由波纹管的变形位移决定电接点的通断，其效果与继电器相似，故也称为压力继电器。压力开关只有一对电接点，只能在某一个设定的压力值发生动作，设定值是可以调整的。

2. 电远传式压力传感器测压

电远传压力表是在普通弹性元件构成的压力表内附加电远传部件，使它不仅可以指示压力还有信号远传的功能。若将指针标度尺取消，只保留电信号远传功能则为纯粹的压力传感器。

（1）电位器式

在弹簧管压力表内安装小型滑线电位器（阻值为 R），其滑点由弹簧管自由端带动。将电位器的滑点及其电阻的任意一端，与任何一种测电阻的仪表相连便构成了可变阻值输出的压力传感器。如果将电位器的电阻两端和滑点用三根导线引出，并在电阻两端接稳定的直流电压，则滑点和电阻的任意一端之间的电压将取决于滑点位置，也就是取决于被测压力。这样便可与测直流电压的仪表相连反映压力值，其电远传方法比较简单，输出具有很好的线性。电位器式压力传感器的原理如图 2-21a 所示。

（2）电感式

电感式压力传感器可以避免滑动触点，它利用弹性元件的变形带动衔铁，改变铁心线圈的气隙，从而改变线圈的电感（L）。在交流电路里，感抗可以很容易地变换成电压。若需要输出直流信号，可加整流滤波电路。电感式压力传感器的原理如图 2-21b 所示。

（3）差动变压器式

差动变压器式压力传感器同样可测量弹簧管等弹性元件自由端的微小位移量。这类传感器在可移动的铁心周围有三组绕组，其中，一个是变压器的一次绕组，加交流电；另外两个匝数相等的绕组，按同名端极性反向串联构成二次绕组。当铁心处于中央位置时，二次绕组上的感应电势大小相等，因为反向串联而使输出为零。铁心偏离中央位置后，二次绕组将出现交流电压（E）。偏离越远，输出交流电压越高。铁心位移的方向不同，输出交流电压的相位就会相反，其原理如图 2-21c 所示。

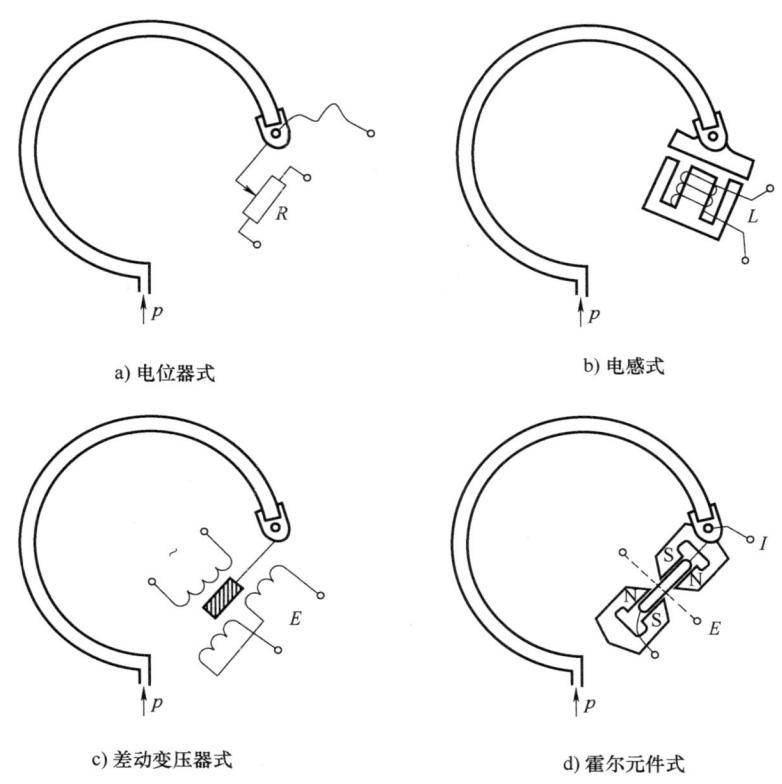

a) 电位器式　　b) 电感式

c) 差动变压器式　　d) 霍尔元件式

图 2-21　电信号远传式压力传感器

(4) 霍尔元件式

半导体的霍尔效应已在小位移测量中得到实际应用，图 2-21d 所示即为压力电信号远传的方法之一。在弹性元件的自由端安装半导体霍尔元件，并使霍尔元件的两端处于永久磁铁的磁极（S-N）间隙中，而且两端的磁场方向相反。倘若压力为零时处于方向相反的两对磁极间隙中的面积相等，那么即使在霍尔元件上通以电流（I），也不会产生霍尔效应。但压力升高以后，两面积不等，在与电流方向垂直并且也垂直于磁场的方向上就会有电势（E）出现。电流和磁感强度皆为常数时，压力越大，两面积之差越大，输出电势也越高。

3. 压电式压力传感器测压

某些电介质，当沿着一定方向对其施力而使它变形时，内部会产生极化现象，同时在它的两个表面上会产生符号相反的电荷，当外力去掉后，又重新恢复不带电状态，这种现象称为压电效应。当作用力方向改变时，电荷极性也随着改变。利用这一原理构成的传感器可测变化很快的动态压力。

压电元件内阻极高，因此必须防止表面漏电。通常采用两片相同的元件，使其极性反向相叠，由夹在中间的铜片作为一个电极，最外面的两个表面作为另一电极。这样，中央电极处于悬空状态，可用有良好绝缘性的导线引出。

压电式压力传感器的结构原理如图 2-22 所示。为了使预紧力均匀地分布在压电元件上，用螺钉 6 通过钢球 5 和有凹坑的压板 4，紧压在压电元件 3 上。钢球和压板上的凹坑可自动找平，避免受力不均。压电元件 3 和 1 极性为正的一面通过铜片 2 引出，极性为负的一面经由壳体相连并引出。

4. 电容式差压传感器测压

电容式差压传感器的结构如图 2-23 所示。将左右对称的不锈钢基座的外侧加工成环状波纹沟槽，并焊上波纹隔离膜片。基座内侧有玻璃层，基座和玻璃层中央都有孔。玻璃层内表面磨成凹球面，球面除边缘部分外均镀以金属膜，此金属膜层有导线通向外部，为电容的左右定极板。左右对称的上述结构中央夹入并焊接弹性平膜片，即测量膜片，为电容的中央动极板。

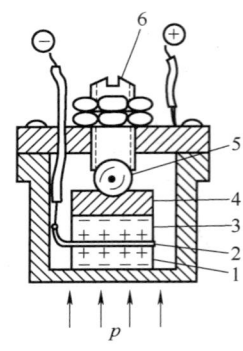
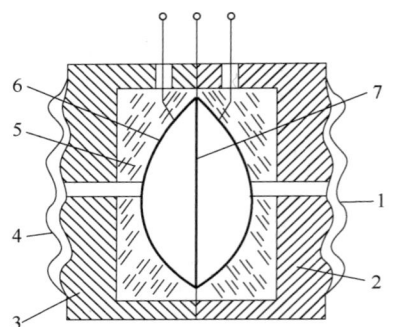

图 2-22　压电式压力传感器的结构原理　　　　图 2-23　电容式差压传感器
　1、3—压电元件　2—铜片　4—压板　　　　1、4—波纹隔离膜片　2、3—不锈钢基座
　　　5—钢球　6—螺钉　　　　　　　　　　　5—玻璃层　6—金属膜　7—测量膜片

在测量膜片的左右两室中充满硅油，当左右隔离膜片分别承受不等的压力时，硅油由于不可压缩性和流动性便能将差压传递到测量膜片的左右面上，使测量膜片发生变形，即动极板离开中间位置向低压或高压侧定极板靠近，使得电容量值由 0 发生相应变化。电容式差压计的特点是灵敏度高、线性好，并减少了由于介电常数受温度影响引起的不稳定性。此外，它能实现高可靠性的简单盒式结构，测量范围为 $(-1 \sim 5) \times 10^7 Pa$，可在 $-40 \sim 100℃$ 的环境温度下工作。

2.4　流量检测方法及流量传感器

在工业生产过程中，流量、流速是指导正常工艺操作、监视设备安全运行情况和进行计量的一个重要参数和数据。流速与单位截面积的乘积即为流量，流量是指单位时间通过管道（或设备）某一横截面的流体的量。流量、流速检测与监控非常复杂、多样，用一种流量检测方法不可能完成所有流量的测量。根据不同的工艺要求，流量可分为瞬时流量和累积流量。

1. 瞬时流量

很短单位时间内通过某一横截面的流体的量,也就是从流量计上即刻读出的流量称为瞬时流量。瞬时流量可分别用体积流量和质量流量来表示。

(1) 体积流量

单位时间内通过某一横截面的流体体积,称为体积流量,用下式确定:

$$q_V = uA \tag{2-2}$$

式中,q_V 为体积流量,单位一般用 m^3/h 表示;u 为某一横截面处的平均流速;A 为流体通过的横截面面积。

(2) 质量流量

单位时间内通过某一横截面的流体质量,称为质量流量,常用 q_m 表示,单位一般用 kg/h 表示。若流体的密度是 ρ,则体积流量与质量流量之间的关系表示如下:

$$q_m = \rho q_V = \rho u A \tag{2-3}$$

2. 累积流量(总量)

在某段时间内通过某一横截面的流体的量,称为累积流量。可以用体积总量(Q_V)和质量总量(Q_m)来表示:

$$Q_V = \int_0^t q_V dt \qquad Q_m = \int_0^t q_m dt \tag{2-4}$$

式中,t 为时间。

体积总量采用的单位为 m^3,质量总量采用的单位为 kg 或 t。

用来测量流体流量的仪表称为流量计。测量累积流量的仪表称为计量表。但两者并不是完全分开的,在流量计上配以累积机构,也可以得到累积流量。

3. 流量检测仪表的分类

流量检测按检测原理及仪表结构形式的不同可分为三种。

1) 速度式流量计是以检测流体在管道内的流速作为检测依据来计算流量的仪表。例如,差压式流量计、转子流量计、电磁流量计、涡轮流量计、靶式流量计等。

2) 容积式流量计是以单位时间内所排出的流体的固定容积的数量作为检测依据来计算流量的仪表。例如,椭圆齿轮流量计、活塞式流量计、刮板流量计等。

3) 质量式流量计是利用检测流过的质量为依据的流量计。例如,热式质量流量计、补偿式质量流量计、振动式质量流量计等。

2.4.1 速度式流量检测

1. 差压式流量传感器测流

差压式流量传感器又称节流式流量传感器,它利用管路内的节流装置,将管道中流体的流量转换成节流装置前后的压力差。差压式流量计在流通管道上设置流动阻力件,流体通过阻力件时将产生压力差,此压力差与流体流量之间有确定的数值关系,通过测量差压值可以求得流体流量。最常用的差压式流量计是由产生差压的装置和差压计两部分组合而成的。流体流过差压产生装置形成静压差,由差压计测得差压值,并转换为流量信号输出。产生差压的装置有多种形式,包括节流装置、动压管、均速管和弯管等。

差压式流量计可用于测量液体、气体和蒸气的流量。差压式流量计是应用历史最长和最成熟的流量计，至今在生产过程中仍占有重要地位。

差压式流量计的优点包括：结构简单，无可动部件；可靠性较高；复现性能好；适应性较广，适用于各种工况下的单相流体，适用的管道直径范围宽，可以适配通用差压计；节流装置已有标准化形式。它的主要缺点包括：安装要求严格；流量计前后要求有较长的直管段；测量范围窄，一般范围度为 3∶1；压力损失较大；对于较小直径（$D<50\text{mm}$）的管道测量比较困难；精确度不够高（$\pm1\%\sim\pm2\%$）等。

差压式流量计通常由节流装置、差压变送器和流量显示仪三部分组成，也可由节流装置配以差压计组成。如图 2-24 所示。节流装置的作用是把被测流体的流量转换成压差信号，差压计则对压差进行测量并显示测量值，差压变送器能把差压信号转换为与流量对应的标准电信号或气信号，以供显示、记录或控制。

（1）节流现象

流体在有节流装置的管道中流动时，在节流装置前后的管壁处，流体的静压力会产生差异，这种现象称为节流现象。造成流体在管道内局部收缩的部件，称为节流元件。常见的节流元件有孔板、喷嘴及文丘里管等。节流式流量计包括节流元件及其上下游连接的直管段、连接法兰和取压装置等，其测量原理基于能量守恒定律和流动连续性定律。流体流经节流元件时压力和流速的变化情况如图 2-25 所示，图中的节流元件为孔板。稳定流动的流体沿水平管道流经孔板时，其前后会产生压力和流速的变化。流束在孔板前截面 1 处开始收缩，位于边缘处的流体向中心加速，流束中央的压力开始下降。流束在截面 2 处达到最小收缩截面，此处流速最快，静压最低。之后流束开始扩张，流速逐渐减慢，静压逐渐恢复。但由于流体流经节流元件时会有压力损失，所以静压不能恢复到收缩前的最大压力值。

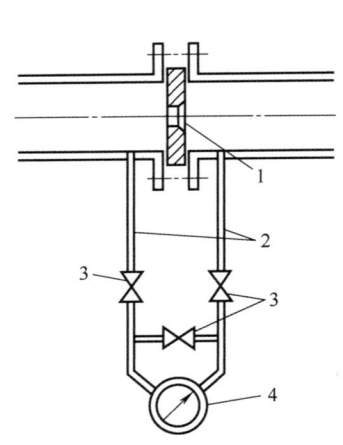

图 2-24 差压式流量计的组成示意图
1—孔板 2—引压管 3—三阀组 4—差压计

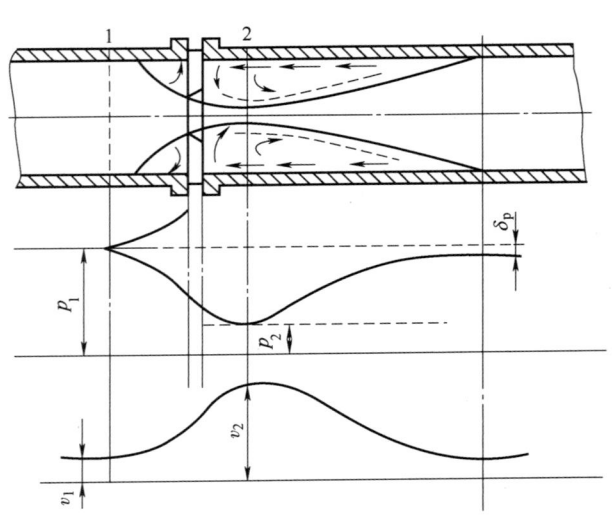

图 2-25 流体流经节流元件时压力和流速的变化情况

（2）节流装置

节流装置是差压式流量传感器的流量敏感检测元件，是安装在流体流动的管道中的阻力元件。节流装置产生的差压信号通过导压管引至差压计，经差压计转换成电信号送至显示仪表。

常用的节流元件有孔板、喷嘴和文丘里管。它们的结构形式、相对尺寸、技术要求、管道条件和安装要求等均已标准化，故又称标准节流元件，如图 2-26 所示。其中，孔板最简单又最为典型，加工制造方便，在工业生产过程中常采用孔板。

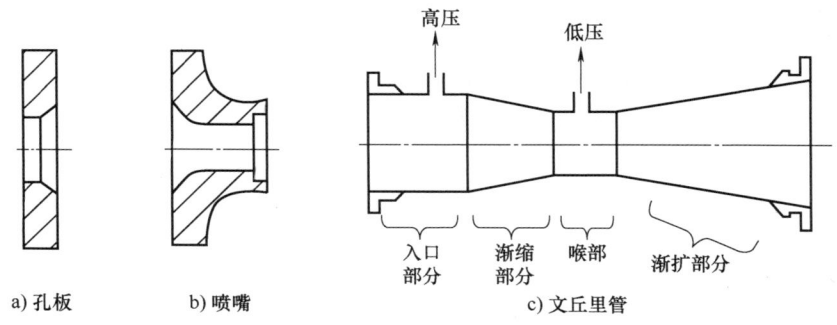

图 2-26 标准节流元件

节流装置分为标准节流装置和非标准节流装置两大类，标准节流装置的研究最充分，实验数据最完善，已经标准化和通用化，只要根据有关标准进行设计计算，严格遵照加工要求和安装要求，这样的节流装置不需要进行单独标定就可以使用。标准节流装置的结构如图 2-27 所示。

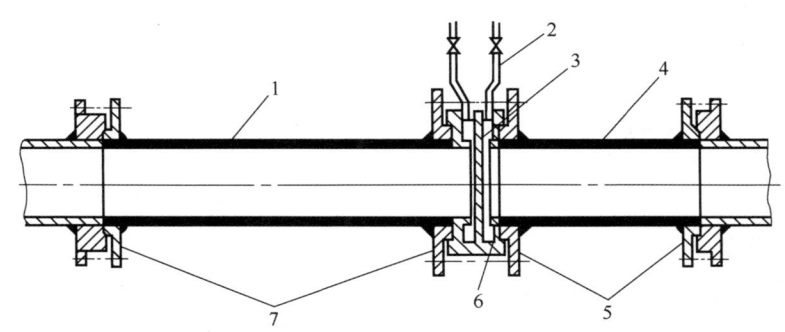

图 2-27 标准节流装置

1—上游直管段　2—导压管　3—孔板　4—下游直管段　5、7—连接法兰　6—取压装置

目前国际上规定的标准节流装置包括标准孔板、标准喷嘴、文丘里管、文丘里喷嘴和长径喷嘴，常用的是前三种。它们的结构、尺寸和技术条件均有统一的标准，计算数据和图表可查阅有关手册或资料。

2. 电磁式流量传感器测流

电磁式流量传感器是根据法拉第电磁感应定律来测量导电性液体的流量的。如图 2-28

所示，在磁场中安置一段不导磁、不导电的管道，管道外面安装一对磁极（S-N），当有一定电导率的流体在管道中流动时就切割磁力线。

与金属导体在磁场中的运动一样，在导体（流动介质）的两端也会产生感应电动势，可由设备在管道上的电极导出。该感应电动势大小与磁感应强度、管径大小和流体流速大小有关：

$$E = \frac{d\Phi}{dt} = BDv \quad (2-5)$$

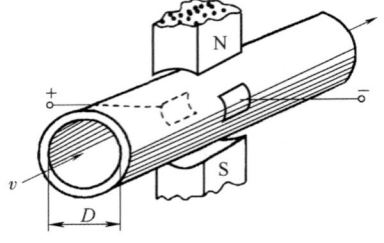

图 2-28 电磁式流量计的原理

式中，B 为磁感应强度，单位为 T；D 为管道内径，相当于垂直切割磁力线的导体长度，单位为 m；v 为导体的运动速度，即流体的流速，单位为 m/s；E 为感应电动势，单位为 V。

体积流量（q_V）与流体流速（v）的关系表示如下：

$$q_V = \frac{1}{4}\pi D^2 v \quad (2-6)$$

将式（2-6）代入式（2-5）可得：

$$E = \frac{4B}{\pi D} q_V = K q_V \quad (2-7)$$

式中，K 为仪表常数，$K = 4B/(\pi D)$。

磁感应强度 B 及管道内径 D 固定不变，则 K 为常数，两电极间的感应电动势 E 与 q_V 呈线性关系，便可通过测量感应电动势 E 来间接测量被测流体的 q_V 值。

电磁式流量传感器产生的感应电动势信号是很微小的，需通过电磁流量转换器来显示流量。常用的电磁流量转换器能把传感器的输出感应电动势信号放大并转换成标准电流（0～10mA 或 4～20mA）信号或一定频率的脉冲信号，配合单元组合仪表或计算机对流量进行显示、记录、运算、报警和控制等。

电磁式流量传感器只能测量导电介质的流体流量。适用于测量各种腐蚀性酸、碱、盐溶液，固体颗粒悬浮物，黏性介质（如泥浆、纸浆、化学纤维、矿浆）等溶液，还可用于大型管道自来水和污水处理厂流量测量和脉动流量测量等。

3. 涡轮式流量传感器测流

涡轮式流量传感器类似于叶轮式水表，是一种速度式流量传感器。图 2-29 为涡轮式流量传感器的结构示意图，如图所示，它是在管道中安装一个可自由转动的叶轮，流体流过叶轮使叶轮旋转，流量越大，流速越高，则动能越大，叶轮转速也越高。测量出叶轮的转速或频率，就可确定流过管道的流体流量和总量。

涡轮由高导磁的不锈钢制成，线圈和永久磁钢组成磁电感应转换器。测量时，当流体通过涡轮叶片与管道间的间隙，流体对叶片前后产生压差，推动叶片，使涡轮旋转。在涡轮旋转的同时，高导磁性的涡轮叶片周期性地改变磁电系统的磁阻值，使通过线圈的磁通量发生周期性变化，因而在线圈两端产生感应电势。该电势经过放大和整形，便可得到足以测出频率的方波脉冲，将脉冲送入计数器就可求得累积总量。

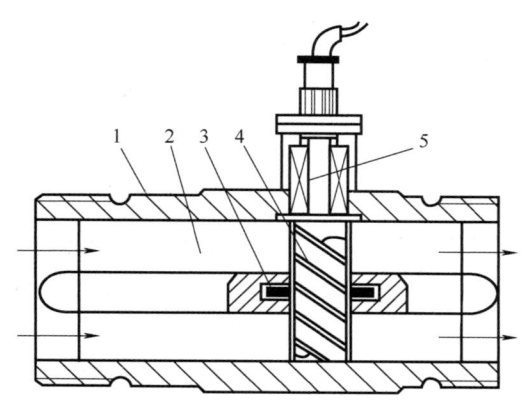

图 2-29 涡轮式流量传感器结构示意图

1—外壳 2—导流器 3—支承 4—涡轮 5—磁电转换装置

涡轮式流量传感器具有安装方便、精度高（可达 0.1 级）、反应快、刻度线性好、量程宽等优点，信号易远传，且便于数字显示，可与计算机配合进行流量计算和控制。

4. 超声式流量传感器测流

超声式流量传感器的测定原理是多种多样的，如传输时间差法、传播速度变化法、波速移动法、多普勒效应法和流动听声法等。但目前应用较广的主要是传输时间差法。

超声波在流体中传输时，在静止流体和流动流体中的传输速度是不同的，利用这一特点可以求出流体的速度，再根据管道流体的截面积，便可知道流体的流量。

如果在流体中设置两个超声波传感器，它们可以发射超声波也可以接收超声波，一个装在上游，一个装在下游，其距离为 L，如图 2-30a 所示。设顺流方向的传输时间为 t_1，逆流方向的传输时间为 t_2，流体静止时超声波的传输速度为 c，流体流动速度为 v，则

$$t_1 = \frac{L}{c+v} \tag{2-8}$$

$$t_2 = \frac{L}{c-v} \tag{2-9}$$

那么超声波传播时间差为

$$\Delta t = t_2 - t_1 = \frac{2Lv}{c^2 - v^2} \tag{2-10}$$

一般来说，流体的流速远小于超声波在流体中的传播速度，即 v^2 可忽略，根据式（2-10）可得到流体的流速：

$$v \approx \frac{c^2}{2L} \Delta t \tag{2-11}$$

在实际应用中，超声波传感器安装在管道的外部，从管道的外面透过管壁发射和接收超声波不会给管路内流动的流体带来影响，如图 2-30b 所示。

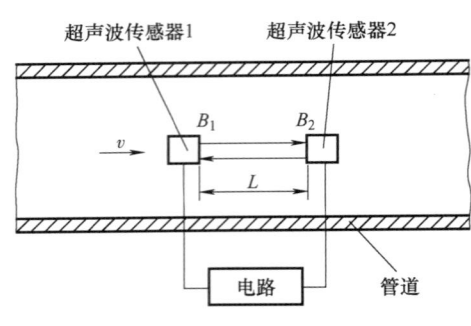 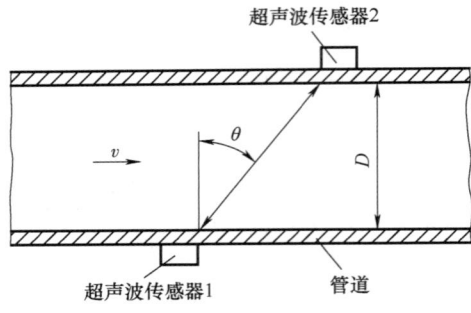

a) 超声波传感器管内安装位置　　　　b) 超声波传感器管外安装位置

图 2-30　超声波测流量原理图

此时超声波的传输时间为

$$t_1 = \frac{\dfrac{D}{\cos\theta}}{c + v\sin\theta} \tag{2-12}$$

$$t_2 = \frac{\dfrac{D}{\cos\theta}}{c - v\sin\theta} \tag{2-13}$$

式中，D 为管直径，θ 为传感器与管道的安装夹角。

超声式流量传感器具有不阻碍流体流动的特点，可测的流体种类很多，不论是非导电的流体、高黏度的流体还是浆状流体，只要是能传输超声波的流体都可以进行测量。超声波流量计可用来对自来水、工业用水和农业用水等进行测量，还可用于下水道、农业灌溉和河流等流速的测量。

2.4.2　容积式流量检测

容积式流量计又称定排量流量计，它利用机械测量元件将流体连续不断地分割成单个已知的体积部分，并根据计量室逐次、重复地充满和排放该体积部分流体的次数来测量流体体积的总量。该流量计受被测流体黏度的影响小，且不要求前后直管段，但要求被测流体干净，不含有固体颗粒，否则应在流量计前加过滤器。容积式流量计广泛应用于石油、化工、涂料、医药、食品及能源等工业部门，用于计量昂贵介质的总量或流量。

1. 椭圆齿轮流量计测流

椭圆齿轮流量计由流量变送器和计数机构组成。变送器与计数机构之间加装散热器，从而构成高温型流量计。变送器由装有一对椭圆齿轮转子的计量室和密封联轴器组成，计数机构则包含减速机构、调节机构、计数器、发讯器。椭圆齿轮流量计的结构如图 2-31 所示。

计量室内由一对椭圆齿轮与盖板构成的初月形空腔作为流量的计量单位。椭圆齿轮靠流量计进出口压力差推动而旋转，从而不断地将液体经初月形空腔计量后送到出口处，每转流过的液体量是初月形空腔的 4 倍，由密封联轴器将椭圆齿轮旋转的总数及旋转的快慢传递给计数机构或发讯器，便可知道通过管道的液体总量和瞬时流量。其工作原理如图 2-32 所示。

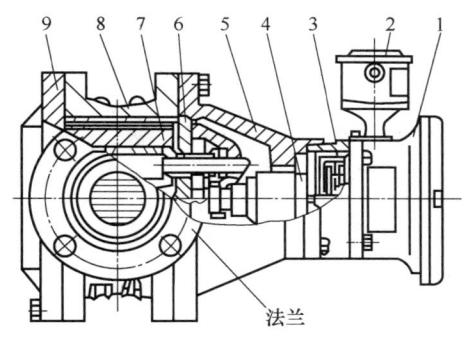

图 2-31 椭圆齿轮流量计结构图
1—计数器 2—发信器 3—精度调节器 4—密封联轴器
5—前盖 6—盖板 7—椭圆齿轮 8—壳体 9—后盖

在仪表的测量室中安装两个互相啮合的椭圆形齿轮，它们可绕轴自转。当被测介质流入仪表时，推动齿轮旋转。由于两齿轮所处位置不同，因此分别起主、从动轮作用。在图 2-32a 所示位置时，由于 p_1 大于 p_2，轮 Ⅰ 受到一个顺时针的转矩，而轮 Ⅱ 虽受到 p_1 和 p_2 的作用，但合力矩为 0，此时轮 Ⅰ 将带动轮 Ⅱ 旋转，从而将外壳与轮 Ⅰ 之间标准测量室内的液体排入下游。当齿轮转至图 2-32b 所示位置时，轮 Ⅰ 受顺时针力矩，轮 Ⅱ 受逆时针力矩，两齿轮在 p_1、p_2 作用下继续转动。当齿轮转至图 2-32c 所示位置时，状态与图 2-32a 类似，只不过此时轮 Ⅱ 为主动轮，轮 Ⅰ 为从动轮，上游流体又被封入轮 Ⅱ 形成的测量室内。这样，每个齿轮转一周，两齿轮共送出 4 个标准体积的流体（阴影部分）。

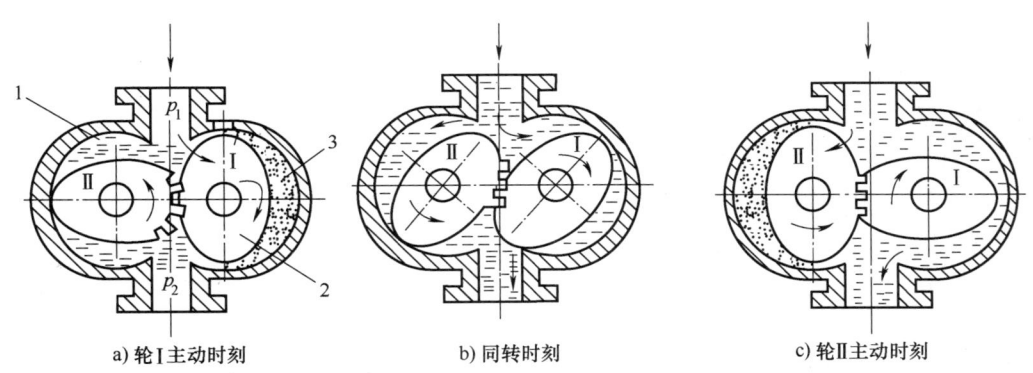

图 2-32 椭圆齿轮流量计原理图
1—外壳 2—椭圆形转子（齿轮） 3—测量室

2. 腰轮流量计测流

腰轮流量计的工作原理如图 2-33 所示，待测流体流动方向由 A 至 B，与椭圆齿轮流量计相同，只是转子形状不同。腰轮流量计的两个轮子是两个摆线齿轮，故它们的传动比恒为常数。为减小两转子的磨损，在壳体外装有一对渐开线齿轮用于传递转动。每个渐开线齿轮与每个转子同轴。为了使大口径的腰轮流量计转动平稳，每个腰轮均设计为上下两层，而且两层错开45°，称为组合式结构。

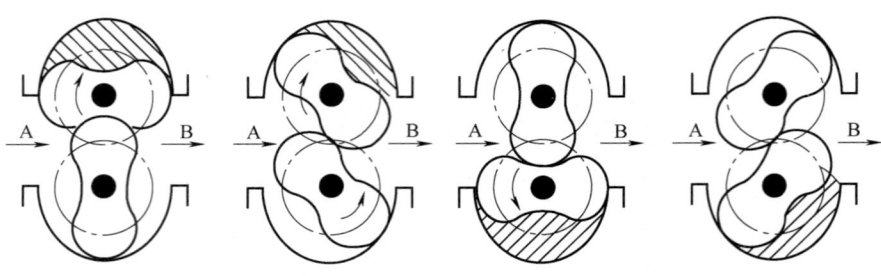

图 2-33　腰轮流量计工作原理图

2.4.3　质量式流量检测

质量流量检测对于在工业生产中的物料平衡、热平衡及储存、经济核算等都起着重要的作用。对于质量流量的检测，往往是用已测出的体积流量乘以密度换算成质量流量。而密度是随流体的温度、压力的变化而变化的，因此，在检测体积流量时，必须同时检测流体的温度和压力，以便将体积流量换算成标准状态下的数值，从而求出质量流量。但在温度、压力变化比较频繁的情况下，这种方法因换算工作烦琐，而难以满足检测的要求。所以，直接检测质量流量，不仅有利于提供准确流量，同时有利于工业生产中的经济核算等。

1. 科里奥利式质量流量计测流

科里奥利式质量流量计是基于科里奥利效应原理制成的，科里奥利力又简称为科氏力，是对旋转体系中进行直线运动的质点由于惯性相对于旋转体系产生的直线运动的偏移的一种描述。科里奥利式质量流量计利用流体在振管内产生的科氏力，采用直接测量科氏力的方法得到流体质量流量。

这类流量计的每个流量管上，都装有一组磁铁/线圈组，称为入口检测线圈和出口检测线圈。由于相对振动，线圈在磁铁的磁场做切割磁力线的运动，在内部回路产生交流电信号。该信号能准确地反映线圈组间的相对位移和相对速度。通过监测该交流信号，可判断测量管的运行状态。在没有流量的情况下，入口和出口处检测线圈监测到的交流电信号是同相位的。当有流量的时候，由于科里奥利作用，流量管产生扭曲，两端的检测线圈输出的交流电信号存在相位差。流量越大，相位差就越大，而且其相位差 Δt 与流量的大小成正比关系。因此，Δt 作为质量流量的标定系数表示每秒有多少克的流量流过。

科里奥利式质量流量计所用的检测管道（振动管）有U形、环形（双环、多环）、直管形（单直、双直）及螺旋形等几种形状，其基本原理相同，如图2-34所示。

2. 热式质量流量计测流

热式质量流量计（量热式流量计）是利用传热原理，即流动中的流体与热源（流体中加热的物体或测量管外加热体）之间热量交换关系测量质量流量的仪表，主要有恒温差热式质量流量计和恒功率热式质量流量计。当前热式质量流量计主要用于气体介质的测流。

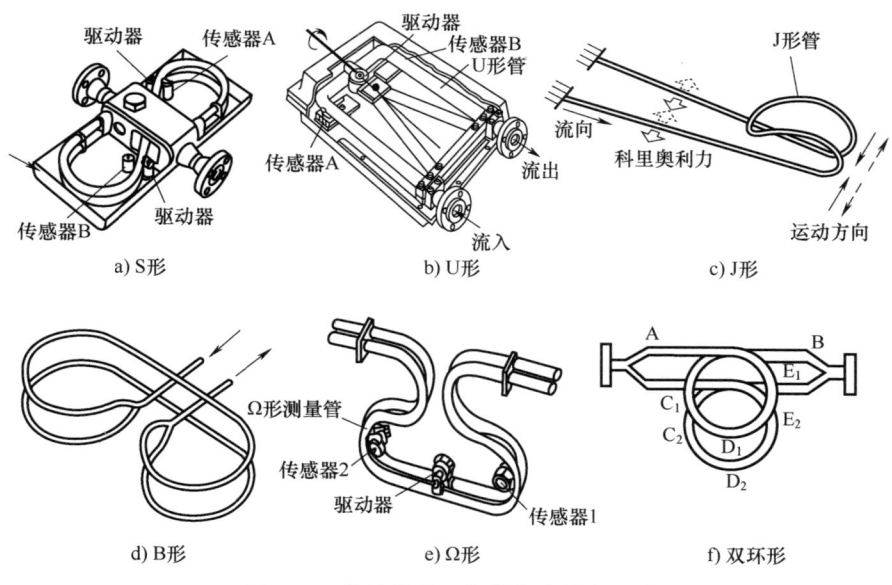

图 2-34 常见的科里奥利式质量流量计

恒温差热式质量流量计的工作原理如图 2-35 所示，其流速传感器温度高于感温传感器一定温度。当气体流经流速传感器时，会产生热量扩散，这样电路单元提供相应的能量使两个传感器温差维持恒定，电路单元提供的能量与电流成比例关系，通过输出电信号可测出流量。

恒功率热式质量流量计的敏感元件同样包含两个热电阻，其中一个是感温电阻，另一个为恒功率加热的加热电阻（温度高于感温电阻）。当无流体流过时，两个电阻的温差最大，当有流体流过传感器时，流体分子冷却加热电阻，使其温度降低，两个电阻温差减少。由于两个热电阻之间的温差与过程流速和过程介质成一定函数关系，因此可以通过测量温差测得流量。

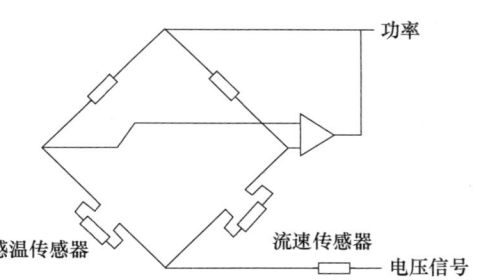

图 2-35 恒温差热式质量流量计工作原理图

热式质量流量计无活动部件，无阻流件，压力损失很小，组成简单，使用性能相对可靠。但测量响应慢，如被测量气体组分变化较大的场所，测量值会产生误差，且在黏性流体流量测量时会受到一定限制。

3. 冲量式质量流量计测流

冲量式质量流量计是利用物料流体在一定高度下落的冲量产生的力，采用直接测力的方法得到流体质量流量的设备。图 2-36 所示为冲量式质量流量计的工作原理，通过检测冲板轴的位移量，经处理放大后，输出与流量相对应的信号。

冲量式质量流量计适用于各种固体粉料介质的流量测量，例如粉末、块状物及浆状物料的流量测量。实际应用中，应根据被测介质的大小、重量和正常工作流量等条件，选取合适量程的冲量式质量流量计或通过量程弹簧调整流量测量范围，并依据量程计算确定冲板安装角度、进料口与冲板间角度及高度。使用时,为保证检测流准确性,必须保证物料自由落下,不得有外加力作用其上。

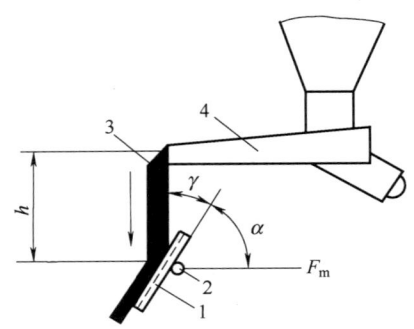

图 2-36 冲量式质量流量计工作原理图
1—冲板 2—冲板轴 3—物料 4—输送机

2.5 物位检测方法及物位传感器

在许多生产过程中,需要对锅炉内的水位,油罐、水塔、各种储液罐的液位,粮仓、煤粉仓、水泥库、化学原料库中的料位,或在高温条件下对连铸生产中的铝水、钢水、铁水包内的金属液位,高炉或竖炉的料位等进行可靠的检测和控制,为调节物料平衡、掌握物料消耗数量、确定产品产量等提供可靠依据,以保证生产正常连续运行。例如,在2005年,在距离伦敦不到50km的英国赫默尔亨普斯特德镇,邦斯菲尔德油库发生了爆炸火灾事故,这是欧洲迄今为止最大的爆炸火灾事故之一,共烧毁大型储油罐20余座,受伤43人,无人员死亡,大火持续燃了3天3夜,直接经济损失达到2.5亿英镑。这起事故的直接原因就是油库912号罐液位计发生故障,导致高液位报警失效,致使操作工无法判断罐内液位高度而错误进液,直至溢流引发爆炸火灾事故。案例中的液位是指液体介质液面的高低,属于是物位中液体-气体的分界面。此外,液体-液体或液体-固体的分界面称为界位,固体粉末或颗粒状物质的堆积高度称为料位。物位的检测其实是对设备和容器中物料储量多少的度量。物位测量在现代工业生产自动化过程监测中发挥着重要作用,物位检测同样占有重要地位。

检测液位的仪表叫液位计;检测料位的仪表叫料位计;而检测界位的仪表叫界面计。

物位测量仪表的种类有很多,而且还在不断发展,按其工作原理可归纳为以下几种:

1) 直读式物位检测仪表,采用侧壁开窗口或旁通管方式,直接显示容器中物位的高度。

2) 静压式物位检测仪表,基于流体静力学原理,适用于液位检测。

3) 浮力式物位检测仪表,工作原理基于阿基米德定律,适用于液位检测。

4) 机械接触式物位检测仪表,通过测量物位探头与物料面接触时的机械力来实现物位的测量。

5) 电气式物位检测仪表,将电气式物位敏感元件置于被测介质中,当物位变化时电气参数(如电阻、电容等)也将改变,通过检测这些电量的变化可知物位。

6）其他物位检测方法，如声学式、射线式、光纤式仪表等，见表2-6。

表2-6 物位检测仪表分类

类别		适用对象	测量范围/m	允许温度/℃	允许压力/MPa	测量方式	安装方式
直读式	玻璃管式	液位	<1.5	100~150	常压	连续	侧面、旁通管
	玻璃板式	液位	<3	100~150	6、4	连续	侧面
静压式	压力式	液位	50	200	常压	连续	侧面
	吹气式	液位	16	200	常压	连续	顶置
	差压式	液位、界位	25	200	40	连续	侧面
浮力式	浮子式	液位	2.5	<150	6、4	连续、定点	侧面、顶置
	浮筒式	液位、界位	2.5	<200	32	连续	侧面、顶置
	翻板式	液位	<2.4	−20~120	6、4	连续	侧面、旁通管
机械接触式	重锤式	料位、界位	50	<500	常压	连续、断续	顶置
	旋翼式	液位	由安装位置定	80	常压	定点	顶置
	音叉式	液位、料位	由安装位置定	150	4	定点	侧面、顶置
电气式	电阻式	液位、料位	由安装位置定	200	1	连续、定点	侧面、顶置
	电容式	液位、料位	50	400	32	连续、定点	顶置
其他	超声式	液位	60	150	0.8	连续、定点	顶置
	微波式	液位、料位	60	150	1	连续	顶置
	称重式	液位、料位	20	常温	常压	连续	在容器钢支架上安装传感器
	核辐射式	液位、料位	20	无要求	随容器定	连续、定点	侧面

2.5.1 直读式物位检测

直读式物位检测仪表主要有玻璃管液位计、玻璃板液位计等。这类仪表利用连通器的原理，将容器中的液体引入带有标尺的观察管中，通过标尺读出液位高度，如图2-37所示。此类仪表结构简单，工业领域中较为常见，但只能用于直接观察液位高低，而且耐压性能有限。

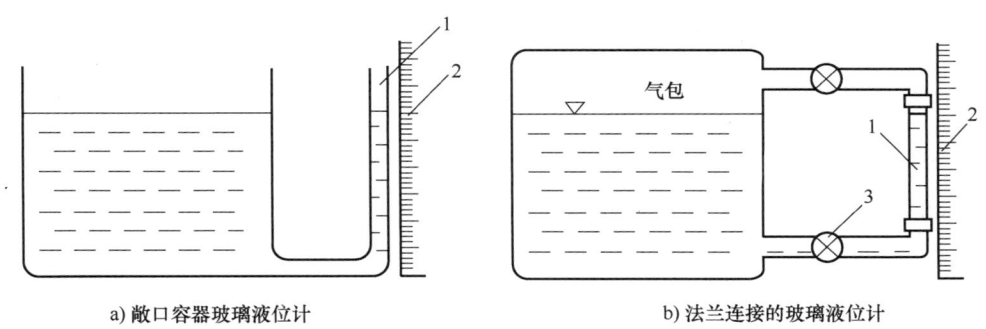

a) 敞口容器玻璃液位计　　　　　　　b) 法兰连接的玻璃液位计

图2-37 玻璃液位计原理图
1—玻璃液位计　2—标尺　3—法兰

玻璃板液位计实物如图 2-38 所示，它是将特制耐压的厚玻璃板镶嵌于压盖与承座之间，上下用阀门与储罐相连通，液位计上指示的液面高度即为储罐内液面的高度。工业上常用的玻璃板液位计长度为 500~1700mm，最大工作压力为 6.3MPa，耐热温度可达 400℃。而工业中玻璃管液位计的强度不及玻璃板液位计，长度为 300~1000mm，工作压力不大于 1.6MPa。

图 2-38　玻璃板液位计实物图

2.5.2　静压式物位检测

静压式物位检测仪表又可分为压力式物位仪表和差压式物位仪表。它利用液柱或物料堆积对某定点产生压力的原理进行工作，其中差压式液位计是一种较为常用的液位检测仪表。

差压式液位计是利用容器内液位改变时由液柱产生的静压也相应变化的原理工作的，如图 2-39 所示。

根据流体力学的原理可以得到：

$$p_B = p_A + H\rho g \qquad (2\text{-}14)$$

即

$$\Delta p = p_B - p_A = H\rho g \qquad (2\text{-}15)$$

式中，Δp 为 A、B 两点的差压；H 为 A、B 两点液位高度差；ρ 为介质密度；g 为重力加速度。

通常被测介质的密度是已知的，由式（2-15）可知，A、B 两点之间的压差与液位高度差成正比。

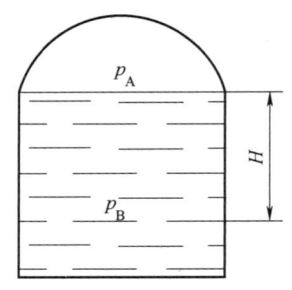

图 2-39　差压式液位计原理

因此，各种压力计、差压计和差压变送器都可以用来检测液位高度。

图 2-40 是利用差压变送器来检测液位的示意图。

检测敞口容器的液位如图 2-40a 所示，由于气相压力为大气压力，所以差压变送器的负压室通大气即可，这时作用在正压室的压力就是液位高度所产生的静压力 $H\rho g$。但必须注意，在使用前应调整好变送器的零点和量程。

如图 2-40b 所示，检测密闭容器（受压容器）的液位需要将差压变送器的负压室与容器的气相空间相连,以平衡气相压力的静压作用。这时作用于正压室和负压室的压力差依旧为 $H\rho g$。差压的大小同样代表了液位的高低。

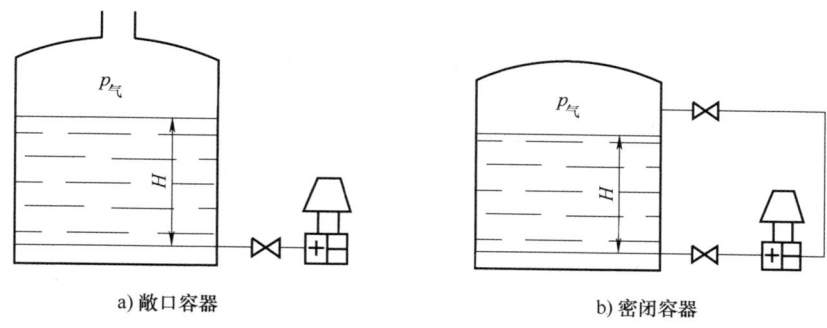

图 2-40 用差压变送器检测液位

当检测具有腐蚀性或含有结晶颗粒及黏度大、易凝固等液体的液位时,为解决引压管线被腐蚀或堵塞的问题,可以采用法兰式差压变送器,如图 2-41 所示。

变送器的法兰直接与容器上的法兰相连接,作为敏感元件的检测头(金属膜盒)经毛细管与变送器的检测室相通。在膜盒、毛细管和检测室所组成的封闭系统内充有硅油,作为传压介质,并防止被测介质进入毛细管与变送器,以免堵塞。法兰式差压变送器的检测部分及气动转换部分的动作原理与差压变送器相同。

法兰式差压变送器按其结构形式又分为单法兰式和双法兰式两种,法兰的构造又有平法兰和插入式法兰两种。

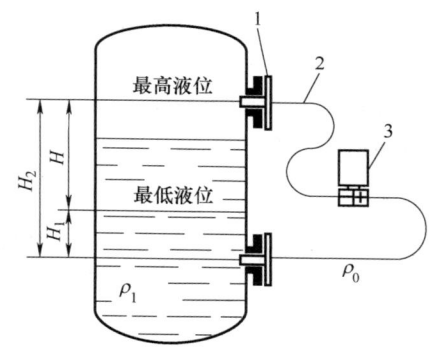

图 2-41 法兰式差压变送器检测液位示意图
1—法兰式检测头 2—毛细管 3—变送器

2.5.3 浮力式物位检测

浮力式物位检测仪表是利用浮子高度随液位变化而改变(恒浮力)或液体对浸沉于液体中的浮子(或称沉筒)的浮力随液位高度的变化而变化(变浮力)的原理工作的,主要包括浮筒式液位计、浮子式液位计等。

1. 钢带浮子式液位计测液位

钢带浮子式液位计是一种最简单的恒浮力式液位计,它通过测量漂浮于被测液面上的浮子(浮标)随着液面的变化上下移动而产生的位移来检测液位高低,即检测浮子所在位置可知液面高低。

浮子形状常见有圆盘形、圆柱形和球形等。下面以圆柱形为例进行介绍,如图 2-42 所示,浮子通过滑轮和绳带与平衡重锤连接,绳带的拉力与浮子的重量和浮力相平衡,可维持浮子处于平衡状态而漂在液面上,此时平衡重锤的位置就反映了浮子的位置,从而测知液位。但由于液体的黏性、传动系统的摩擦及浮子直径等因素,液位变化只有达到一定的值时(即浮子浸入液体的深度变化到一定值时),造成浮力发生变化,浮子才会动作,才可能带动重锤指示变化，这表明了液位计存在不灵敏区。选择合适的浮子直径以及减少摩擦阻力，可以改善液位计的灵敏度。

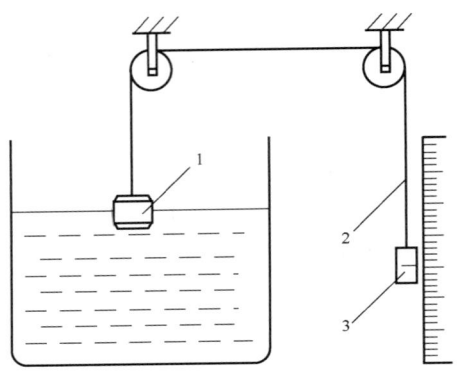

图 2-42　钢带浮子式液位计
1—浮子　2—钢带　3—重锤

钢带浮子式液位计一般只能就地读取液位高度，但可以通过光电原理将重锤位移转化为光电信号，即将液位变化转化为光电信号，便于进行传输和显示。如图 2-43 所示，信息码带与连接钢带同步升降，此时变送器可读取信息码带上的光码并转换成电信号，传送给安装在控制室的二次仪表，即显示出对应的液位。

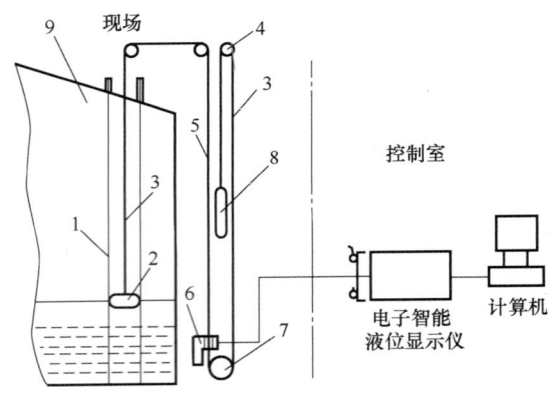

图 2-43　智能钢带浮子式液位计
1—导向钢丝　2—浮子　3—连接钢带　4—连接钢带导向轮　5—信息码带
6—变送器　7—信息码带导向轮　8—平衡重锤　9—储液罐

2. 浮筒式液位计测液位

浮筒式液位计的检测元件是浸没于液体中的浮筒，浮筒所受浮力随位移发生变化，此浮力变化再以力或位移变化的形式，带动电动或气动元件发出信号给显示仪表以显示液位，也可以实现液位的报警或调节。浮筒的长度就是仪表的量程，一般为 300~2000mm。如图 2-44 所示，这种液位计主要由变送器和显示仪表两部分组成，圆柱形的检测元件的浮筒部分沉浸于液体中，由弹簧悬挂，弹簧下端固定，上端受浮筒重力而拉伸。

设浮筒质量为 m，截面面积为 A，弹簧刚度为 k，压缩位移为 x，被测液体密度为 ρ，浮筒没入高度为 H。

起始位置弹性力与重力 G、浮力相平衡，则有：

$$kx = \rho g A H - G \quad (2\text{-}16)$$

当液位发生变化（ΔH）时，有：

$$k(k+\Delta x) = \rho g A(H+\Delta H-\Delta x) - G \quad (2\text{-}17)$$

以上两式相减，得：

$$\Delta H = \left(1 + \frac{k}{\rho g A}\right)\Delta x \quad (2\text{-}18)$$

由此可见液位高度变化与弹簧变形量 Δx（即浮筒的位移量）成正比，只要检测弹簧的变形量，即可确定液位的变化 ΔH，进而确定液体的液位高度。弹簧变形量可用多种方法测量，既可就地指示，也可用变换器（如差动变压器）变换成电信号进行远传控制。

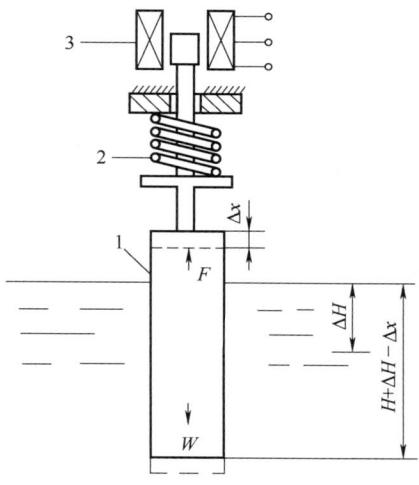

图 2-44 浮筒式液位计
1—浮筒 2—弹簧 3—差动变送器

2.5.4 机械接触式物位检测

1. 音叉式料位传感器测物位

音叉式料位传感器根据物料对振动中的音叉有无阻力，探知料位是否到达或超过某高度，并发出通断信号。这种传感器不需要大幅度的机械运动，驱动功率小，机械结构简单，灵敏而可靠。

音叉由弹性良好的金属制成，本身具有确定的固有频率，如外加交变力的频率与其固有频率一致时，叉体处于共振状态。由于周围空气对振动的阻尼作用微弱，金属内部的能量损耗又很少，所以只需微小的驱动功率就能维持较强的振动。

当粉粒体物料触及叉体之后，能量消耗在物料颗粒间的摩擦上，迫使振幅急剧衰减而停振。

为了给音叉提供交变的驱动力，可利用放大电路对压电元件施加交变电场，靠逆压电效应产生的机械力作用在叉体上。用另外一组压电元件的正压电效应检测振动，把振动力转变为微弱的交变电信号。再由电子放大器和移相电路，把检测元件的信号放大，经过移相，施加到驱动元件上去，构成闭环振荡器。在这个闭环中，既有机械能也有电能，叉体是其中的一个环节，倘若受到物料阻尼难以振动，正反馈的幅值和相位都将明显地改变，进而破坏振荡条件，导致叉体停振。只要在放大电路的输出端连接适当的器件，就可以得到开关信号。为了保护压电元件免受物料损伤和粉尘污染，一般将驱动和检振元件装在叉体内部，经过金属膜片传递振动，如图 2-45 所示，压电音叉的叉体结构就是依此设计的，如图 2-46 所示。

2. 重锤式料位计测物位

重锤探测法是一种比较粗略的检测方法，可用在某些精度要求不高的场合，它既可以连续测量，也可进行定点控制，通常都是用于定期测定料位。

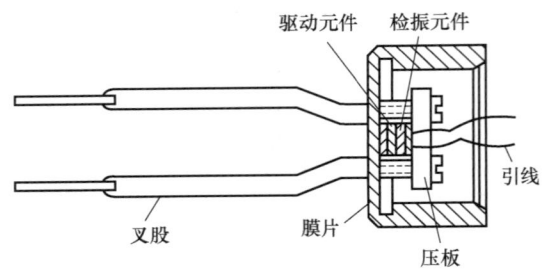

图 2-45　压电音叉的叉体结构图

图 2-46　压电音叉的叉体

重锤式料位计的工作原理如图 2-47 所示，重锤连在与电动机相连的鼓轮上，电动机发讯使重锤在执行机构的控制下动作，从预先定好的原点处靠自重开始下降，通过计数或逻辑控制记录重锤下降的位置；当重锤碰到物料时，产生失重信号，从而控制执行机构停止并反转，使电动机带动重锤迅速返回原点位置。重锤式料位计的实物如图 2-48 所示。

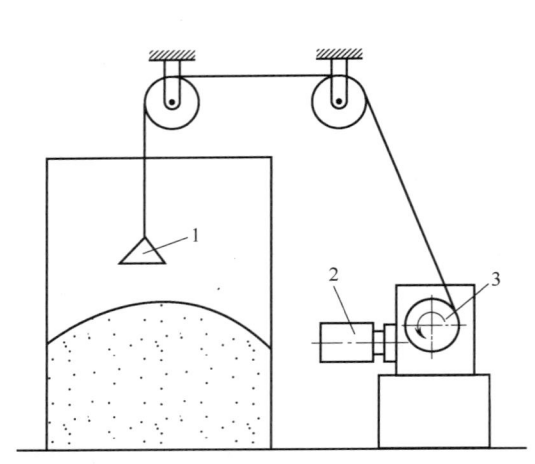

图 2-47　重锤式料位计原理示意图
1—重锤　2—伺服电动机　3—鼓轮

图 2-48　重锤式料位计实物图

2.5.5　电气式物位检测

电气式物位检测仪表根据物理学的原理将物位的变化转换为一些易测的电量变化，如电阻、电容、电磁场等的变化。电气式物位仪表就是通过测量这些电量的变化来测知物位的。这种仪表既适用于液位，也适用于料位，如电容式物位计、电容式液位开关等。

1. 电容式料位传感器测物位

利用物料介电常数恒定时极间电容正比于物位的原理，设计出了电容式料位传感器。它的特点是无可动部件,与物料密度无关,但要求物料的介电常数与空气的介电常数差别大,且需用高频电路。电容式料位传感器电极的结构如图 2-49 所示。

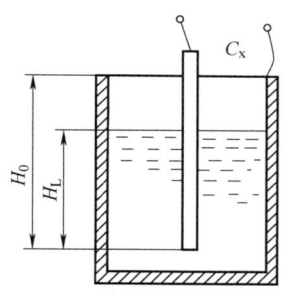
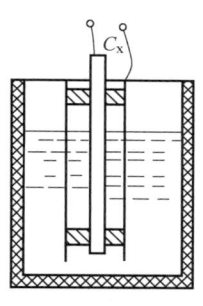
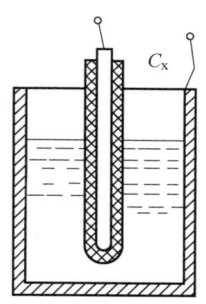

a) 绝缘液体单电极电容式料位计　　b) 套筒电容式料位计　　c) 导电液体单电极电容式料位计

图 2-49　电容式料位传感器的电极

图 2-49a 适用于导电容器中的绝缘性物料,且容器为立式圆筒形。其中,器壁为一极,沿轴线插入的金属棒为另一极,两电极间构成的电容 C_x 与料位成比例。也可悬挂带重锤的软导线作为电极。

图 2-49b 适用于非金属容器,或虽为金属容器但非立式圆筒形,且物料为绝缘性物料。这时在棒状电极周围用绝缘支架套装金属筒,筒上下开口,或整体上均匀分布多孔,以确保内外料位相同。中央圆棒和与之同轴的套筒构成两个电极,两电极间电容与容器形状无关,只取决于料位。这种电极只用于液位,因为粉粒体容易滞留在极间。

图 2-49c 用于导电性物料,其形状和位置和图 2-49a 一样,但中央圆棒电极上包有绝缘材料。电容 C_x 是由绝缘材料的介电常数和料位决定的,与物料的介电常数无关,导电物料使筒壁与中央电极间的距离缩短为绝缘层的厚度,料位升降相当于电极面积改变。

测两种液体间的界位时,如均为不导电液体,可用裸露电极;如其中一种(只限一种)为导电液体,就必须用包裹绝缘层的电极。电容法也用于粉粒体料位测量,但应注意物料中含水分时将对测量结果影响很大。

2. 电阻式料位传感器测物位

电阻式液位计既可进行定点液位控制,也可进行连续测量。所谓定点控制是指液位上升或下降到一定位置时会引起电路的接通或断开,从而引发报警器报警。电阻式液位计是基于液位变化引起电极间电阻变化的原理,由电阻变化反映液位情况。

连续测量的电阻式液位计原理如图 2-50 所示,该液位计的两根电极由两根材料、截面面积相同的具有大电阻率的电阻棒组成,电阻棒两端固定并与容器绝缘。整个传感器电阻 R 确定如下:

$$R = \frac{2\rho}{A}(H-h) = \frac{2\rho}{A}H - \frac{2\rho}{A}h = K_1 - K_2 h \tag{2-19}$$

式中,H 为电极长度;A 为电极截面面积;ρ 为电阻率;h 为液位高度;K_1、K_2 为常数。

该传感器的材料、结构与尺寸确定后,电阻大小仅与液位高度有关。电阻的测量可用图中的电桥电路完成,其中,R_1、R_2、R_3为桥路电阻。

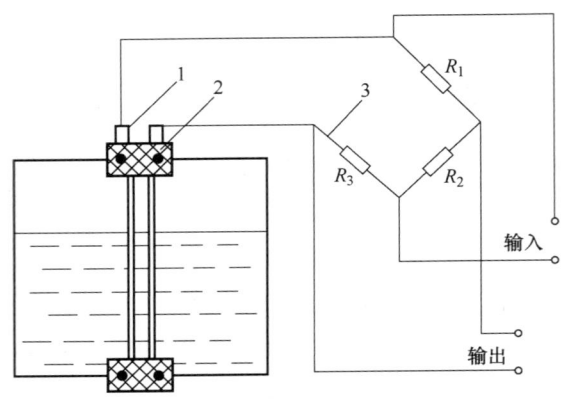

图 2-50　电阻式液位计原理示意图
1—电阻棒　2—绝缘套　3—测量电桥

3. 电感式料位传感器测物位

电感式液位计利用电磁感应现象,通过液位变化引起线圈电感变化,感应电流也随之发生变化。电感式液位计既可进行连续测量,也可进行液位定点控制。

电感式液位控制器的原理如图 2-51 所示。传感器由不导磁管子、导磁性浮子及线圈组成。管子与被测容器相连通,管子内的导磁性浮子浮在液面上,当液面高度变化时,浮子随之移动。线圈固定在液位上下限控制点,当浮子随液面移动到控制位置时,会引起线圈感应电势变化,以此信号控制继电器动作,可实现上、下液位的报警与控制。

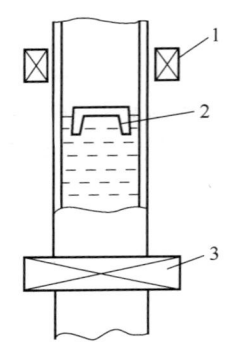

图 2-51　电感式液位计原理示意图
1,3—上下限线圈　2—浮子

2.5.6　其他物位检测

1. 超声式物位传感器测物位

声波在各种介质传播时都呈现一定的阻抗,声阻抗与介质的密度和弹性有关。如果两种介质的声阻抗相差很大,声波在作用到这两种介质的分界面上时,就会从分界面上反射回来,只剩一小部分能透过界面继续传播,超声式物位传感器就是利用这个原理来进行工作的。

(1) 液介式超声液位传感器

液位传感器利用压电元件所制的超声波换能器进行超声波的发射和接收,压电元件几乎全采用锆钛酸铅(即 PZT)压电陶瓷。发射超声波时利用逆压电效应,接收超声波时利用正压电效应。发射和接收这两个换能器的构造是一样的,只是工作任务不同。

液介式所用换能器浸没在液体中,依靠液体传声,其声速受温度影响。图 2-52 所示,校正装置中的浮子 1 可带动装有反射靶 2 的摆杆 3 绕下端支点摆动,摆杆上还装有校正用的换能器 4,超声波经靶 2 反射回到换能器 4,用来校正声速。因为距离 L_0 是已知的,根据声波在反射靶和换能器 4 之间往返一次所需的时间,便可算出实际声速。因为摆杆倾斜,所以所测声速是液体上下层声速的平均值,以免因上下层温度不同、密度不等,而造成声速测量的误差。

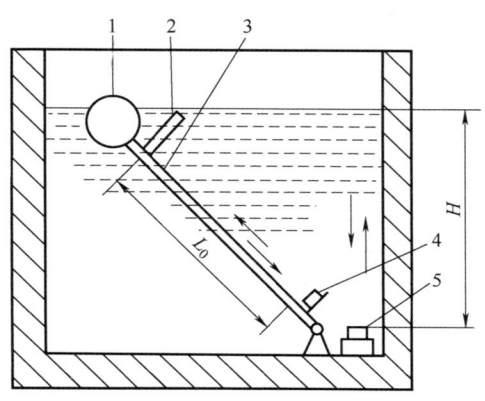

图 2-52 液介式超声液位测量声速校正原理
1—浮子 2—反射靶 3—摆杆 4,5—换能器

图 2-52 中的换能器 5 向上方发射超声脉冲,并接收液面回波。根据它所测出的往返时间 t 和前述的校正装置测得的平均声速 c,可计算出液位 H:

$$H = \frac{1}{2}ct \tag{2-20}$$

若校正装置的声波往返时间是 t',且知:

$$L_0 = \frac{1}{2}ct' \tag{2-21}$$

所以有:

$$H = \frac{t}{t'}L_0 \tag{2-22}$$

(2) 气介式超声液位传感器

连续测量液位时,利用反射原理,发射换能器发出超声脉冲,到达液面后反射回来由接收换能器接收。根据声波往返时间,在已知声速的条件下判断液位(实际是超声测距原理)。发射和接收可由同一换能器担任,先由它发射,随即转为接收。如换能器装在液面以上的气体介质中垂直向下发射和接收,则称为气介式。这种设计最大好处是换能器不必和液体接触,从而有利于防腐蚀和防渗漏,而且遇有黏性的液体和含有颗粒杂质或气泡的液体,也不妨碍测量工作。

若已知声波在空气中的传播速度为 c,在测得声波往返时间 t 之后,可求出换能器至液面的距离 l,计算公式如下:

$$l = \frac{ct}{2} \tag{2-23}$$

然后,根据已知的换能器安装高度 L(从液位为零的基准面算起),便可求出当时的液位 H:

$$H = L - l \tag{2-24}$$

但声波在气体介质中的传播速度受温度和压力影响,并非常数,这给测量带来困难。为了避免声速变化引起误差,可采用图 2-53a 所示的措施。图中可见,换能器发出的超声波束靠近容器壁,在壁上安装多个反射板,各板等距排列,这些板对声波都有反射作用,使回波声强 p 随时间 t 变化的曲线中呈现若干小脉冲,曲线中最后出现的大脉冲是由液面反射造成的,如图 2-53b 所示。只要将小脉冲的数目计数,便可知液面位置,而脉冲计数是十分容易的。

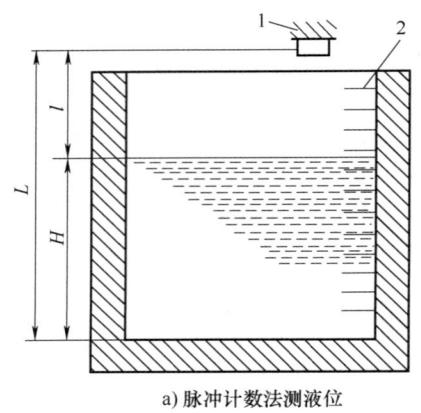 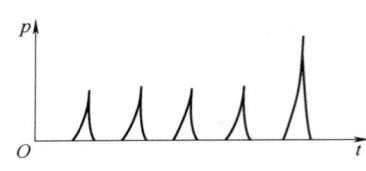

a) 脉冲计数法测液位   b) 反射声强随时间变化图

图 2-53 气介式超声液位测量原理
1—换能器 2—反射板

由于各反射板等距安装,每个小脉冲所对应的距离已知,因此最后出现的大脉冲位置可用插入法求出。脉冲计数及液位 H 的求解都由数字电路或微处理器系统完成,这样就不必考虑声速变化的影响了。

由于气介式在防腐和维护方面比液介式优越得多,且可测黏性和含杂质的液体,所以气介式的应用更为广泛。气介式超声测距原理也可用于料位测量,但颗粒尺寸和休止角都应该尽量小,否则表面太不平整,声波散射严重,就不能有效地接收回波。

2. 核辐射式物位传感器测物位

核辐射式物位计是利用放射源产生的核辐射线(通常为 γ 射线)穿过一定厚度的被测介质时,射线的投射强度随介质厚度的增加而呈指数规律衰减的原理来测量物位的。

点状放射源与接收器固定在设备的一定位置上。如图 2-54a 所示,放射源装于容器底部,探测器装于容器的顶部,射线穿过被测液体和液体上方的气体,这种方式可连续检测液位;图 2-54b 所示为定点物位检测方法,将放射源和探测器相向安装在容器的同一水平面上,当物位超过和低于此平面时,接收器接收到的射线强度会发生急剧变化,显示仪表即可显示此时的物位高度并可发出上、下限报警信号,但不能进行物位的连续测量;如图 2-54c

所示，放射源和探测器分别安装在容器的下部和上部，射线穿过容器中的被测介质和介质上方的气体后到达探测器，随着容器内物位的变化，射线的衰减程度也发生相应的变化，这种方法可对物位进行连续测量，但测量范围较窄，测量准确度较低。

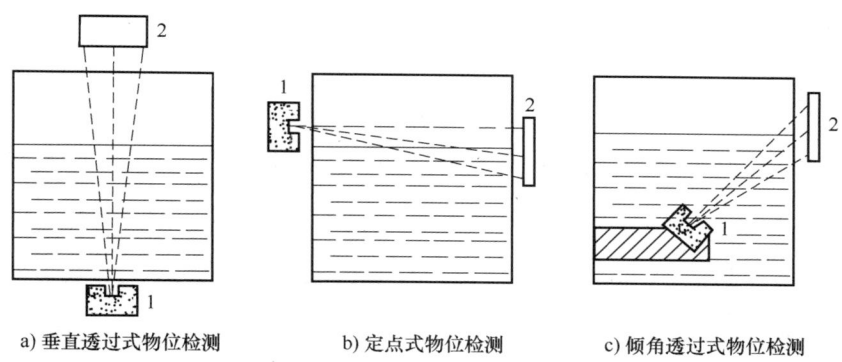

a）垂直透过式物位检测　　b）定点式物位检测　　c）倾角透过式物位检测

图 2-54　核辐射式物位计原理示意图

1—放射源　2—探测器

核辐射式物位计的优点为检测元件（放射源）不与被测介质直接接触，放射源的辐射不受介质温度、压力等的影响，适用性广如高压、高温、低温等容器中的高黏度、强腐蚀性、易燃、易爆等介质的物位、介质分界面、散料、块料的料位及特殊环境下的物位厚度测量。但需注意射线对人体有危害，使用时必须采取严格的防护措施。

3. 微波式物位传感器测物位

微波式物位传感器（图 2-55）是雷达无线电检测与测距技术衍化而来的，故俗称雷达物位计。雷达波是一种特殊形式的电磁波，传播速度相当于光速，其频率为 300M～3000GHz。

图 2-55　微波式物位传感器实物图

如图 2-56 所示，微波式物位传感器发射微波探测信号，当遇到被测物料时，在物料表面产生反射，反射的微波被雷达头接收，并将其传输给电子线路微处理器对此信号进行处理，从而识别出微波在物料表面所产生的回波，正确的回波信号识别由智能软件完成。图中，H 为安装短管高度，E 为罐高度，F 为天线距罐底高度，L 为物料高度，D 为被测物料与天线的距离。

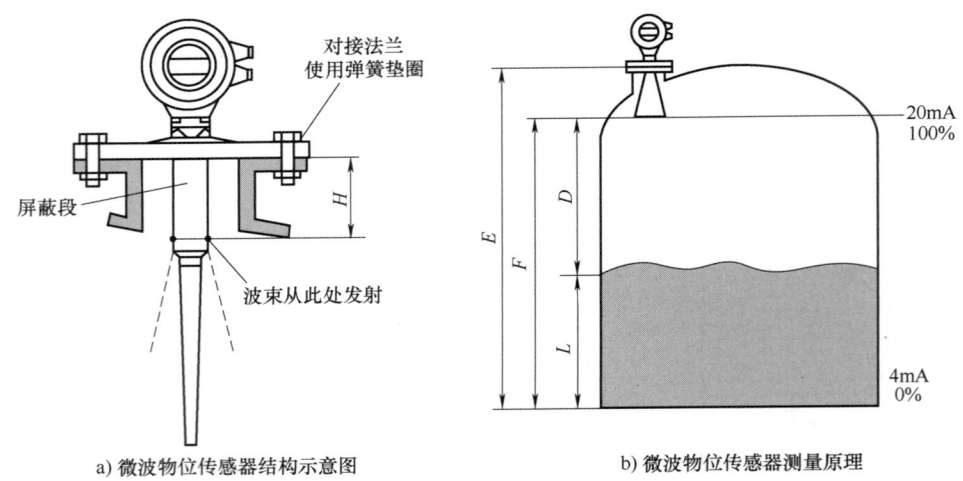

a) 微波物位传感器结构示意图   b) 微波物位传感器测量原理

图 2-56　微波式物位传感器测物位示意图

思 考 题

1. 简述敏感元件、传感器、变送器、信号转换器之间的异同。
2. 查找并列举当前通用的标准信号。
3. 简述膨胀式温度计的分类及其优缺点。
4. 简述热电偶测温与热电阻测温的异同。
5. 简述压力计的分类及其原理和特点。
6. 简述节流现象和节流原理。
7. 简述电磁式流量传感器的工作原理及优缺点。
8. 简述超声式流量传感器的测定原理。
9. 简述恒浮力法和变浮力法液位测量的原理、特点及适用场合。
10. 简述超声式物位传感器与微波式物位传感器的异同。

第 3 章 有毒有害气体检测与监控

随着社会的发展与科技的进步，人类在工业生产和日常生活中都不可避免地排放各类气体，如汽车尾气（CO、SO_x 等）的排放；新装修的房屋内甲醛等挥发性有机化合物（VOC）气体的溢出，工业生产中 SO_2、O_3 等气体的排放。这些气体会引发各种问题，甚至导致灾害和事故的发生。例如，2017 年 5 月 7 日，湖南省株洲市攸县黄丰桥镇中洲村的非法冶炼小作坊违法排放一氧化碳等有毒有害气体，引发重大中毒窒息事故，造成相邻吉林桥矿业有限责任公司 18 人死亡、4 人重伤、33 人轻伤，直接经济损失 2056.6 万元。

从居民厨房的天然气泄漏预警、大气温室气体的监测，再到大型工厂的工业用气泄漏监测，有毒有害气体的监测已成为建设环保型社会的重要内容。坚持精准治污、科学治污、依法治污，开展气体检测与安全监测技术的研究和探讨，对于有毒有害气体的有效监测和防控，维护生态环境的稳定，保护人类健康安全等具有非常重要的意义。

3.1 有毒有害气体的分类及特性

有毒有害气体从基本概念上讲就是可能对生命和财产造成危害的气体。从这一定义出发，司空见惯的氧气也可以看成是引起危险的有害气体，因为氧气不足可能引起人员窒息死亡，而氧气过量可能加速或产生爆炸、燃烧。事实上，随着全球工业化和新技术、新应用的发展，有毒有害气体已经越来越多地存在于各类工业行业和生活环境之中。所有的人都可能在不知不觉中受到这些有毒有害气体的威胁。因此，如何在各种工作、生活环境中准确地监测和检测各类有毒有害气体的存在和浓度，是现在必须面对的问题。

3.1.1 有毒有害气体的种类

从气体可能产生的危险的角度上讲，有毒有害气体一般可划分为以下三类。

可燃性气体：可能引起爆炸、燃烧的可燃性气体，如天然气、瓦斯等。

有毒气体：可能引起人员中毒的无机和有机类有毒气体，如氧化碳、苯等。

窒息性气体：可能由于存在量过大而引起氧气不足，造成人员窒息的气体，如二氧化碳、氮气等。

1. 可燃性气体

可燃性气体的涉及面十分广泛，凡在空气中可以燃烧的气体都属于可燃性气体，如日常生活中的城市煤气、液化石油气、工业原料气（乙烯、丙烷）、煤矿中的甲烷等。在石油化工生产中，有关规则规定：表 3-1 所示气体中的 32 种气体及爆炸下限含量在 10% 以下或爆炸上限（UEL）与爆炸下限（LEL）含量差大于 20% 的气体称为可燃性气体。表 3-1 所列的 38 种可燃性气体均为最常见的可燃气体或可燃有毒气体，也是石化生产环境有可能存在的气体。

表 3-1　常见的可燃性气体和有毒气体

序号	归属 可燃	归属 有毒	物质名称	化学式	爆炸极限（%）LEL	爆炸极限（%）UEL	允许浓度 ppm	允许浓度 mg/m³
1	√		乙炔	C_2H_2	2.5	82	1000	—
2	√		乙醛	C_2H_4O	4.0	57	—	0.4
3	√		乙烷	C_2H_6	3.0	15.5	500	—
4	√		乙胺	C_2H_7N	3.5	14	—	18
5	√		乙苯	C_8H_{10}	1.0	6.7	—	50
6	√		乙烯	C_2H_4	2.7	36	200	—
7	√		氯乙烷	C_2H_5Cl	3.6	14.8	1000	2600
8	√		氯乙烯	C_2H_3Cl	3.6	33	—	30
9	√		环氧丙烷	C_3H_6O	2.1	21.5	—	20
10	√		环丙烷	C_3H_6	2.4	10.4	400	—
11	√		二甲胺	C_2H_7N	2.8	14.4	—	10
12	√		氢气	H_2	4.0	75.6	—	—
13	√		丁二烯	C_4H_6	1.1	11.5	—	2200
14	√		丁烷	C_4H_{10}	1.5	8.5	—	1800
15	√		丁烯	C_4H_8	1.6	10	—	100
16	√		丙烷	C_3H_8	2.1	9.5	—	1800
17	√		丙烯	C_3H_6	2.0	12.6	1000	—
18	√		甲烷	CH_4	5.0	15.0	0.5	—
19	√		二甲醚	C_2H_6O	3.45	26.7		
20	√	√	丙烯腈	C_3H_3N	2.8	28	—	45
21	√	√	一氧化碳	CO	12.5	74.2	—	30
22	√	√	丙烯醛	C_3H_4O	2.8	31	—	0.05
23	√	√	氨气	NH_3	16	25	39.53	30
24	√	√	一氯甲烷	CH_3Cl	8.1	17.4	—	120
25	√	√	氧乙烯	C_2H_4O	3	100	5	9.83
26	√	√	氰化氢	HCN	5.6	40	—	<1
27	√	√	三甲基胺	C_3H_9N	2.0	11.6	—	5
28	√	√	二硫化碳	CS_2	1	60	—	25

（续）

序号	归属		物质名称	化学式	爆炸极限（%）		允许浓度	
	可燃	有毒			LEL	UEL	ppm	mg/m³
29	√	√	溴甲烷	CH_3Br	10	16	—	2
30	√	√	苯	C_6H_6	1.2	7.8	—	10
31	√	√	甲胺	CH_3NH_2	4.9	20.8	—	5
32	√	√	硫化氢	H_2S	4.3	45.5	10	10
33		√	二乙胺	$C_4H_{11}N$	1.8	10.1	25	75
34		√	二氧化硫	SO_2	—	—	—	5
35		√	氯气	Cl_2	5.5	23.5	—	1
36		√	光气	$COCl_2$	—	—	2.2	0.5
37		√	氯丁二烯	C_4H_5Cl	1.6	8.6	1.03	3.6
38		√	氟	F_2	—	—	1	1

注：1. 对成分浓度的表示方法有两种，一种是质量浓度表示法，每 $1m^3$ 混合物中所含指定成分的质量数，即 mg/m^3；另一种是体积浓度表示法，1ppm 意味着在 100 万份的混合物中，有 1 份是指定成分，即 ppm。目前中国采用质量浓度表示法作为标准方法，国际上仍多采用体积浓度表示方法。ppm 与 mg/m^3 的换算公式为：$mg/m^3 = M/22.4 \times ppm \times [273/(273+T)] \times (Ba/101325)$。在浓度单位 ppm 与 mg/m^3 的换算公式中，M 表示气体分子量，ppm 表示测定的体积浓度值，T 表示温度，Ba 表示压力。

2. 氯气不具有可燃性，但它有助燃性。

对生产环境中常见的可燃性气体进行安全监测时，以可燃性气体浓度为检测对象，以可燃性气体的爆炸极限为标准来确定测量与报警指标。能使火焰蔓延或爆炸的可燃性气体或蒸气的最低浓度，称为该气体或蒸气的爆炸下限。同理，能使火焰蔓延的最高浓度称为该气体或蒸气的爆炸上限。爆炸极限浓度通常用可燃性气体的体积分数表示，爆炸下限用 LEL（Lower Explosive Limit）表示，爆炸上限用 UEL（Upper Explosive Limit）表示。有些可燃性气体测量报警仪表以 LEL（%）做测量单位，即以某种可燃性气体的爆炸下限为满刻度（100%）。

链烷烃类的爆炸下限可用下式估算：

$$LEL = 0.55 C_0 \tag{3-1}$$

式中，C_0 为可燃性气体完全燃烧时的化学计量浓度。

在某些作业环境中，存在多种可燃性气体，它们与空气形成具有复杂组成的可燃性气体混合物。混合可燃气体爆炸下限可根据各组分已知的爆炸下限求出：

$$LEL_{混} = \frac{100}{\dfrac{C_1}{LEL_1} + \dfrac{C_2}{LEL_2} + \cdots + \dfrac{C_n}{LEL_n}} \tag{3-2}$$

式中，LEL 为混合可燃气体爆炸下限；$C_1 \sim C_n$ 为各组分在总体积中所占的体积分数，且 $C_1 + C_2 + \cdots + C_n = 100$；$LEL_1 \sim LEL_n$ 为各组分爆炸下限。

该算式引入算术平均的概念，它的物理意义是若各种可燃气体同时着火，达到爆炸下限所必需的最低发热量由各组分可燃气体共同提供。

2. 有毒气体

在工业生产过程中使用或产生的对人体有害，能引起慢性或急性中毒的气体或蒸气称为有毒气体。有毒物质绝大部分为气体或蒸气。需指出，表 3-1 中列出的常见的可燃性气体和有毒气体，其中有所重叠，即有些气体既是可燃性气体又是有毒气体，因此在测量仪表的选用上要特别加以注意。

在工业生产过程中进行有毒气体监测时，是以有毒气体浓度为检测对象，并以有毒气体的最高允许浓度为标准确定监测与报警指标的。所谓最高允许浓度，是指人员工作地点空气中的有害物质在长期、分次、有代表性的采样测定中均不应超过的浓度值，以确保现场工作人员在经常性的生产劳动中不会受到急性和慢性职业危害。我国采用最高允许浓度作为卫生标准。除最高允许浓度外，有毒气体还有以 TLV 作为卫生标准的。TLV 即阈限值，是指空气中有毒物质的浓度。在此浓度下，几乎全体现场工作人员每日重复接触也不会受到有害影响。

3. 窒息性气体

窒息性气体是指吸入人体后能引起呼吸困难的气体。工农业生产中常见的窒息性气体包括氯气、甲烷、二氧化碳、惰性气体、一氧化碳、气态氰化物、气态硫化物等。按对人体的作用，窒息性气体又分为以下几类：

（1）单纯窒息性气体

这类气体本身并没有毒性，只是随着它的浓度增加，空气中氧的含量相应减少，才使人窒息，如二氧化碳、甲烷、氯气等。

（2）化学性窒息性气体

这类气体随着呼吸进入人体后发生化学反应，它与血液中红细胞的结合能力大于氧与红细胞的结合能力，从而使人的机体因缺氧而引起窒息，如一氧化碳、氰化氢等。

（3）刺激上呼吸道的气体

此类气体对鼻、咽喉等有刺激作用，易引起炎症，如氨、二氧化硫等。

（4）刺激肺脏的气体

此类气体会强烈刺激肺脏，引起肺炎、肺水肿等症状，如光气、二氧化氮等。根据使用方式不同，气体测量仪表一般分为携带式和固定式两种类型。其中，固定式装置多用于连续监测报警；携带式多用于携带检查泄漏和事故预测。

（5）对中枢神经有损伤的气体

此类气体进入人体后会使中枢神经麻痹、麻醉，从而引起中枢神经损伤，如汽油等。

其中，一氧化碳是工业生产中分布最广的有害气体，一旦含碳物质不完全燃烧就会产生一氧化碳。由于一氧化碳与血红蛋白的亲和力要比氧与血红蛋白的亲和力大约 300 倍，因此容易阻碍氧的释放，造成人体缺氧。一氧化碳中毒表现为头痛、头晕、恶心、呕吐、四肢无力、面色潮红、口唇樱桃红色、脉快、烦躁、步态不稳、意识模糊甚至昏迷。一旦发现中毒者，应立即移到新鲜空气处，并尽快送医院抢救。

长期接触一氧化碳容易造成慢性中毒，引发神经衰弱综合征，表现为记忆力减退、无力等，心血管系统也会受到损害。预防一氧化碳中毒，主要是要经常测定作业环境空气中一氧化碳浓度，维修煤气管道防止漏气；对于会产生一氧化碳的生产过程，做好密封与通风设施；在较危险的区域安装自动报警仪；凡进入危险区工作时须戴防毒面具，作业后应立即离开，并适当休息；作业时最好多人同时工作，以便发生意外时能自救、互救。

3.1.2 有毒有害气体的危险特性

有毒有害气体的危害主要体现在燃烧性、毒害性、窒息性、腐蚀性、爆炸性及可能发生或加速氧化、分解、聚合等化学反应等方面。由于气体的扩散不受地形的限制,一些自然条件,比如风向、温度等,都会影响气体的扩散速度,在泄漏或事故现场形成不断变化的燃烧爆炸或毒害危险区,进而波及更多的地方,形成比固体或液体泄漏更大的危险。

1. 燃烧性

可燃气体的燃烧往往同时伴有发光、发热等激烈的反应,由于燃烧产物的体积急剧膨胀,从而对周围的人员和环境造成巨大的压力冲击和高温破坏。因此,防护可燃气体的发生、扩散及对火源的控制一直是石化、化工、煤矿、市政安全工作的重中之重。

根据燃烧条件,燃烧必须同时具备可燃物、助燃物、点火源及连续反应的链式环境。对易燃气体而言,一旦泄漏并与空气接触,就已存在可燃物和助燃物两个条件,如果泄漏持久,可燃性气体的浓度和空气(氧气)就会达到一定的比例范围,若再存在火源,则发生爆炸就无法避免,而不断泄漏的可燃气体形成链式反应,就会引起持续燃烧。因此,要消除可燃气体的燃烧危险性,就必须严防易燃气体泄漏到空气中,同时阻止火源引入其中,或在易燃气体容易泄漏的场所,严格控制火源的出现,比如撞击、摩擦、绝热压缩、冲击波、明火、加热、高温、热辐射、电火花、电弧、静电、雷击、紫外线、红外线、放射线辐射、化学反应热、催化作用等。

2. 毒害性

有毒气体的毒害性可以通过吸入或皮肤接触途径侵入人体,它们与人体组织发生化学或物理化学作用,从而造成对人体器官的损害,破坏人体的正常生理机能,引起功能性病变或器质性病变,导致暂时性或持久性病理损害,甚至危及生命。

有毒气体的毒性影响与有毒气体的本身性质、侵入人体的途径和侵入数量、暴露接触时间长短、作业人员防护设施用品及身体素质等各种因素有关。

在各类涉及有毒化学品的工作场所,可能会存在各种各样的有毒气体,《工作场所有害因素职业接触限值 第1部分:化学有害因素》(GBZ 2.1—2019)对有毒物质在作业场所空气中的最高容许浓度有明确规定。需要注意的是,这一规定是作为正常工作或临时工作时可允许有毒气体存在的浓度(如TWA、STEL等)的依据,换句话说,是作为不能引起慢性中毒的最低标准浓度,也是在工作环境中允许工人工作的最高浓度。当然,由于持续泄漏和通风不畅等原因,这些已经存在的有毒气体的浓度也可能通过不断积累达到中毒和致死浓度。

3. 窒息性

在实际工作中,由于不燃(惰性)气体存在而造成窒息危害(缺氧)的现象经常出现。大多数惰性气体,如二氧化碳、氮气等,都无色无味,其化学性质稳定且不易分解。一旦窒息性气体大量存在,就会使得氧气浓度下降,造成密闭空间内局部区域氧气含量下降。

例如,为驱散密闭容器内的有毒有害气体,经常要使用惰性气体进行置换,此时若未能及时引入新鲜空气,而工人立即进入其内部进行检修作业,就会发生氧气不足,甚至造成窒息的危险;另外,在密闭空间或有限场所进行长时间消耗氧气的工作(如焊接),也可能造成这种窒息危险。要预防工业气体窒息危害，必须按《缺氧危险作业安全规程》（GB 8958—2006）的规定采取安全防护措施，加强氧含量检测，由专人监护作业，防止危险发生。

4. 腐蚀性

很多具有强氧化还原性的有毒气体都会具有腐蚀性，如氯气就是一种具有高毒性及腐蚀性的有毒有害气体，在发生氯气泄漏的突发事件时，氯气的毒性和腐蚀性都会作为此类气体的主要危险加以防护。

5. 爆炸性

爆炸是指一个物质从一种状态转化为另一种状态，并在瞬间以机械功的形式放出大量能量的过程。爆炸有物理性爆炸和化学性爆炸两种。物理性爆炸是物质因状态和压力发生突变等物理变化而形成的，压缩气体超压及液化气受热气化引起的爆炸就属于物理性爆炸。物理性爆炸前后物质的化学成分及性质均无变化。化学性爆炸是指由于物质发生极其激烈的化学反应，产生高温、高压并释放出大量的热量而引起的爆炸。化学性爆炸以后物质的性质和成分均发生变化。可燃性气体混合物爆炸、分解爆炸就属于化学性爆炸。

有害气体的爆炸危险特性主要指化学性爆炸。在工作中，需要特别注意那些化学性质非常活泼（主要指容易氧化、分解或聚合）的气体。例如，氯气具有很强的氧化性，它可氧化活泼金属和氢气，生成氯化物，同时发热燃烧。含过氧基的氧化剂比氧气的氧化性更强（如环氧乙烷），它遇到胺、醇等多种有机物会发生强烈的氧化反应。

与上面谈到的在开放区域的燃烧性相比，有害气体的爆炸性更多体现在密闭空间中的可燃性气体或化学活性较高的气体造成的危害。

3.1.3 有毒有害气体的存在领域

可以说，在人类工作的任何环境中，都可能遇到有毒有害气体的威胁。因此，毫不夸张地讲，只要是有人工作的地方，管理者都要关注在此工作环境中可能的有毒有害气体的存在。

石油化工行业是有毒有害气体容易发生和产生危险的重要领域。石油化工生产过程中的原料、中间产品、最终产品大多属于危险化学品，其固有的巨大能量和危险性会给人们的生命财产安全带来极大的威胁。稍有不慎就会造成事故，带来巨大的灾难。

石油化工生产的特点决定了有毒有害气体检测在其中的重要性。石化生产过程中所使用的原材料、辅助材料、半成品和成品，如原油、天然气、汽油、液态烃、乙烯、丙烯等，绝大多数属易燃、可燃物质；另外，许多物料也是高毒和剧毒物质，如苯、甲苯、氰化氢、硫化氢、氯气等，这些物料若处置不当或发生泄漏，就会在空气中挥发产生有毒有害气体；同时，石化生产过程中还要使用、产生多种强腐蚀性的酸、碱类物质，它们可能会使设备、管线出现腐蚀而导致有毒有害气体泄漏。

石化生产装置呈现大型化和单系列的趋势发展，自动化程度高，只要有某一部位、某一环节发生故障或操作失误，就会牵一发而动全身。同时，石化生产过程的连续性强，在一些大型一体化装置区，装置之间相互关联，物料互供关系密切，一个装置的产品往往是另一装置的原材料，局部的问题往往会影响全局。由于石化装置技术复杂，设备制造、安装成本高，装置资金密集，因此事故造成的财产损失巨大。

煤矿的安全工作已经成为我国煤矿生产中最大的威胁。由于我国经济发展对于能源需求的不断加大，各地煤矿生产蒸蒸日上。据调查，全国国有重点煤矿有一半左右属于高瓦斯（甲烷）或瓦斯突出矿井，瓦斯事故已经成为煤矿安全生产的最大危害。

环境应急事故是有毒有害气体存在的另一个比较大的领域。环境事故中的气体泄漏可能是对环境造成威胁最大的一个方面。

城市基础设施的安全问题同样不可轻视，城市下水道爆炸事故屡见报端，电信职工、环卫工人进入地下密闭空间中毒、窒息死亡的事故也时有耳闻。

3.2 有毒有害气体测量仪表及原理

为了保护环境，保障人的身体健康，保证安全生产和预防火灾爆炸事故发生，必须首先确定生产和生活环境中可燃性气体的爆炸下限和有毒气体的最高允许浓度的阈限值，以及氧气的最低浓度阈限值，以便通过应用各种类型的测量仪器、仪表对这些气体进行检测。

可燃性气体的监测标准取决于可燃物质的危险特性，且主要是由可燃性气体的爆炸下限决定的。从监测和控制两方面的要求来看，监测首先应做到可燃性气体与空气混合物中可燃性气体的浓度达到阈限值时，给出报警或预警指示，以便采取相应的措施，而其中规定的浓度阈值和可燃性气体与空气混合物的爆炸下限直接相关，一般取爆炸下限的10%左右作为报警阈值。当可燃性气体的浓度继续上升，一般达到其爆炸下限的20%~25%时，监控功能中的联动控制装置将产生动作，以免引发火灾和爆炸事故。

有毒气体的监测标准由多种气体的环境卫生标准来确定。

3.2.1 有毒有害气体测量仪表的分类

根据《作业场所环境气体检测报警仪 通用技术要求》（GB 12358—2006）中规定的气体传感器的基本工作方式和原理来划分，目前用于测量可燃性气体和多种气体的仪器、仪表可按其功能、检测对象、检测原理、使用方式、使用场所等分为以下几类。

1) 按其功能分类，有气体检测仪表、气体报警仪表和气体检测报警仪表三种类型。

2) 按其检测对象分类，有可燃性气体检测报警仪表、有毒气体检测报警仪表和氧气检测报警仪表三种类型，或者将适于多种气体检测的统称为多种气体检测报警仪表。

3) 按其检测原理分类，一般可燃气体检测有催化燃烧型、半导体型、热导型和红外线吸收型等；有毒气体检测有电化学型、半导体型等；氧气检测有电化学型等。

4) 根据使用方式不同，气体测量仪表一般分为固定式和携带式两种类型。其中，固定式装置多用于连续监测报警；携带式多用于携带检查泄漏和事故预测。

5) 根据工业生产环境，尤其是石油化工场所防爆安全的要求，气体测量仪表分为常规型和防爆型两种。其中，防爆型多制成固定式，用于在危险场所进行连续安全监测。

6) 按检测器采样的方式分类，可以分为吸气式和扩散式两类。前者利用泵吸作用将被测气体吸入，流经产生信号的部位，通常灵敏度较高，响应时间较短；后者利用浓度差的推动力，被测组分通过扩散进入产生信号的部位，响应速度受扩散速度的制约，一般响应时间稍微长些。固定式检测报警系统多数采用扩散式，仪器简单且能满足要求。

3.2.2 有毒有害气体传感器的工作原理

气体传感器作为传感器的一种，其功能就是将器件所在环境中存在的气体分子信号转化为可输出的信号（如电流、电阻等）。气体传感器由气敏部件、电源部件、信号采集部件及主板等部件组成。但是发挥气体传感功能的核心部件就是气敏部件中的气敏材料。气体传感器的原理是气敏材料与气体分子相互作用之后，气敏材料的性能发生改变，通过测量性能的变化就可以间接地表征出环境中气体的参数。以下根据气体传感器的检测原理，对常用的传感器类型进行介绍。

1. 接触/催化燃烧式气体传感器

接触燃烧式气体传感器，一般用于石油化工、造船厂、矿山及隧道等场合，以检测石油类可燃性气体的存放情况和防止危险事故发生。

此类仪器利用可燃性气体在有足够氧气和一定高温条件下发生催化燃烧（无焰燃烧），放出热量，从而引起电阻变化的特性，达到对可燃性气体浓度进行测量的目的。这类可燃气体测量仪器采用有代表性的气体传感材料，即铂丝+催化剂（如 Pd、Pt、Al_2O_3、CuO），其具有体积小、质量轻的特点。

可燃性气体（H_2、CO 和 CH_4 等）与空气中的氧接触，发生氧化反应，产生反应热（无焰接触燃烧热），使得作为敏感材料的铂丝温度升高，具有正的温度系数的金属铂的电阻值相应增加，并且在温度不太高时，电阻率与温度之间呈现出良好的线性关系。一般情况下，空气中可燃性气体的浓度都不太高（低于10%），可以完全燃烧，其发热量与可燃性气体的浓度成正比。这样，铂电阻值的增大量就与可燃性气体浓度成正比。因此，只要测定铂丝的电阻变化值，就可以检测到空气中可燃性气体的浓度。气敏元件的结构一般是用直径 $50\mu m \sim 60\mu m$ 的高纯（99.999%）铂丝，绕制成直径约为 0.5mm 的线圈。在铂丝线圈外面涂覆一层氧化物催化剂，以延长其寿命，提高其响应特性。

催化燃烧式气体传感器检测原理及其电路如图 3-1 所示。该类传感器所用检测元件有铂丝催化型和载体催化型两种。其中，铂丝催化型元件没有专门的催化外壳，是在铂丝表面完成可燃气体氧化催化功能，同时铂丝又兼作加热丝和测温元件。载体催化型元件由加热芯丝和载体催化外壳组成，催化外壳对可燃气体的氧化过程起催化作用，加热电流通过芯丝将催化外壳加热到正常工作温度，而芯丝又兼做电阻测温元件来检测催化外壳的温度变化。

2. 热导式气体传感器

热导式气体传感器利用被测气体与纯净空气的热导率之差和在金属氧化物表面燃烧的特性，将被测气体浓度转换成热丝温度或电阻的变化，达到测定气体浓度的目的。每种气体都有固定的热导率，混合气体的热导率也可以近似求得，因为以空气为比较基准的校正较容易实现，所以用热导率变化法测气体浓度时，往往以空气为基准比较被测气体。

热导式气体传感器可分为气体热导式和固体热导式两种。

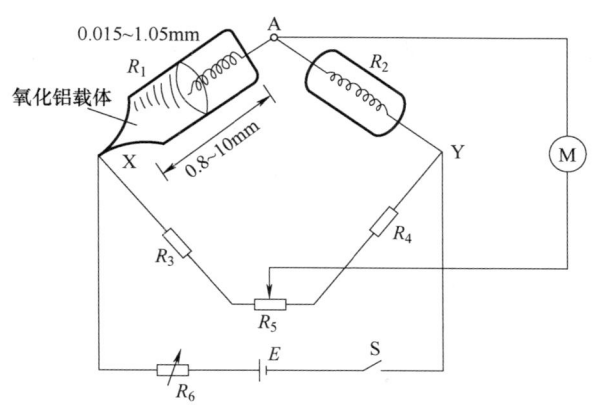

图 3-1 催化燃烧式气体传感器检测原理及其电路

(1) 气体热导式传感器

气体热导式气体传感器利用被测气体的热导率与铂丝（发热体）的热导率之差所引起的温度变化的特性测定气体的浓度的。这类气体传感器主要用于测定氢气（H_2）、一氧化碳（CO）、二氧化碳（CO_2）、氮气（N_2）、氧气（O_2）等气体的浓度，多制成易携带仪表。

(2) 固体热导式传感器

固体热导式气体传感器利用被测气体的不同浓度在金属氧化物表面燃烧引起的电阻变化特性来测定被测气体浓度。这类仪器多制成携带式仪器，用于测定氢气（H_2）、一氧化碳（CO）、氨气（NH_3）等气体的浓度，也可用于测定其他可燃性气体的浓度。

热导式气体传感器的测量仪器仪表的检测电路原理与催化燃烧式气体检测电路原理相同，只是其中 R_1（图 3-1）为热导式元件。热导式气体浓度检测方法的优点是，在测量范围内具有线性输出，不存在因催化剂影响而使特性变坏的问题，工作温度低，使用寿命长，防爆性能好。它除了用于测量可燃性气体外，也可用于无机气体及其浓度的测量。其缺点是背景气体（如二氧化碳、水蒸气等）会干扰测量结果，在环境温度骤变时输出也会受影响，在低浓度检测时有效信号较弱。

3. 半导体式气体传感器

半导体式气体传感器是由金属氧化物或称金属半导体氧化物材料做成的检测元件，它可以与气体相互作用时产生表面吸附或反应，引起以载流子运动为特征的电导率或伏安特性或表面电位变化。它既可以用于检测百分比浓度的可燃性气体，也可以用于检测 ppm 级的有毒气体。半导体式气体传感器（如 SnO_2 构成）在清洁空气中的电导很低，一旦遇到还原性气体，如一氧化碳或可燃性气体，其电导就会增加。如果控制传感元件的温度，则可以对不同的物质有一定的选择性。

半导体式气体传感器是一个宽带检测装置，对很多有毒气体和可燃性气体都会有响应，这里也包括很难用其他方法检测的卤代烃。半导体式气体传感器对于特定气体的灵敏度是由数学方法决定的，一般的做法是将仪器用一系列的曲线编程，如果待测物质性质已知，那么可将检测仪器的读数调整到合适的响应上。

半导体式气体传感器的分类见表 3-2，大体上分为电阻式和非电阻式两种。电阻式半导体气体传感器是用氧化锡、氧化锌等金属氧化物材料制作的敏感元件，可以利用其阻值的变化来检测气体的浓度。气敏元件有多孔制烧结体、厚膜及目前正在研制的薄膜等。非电阻式半导体气体传感器则是根据气体的吸附和反应，使半导体的一些特性产生变化，对气体实现直接或间接检测。目前，正在积极开发的有金属/半导体结型二极管和金属栅的金属-氧化物-半导体（MOS）场效应晶体管的敏感元件，主要是利用它们与气体接触后整流特性和晶体管作用的变化，制成对表面单位直接测定的传感器。

表 3-2 半导体式气体传感器的分类

分类	主要物理特性	传感器举例	工作温度	代表性被测气体
电阻式	表面控制型	氧化锡、氧化锌	室温~450℃	可燃性气体
	体控制型	氧化钛、氧化钴 氧化镁、氧化锡	300~450℃ 700℃以上	酒精、可燃气体、氧气
非电阻式	表面电位	氧化银	室温	硫醇
	二极管整流特性	铂/硫化镉、铂/氧化钛	室温~200℃	氢气、一氧化碳、酒精
	晶体管特性	铂栅（MOS）场效应管	150℃	氢气、硫化氢

半导体式气体传感器的品种有很多，其中，金属氧化物半导体材料制成的数量最多（占气体传感器的首位），其特性和用途也各不相同。金属氧化物半导体材料主要有 SnO_2 系列、ZnO 系列和 Fe_2O_3 系列，由于它们的添加物质各不相同，因此能检测的气体也不同。半导体式气体传感器适用于检测低浓度的可燃性气体和毒性气体，如 CO、H_2S、NO、C_2H_5OH，CH 等碳氢气体。气体传感器的检测对象见表 3-3。

表 3-3 气体传感器的各种检测对象

分类	检测对象	应用场所
爆炸性气体	液化石油气、城市用煤气（发生煤气、天然煤气）	家庭、煤矿、办公室
有毒气体	一氧化碳（不完全燃烧的煤气）、硫化氢、含硫的有机化合物、卤素、卤化物、氨气等	煤气灶等（特殊场所）、办公室
环境气体	氧气	家庭、办公室
	二氧化碳（防止缺氧）	家庭、办公室
	水蒸气（调节湿度、防止结露）	电子设备汽车
	大气污染（SO_x、NO_x 等）	温室
工业气体	氧气（控制燃烧，调节空气燃料比）	发动机、锅炉
	一氧化碳（防止不完全燃烧）	发动机、锅炉
	水蒸气	电炊灶
其他	呼出气体中的酒精、烟等	

半导体式气体传感器的基本工作电路如图 3-2 所示。如图所示，负载电阻 R_L 串联在传感器中，在其两端施加工作电压，同时加热丝两端施加加热电压 U_1。在洁净空气中，传感器的电阻较大，在负载电阻上的输出电压较小；当遇到待测气体时，传感器的电阻变得较小（N 型半导体式气体传感器检测还原性气体），R_L 上的输出电压变大。半导体式气体传感器

主要用于报警器,在超过规定浓度时可发出声光报警。

图3-2 半导体式气体传感器的结构和工作电路

一般来说,半导体气敏元件对气体的选择性比较差,并不适合精确地测定气体成分。但这种元件能够检查某种气体的存在与否,却不一定能够精确地分辨出是哪一种气体。对于某些危害健康、引起窒息、中毒或容易燃烧爆炸的气体,应注意其含量值是否达到危险程度。在这种情况下,可以通过相应气敏元件及时提供报警,以便及早采取措施,保证生命和财产的安全。所以半导体气敏元件在环境保护和安全监控中发挥着有极其重要的作用。

4. 定电位电解式传感器

定电位电解式传感器属于电化学能式传感器中的离子电池类传感器,通常用于气体检测,对还原性气体效果更明显,可检测氢气(H_2)、氨气(NH_3)、肼(N_2H_4)、二氧化硫(SO_2)、一氧化氮（NO）、二氧化氮（NO_2）、一氧化碳（CO）和硫化氢（H_2S）等气体。定电位电解式传感器是目前气体检测中使用最广泛的主流传感器,是可用于库仑分析的传感器。由于定电位电解式传感器中产生电流,因此常被称为电流气体传感器或微型燃料电池。

用定电位电解式传感器检测不同气体时,有不同灵敏度。按灵敏度从高到低排序,依次是H_2S、NO、NO_2、SO_2和CO。响应时间一般为几秒至几十秒,一般小于1min。定电位电解式传感器的寿命较短,最短只有半年,2~3年寿命已属较长,少数CO传感器可长达几年。

定电位电解式气体传感器通过电极与被测气体发生电解反应,把化学能转换为电能,并产生电信号,其结构如图3-3所示。定电位是指工作电极的电位可以设定,参比电极的电位在测定中恒定不变,工作电极与参比电极之间的电位差受到监控,电位差信号的波动和改变,决定了施加到工作电极的电压的高低,继而保持工作电极的电位恒定。工作电极的电位值由被测物质的电化学性质决定,这使得被测物质能够被氧化或还原。参与电极反应的是工作电极和对电极,

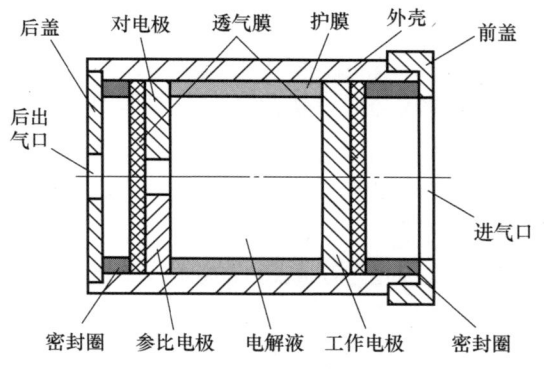

图3-3 定电位电解式气体浓度传感器

参比电极不参与反应。电极上氧化还原反应产生的电流,即电解电流,反映了气体浓度的大小。电解电流经放大后输出,用于指示仪表的输入信号,或者通过控制器启动报警装置。

使用中会在一个容器内，安装三个电极和两片透气膜，浸没在液体电解液中。三个电极分别称为工作电极（传感电极）、参比电极（参考电极）和对电极，简称 W 电极、R 电极和 C 电极。

工作电极材料和电解质根据被测气体选择，电极材料通常是具有催化活性的金属，如金、铂和铑等贵金属。一般情况下，电极结构是在透气憎水膜上涂覆高纯度粉末状的电极材料。工作电极、对电极和液体电解质构成电解系统，被测气体在溶入电解液后，在电极发生电解，产生电流。液体电解质吸收被测气体，并使其溶解。电解质本身不参与电化学反应，只起到吸收被测气体和输送反应生成的离子的作用。

透气膜，也称为疏水膜，用于覆盖并保护电极，滤除不需要的粒子，控制到达电极表面的气体量，防止液态电解质泄漏或燥结。透气膜通常采用低孔隙率材料，如特氟隆，制成薄膜。为控制到达电极表面的气体量，需要选择适当的薄膜孔隙尺寸。孔隙尺寸应能够保证有足量的气体分子到达工作电极。

由于两个电极上发生的反应会使电极极化，电离子的生成和移动出现阻碍，工作电极和对电极之间的电势差难以维持恒定，阻碍反应继续进行，因此需设置参比电极。参比电极在电解质中形成一个稳定的电化学电势，即恒电位，克服因化学反应导致的电极极化现象，帮助电离子移动，便于电解过程持续进行。参比电极不参与电化学反应，故参比电极没有电流通过，从而保证了参比电极电势稳定在一定数值。检测不同气体时，需改变参比电极的设定电势。

定电位电解式气体传感器的工作过程为：被测气体由进气孔穿过透气膜，扩散到工作电极表面，气体在工作电极、电解液、对电极之间进行氧化或还原反应。在参比电极上预先施加一定的电势，气体在该电势下发生氧化（如 SO_2 或 CO 等）或者还原（如 NO_2）反应。施加给参比电极的电势，依反应性质、工作电极的热力学电势和被测气体的电化学性质而定。

被测气体为 SO_2、CO、H_2S 和 NO 等气体时，工作电极处为氧化反应，被测气体为 NO_2 和 Cl_2 等气体时，为还原反应。氧化反应时，工作电极在外电路为低电势，参加反应的电子或反应产生的电子经导线流出工作电极，在内电路中，生成正离子，流向对电极；还原反应时，工作电极在外电路为高电势，参加反应的电子或反应产生的电子经导线流向工作电极，在内电路中，生成负离子，流向对电极。

工作电极与对电极之间的电势差可根据能斯特方程确定。通过选择合适的参比电极的电势，使参比电极与工作电极的电势差变化值与被测气体浓度成正比，或者使工作电极的电流与被测气体浓度成正比。影响电势或电流的因素有参比电极电势、电解溶液浓度和液面高度及反应温度等。

在三电极定电位电解式气体传感器中，输出信号为参比电极和工作电极之间的电势差。由于参比电极不参与反应，自身为恒定电势，因此电势差变化只和工作电极的电势变化有关，而这个变化反映了被测气体浓度的变化。

例如，用定电位电解式气体传感器检测一氧化碳气体。在工作电极的催化作用下，一氧化碳气体被氧化，反应产生的 H^+ 通过电解液转移到对电极上，与水中的氧发生还原反应。其化学反应式为

工作电极： $$2CO+2H_2O \longrightarrow 2CO_2+4e^-+4H^+$$

对电极：
$$O_2 + 4H^+ + 4e^- \longrightarrow 2H_2O$$

传感器内部总反应为可逆氧化还原反应，总化学反应式为
$$2CO + O_2 \longrightarrow 2CO_2$$

可逆氧化还原反应在工作电极和对电极间产生电势差 E，可按能斯特公式计算：

$$E = E_0 - \frac{RT}{8F} \ln \frac{a_{CO_2}^2}{a_{CO}^2 a_{O_2}} \tag{3-3}$$

式中，E_0 为一氧化碳氧化为二氧化碳反应的标准电动势；R 为气体常数，$R = 8.31441 J/(K \cdot mol)$；$T$ 为温度，单位为 K；F 为法拉第常数，$F = 9.64853 \times 10^4 C/mol$；$a$ 为气体的活度。

5. 红外吸收式传感器

红外吸收式传感器的基本原理是：依据每种气体分子都具有特定的红外吸收波长，以及遵循朗伯-比尔定律，通过测量气体对某一特征吸收波长处的红外吸收强度，确定被测气体的浓度。由两种或两种以上原子组成的分子具有永久性偶极矩，具有永久性偶极矩的分子能够吸收特定波长的红外光线。红外光由红外光源发出，通过滤光器件滤除能产生共吸收干扰的红外线后，剩下只能被待测气体吸收的红外线，红外线穿过被测气体时部分被吸收，透过的红外线通过接收器转化成电信号。透过光强度与入射光强度的关系符合朗伯-比尔定律：

$$I = I_0 e^{-\mu l c} \tag{3-4}$$

式中，I 为透过光强度；I_0 为入射光强度；μ 为吸收系数；c 为吸收红外光气体组分的浓度；l 为光线穿过被测气体的光程长度。变化整理得：

$$c = \frac{1}{\mu l} \ln \frac{I_0}{I} = \frac{2.303}{\mu l} \log \frac{I_0}{I} = \frac{2.303}{\mu l} A \tag{3-5}$$

式中，A 为吸光度，也是仪器的测量值。

上式中，入射光波长不变时吸收系数 μ 不变，测量光程 l 在一定条件下是常数，因此通过测定吸光度就能够测定气体浓度。

红外吸收式传感器分为点式和开路两种。点式即一体式，光源和检测器都设在一台仪器中；开路式的红外线光源与红外线接收器分开设置，两者间距可达 50m，用于广阔的开放区域或无法安装点式检测器的场所。一种典型的点式红外吸收式传感器气室结构如图 3-4 所示。

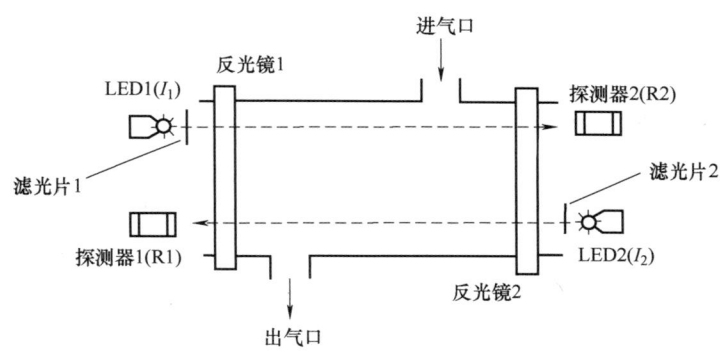

图 3-4 双光源双探测器气室结构

如图所示，LED 是发光二极管，探测器采用钽酸锂（$LiTaO_3$）热释探测器，反光镜 1 和反光镜 2 分别反射 LED1 和 LED2 的部分光至探测器 1（R1）和探测器 2（R2），滤光片 1 和滤光片 2 都是待测气体滤光片，其只能透过所需波长的光。I_1 和 I_2 分别表示 LED1 和 LED2 的发光强度，两个探测器的灵敏度［探测器响应电压（V）与光强度（I）线性关系的比例系数］分别由 S_1 和 S_2 表示。红外光线穿过气室和气体的透光率为 τ。

当 LED1 发出光脉冲时，探测器 1 接收到的是 LED1 直接发出的光，探测器 2 接收到的是 LED1 发出的经气室吸收后透过的光。探测器 1 和探测器 2 产生的电压信号分别为

$$V_{11} = I_1 S_1 \tag{3-6}$$

$$V_{12} = I_1 S_2 \tau \tag{3-7}$$

当 LED2 发出光脉冲时，探测器 2 接收到的是 LED2 直接发出的光，探测器 1 接收到的是 LED2 发出的经气室吸收后透过的光。探测器 1 和探测器 2 产生的电压信号分别为

$$V_{21} = I_2 S_1 \tau \tag{3-8}$$

$$V_{22} = I_2 S_2 \tag{3-9}$$

整个气室系统透射比 T 由下式确定：

$$T = \frac{V_{12} V_{21}}{V_{11} V_{22}} \tag{3-10}$$

T 值与 LED 发光强度及探测器灵敏度无关，只与气体浓度有关。

红外吸收检测器主要用于 CO_2 和高浓度烃类气体的检测，不如催化燃烧式气体传感器应用广泛。

6. 隔膜电极式传感器

隔膜电极式传感器是由离子选择性电极与疏水透气性的隔膜复合而成的传感器。气体透过隔膜溶解于电解质溶液中，形成离子化的气态离子，气态离子在电极上产生电位。典型的隔膜电极式传感器的工作原理如图 3-5 所示。

测定氨气的隔膜电极式传感器中的工作电极是 pH 玻璃电极，参比电极是银-氯化银电极，传感器内充 NH_4Cl 溶液作为电解质溶液，发生如下离解反应：

$$NH_4Cl \longrightarrow NH_4^+ + Cl^- \text{ 和 } NH_4^+ \rightleftharpoons NH_3 + H^+$$

水分子发生如下离解反应：

$$H_2O \longrightarrow H^+ + OH^-$$

因此，NH_4^+、NH_3 和 H^+ 保持如下平衡：

$$NH_4^+ \rightleftharpoons NH_3 + H^+$$

气体中的氨气进入电解质溶液后，打破平衡，H^+ 的浓度降低，pH 值升高。

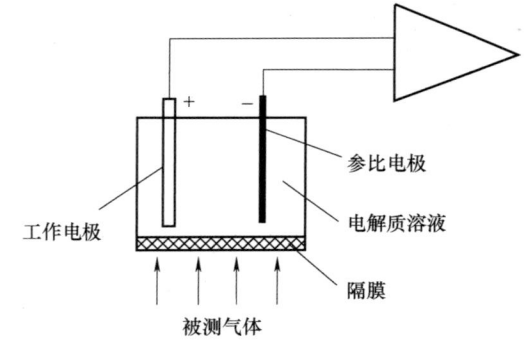

图 3-5 隔膜电极式传感器的原理示意图

工作电极的电极电位符合能斯特公式，25℃时电位 E 的简化表达式为

$$E = K + 0.059 \lg[H^+] = K - 0.059 pH \tag{3-11}$$

式中，K 为平衡后的浓度关系；pH 为溶液的酸度，$pH = -\lg[H^+]$。

工作电极与参比电极的电极电位之差即两电极组成的原电池的电动势，它随着 pH 玻璃

电极电位的变化而变化，所以就随着与电解质溶液中 NH_3 平衡的被测气体中氨气浓度的变化而变化。

隔膜电极法比较适合测定 NH_3 和 CO_2。

3.2.3 气体检测仪表的选用规则

要保证可燃气体和有毒气体检测报警系统工作的可靠性。除系统内各元器件的质量外，系统工作的可靠性还与另外三大要素密切相关：一是检测器种类的正确选择；二是检测报警系统的正确配置；三是检测报警仪表的正确安装。选择检测器种类的步骤如下：

1. 确定要检测气体的种类和检测目的

固定式气体检测报警系统的检测器（或者说传感器）部分安装在可能发生泄漏的设备处，所以被检测的气体种类不难确定。

对于储气柜和液体储罐来说，其中的物料就是检测对象。例如，甲醇储罐旁的检测气体就是甲醇蒸气，是易燃有毒的；苯、甲苯、二甲苯等储罐的检测对象也是其蒸气，同样是易燃有毒的；液化气储罐处检测的是低碳烷烃气体，易燃无毒；煤气气柜中的气体主要是 CO、甲烷和 H_2，易燃有毒；液氯储罐处的检测对象是剧毒的氯气。仓库中可能存在的气体也取决于储存物质的种类。

生产装置或设备处要检测气体的种类除了要考虑原料和产品外，还要考虑工艺流程中的中间产物，只要是设备内存在的气体和挥发性液体物质都是检测的对象。

检测目的是根据可能泄漏的气体的性质确定的。如果气体只是可燃但无毒，检测的目的就是防止该气体在空气中的浓度接近爆炸极限的下限，提示人们是否达到报警值；如果泄漏的是有毒的气体，不管是否可燃，检测的目的都应是防止达到或超过允许的极限浓度，保证工作人员的人身安全，使职业危害降低到国家标准能接受的程度。比如使用煤气的车间内，CO 既是可燃气体，也是剧毒气体，检测的目的必须是保证人员不受伤害，而不是防止爆炸。

2. 了解各类检测器的性能特点

在明确了需要检测器完成的任务后，接下来就要考虑什么检测器能够完成这个任务。检测器的种类较多，各自的检测原理不同，性能各异，适用的范围也不同。正确地选择检测器的前提是熟悉各类检测器的性能特点。例如，接触燃烧式检测器、半导体式气体检测器和红外吸收式检测器主要应用于可燃性气体的检测。

定电位电解式检测器对低浓度有毒气体能产生比较稳定的响应，可检测浓度范围包括允许极限浓度范围。隔膜电极式检测器和半导体式检测器对某些有毒气体有较高的灵敏度，检出的极限也较低。

3. 了解检测器所处的环境情况

接触燃烧式检测器，尤其是催化燃烧式检测器，受环境气体中的硫化物、氟氯溴碘等卤化物，以及硅烷和含硅类化合物的影响而中毒，环境气体中这些气体浓度过高会使检测器性能降低，从而缩短使用寿命。根据有关资料报道，当空气中 H_2S 含量达到 $0.03\mu L/L$ 时，催化元件在 80h 内灵敏度降低 26%；SO_2 含量为 $0.1\mu L/L$ 时，在 70h 内灵敏度降低 17%；硅氧烷含量为 $0.06\mu L/L$ 时，1.5h 就使灵敏度下降了 70%；灭火剂 $CBrF_3$ 含量达到 $0.33\mu L/L$ 时，也能使灵敏度在 33h 内由 100%下降至 80%。为了使检测器能够在恶劣环境下使用，近些年国内也生产出了抗毒性气体的催化燃烧式检测器，一般是利用碱性化合物吸收酸性的 SO_2、H_2S 和 Cl_2，用活性炭吸附硅氧基化合物。根据使用环境的具体情况，决定选用普通型或抗中毒型催化燃烧式检测器。

半导体式气体检测器的敏感元件是半导体，半导体中掺入不同的杂质后，对特定气体的灵敏度和选择性可明显提高，但也局限了其适用范围。对 SO_2 半导体：掺杂 ThO_2（二氧化钍）可以提高对 CO 的灵敏度，对丙烷则几乎无响应；掺杂 RbCl（氯化铷）、Pt、CuO 可以改善对 CO 的响应；掺杂 Ag 可实现对 H_2 的选择性响应；在 SnO_2 烧结元件表面涂敷 $P-Al_2O_2$ 可以使其对醇类无响应。对于 ZnO 半导体：掺杂 Pt 可以使其对烷烃类气体的敏感度提高，对 CO 和 H_2 的敏感度下降；掺杂 Pt 可以使其对 CO 和 H_2 的敏感度提高，对烃类气体的敏感度下降；在烧结体表面加 $V_2O_5-MoO_3Al_2O_3$ 催化层后，可实现对氟利昂（CCl_2F_2，$CHClF_2$）的选择性检测；表面涂 $Pt-A_2O_2$ 可以对液化石油气选择性响应，而对醇类和氢气无响应。通过掺杂或烧结表面涂层，可以实现对 H_2S、CO、H_2、NO、NO_2、C_6H_6、C_2H_4O（环氧乙烷）、氰化氢等气体的选择性检测，部分有毒气体可以用半导体检测器检测的原因也在于此。

从定电位电解式检测器原理可知，凡是在选定电位下能够被氧化或还原的气体都能够产生相应信号，因此所共存的气体有可能发生交叉响应的影响。所以不能在有交叉影响的气体共存的场所使用。在这种场所中使用定电位电解式检测器测得的气体浓度值是虚假的。例如氰化氢气体和硫化氢气体、二氧化硫气体和一氧化氮气体，都有可能互相干扰。

综上所述，选择检测器要充分考虑环境共存气体的干扰问题。

4. 确定所用检测器的种类

接触燃烧式检测器、半导体式气体检测器和红外吸收式检测器主要应用于检测可燃性气体，定电位电解式检测器、隔膜电极式检测器主要用于检测有毒气体，但这是比较笼统的结论，有时具体情况并不一定如此。几种有毒有害气体检测仪表的适用范围见表3-4。从表3-4中可以看出，催化燃烧式检测器最适合用于可燃性气体检测，但有硫化物、卤化物、含硅类化合物存在的场所，半导体式气体检测器可能更合适，因为其不受上述气体干扰。

表3-4　几种有毒有害气体检测仪表的适用范围

气体种类	催化燃烧式	半导体式	定电位电解式	红外吸收式	隔膜电极式
NO_2、NO		O	A	O	
CO	C	O	A	C	
CO_2				A	
SO_2			A	O	
H_2	C	A	A		
Cl_2		O	A		A
H_2S		A	A	O	
NH_3	C	O	A	O	A

(续)

气体种类	催化燃烧式	半导体式	定电位电解式	红外吸收式	隔膜电极式
HCN			A		O
C_2H_4O，C_3H_3N	C	A		O	
C_6H_6	C	A		O	

注：A 表示优先选用的传感器；O 表示可选用的传感器；C 表示作为可燃气体检测时可选用的传感器。

3.3 有毒有害气体的监测技术

在进行气体浓度监测时，特别是在易燃易爆场所，通常会安装点型气体传感器，如接触燃烧式气体传感器、半导体式气体传感器和电化学气体传感器，来检测气体的浓度或监测是否有可燃气体泄漏，但这种方式测量精度较低，易受环境因素干扰，常有误报、漏报现象。近年来，随着红外应用技术研究的不断深入，基于非色散红外吸收的气体浓度监测和红外大面积气体泄漏监测技术不断发展，在石油、化工生产过程的气体浓度监测和大面积气体泄漏监测领域得到了广泛应用。因此，本节对非色散红外吸收气体浓度监测技术和红外大面积气体泄漏监测技术进行重点介绍。有毒有害气体利用化学方式能实现更灵敏的监测，因此，针对有毒有害气体，对比色管测量技术本节也将进行介绍。

3.3.1 非色散红外吸收气体浓度监测技术

红外气体浓度测量方法，主要有色散型红外吸收光谱法、傅里叶变换红外光谱法和非色散红外吸收法。其中，色散型红外吸收光谱法、傅里叶变换红外光谱法均采用分光元件和扫描方式，在很宽的红外波段，对气体浓度进行测量分析，虽然测量精度高，能同时对多种气体进行分析测量，但由于设备价格昂贵，只适合在实验室进行气体分析。而非色散红外吸收法与前述的光谱方法相比，具有结构简单、体积小、质量轻、价格低廉和可靠性高等特点，非常适合生产过程气体浓度的在线测量和安全监测场所对气体泄漏的监测。

红外吸收式气敏传感器精度高、选择性好、气敏浓度范围宽，但是价格也较高，使用和维护难度较大。图 3-6 所示为量子型红外光敏元件气敏传感器。红外光源产生的红外光入射到测量槽，因为不同种类的气体对不同波长的红外光具有不同的吸收特性，同时，同种气体不同浓度时，对红外光的吸收量也彼此相异，所以，被测气体通过测量槽到达光敏元件的红外光强度也就不同，而红外光敏元件是将光信号变成电信号的器件。根据红外光源的波长和光敏元件输出电信号的不同就可以知道被测气体的种类和浓度。采用红外滤光片可以提高量子型红外光敏元件的灵敏度，也可以通过更换红外滤光片来增加被测气体的种类和扩大被测气体的浓度范围。

与红外测温不同，在烟气成分分析中，测量的不是热辐射，而是另一种形式的红外辐射。根据红外理论，许多化合物分子在红外波段都具有一定的吸收带。吸收带的强弱及所在的波长范围由分子本身的结构决定。只有当物质分子本身固有的特定的振动和转动

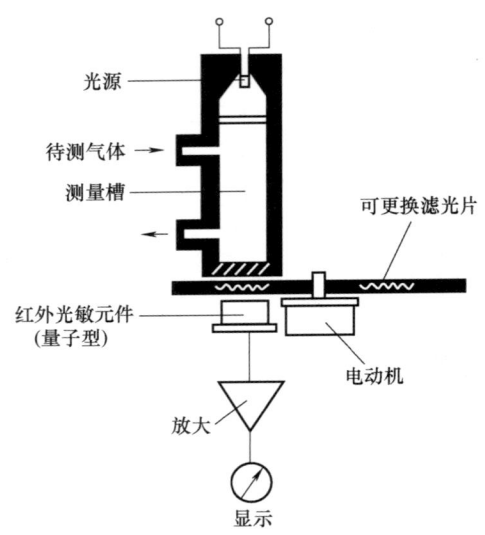

图 3-6 量子型红外光敏元件气敏传感器的构成

频率与红外光谱中某一波段的频率相一致时，分子才能吸收这一波段的红外辐射能量，并将吸收到的红外辐射能转变为分子振动动能和转动动能，使分子从较低的能级跃迁到较高的能级。实际上，每种化合物分子并不是对红外光谱范围内所有波长的辐射或任意一种波长的辐射都具有吸收能力，而是有选择性地吸收某一个或某一组特定波段内的辐射。这个特定的波段就是所谓分子的特征吸收带。气体分子的特征吸收带主要分布在 $1\sim25\mu m$ 波长范围之内的红外区。特征吸收带对某一种分子是确定的、标准的，如同"物质指纹"。通过对特征吸收带及其吸收光谱的分析，可以鉴定识别分子的类型，这是红外光谱分析的基本依据。根据上述原理制成的红外光谱分析仪器，即红外分光光度计，是对混合物进行定性分析、鉴定其中含有哪一种物质组分的理想仪器，甚至还可以进行定量分析，确定各种组分在混合物中的百分含量。

在测量中，人们感兴趣的往往是测定混合气体中某种已知组分的百分含量。例如，需要测定烟气中 CO、CO_2 或 O_2 的含量，作为燃烧过程的一个重要依据。在这种情况下，没有必要使用红外分光光度计来确定混合气体所含有的成分，只需选择真正代表混合气体中待测组分的一个特征吸收带，测量这个特征带所在的一个窄波段的红外辐射的吸收情况，就可得到待测组分的含量。

红外气体分析仪可根据不同要求设计成各种不同的形式，它的工作原理可以由图 3-7 来说明。

图 3-7 中，单一红外光源产生的红外辐射由凹面反射镜反射后会聚成平行的红外光，一束通过样品气室，另一束通过参比气室，然后再经过聚光器投射到红外探测器上。聚光器与气室之间有一块干涉滤光片，它只允许某一窄波段的红外辐射通过，该窄波段的中心波长就选取待测组分特征吸收带的中心波长。例如，待测组分是烟气中的 CO 含量。CO 在中近红外光谱区有一个以 $4.65\mu m$ 为中心的特征吸收带，可选这个带中的一个窄波段进行红外辐射测量。选用分析仪的干涉滤光片时，只允许中心波长为 $4.65\mu m$ 的一个窄波段（如 4.5~

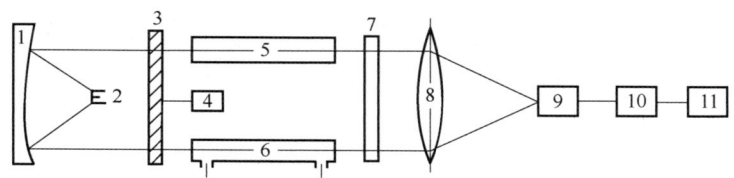

图 3-7 单组分红外气体分析仪原理示意图

1—反射镜 2—红外光源 3—切光片 4—电动机 5—参考气缸 6—样品气室
7—干涉滤光片 8—聚光镜 9—红外探测器 10—信号放大器 11—显示器

5.0μm）内的红外光通过，红外探测器所接收的也就仅仅是这个窄波段内的红外辐射。

在红外光源与气室之间，有一只切光片。切光片是布有若干开孔的圆盘，如图 3-8 所示。气室共有两个，一个为参比室（也称为滤波气室），它里面密封着与被测气体有重叠吸收波长的干扰成分；另一个是工作气室（也称为测量气室），被测气体连续地流过工作气室。它由同步电动机带动，通过适当地安排样品气室、参比气室与切光片之间的相对位置，使得红外辐射穿过切光片上的开孔进入样品气室时，切光片上未开孔处恰好遮断进入参比气室的红外辐射的光路；而当切光片遮断进入样品气室的红外辐射光路时，它又恰好使红外辐射通过进入参比气室。这样，红外辐射在切光片的作用下，轮流递上样品气室和参比气室。红外探测器交替地接收通过样品气室的红外辐射和通过参比气室的红外辐射。

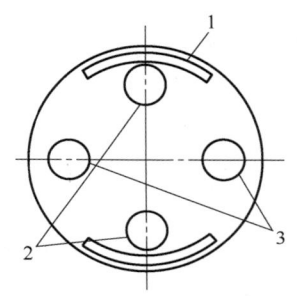

图 3-8 切光片示意图
1—同步孔 2—参比滤光片
3—测量滤光片

透射波长是被测气体中任何气体均不吸收的波长。在切光盘上还有同步孔（图 3-8），当参比滤光片对准气室时，同步灯的光可通过同步孔，使光敏管接收到信号，这样就可以区别是测量滤光片还是参比滤光片对准了气室。在切光盘的作用下，两种波长的红外光束交替地通过参比气室和工作气室，最后到达半导体锑化铟光电检测器上，并转化成与红外光强度相对应的电信号。

当测量气室中不存在被测气体组分时，锑化铟接收到的是未被吸收的红外光，测量信号和参比信号相等，两者之差为零。当测量气室中存在被测气体组分时，测量光束的能量被吸收，锑化铟检测到的信号要小于参比光束的信号，它们的差值送到放大器中进行放大处理，得到的输出信号与被测气体组分的浓度成正比。

在光路中，由测量滤光片和参比滤光片先后把入射的红外光分成两组不同波长的红外光束，这样就使单光束系统按时间不同，形成两个光束，对于相同的影响因素都可以通过后面的自动增益控制电路而得到补偿。

参比气室内封有某种不含有待测组分的气体。例如，分析烟气中 CO 含量时，参比气室中可封入 N_2。样品气室中通以被分析的混合气体样品。当被分析的混合气体尚未进入样品室时，两气室中均无待测组分，红外辐射不会在选定的窄波段上被吸收。因此，红外探测器上交替接收到的红外辐射通量相等，探测器只有直流响应，接在其后的交流选频放大器输出为零。如果样品气室中通以含有待测组分的混合气体，由于待测组分在其特征吸收带上对相应波段红外辐射的吸收作用，因此通过样品气室的红外辐射会被吸收掉一部分，吸收程度取决于待测组分在混合气体中的浓度。而通过参比气室的红外辐射仍保持不变。这样，通过样品气室和参比气室的两束红外辐射的通量不再相等，红外探测器接收到的是交变的红外辐射，交流选频放大器的输出信号不再为零。待测组分浓度变化，输出信号也相应地随之变化。通过适当标定，可以根据输出信号的大小推测待测气体组分的浓度。

近年来，对多种组分浓度进行同时自动连续分析的多组分红外气体分析仪的研制取得了很大进展。多组分红外气体分析仪与单组分红外气体分析仪的原理基本相同，关键在于信号的分离技术及对信号间相关干扰的处理。计算机技术、激光技术和分光技术的应用和发展，使得这类多组分红外气体分析仪可以达到更高的技术水平。图 3-9 是一种同时测定三种组分的红外气体分析仪的原理示意图。

在图 3-9 中，红外辐射源所产生的平行红外辐射光束，通过切光器、样品室被红外探测器接收。切光器上布置有六个气室。如果被分析的混合气体是由三种待测组分 A、B、C 所构成，那么切光器上的三个气室 R_a、R_b、R_c 分别是组分 A、B、C 的参比室。参比室中分别被充以浓度为 100% 的待测组分，A、B、C 气体的窗口相应地安装着对 A、B、C 组分无吸收作用的滤光片。切光器上的另外三个气室 S_a、S_b、S_c 分别是相应 A、B、C 三种组分的分析室，S_a 中充有一定浓度的 B、C 组分，S_b 中充以一定浓度的 A、C 组分，S_c 中则充以一定浓度的 A、B 组分。样品室中通入被分析的混合气体。电动机带动切光器转动，红外探测器就出现六个波峰，R_a 峰和 S_a 峰分别是 A 组分的参比峰和分析峰，R_b 和 S_b 峰与组分 B 相对应，R_c 和 S_c 峰则与组分 C 相对应。小灯泡和光敏二极管给放大器提供了一个同步信号，使分离器根据程序将三组信号分开并相减，最后分别在三个放大器上得到待测组分 A、B、C 各自浓度相对应的信号。

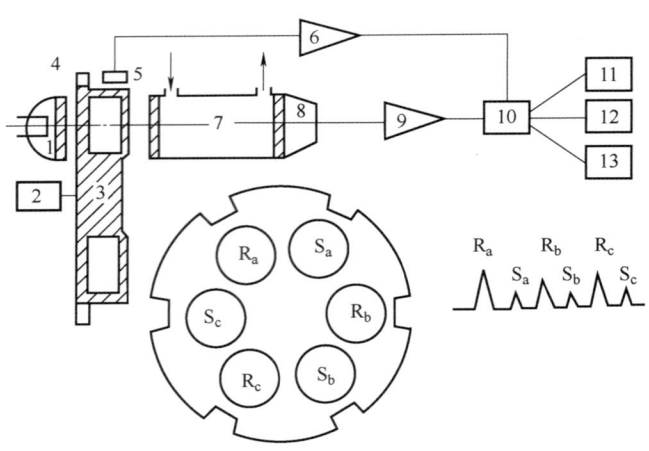

图 3-9　三组分红外气体分析仪原理示意图
1—红外光源　2—电动机　3—切光片　4—光源　5—光电二极管
6—放大器　7—样品室　8—红外探测器　9—信号放大器
10—分离器　11、12、13—显示器

单组分和多组分的红外气体分析仪都是以贝尔定律为分析原理的光谱仪器。严格地讲，贝尔定律只适合描述在某一波长上红外辐射的吸收。在红外气体分析仪中,测量得到的不是在某一波长上红外辐射的吸收,而是在某一窄波段内红外辐射的吸收。这种情况比原理上的贝尔定律所描述的红外辐射吸收与待测组分浓度之间的关系复杂得多。因此,红外气体分析仪测定的红外辐射吸收与待测组分浓度之间的关系必须通过实际标定确定。

红外气体分析仪除了对单原子气体(如 He、Ne、Ar 等)和双原子气体的同核分子(O_2、N_2、H_2 等)不能分析,对其他具有偶极距的气体分子都可以分析。此外,它还具有精度高、灵敏度高、反应迅速等独特的优点。

3.3.2 红外大面积气体泄漏监测技术

具有多原子结构的气体分子,都能引起强烈的红外吸收,并且各自都具有固定的特征红外吸收波长,红外大面积气体泄漏监测的原理,就是基于泄漏气体具有特征红外吸收波长这一特性。监测系统由发射器和接收器两部分组成,发射器发出的红外光束穿过被监测区域后,对应泄漏气体的特征红外吸收波长的红外光将被泄漏气体吸收,从而造成该波长到达接收器端的光强发生衰减。在理论上,这可以证明该波长光强的变化量取决于泄漏气体的体积百分比浓度或爆炸下限浓度(LEL)与该气体所占光路长度的乘积。

1. 红外大面积气体泄漏的双光束监测原理

为了消除大气散射及雨、雾、烟尘和大气湍流等环境因素的影响,在红外大面积气体泄漏监测中采用空间双光束监测方法。该方法的探测波长位于被监测泄漏气体的特征红外吸收波长处,参比波长选择在对红外光不吸收的波段,并应尽可能接近探测波长。

假设在红外大面积气体泄漏监测区域内分布有一泄漏气体云,将其设为待测气体,如图 3-10 所示。其中,L 为光束传输路径长度,L' 为待测气体占据的光路长度($L'=L_2-L_1$)。

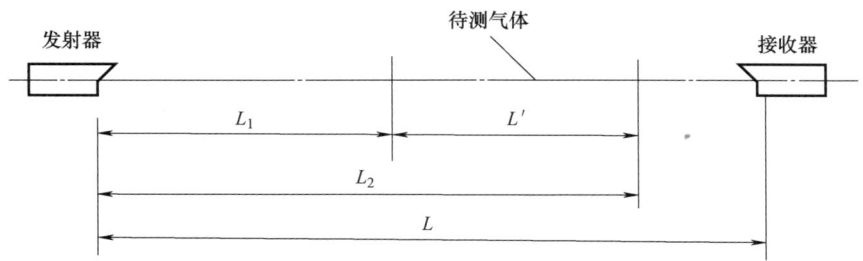

图 3-10 大面积气体泄漏监测示意图

根据光在介质中传播时光强变化所遵循的朗伯-比尔定律,对于图 3-10 而言,探测波长 λ_2 和参比波长 λ_1 的光强变化分别为

$$I_{\lambda_1} = I_{0\lambda_1}\exp\left\{-\int_0^L [\alpha(\lambda_1,x) + \beta(\lambda_1,x)]dx - \int_{L_1}^{L_2}[\alpha'(\lambda_1,x) + \beta'(\lambda_1,x)]dx\right\} \quad (3-12)$$

$$I_{\lambda_2} = I_{0\lambda_2}\exp\left\{-\int_0^L [\alpha(\lambda_2,x) + \beta(\lambda_2,x)]dx - \int_{L_1}^{L_2}[\alpha'(\lambda_2,x) + \beta'(\lambda_2,x)]dx\right\} \quad (3-13)$$

式中,I_{λ_1}、I_{λ_2} 为波长 λ_1、λ_2 在接收端处的光强;$I_{0\lambda_1}$、$I_{0\lambda_2}$ 为波长 λ_1、λ_2 在发射端的初始处光强;L 为光束传输路径长度;L_2-L_1 为泄漏气体占据的光路长度;α、β 分别为大气的吸收系数和散射系数;α'、β' 分别为泄漏气体的吸收系数和散射系数。

在选择波长 λ_1、λ_2 时，通常选的比较接近，可以近似认为

$$\alpha(\lambda_1, x) = \alpha(\lambda_2, x)$$
$$\beta(\lambda_1, x) = \beta(\lambda_2, x)$$
$$\beta'(\lambda_1, x) = \beta'(\lambda_2, x)$$

将式（3-12）除以式（3-13）后再取对数，则得到：

$$\int_{L_1}^{L_2} \alpha'(\lambda_1, x) \mathrm{d}x = \ln \frac{I_{0\lambda_1}}{I_{0\lambda_2}} - \ln \frac{I_{\lambda_1}}{I_{\lambda_2}} \tag{3-14}$$

实验证明，吸收系数 $\alpha'(\lambda_1, x)$ 与泄漏气体浓度 ρ 有关，对于 $\alpha'(\lambda_1, x)$，可写成下列关系式：

$$\alpha'(\lambda_1, x) = K(\lambda_1)\rho(x) \tag{3-15}$$

式中，$K(\lambda_1)$ 为单位浓度待测泄漏气体的吸收截面，为常数；$\rho(x)$ 为待测泄漏气体在路径上某特定位置 x 点处的浓度。

将式（3-15）代入式（3-14）中得到如下关系式：

$$\int_{L_1}^{L_2} \rho(x) \mathrm{d}x = \frac{1}{K(\lambda_1)} \ln \frac{I_{0\lambda_1}}{I_{0\lambda_2}} - \frac{1}{K(\lambda_2)} \ln \frac{I_{\lambda_1}}{I_{\lambda_2}} \tag{3-16}$$

式（3-16）表明，在保证发射器发射出的光强 $I_{0\lambda_1}$ 和 $I_{0\lambda_2}$ 不变的情况下，等式右边的后一项就可以唯一确定待测泄漏气体的浓度信息，且保证在监测过程中，任何环境因素的影响对 I_{λ_1} 和 I_{λ_2} 所产生的作用是一样的。因此，在无泄漏气体的情况下，可以维持该项的相对恒定。可见双光束红外气体泄漏监测可以消除大气对红外光的衰减及在大气环境传输时随机变化的气候条件的影响，使得通过测量接收器处光强度的变化来获得待测泄漏气体的浓度信息成为可能。

2. 红外大面积气体泄漏监测的监测量

系统对光强变化的监测，实际上是对待测泄漏气体浓度在扩散距离上分布总量的监测。因此，红外大面积气体泄漏监测的监测量的物理意义与点型气体浓度探测所表示的泄漏气体的浓度并不相同。

与点型气体浓度探测相比，红外大面积气体泄漏监测的监测量在系统原理上更具合理性。点型气体浓度探测这种单一浓度量的探测并不能真实地反映出气体泄漏的实际情况。由于泄漏气体的扩散，加上大气环境的影响，泄漏气体可能在大范围内维持较低的浓度，也可能在局部小范围内维持高浓度，单一浓度量的指示并不能表示出泄漏总量的多少。相反，红外大面积气体泄漏监测反映的是气体浓度在扩散距离上分布总量的监测量值，因此更能反映气体泄漏的整体情况。

实际情况下泄漏气体的扩散范围是不确定的，浓度也不一定是均匀的，如果要求系统在泄漏气体的扩散范围内对气体浓度场做出分布监测是不现实的。在不违背系统监测原理的基础上，可假设在泄漏气体的弥散路径 $L_2 - L_1$ 上气体是均匀的，将其平均浓度设为 ρ，则式（3-16）可写成

$$\rho(L_2 - L_1) = \frac{1}{K(\lambda_1)} \left[\ln \frac{I_{0\lambda_1}}{I_{0\lambda_2}} - \ln \frac{I_{\lambda_1}}{I_{\lambda_2}} \right] \tag{3-17}$$

上式中，ρ 与 L_2-L_1 的乘积即为"红外大面积气体泄漏监测"的监测量 Y（量纲为 $LEL \cdot m$）：

$$Y = \rho(L_2 - L_1) = \frac{1}{K(\lambda_1)}\left[\ln\frac{I_{0\lambda_1}}{I_{0\lambda_2}} - \ln\frac{I_{\lambda_1}}{I_{\lambda_2}}\right] \tag{3-18}$$

红外大面积气体泄漏监测技术，具有监测灵敏度高、响应速度快、寿命长、监测距离远（最大距离可达 140m）、保护面积大、抗干扰性能强和可靠性高等特点，可广泛应用于石油化工企业管道系统、大型油库、泵房、石油液化气站、油罐群及海上采油平台等场所的气体泄漏的监测，对于防止火灾和恶性爆炸事故的发生具有积极作用。

3.3.3 有毒有害气体比色管测量技术

除了仪器测量以外，比色管技术是目前还在工业、环保中使用的有毒有害气体检测方式。这种以化学显色反应为基础的测量方式的最大好处是，可以弥补采用仪器检测时遇到的没有合适检测传感器的不足。比色管技术也可以看成是一种实时检测技术，它既可以针对宽范围的有毒物质进行初步确认，也可以针对特定的物质进行测量。

商品化的比色管由一个充满硅胶、活性铝或其他介质的短玻璃管构成。其中的介质上涂敷有能与特定待测有毒有害气体反应并改变颜色的化学物质。使用时，打碎玻璃管的两端，将管子插到一个手泵或自动泵之上，吸取一定时间，特定气体会同管内介质反应出现一个颜色带，颜色带的长度同气体的浓度成正比。管子的外部一般都有刻度，可以直接读出气体的浓度。管上还会标有其他操作信息，如抽取次数、采样体积等。

比色管的最大优点在于它们可以对很多污染物提供实时的检测，只要更换新的比色管就可以对新的污染物进行测量。同时，还可以通过一个特定的顺序对未知化合物进行判定。比色管的缺点是污染物间的交叉干扰，并且它也很难提供一个随时间变化的线性的测量结果。由于湿度、操作水平等影响，比色管很难提供一个较为准确的测量结果，它的结果误差大概在 20%~50% 之间。同时，它对污染物的测量是非连续的，即"点测"。

3.4 有毒有害气体监测报警系统

《石油化工可燃气体和有毒气体检测报警设计标准》（GB/T 50493—2019）中明确要求，"可燃气体和有毒气体检测报警系统应独立于其他系统单独设置"，说明在工业生产中即便过程控制系统停车检修，可燃及有毒气体的检测报警系统仍需要独立且持续作业。因此，在满足了对气体检测和监测的需求上，利用声、光、电等感应机制对可燃及有毒气体进行报警，对于保障家庭生活、工业生产的安全都具有非常重要的现实意义。

3.4.1 常见的气体监测报警器

1. 煤气报警控制器

当厨房内油烟污染或液化石油气（或其他燃气）泄漏达到一定浓度时，家用煤气报警器能自动开启排风扇，净化空气，防止事故的发生。如图 3-11 所示，家用煤气报警器是智能语音型双气体报警器，主要探测气体为天然气（CH_4）或者人工煤气（CO）等易燃易爆气体，报警器内部采用高精度气敏元件，具有很好的灵敏度和出色的重复性。同时具有室内环境温度检测功能。家用煤气报警器可安装在厨房、燃气管道旁，出现燃气泄漏时它会发出语音报警信号和光报警信号。

图 3-11　家用煤气报警器示意图

2. 瓦斯检测仪

瓦斯检测的方法主要有两种：一是利用瓦斯气体对特定波长的红外光有强烈的吸收特性，通过测量红外光通过瓦斯气体后的衰减程度，推算出瓦斯浓度，即光谱吸收法；二是利用瓦斯气体浓度和折射率的关系，通过测量瓦斯气体的折射率变化推算瓦斯浓度，即折射率干涉法。

（1）单波长吸收比较型瓦斯传感器

吸收法的基本原理均是基于光谱吸收，不同的物质具有不同特征的吸收谱线。单波长吸收比较型瓦斯传感器属吸收光谱型传感器，依据的是朗伯-比尔定律，见式（3-6），从该式可看出，根据透射和入射光强之比，可以得知气体的浓度。

图 3-12 是单波长吸收比较型瓦斯传感器的原理图。

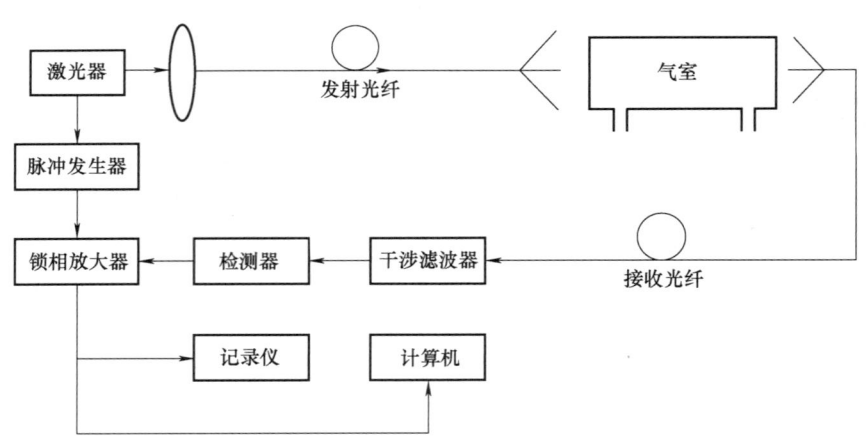

图 3-12　单波长吸收比较型瓦斯传感器的原理图

工作原理是，选择合适波长的光源，令脉冲发生器使激光器发出脉冲光，或采用快速斩波器将连续光转变成脉冲光（斩波频率为数千赫兹），经透镜耦合进入光纤，并传输到远处放置的待测气体吸收盒，从气体吸收盒输出的光经接收光纤传回。干涉滤光片选取瓦斯吸收率最强的谱线,由检测器接收,通过锁相放大器送入计算机处理,根据光强的变化测量瓦斯浓度。

瓦斯的吸收波长为 $1.14\mu m$、$1.16\mu m$、$1.66\mu m$、$2.37\mu m$ 和 $2.39\mu m$。由于水蒸气在可见光波段具有强吸收特性,而瓦斯的强吸收也在此波段范围内,因此,为避免水蒸气的光吸收对测量结果造成影响,激光器的波长范围应与瓦斯的二次谐振吸收谱线相符。而瓦斯的二次谐振吸收($1.6\sim1.7\mu m$)是微弱的,这种传感方式把气体吸收盘输出的光强度作为判断瓦斯浓度的依据,因而光源输出强度的波动、光纤耦合效率的变化和外界扰动引起的接收光强度的变化,都会使检测结果产生误差。用这种传感方式对微弱信号进行监测,能有效地抑制高频噪声,但对一些低频噪声的抑制能力较弱。此外,传感头对其他气体的抗干扰能力也较弱。

目前已用半导体激光器代替脉冲激光器,待测气体吸收盒外壳采用压电陶瓷,通过压电陶瓷对吸收盒的调制,来实现对微弱吸收信号的测量。这种方案解决了光源体积大、成本高的问题。

(2)干涉型光纤瓦斯传感器

此类传感器采用两束光干涉的方法检测气室中折射率的变化,而折射率的变化与浓度直接相关。目前我国普遍使用的便携式瓦斯检测仪均是基于此原理。此类传感器存在需经常调校、易受其他气体干涉、可靠性及稳定性均较差等缺陷。

3. 感烟探测器

现代建筑必须有防灾报警装置。火灾出现时往往伴随着烟雾、火光、高温及有害气体的释放。感烟探测器是很重要的一类探测器。下面分别介绍常见的3种感烟探测器:透射式感烟探测器、散射式感烟探测器和离子式感烟探测器。

1)透射式感烟探测器是利用烟雾的颗粒性来进行探测的,这是因为烟雾由微小的颗粒组成。在发光管和光敏元件之间,如果为纯净空气,则完全透光;如果有烟雾,则接收的光强减少。这种方法适用于长距离直线段的自动监测,被称为线型探测器。最好用半导体激光器发射脉冲光,因为这种激光器的光线强,体积小,且寿命长。

2)散射式感烟探测器由发光管和光敏元件构成,在两者之间有遮挡屏,其结构如图3-13所示。图中虚线圆圈代表了金属丝网或多孔板。

平时在纯净空气中,因为有遮挡屏,光敏元件接收不到发光管的信号。但是空气中含有烟雾时,烟雾的微粒对光有散射作用,光敏元件就接收到了信号,经过放大后就可以驱动报警电路。为了避免环境可见光引起的错误报警,可选用红外光谱,或采取避光保护措施。通常脉冲光每 $3\sim5s$ 有1个脉冲,每个脉冲的宽度是 $100\mu s$,这样有利于避免环境的干扰。

3)离子式感烟探测器的原理如图3-14所示,在两个金属平板之间加上直流电压,并在附近放上一小块同位素镅[241]。当周围空气无烟雾时,镅[241]放射出微量的 α 射线,使附近的空气电离。于是在平板电极之间的直流电压的作用下,空气中就会有离子电流产生。当周围空气有烟雾时,因为烟雾是由微粒组成的,微粒会将一部分离子吸附,使空气中的离子减少,而且微粒本身也吸收 α 射线,这两个因素使得离子电流减小。所以,烟雾浓度越高,离子电流就越小。

另外，在封闭的纯净空气的离子室中，将两者的离子电流进行比较，就可以排除干扰，检测出烟雾的有无。除了上面介绍的感烟探测器外，在火灾的预报中，感温探测器和感光探测器也都是经常用到的。而在实际的应用中，为了提高检测的可靠性和灵敏度，经常是三种探测器联合使用。

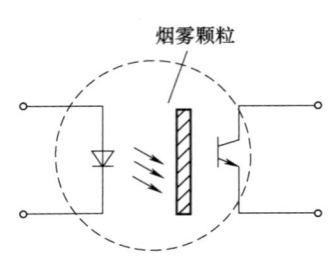

图 3-13 散射式感烟探测器图

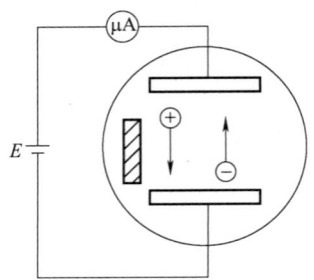

图 3-14 离子式感烟探测器

3.4.2 其他气体监测报警仪器

1. 光干涉式气体测量仪器

光干涉式气体测量仪器是利用被测气体与新鲜空气光干涉形成的光谱来测定某气体的浓度的。该类仪器主要用于测定甲烷（CH_4）、二氧化碳（CO_2）、氢气（H_2）及其他多种气体的浓度。

2. 红外线气体分析仪

红外线气体分析仪利用选择性检测器测定气体试样中特定成分引起的红外线吸收量的变化，从而求出气样中特定成分的浓度。该类仪器主要用于测定 CO、CO_2 和 CH_4 等气体的浓度。

3. 气相色谱仪

气相色谱仪是在色谱柱内，用载气把气体试样展开，使气体的各组分完全分离，对气体进行全面分析的仪器。该类仪器较笨重，只适合在实验室环境中使用。

4. 气体检定管与多种气体采样器组合类型仪器

这类仪器中的检定管是利用填充于玻璃管内的指示剂与被测气体发生反应来测定各种被测气体的浓度的。这类检测气体的仪器结构简单，使用方便、迅速，具有相当高的灵敏度，一般制成携带式，最适合在各种环境中现场采集、测定 CO、H_2S、NO、NO_2、NH_3、CO_2 及烷烃、烯烃、苯、酮等多种有机化合物气体，应用十分广泛。

5. 搭载其他系统的气体监测系统

例如，无人机平台的气体监测系统。无人机遥感是近些年得到广泛应用的监测手段，相较于传统的卫星遥感和航空遥感，它操作便捷，可以根据监测需要随时起飞进行监测。结合无人机平台的气体监测系统，将可以实现立体监测，且具有监测速度快、监测范围广、受地形干扰较小等优势，它只需要监测人员远程控制即可，可以有效弥补完善以环境监测车和便携式应急监测设备为主要的气体监测体系的不足。无人机遥感与气体环境监测的结合是未来环境监测领域尤其是环境应急监测中重要的监测手段。

思 考 题

1. 简述有毒有害气体的分类。
2. 简述有毒有害气体的危险特性。
3. 简述气体检测传感器的类型及其工作原理,并描述传感器所适用的检测对象。
4. 简述定电位电解式传感器的工作原理。
5. 简述红外大面积气体泄漏监测的实际意义及其具体应用。
6. 简述比色管技术的优点和缺点。

第 4 章
生产性粉尘检测与监控

粉尘虽小，隐患却大！生产作业人员长期在高浓度粉尘环境中工作，会吸入大量微细粉尘，引发尘肺病，国家官方数据发布，截至 2021 年年底，全国累计报告职业性尘肺病患者 91.5 万人，现存活的职业性尘肺病患者约为 45 万人。粉尘还会导致工作环境能见度低，影响工作效率，加速机械磨损，缩短精密仪器的使用寿命。此外，在一定条件下粉尘还具有爆炸性。数据显示，2005—2020 年我国至少发生 67 起生产企业的粉尘爆炸事故，这些事故共造成 547 人死亡、600 人受伤。影响较大的是，2005 年黑龙江省七台河市东风煤矿"11·27"特别重大煤尘爆炸事故，该事故导致 171 人死亡、48 人受伤；2014 年江苏省昆山市"8·2"特别重大铝粉尘爆炸事故，导致 146 人死亡、114 人受伤。近年来，国家对粉尘危害的重视程度越来越高，党的二十大报告指出，要把保障人民健康放在优先发展的战略位置，并强调要加强科技创新，推动高质量发展，促进绿色发展。因此，开发应用行之有效的粉尘检测及监测技术，为相关企业提供科学依据，有利于保障工人的生命安全和身体健康，减少环境污染，促进工业的创新及绿色发展。

4.1 粉尘基础知识

粉尘，一般指矿物开采或材料加工过程中产生的微细固体集合体。依据粉尘的存在状态，常把沉积于器物表面或井巷四壁之上的称为落尘；悬浮于空气中或井巷空间中的粉尘称为浮尘（或飘尘）。落尘与浮尘在不同环境下是可以相互转化的。防尘技术研究的对象，主要是悬浮于空气中的粉尘，所以一般所说的粉尘就是指这种状态的粉尘。

国际标准化组织将粒径小于 $75\mu m$ 的固体悬浮物定义为粉尘。粉尘是气态分散介质与固态分散介质共同组成的分散系，其固态分散相由大小范围接近分子状态的粒子到用肉眼能直接观察到的粒子（约 $0.001\sim100\mu m$）所组成，悬浮在大气中。大气中粉尘的存在是保持地球温度的主要原因之一，大气中过多或过少的粉尘将对环境产生灾难性的影响。

生产性粉尘是指在生产过程中产生，并且能够较长时间悬浮于空气中的固体微粒。生产性粉尘是人类健康的天敌，是诱发多种疾病的主要原因。而尘肺病是最常见、危害最严重的一类职业病。职业卫生安全检测所测定的粉尘主要是指作业场所的生产性粉尘，与环境监测中监测的大气颗粒物有所不同。粉尘检测主要包含粉尘性质、粉尘浓度、粉尘粒度、游离二氧化硅含量及粉尘爆炸性检测，其内容涵盖了职业健康、生产安全等重要内容。

4.1.1 粉尘的来源

在许多工业生产过程中都产生粉尘，按照形成方式可分为以下几类：
1）固体物质的机械破碎，如钙镁磷肥熟料的粉碎、水泥粉的粉碎等。
2）物质的不完全燃烧或爆破，如矿石开采、隧道掘进的爆破、煤粉燃烧不完全时产生的煤烟尘等。
3）物质的研磨、钻孔、碾碎、切削、锯断等操作过程产生的粉尘。
4）金属熔化，如生产蓄电池时熔化铅的工序产生的铅烟尘。
5）成品本身呈粉状，如炭黑、滑石粉、有机染料、粉状树脂等。

在工业生产过程中接触粉尘的工作有很多。例如，矿山的开采、爆破、运输；冶金工业中的矿石粉碎、筛分、配料；机械铸造工业中原料破碎、清砂；钢铁磨件的砂轮研磨；石墨、珍珠岩、蛭石、云母、萤石、活件炭、二氧化钛等的粉碎加工；水泥的生产与包装；橡胶加工中的炭黑、滑石粉的使用等。若防尘措施不完善，均有大量生产性粉尘外逸。

4.1.2 粉尘的种类

1. 根据粉尘的性质划分

根据粉尘的性质可将粉尘划分为三类。

（1）无机粉尘

矿物性粉尘：石英、石棉和煤等粉尘。金属性粉尘：铜、铁、铅和锌等金属及其化合物粉尘。人工无机粉尘：水泥、金刚砂和玻璃纤维粉尘。

（2）有机粉尘

植物性粉尘：棉、麻、甘蔗、花粉和烟草等粉尘。动物性粉尘：动物皮毛、角质、羽绒等粉尘。人工有机粉尘：合成纤维、有机染料、炸药、表面活性剂和有机农药等粉尘。

（3）混合性粉尘

上述多种粉尘中，两种或两种以上粉尘的混合物称为混合性粉尘。生产过程中常见的是混合性粉尘。

在职业健康工作中，常依据粉尘性质，初步判断其对人体的危害程度及作用机理。

2. 根据粉尘的粒径大小划分

粉尘的粒径不同，能够进入人体呼吸系统（鼻咽区、气管和支气管区、肺泡区）的部位也不同，因此，对人体危害程度也不同。按粒径大小可将粉尘分为以下几种：

（1）降尘

降尘是指在自然空气环境条件下，能靠自身重力自然降落的颗粒物。降尘粒径大于 $30\mu m$。降尘颗粒的理化性质接近于固体物质，表面自由能低，很少聚积或凝聚。由于其难以进入呼吸道，因此对人体健康的危害也较小。

（2）总悬浮颗粒物

总悬浮颗粒物（TSP）是指飘浮在空气中、粒径小于 $100\mu m$ 的固态和液态颗粒物的总称。粒径 $>10\mu m$ 的颗粒物质量相对较大，被人体吸入后具有较大的惯性，在鼻腔陡弯处和咽喉部位与呼吸道内壁碰撞，致使大部分颗粒沉积在上呼吸道。

1）可吸入颗粒物。可吸入颗粒物是指悬浮在空气中，能进入人体呼吸系统且空气动力学当量直径<10μm 的颗粒物，又称 PM10。可吸入颗粒物可以被人体吸入，沉积在呼吸道、肺泡等部位从而引发疾病。颗粒物的直径越小，进入呼吸系统的部位越深。

2）胸部颗粒物。在可吸入颗粒物中，能穿过咽喉的颗粒物称为胸部颗粒物，粒径为 5~10μm。由于重力作用，胸部颗粒物大部分沉降在气管和支气管区。

3）呼吸性粉尘。在可吸入颗粒物中，能达到肺泡区（无纤毛呼吸性细支气管、肺泡管、肺泡囊）的颗粒物，称为呼吸性粉尘。呼吸性粉尘能够进入人体肺泡甚至血液系统，直接导致心血管病等疾病。空气动力学当量直径小于 2.5μm 的，又称为 PM2.5。PM2.5 的比表面积较大，通常富集在各种重金属元素［如砷（As）、硒（Se）、铅（Pb）、铬（Cr）等］和有机污染物［如多环芳香烃化合物（PAHs）、二噁英（PCDD/Fs）、挥发性有机物（VOCs）等］中，多为致癌物质和基因毒性诱变物质，危害极大。

由此可见，颗粒物粒径不同，在人体呼吸系统中的沉积部位也不同。因此，研究 PM10 和 PM2.5 对保障劳动者职业安全健康具有重要意义。

3. 根据粉尘的物理状态划分

根据粉尘的物理状态可将粉尘划分为三类。

（1）固态

固态大气颗粒物主要是烟和粉尘。烟是指燃烧过程产生的或燃烧产生的气体转化形成的颗粒物，其粒径为 0.01~1μm；粉尘是指在工业生产中破碎和运转作业所产生的颗粒物，其粒径大于 1μm。也有学者认为，粉尘是指 1~75μm 的大气颗粒物，而小于 1μm 的粉尘称为亚微粉尘。

（2）液态

液态大气颗粒物主要是雾和雾尘或尘雾。雾是大量微小水滴或冰晶形成的悬浮体系，按其对大气能见度的影响可分为浓雾（粒径<10μm）和轻雾（粒径>40μm）。尘雾是工业生产中由过饱和蒸气在凝结核上凝聚、化学反应和液体喷雾过程所形成的悬浮体系。一般认为尘雾的粒径<10μm。

（3）固液混合态

固液混合态颗粒物主要是烟尘，是指燃烧、冶炼等工业生产过程中释放的尘粒作为凝结核所形成的烟、雾混合体系，其粒径一般小于 1μm。

4. 根据粉尘的成分、有无毒性及爆炸性划分

1）按粉尘的成分，分为煤尘、岩尘、石棉尘、水泥尘以及动、植物粉尘等。

2）按有无毒性，可分为有毒、无毒、放射性粉尘等。

3）按爆炸性，可分为易燃、易爆和非燃、非爆炸性粉尘。

4.1.3 粉尘的理化特性

以职业健康危害的角度，粉尘的理化特性有以下几点。

1. 粉尘的化学成分及其浓度

化学成分不同的粉尘对人体的作用性质和危害程度不同，例如，石棉尘可引起石棉肺和间皮瘤，棉尘则引起棉尘病。同一种粉尘，在空气中的浓度越高，其危害也越大；粉尘中主要有害成分含量越高，对人体危害也越严重，含有游离二氧化硅的粉尘可致矽肺。

2. 粉尘的分散度

粉尘分散度是指物质被粉碎的程度，以大小不同的粉尘粒子的百分比组成表示。空气中粉尘颗粒中的细小微粒所占比例越高，则分散度越高。粉尘分散度越高，形成的气溶胶体系越稳定，在空气中悬浮的时间越长，越容易被人体吸入；粉尘分散度越高，比表面积也越大，越容易参与理化反应，对人体的危害也越大。

3. 粉尘的湿润性

粉尘被水（或其他液体）湿润的难易程度称为粉尘湿润性。有的粉尘（如锅炉飞灰、石英砂等）容易被水湿润，与水接触后会发生凝并、增重，从而有利于粉尘从气流中分离，称为亲水性粉尘。有的粉尘（如炭黑、石墨等）很难被水湿润，称为憎水性粉尘。粉尘湿润性高，作业场所的粉尘就容易降落，对人体的危害程度就小。例如，用湿式除尘器处理憎水性粉尘，除尘效率不高。如果在水中加入某些湿润剂（如皂角素、平平加等），可减少固液之间的表面张力，提高粉尘的湿润性，从而可以提高除尘效率，减少对人体的危害。

4. 粉尘的溶解度

粉尘溶解度的大小与其对人体的危害程度因组成粉尘的化学物质性质不同而不同。若组成粉尘的物质对人体有毒，溶解度越大，则越易被人体吸收，对人体的毒性也就越大；若粉尘无毒，溶解度大，则易被人体吸收、排出，毒性就较小；还有一些粉尘，如石英、石棉等难溶性粉尘，本身是无毒的，但在人体内不能溶解，将会对人体持续产生危害作用。

5. 粉尘的荷电性

粉尘在其生产和运动过程中，由于相互碰撞、摩擦、放射线照射、电晕放电及接触带电体等原因而带有一定电荷的性质，称为粉尘荷电性。空气中90%~95%的粒子带有电荷，同一种尘粒可能带正电、负电或呈电中性，这与尘粒的化学性质无关。粉尘带有电荷后某些物理性质会发生变化，如凝聚性、附着性及其在气体中的稳定性等，同时对人体的危害也将增强。粉尘的荷电量随温度的升高、比表面积的加大及含水率的减小而增大。同电性尘粒相互排斥，粉尘稳定性增加。反之，粉尘颗粒相互吸引，形成较大的尘粒加速沉降。此外，荷电量还与粉尘的化学成分等有关。静电除尘器就是利用了粉尘的荷电特性来工作的。

6. 粉尘的形状与硬度

在一定程度上，粉尘粒子的形状也影响它的稳定性（即在空气中飘浮的持续时间）。质量相同的尘粒，其形状越接近球形，则越容易降落。锐利、粗糙、硬的尘粒比软的、球形的尘粒对皮肤和黏膜的刺激性更强，尤其是对上呼吸道黏膜的机械损伤或刺激更大。

7. 粉尘的爆炸性

在一定的浓度和温度（或火焰、火花、放电、碰撞、摩擦等作用）下会发生爆炸的粉尘称为爆炸危险性粉尘。爆炸危险性粉尘（如泥煤、松香、铝粉、亚麻等）在空气中的浓度只有在达到某一范围内才会发生爆炸，这个爆炸范围的最低浓度叫作爆炸下限，最高浓度叫作爆炸上限。粉尘的粒径越小，比表面积越大，粉尘和空气的湿度越小，爆炸危险性越大。因此，在采集这类粉尘样品时，必须注意防爆。

4.1.4 生产性粉尘的职业危害

2015年颁布的《职业病危害因素分类目录》中，粉尘因素为职业病危害因素6大类中的第一大类，涵盖了矽尘、煤尘、石墨粉尘等52个子类。由此可见粉尘危害的严重性。生产性粉尘的种类和性质不同，对人体的危害也不同。

1. 致纤维化作用

尘肺是长期吸入生产性无机粉尘所致的以肺组织纤维化为主的一类全身疾病的统称，其病理特点是肺组织发生弥漫性、进行性的纤维组织增生，引起呼吸功能严重受损，而致劳动能力下降乃至丧失。游离二氧化硅具有极强的细胞毒性和致纤维化作用，因此，粉尘致纤维化的程度和该类粉尘中游离二氧化硅的含量有关。尘肺是长期吸入高浓度粉尘所引起的最常见的职业病。其中，硅肺是纤维化病变最严重、进展最快、危害最大的尘肺。粉尘的致纤维化作用是粉尘对人体健康危害最大的生物学作用。

2. 中毒作用

粉尘中含有铅、镉、锰、砷、铍等毒性元素，在呼吸道溶解并被吸收，进入血液循环后，会引起全身中毒。

3. 损伤作用

吸入的生产性粉尘首先进入呼吸道，刺激呼吸道黏膜，使黏膜毛细血管扩张，黏液分泌增加，以加强对粉尘的阻留作用。但黏膜毛细血管的长期扩张会导致黏膜肥大，继而因营养不良而发生萎缩，形成萎缩性鼻炎。硬度较大、边缘锐利的粉尘颗粒还可以机械性地直接损伤黏膜细胞，引起鼻炎、咽炎、喉炎。有些金属粉尘则直接损伤鼻黏膜形成溃疡和穿孔。粉尘散落于皮肤上，可堵塞汗腺、皮脂腺，而引起皮肤干燥，并易于发生继发感染，形成粉刺、毛囊炎等。金属粉尘、烟草粉尘等对角膜的刺激和损伤可导致角膜感觉迟钝和角膜混浊等改变。

4. 炎症作用

长期吸入大量粉尘，会损伤呼吸道黏膜，继发感染引起慢性炎症。因此，导致接尘工人产生慢性支气管炎。此外，有机粉尘中带有细菌或真菌，会引起肺真菌病；皮毛粉尘中有炭疽杆菌，会引起肺炭疽病。

5. 致癌作用

放射性粉尘的射线易引发肺癌，石棉粉尘可引起支气管肺癌和间皮瘤，矿物质粉尘也可导致肺癌，金属粉尘（如镍、铬酸盐等）也和肺癌高发有关。近年来硅尘和肺癌的关系在学术界引发争论并受到人们的关注。一些流行病学的研究结果表示硅尘暴露和肺癌的高发有一定关系。国际癌症研究机构依据这些研究结果，已把硅尘列为人类致癌物。

6. 沉积作用

吸入某些惰性金属粉尘会引起金属粉尘在肺内的沉积，如锡、锑、铁等。一般来说，这些金属粉尘的沉积对肺功能没有明确的损害，也没有致肺组织纤维化的证据。但作为一种异物沉积在肺内，会引起肺组织的反应，有的还会引起急性支气管炎或支气管哮喘。

4.2 工作场所粉尘的采集

4.2.1 粉尘采样点和采样类型

1. 测尘点和采样位置的确定

测定粉尘的目的是确定劳动者受粉尘危害的程度,所以测尘点的选择要遵循一定的原则,否则不能反映出真实的情况。生产场所粉尘测定的采样点选择以能代表粉尘对人体健康的危害实况为原则。考虑粉尘发生源在空间和时间上的扩散规律,以及工人接触粉尘情况的代表性,测定点应根据工艺流程和工人操作方法而确定。在生产作业地点较固定时,应在工人经常操作和停留的地点,采集工人呼吸带水平的粉尘,距地面的高度应随工人生产时的具体位置而定,例如站立生产时,可在距地面 1.5m 左右尽量靠近工人呼吸带水平采样;采用坐位、蹲位工作时,应适当放低采样高度。为了测得作业场所的粉尘平均浓度,应在作业范围内选择若干点(尽可能均匀分布)进行测定。求得其算数或几何平均值和标准差。在生产作业不固定时,应在接触粉尘浓度较高的地点、接触粉尘时间较长的地点及工人集中的地点分别进行采样。在有风流影响的作业场所,应在产尘点的下风侧或回风侧粉尘扩散较均匀地区的呼吸带进行粉尘浓度测定。移动式产尘点的采样位置,应位于生产活动中有代表性的地点,或将采样器架设于移动设备上。

在具体设置采样点时,应根据相应国家标准,结合产尘点的具体情况设置采样点。一般要考虑以下 4 种情况:①工厂;②车站、码头、仓库;③露天矿山;④地下矿山隧道工程。

2. 粉尘采样的类型

《工作场所有害因素职业接触限值 第 1 部分:化学有害因素》(GBZ 2.1—2019)对粉尘的总尘和呼尘都分别规定了时间加权平均容许浓度(PC-TWA),因此在安全检测中要检测工作场所空气中粉尘的时间加权平均浓度(TWA)。与有毒气体检测一样,样品采集的方法也必须能满足检测目的的要求。

应根据粉尘测定的目的选择最合适的采样方法,粉尘采样方法的类型及目的如下:

(1)个体采样

个体采样是指劳动者携带个体粉尘采样器,将采样头进气口位于呼吸带高度所进行的采样。个体采样直接测定 PC-TWA,以反映个体粉尘接触水平。

(2)定点采样

定点采样是指将粉尘采样器安置在选定的采样点,在劳动者呼吸带高度处进行的采样。定点采样也能测定 TWA,要求采集一个工作日内各时段的样品,将各时段的持续接触时间与其相应浓度相乘,乘积之和除以 8,得出 8h 工作日的时间加权平均浓度(TWA)。定点采样除了可以反映个体接触水平外,还适用于评价工作场所环境的卫生状况。

(3)短时间采样

在采样点,将装好滤膜的粉尘采样夹,在呼吸带高度以 15~40L/min 的流量采集 15min 空气样品。短时间采样用于测定短时间粉尘浓度。

（4）长时间采样

在采样点，将装好滤膜的粉尘采样夹，在呼吸带高度以 1~5L/min 的流量采集 1~8h 空气样品。长时间采样用于测定 PC-TWA。

3. 粉尘采样器的类型

粉尘采样器的基本功能是提供采集含尘气体的动力（抽气泵），调节、控制和显示气体流量。粉尘收集器是整套粉尘采样装置的一部分，不包括在粉尘采样器中，但也有些采样器和收集器是合并在一起的。

根据采样器设置的位置，可分为（定点）粉尘采样器和个体粉尘采样器。如果采样头前安装粉尘预分离器，则为呼吸性粉尘采样器，同样也可以分为（定点）呼吸性粉尘采样器和个体呼吸性粉尘采样器。粉尘预分离器分离粉尘的效能应符合呼吸性粉尘标准采样曲线的要求。个体采样器中可以不设流量计，但需要定期加负载标定流量，由适宜规格的皂膜流量计进行校准。

4.2.2 粉尘收集器

1. 滤膜采样夹

粉尘采样需要滤膜（又称为滤料）作为阻留材料，滤膜质地柔软，需要滤膜采样夹支撑。根据制作材料、大小及用途，大体可分为三类。铝合金采样夹用硬质铝合金制造，密封圈的内直径为 35mm，使用的滤膜直径为 40mm。小型塑料采样夹用优质塑料制造，使用的滤膜和滤膜垫的直径为 25mm。粉尘采样夹也用优质塑料制造，使用的滤膜和滤膜垫的直径为 40mm。采样夹的基本结构如图 4-1。采样夹由接座圈、支撑网和底座组成，在接座圈、支撑网和底座间可以安装一张或两张滤膜。安装一张滤膜时，只需连接接座圈和底座；串联两张滤膜时，则连接三部分，每两部分之间夹一张滤膜，用抽气装置抽气，则空气中的颗粒物被阻留在滤膜上。

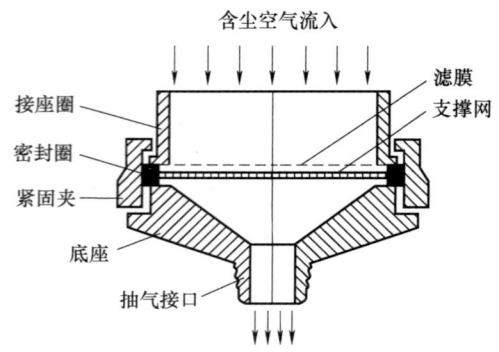

图 4-1 滤膜采样夹结构示意图

2. 纤维状滤料

纤维状滤料是指由天然纤维素或合成纤维制成的各种滤纸和滤膜，常用的有玻璃纤维滤膜、聚氯乙烯滤膜、定量滤纸等。滤料采集空气中气溶胶颗粒主要是基于直接阻截、惯性碰撞、扩散沉降、静电引力和重力沉降等机制。

玻璃纤维滤膜由纯净的超细玻璃纤维制成，厚度小于1mm，具有较小的不规则孔隙。其优点是：耐高温、耐腐蚀、吸湿性小、通气阻力小、采集效率高，适于大流量采集低浓度的有害物质；可用水、苯和稀硝酸等提取采集到的组分并进行分析。其缺点是：灰分高、金属空白值高、机械强度较差。玻璃纤维滤膜的采集机制主要是直接阻截、惯性碰撞和扩散沉降作用。

聚氯乙烯滤膜（又称为过氯乙烯滤膜）在粉尘测定中使用最多，所以又称为测尘滤膜。它是由聚氯乙烯纤维互相交叉重叠而构成的，具有许多大小不等、形状各异的孔隙。其优点是静电性强、吸湿性小、通气阻力小、耐酸碱、孔径小、机械强度好、重量轻以及金属空白值较低等。采样后的聚氯乙烯滤膜可用有机溶剂（如乙酸乙酯、乙酸丁酯等）等制成溶液，进行颗粒物分散度及颗粒物中有毒有害物质分析。其缺点是不耐热，最高使用温度为55℃。聚氯乙烯滤膜采集气溶胶的机制是阻截、扩散、静电吸附和惯性冲击作用，其中静电吸附作用最强。

定量滤纸是由纯净的植物纤维素浆制成。它由粗细不等的天然纤维素互相重叠在一起，形成大小和形状都不规则的孔隙，其厚度小于0.25mm。由于滤纸纤维较粗，孔隙较小，因此，通气阻力大，适用于金属尘粒子采集。滤纸的吸湿性大，吸湿后机械强度下降，不利于重量法测尘。定量滤纸采集气溶胶的机制主要是拦截、扩散和惯性冲击作用。

3. 筛孔状滤料

筛孔状滤料与纤维滤料的采样机制相似，但其筛孔孔径较均匀。常用的筛孔状滤料有微孔滤膜、核孔滤膜、银薄膜和聚氨酯泡沫塑料等。筛孔状滤料使用得较少。

4.2.3 粉尘预分离器

粉尘中粒径不同的颗粒对人体的危害程度不同，有时需要分粒径范围分别测定，粉尘预分离器就是能把粉尘分级并分别采集的粉尘采样装置。粉尘预分离器又称为可吸入粉尘切割器，安装在粉尘采样头的前面，对粉尘按照粉尘粒径大小进行分离。按照现行国家标准，粉尘预分离器的功能主要是把呼吸性粉尘与非呼吸性粉尘分离。

1. 串联旋风切割器

串联旋风切割器的工作原理如图4-2a所示。空气以高速度沿180°渐开线进入切割器的圆桶内，形成旋转气流。在离心力的作用下，将粗颗粒物摔到桶壁上并继续向下运动，粗颗粒在不断与桶壁撞击中失去前进的能量而落入大颗粒物收集器内。细颗粒随气流沿气体排出管上升，被过滤器的滤膜捕集，从而将粗、细颗粒物分开。切割器必须用标准粒子发生器制备的标准粒子进行校准后方可使用。将具有不同分割粒径的旋风除尘器依序串联，就可以实现粉尘的分级切割。图4-2b所示为五级串联旋风切割器，它的分割粒径与自身尺寸和气流量大小有关。

2. 向心式切割器

向心式切割器原理如图4-3所示。当气流从小孔高速喷出时，因所携带的颗粒物大小不同，惯性也不同，颗粒质量越大，惯性越大。不同粒径的颗粒物各有一定的运动轨线，其中质量较大的颗粒运动轨线接近中心轴线，最后进入锥形收集器被底部的滤膜收集；小颗粒物惯性小，离中心轴线较远，偏离锥形收集器入口，随气流进入下一级。第二级的喷嘴直径和锥形收集器的入口孔径变小，两者之间距离缩短，使小一些的颗粒物被收集。再往下，第三级的喷嘴直径和锥形收集器的入口孔径又比第二级小，其间距离更短，所收集的颗粒更细。如此经过多级分离，剩下的极细颗粒到达最底部，被夹持的滤膜收集。图4-4所示为三级向心式切割器的原理示意图。

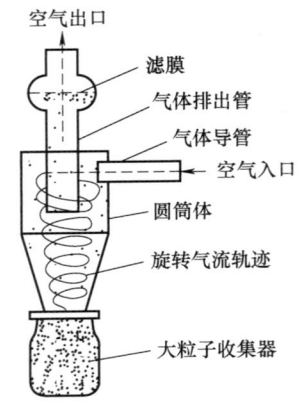

a) 旋风切割器的工作原理

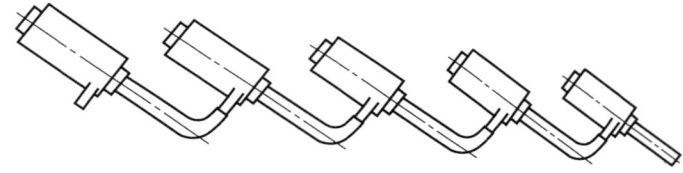

b) 五级串联旋风切割器

图 4-2　旋风切割器示意图

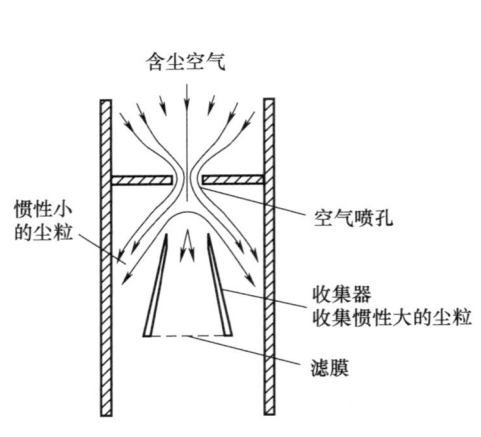

图 4-3　向心式切割器原理示意图

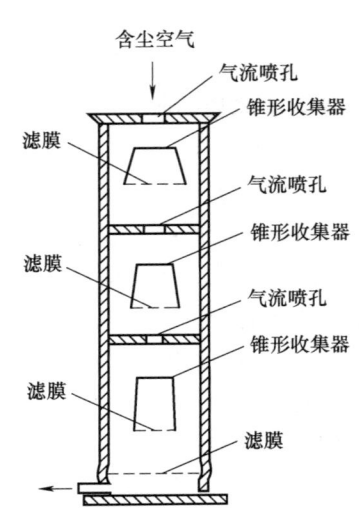

图 4-4　三级向心式切割器原理示意图

3. 撞击式切割器

撞击式切割器的工作原理如图 4-5 所示。当含颗粒物气体以一定速度由喷嘴喷出后，颗粒获得一定的动能并且有一定的惯性。在同一喷射速度下，粒径越大，惯性越大。因此，气流从第一级喷嘴喷出后，惯性大的大颗粒难以改变运动方向，与第一块捕集板碰撞被沉积下来，而惯性较小的颗粒则随气流绕过第一块捕集板进入第二级喷嘴。因第二级喷嘴较第一级小，故喷出颗粒的动能增加，速度增大，其中惯性较大的颗粒与第二块捕集板碰撞而被沉积，而惯性较小的颗粒继续向下级运动。如此一级接一级地进行下去，气流中的颗粒由大到小地被分开，沉积在不同的捕集板上。最末级捕集板用玻璃纤维滤膜代替，捕集更小的颗粒。这种采样器可以设计为 3~6 级，也有 8 级的，称为多级撞击式采样器。单喷嘴多级撞击式采样器采样面积有限，不宜长时间连续采样，否则会因捕集板上堆积颗粒过多而造成损失。多级多喷嘴撞击式采样器捕集面积大，应用比较普遍的一种称为安德森采样器，由 8 级组成，每级有 200~400 个喷嘴，最后一级也是用纤维滤膜代替捕集板捕集小颗粒物。安德森采样器捕集颗粒物粒径范围为 0.34~11μm。

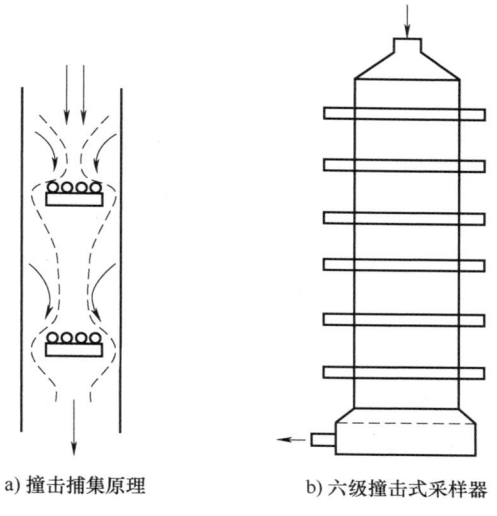

图 4-5 撞击式切割器原理示意图
a) 撞击捕集原理　b) 六级撞击式采样器

4. 水平淘洗式粉尘切割器

水平淘洗式粉尘切割器主要由 3 部分构成，即水平淘洗槽、滤膜夹和抽气系统。水平淘洗法分离粉尘的原理是：抽气系统抽取含粉尘的空气进入水平淘洗槽后，空气平稳流动，近似层流状态。当粉尘颗粒悬浮在流动的流体中时，利用它们具有不同的沉降速度而将其分离。呼吸性粉尘沉降慢，但漂浮性强，倾向于随气流流过水平淘洗槽，然后进入粉尘收集器而被收集。水平淘洗式切割器的构造原理如图 4-6 所示。

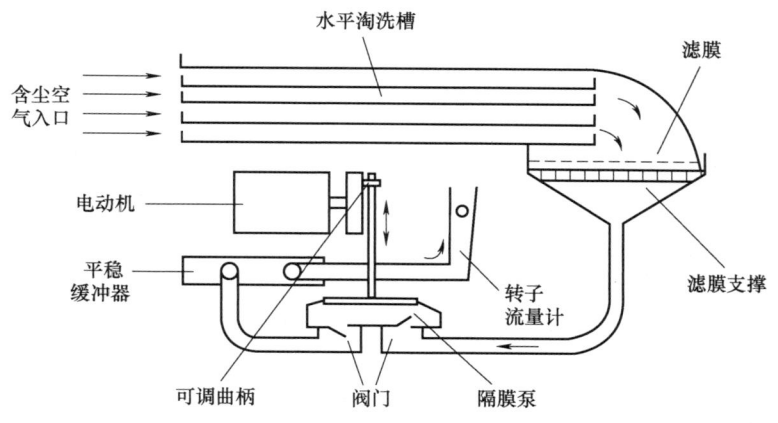

图 4-6 水平淘洗式粉尘切割器原理示意图

4.3 粉尘浓度的测定

测量粉尘浓度的目的在于：
1）对各作业地点的粉尘浓度进行测定，以检查是否达到国家卫生标准。
2）测定作业点粉尘的粒度分布及其矿物组成的化学、物理性质。
3）研究各种不同工序的产尘状况，提出解决办法。
4）评价各种降尘措施的效果。

粉尘浓度的表示方法有两种：单位体积空气中粉尘的颗粒数，称为粉尘计数浓度（粒/cm³）；单位体积空气中粉尘的质量，称为粉尘计重浓度（mg/m³）。

4.3.1 滤膜重量法

粉尘浓度测定的标准方法是重量法，这也是基本方法。重量法测定结果能更好地反映现场粉尘浓度的真实情况。它的检测原理是空气中的粉尘通过采样器上的预分离器，分离出呼吸性粉尘颗粒，然后采集在已知质量的测尘滤膜上，根据采样后的滤膜增量和采气量，计算出单位体积空气中呼吸性粉尘的质量。

检测所需仪器包括呼吸性粉尘采样器（包括预分离器、泵和流量计）、滤膜、分析天平（感量 0.01mg）、秒表、干燥器（内装变色硅胶）、镊子、除静电器。预分离器对粉尘粒子的分离性能应符合粉尘粒子空气动力学直径均在 $7.07\mu m$ 以下，且直径 $5\mu m$ 的粉尘粒子的采集率为 50% 的要求；滤膜可以采用过氯乙烯滤膜或其他测尘滤膜。使用仪器或其他方法测定粉尘质量浓度时必须以标准重量法为基准，以保证测定结果的可比性。

滤膜重量法的操作过程如下：

（1）滤膜的准备与安装

滤膜在干燥器内放置 2h 以上，去除静电后称量，在衬纸和记录表上记录滤膜的质量 m_1 和编号。将滤膜和衬纸放入相应的容器中备用，或者将滤膜直接安装在预分离器内。安装时，滤膜毛面应朝着进气方向，滤膜放置应平整，不能有裂隙和褶皱。

（2）预分离器的准备

按照所用预分离器的技术要求，做好准备和安装。

（3）样品采集

样品采集可分为定点采样和个体采样两种情况。其中定点采样根据检测粉尘的目的可采用短时间采样或长时间采样。短时间采样时，将连接好的呼吸性粉尘采样器，在呼吸带高度，以预分离器要求的流量采集 15min 空气样品；长时间采样则将连接好的呼吸性粉尘采样器，在呼吸带高度，以预分离器要求的流量采集 1~8h 空气样品，根据现场粉尘的浓度和采样器性能确定一个采样夹一次采样的持续时间，如一次不能连续 8h，则应无间隙更换其他采样装置使总采样时间达到 8h。个体采样则是将连接好的呼吸性粉尘采样器佩戴在采样对象的前胸上部，进气口尽量接近呼吸带，以预分离器要求的流量采集 1~8h 空气样品。同样，根据现场粉尘的浓度和采样器性能确定一个采样夹一次采样的持续时间。

根据滤膜上总粉尘增量（Δm）的要求（一般在 0.1~5mg），无论是定点采样还是个体采样，都要根据现场空气中粉尘的浓度、所用采样夹的大小、采样流量及采样时间，估算滤膜上粉尘的增量（Δm）。

（4）样品的运输与保存

采样后，取出滤膜，将滤膜的接尘面朝里对折两次，置于清洁容器内运输和保存。

（5）样品的称量

称量前，将采样后的滤膜置于干燥器内 2h 以上，去除静电后，在分析天平上准确称量，记录滤膜和粉尘的质量 m_2。

（6）空气中呼吸性粉尘浓度的计算

根据两次称量的质量和采集空气的体积，按照下式计算空气中呼吸性粉尘的浓度：

$$c=\frac{m_2-m_1}{Ft}\times 1000 \tag{4-1}$$

式中，c 为空气中的呼吸性粉尘的浓度，单位为 mg/m³；m_2 为采样后的滤膜质量，单位为 mg；m_1 为采样前的滤膜质量，单位为 mg；F 为采样流量，单位为 L/min；t 为采样时间，单位为 min。

如果是用一张滤膜一次连续采集 8h，时间加权平均浓度 c_{TWA} 的计算公式如下：

$$c_{\text{TWA}}=\frac{m_2-m_1}{Ft}\times 1000 \tag{4-2}$$

式中，c_{TWA} 为空气中呼吸性粉尘 8h 的加权平均浓度，单位为 mg/m³；m_2 为采样后的滤膜质量，单位为 mg；m_1 为采样前的滤膜质量，单位为 mg；F 为采样流量，单位为 L/min；t 为采样时间，$t=480$min。

如果是分时段采样，那么 8h 的加权平均浓度的计算公式如下：

$$c_{\text{TWA}}=\frac{c_1 t_1+c_2 t_2+\cdots+c_n t_n}{8} \tag{4-3}$$

式中，$c_1,c_2,\cdots,c_n$ 为各时段空气中呼吸性粉尘的平均浓度，单位为 mg/m³；$t_1,t_2,\cdots,t_n$ 为劳动者在相应浓度下的工作时间，单位为 h。

滤膜重量法测定粉尘浓度有 4 个关键性操作步骤：

1）采样前必须用同样的未称重滤膜模拟采样，调节好采样流量，检查仪器密封性能。具体方法是：在抽气条件下，用手掌堵住滤膜进气口，若流量计转子立即回到零刻度，表示采样系统不漏气。单独检查采样头的气密性，可将滤膜夹上装有塑料薄膜的采样头放于盛水的烧杯中，向采样头内送气加压，当压差达到 1000Pa 时，水中应无气泡产生。

2）本方法的最低检出浓度为 0.2mg/m³（以感量 0.01mg 天平，采集 500L 空气样品计），采样前后，滤膜称量应使用同一台天平。每次称重前均应去除静电。采样后，滤膜上粉尘增重若小于 0.1mg 或大于 5mg 时，应重新采样。

3）若现场空气中含有油雾，必须先用石油醚或航空汽油浸洗采样后的滤膜，除油、晾干后再称重。

4）聚氯乙烯纤维滤膜为合成纤维制品，不耐高温，使用现场气温不能高于 55℃。当现场温度高时，可用玻璃纤维滤膜。

滤膜重量法测定粉尘浓度所需的仪器装置比较简单，但操作复杂、速度慢。在作业现场使用的操作简便、灵活、快速的粉尘浓度测定方法有 β 射线吸收法、光散射法和压电晶体差频法。

4.3.2 β 射线吸收法

β 射线吸收法的检测原理是：将 β 射线通过特定物质后，其强度将衰减，衰减程度与所穿过的物质厚度有关，而与物质的物理、化学性质无关。如图 4-7 所示，β 射线测尘仪的工作原理是通过测定清洁滤带（未采尘）和采尘滤带（已采尘）对 β 射线吸收程度的差异来测定采尘量的。因采集含尘空气的体积是已知的，因此可得知空气中含尘浓度。

设两束相同强度的 β 射线分别穿过清洁滤带和采尘滤带后的强度分别为 N_0（计数）和 N（计数），则两者关系为

$$N = N_0 e^{-K\Delta M} \text{ 或 } \ln\frac{N_0}{N} = K\Delta M \tag{4-4}$$

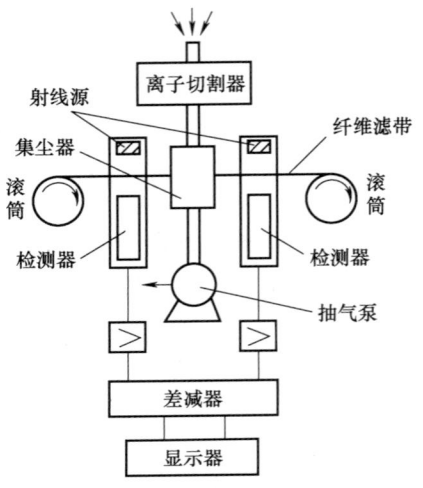

图 4-7 β 射线测尘仪的工作原理

式中，K 为质量吸收系数，单位为 cm^2/mg；ΔM 为滤带单位面积上粉尘的质量，单位为 mg/cm^2。

式（4-4）经变换可写成如下形式

$$\Delta M = \frac{1}{K}\ln\frac{N_0}{N} \tag{4-5}$$

设滤带采尘部分的面积为 S，采气体积为 V，则空气中含尘浓度 c 计算如下：

$$c = \frac{\Delta MS}{V} = \frac{S}{VK}\ln\frac{N_0}{N} \tag{4-6}$$

式（4-6）说明当仪器工作条件选定后，气样含尘浓度只取决于 β 射线穿过清洁滤带和采尘滤带后的两次计数的比值。从公式可以看出，β 射线测尘仪工作原理与双光束分光光度计有相似之处。

β 射线源可用 ^{14}C、^{60}Co 等；检测器采样计数管对放射性脉冲进行计数，反映 β 射线的强度。

为研究粉尘的物理化学性质、形成机理和粉尘粒径对人体健康的危害关系，需要测定粉尘的粒径分布。粒径分布有两种表示方法，一种是不同粒径的数目分布，另一种是不同粒径的重量浓度分布。前者用光散射粒子计数器测定，后者用根据撞击捕尘原理制成的采样器分级捕集不同粒径范围的颗粒物，再用重量法测定。这种方法设备较简单，应用比较广泛，所用采样器为多级喷射撞击式或安德森采样器。

4.3.3 光散射法

光散射法的测定原理为：当光束通过散布着固体颗粒的含尘气流时，会发生吸收和散射，所接收到的散射光强度发生变化，其变化大小与被测悬浮物颗粒的体积成正比，若已知

被测粉尘的密度,即可计算出被测环境中粉尘的质量浓度。粉尘浓度传感器就是通过探测变化的光信号,建立光强度与气室内粉尘浓度的关系,经过换算而实现粉尘浓度测量的。采用光散射法测量空气中的粉尘浓度具有快速、简便、连续测量的特点。图 4-8 为光散射粉尘浓度传感器的原理示意图。

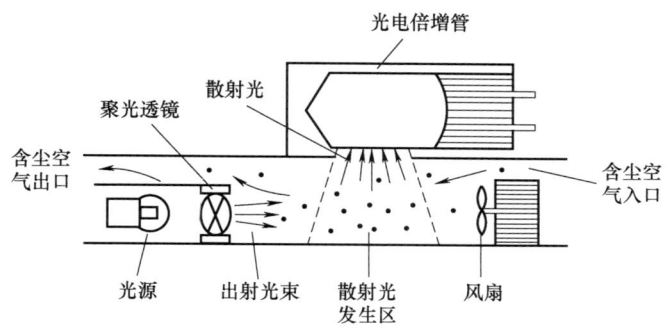

图 4-8 光散射粉尘浓度传感器结构原理示意图

按照经典的米氏散射理论,对粒径较大的颗粒,在任意角 θ 下散射光强度在空间的分布可按照 Fraunhofer 衍射理论计算。

在抽气动力作用下,将空气样品连续吸入暗室,平行光束穿过暗室,照射到空气样品中的细小粉尘颗粒时,发生光散射现象,产生散射光。颗粒物的形状、颜色、粒度及其分布等性质一定时,散射光强度与颗粒物的质量浓度成正比。散射光经光电传感器转换成微电流,微电流被放大后再转换成电脉冲数,利用电脉冲数与粉尘浓度呈正比的关系便能测定空气中粉尘的浓度。其计算公式如下:

$$c = K(R - B) \tag{4-7}$$

式中,c 为空气中 PM10 质量浓度,单位为 mg/m^3,采样头装有粒子切割器;R 为仪器在采样时段内平均每分钟产生的电脉冲数,计算方式为采样结束后,用仪器累计电脉冲读数除以设定的采样时间 t(单位为 min),即 R = 累计读数$/t$;K 为颗粒物质量浓度与电脉冲数之间的转换系数;B 为仪器基底值(仪器检查记录值),又称暗计数,即无粉尘的空气通过时仪器的测定值,相当于由暗电流产生的电脉冲数。

当被测颗粒物质量浓度相同,而粒径、颜色不同时,颗粒物对光的散射程度也不相同,仪器测定的结果也就不同。因此,在某一特定的采样环境中采样时,必须先将重量法与光散射法所用的仪器相结合,测定计算出颗粒物质量浓度与电脉冲数之间的转换系数 K 的值。这相当于用重量法对仪器进行校正。光散射法仪器出厂时给出的 K 值是仪器出厂前用标准粒子校正后的 K 值,该值只表明同一型号的仪器 K 值相同,仪器的灵敏度一致,不是实际测定样品时可用的 K 值。

实际工作中 K 值的测定方法是:在采样点将重量法、光散射法测定所用的相同采样器的采样口放在采样点的相同高度和同一方向,同时采样 10min 以上,用两种仪器所得结果或读数计算 K 值:

$$K = \frac{C}{R - B} \tag{4-8}$$

式中，C 为重量法测定 PM10 的质量浓度，单位为 mg/m^3；R 为光散射法所用仪器在采样时段内平均每分钟产生的电脉冲数；B 为仪器基底值（仪器检查记录值），又称暗计数，即无粉尘的空气通过时仪器的测定值，相当于由暗电流产生的电脉冲数。

例如，用滤膜重量法测得某现场颗粒物的质量浓度（$C = 1.5 mg/m^3$），用某型光散射法仪器同时采样测定，仪器读数为 1260（电脉冲数），已知采样时间为 10min，$B = 3$（电脉冲数），则 $R = 1260/10 = 126$（电脉冲数），$K = 1.5/(126-3) = 0.012$。

有时，可能由于颗粒物诸多性质不同，在同一环境中反复测定的转换系数 K 值也有差异，这主要是由于粉尘颗粒的性质随机发生变化以及仪器显示值本身的随机误差造成的。因此，应该取多次测定 K 值的平均值作为该特定环境中的 K 值。只要环境条件不变，该 K 值就可用于以后的测定计算。产生粉尘的环境条件及物料变化时，要重新测定 K 值。

4.3.4 光吸收法

如图 4-9 所示，光吸收法原理是：当光波通过含尘气流时，会与含尘气流发生相互作用，光波一部分被含尘气流吸收，转化为热能；一部分被含尘气流散射，偏离了原来的传播方向，剩下的部分仍按原来的传播方向通过介质。透过部分的光强与入射光强之间符合朗伯-比尔定律。光吸收型粉尘浓度传感器以朗伯-比尔定律为基础，通过测量入射光强与出射光强，然后经过计算得到粉尘浓度。光吸收型粉尘浓度传感器只有在高浓度时，即在 800~15000 mg/m^3 内，测量较为准确，且光学系统易受污染，需要经常维护，因此在煤矿井下使用该类仪器较少。

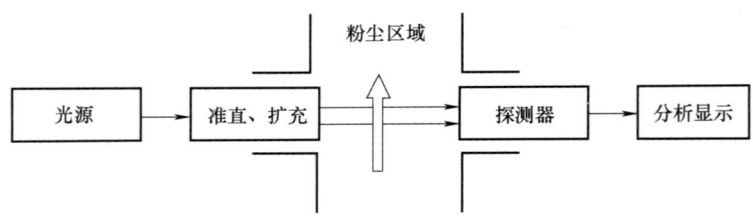

图 4-9 光吸收法的基本原理

入射光强因粉尘的吸收而衰减，则光的透过率 T 为

$$T = \frac{I}{I_0} = e^{-KCL} \tag{4-9}$$

式中，I_0 为入射光强度；I 为经粉尘吸收衰减后的光强度，即出射光强度；K 为粉尘单位浓度对光吸收的指数，也称吸收系数；C 为粉尘浓度；L 为粉尘厚度，即光程长度。

对于同一测量系统，光程长度 L 是固定的，单位粉尘浓度的吸收系数 K 也是恒定的，因此只要测量出透光率 T，就可以通过标定的方式得到粉尘浓度 C。

光吸收法粉尘浓度监测技术具有在粉尘浓度较高时测量精度高的优点，且适用于在线连续监测。但在低浓度时误差较大，存在与光散射法相同的缺点，测量结果受粉尘颗粒大小、组分、湿度的影响，光学系统同样容易受到粉尘污染，需要定期清理。

4.3.5 摩擦电法

摩擦电法测量粉尘浓度是一种粉尘浓度的在线测量方法。该方法通过对运动的颗粒与插入流场的金属电极之间由于碰撞、摩擦产生的等量且符号相反的静电荷进行测量，来考察与粉尘浓度的关系。摩擦电法粉尘浓度检测仪的原理如图 4-10 所示。其特点是灵敏度高、结构简单、免维护。

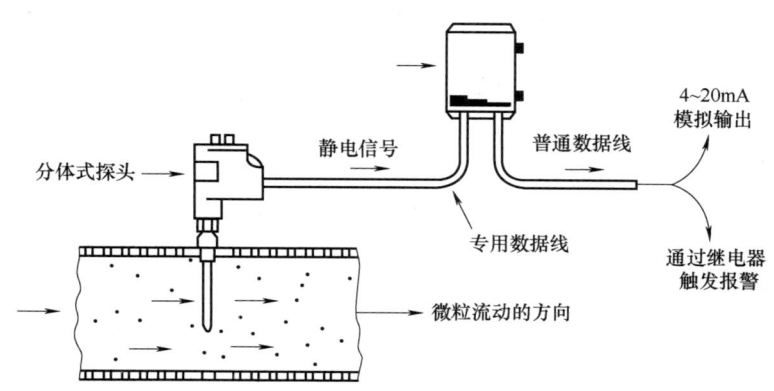

图 4-10 摩擦电法粉尘浓度检测仪原理图

摩擦电法测量粉尘浓度技术主要应用在布袋除尘器的泄漏检测上。但该方法受风速、粉尘颗粒粒径、磁场、粉尘性质等因素影响较大，要达到准确的测量，必须找出风速、粉尘粒径、磁场等因素对其的影响。

摩擦电法用于粉尘浓度监测技术，包括直流电荷感应法和交流电荷感应法两种方式。直流电荷感应法的工作原理是，电极与粉尘之间的摩擦起电，电极上产生等量异种电荷，经过电荷放大后转化为直流电压，根据直流电压的大小间接测量粉尘浓度。直流电荷感应法和交流电荷感应法检测粉尘电荷量都是依靠金属电极实现的，但直流电荷感应法的金属电极是裸露的，依靠其与粉尘颗粒摩擦起电，而交流电荷感应法的金属电极涂有绝缘材料，粉尘颗粒上的电荷不是通过与电极的直接摩擦，而是通过电极与粉尘间的静电感应产生等量异种电荷。但直流电荷感应法易受粉尘积累影响，尤其受湿度的影响极大，精度不高，因此应用不是很广泛。交流电荷感应法可避免直流电荷感应法的缺点，因此得到了广泛关注。

交流电荷感应法的原理可以简述如下：当粉尘通过金属探头附近时，根据电荷的库仑定律和泊松分布原理，在金属电极上感应出电荷也具有正负两种极性。这些电荷在电极中转移运动形成电流信号。因为正负极性电荷均有，故电流信号是交流电信号，此电信号和粉尘质量含量存在直接的数学关系。检测到的电流与固体质量流量的比例，以及检测入口单位质量固体所带电荷（q/m）的线性关系，与粉尘颗粒在空间内的分布无关。

粉尘颗粒的质量流量（W_p）与检测到的电流（I_m）近似呈下列关系：

$$|I_m| = W_p \left| \left(\frac{q}{m_p}\right)_\infty - \left(\frac{q}{m_p}\right)_0 \right| \exp\left(-\frac{n(x)}{n_0}\right) \left[1 - \exp\left(-\frac{n(\Delta x)}{n_0}\right)\right] \tag{4-10}$$

式中，$(q/m_p)_0$、$(q/m_p)_\infty$ 为 $x=0$ 和 $x=\infty$ 时单位质量粒子的带电量；x 为粉尘的流动长度；

$n(\Delta x)$ 为在流动长度 Δx 区间内的一个粒子与测量管壁的碰撞次数；n_0 为调和撞击次数。

式 (4-10) 经近似变化得到下式：

$$|I_m| = aU^{-b}C \tag{4-11}$$

式中，a、b 为常数，与测量管壁所在位置及管道中的物质有关；C 为粉尘浓度；U 为风速。

a、b 可通过标定的方式确定，从式 (4-11) 中可以看出感应电流与粉尘浓度大小高度相关，在风速一定时呈线性关系。

目前国内外几种常见的电极形式分别为棒状、内环状和外环状，具体结构如图 4-11 所示。

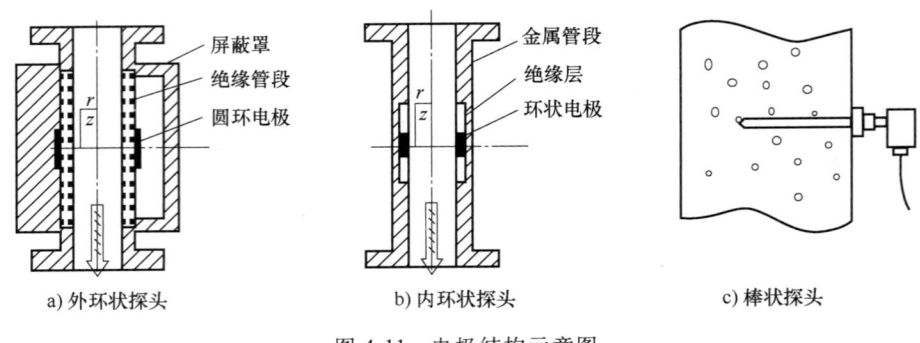

图 4-11　电极结构示意图

4.4　粉尘分散度的测定

粉尘分散度是指粉尘各粒径区间的粉尘质量或数量占总质量或数量的百分比。粒径小的粉尘粒子比例越大，粉尘分散度越高。反之，分散度越低。分散度可以反映作业场所粉尘危害的程度。

我国现行作业场所劳动卫生检测标准采用数量分散度表示粉尘分散度，规定的测定方法主要有滤膜溶解涂片法和自然沉降法。

4.4.1　滤膜溶解涂片法

滤膜溶解涂片法又称滤膜法。其原理是把采样后的滤膜溶解于有机溶剂中，形成粉尘粒子的混悬液，制成标本，在显微镜下测定粒径，如图 4-12 所示。

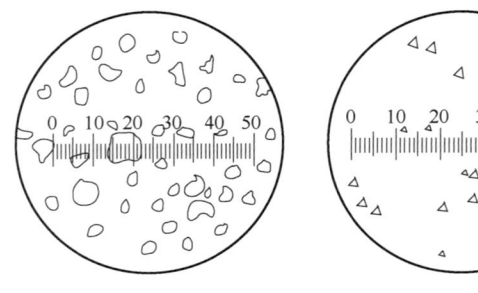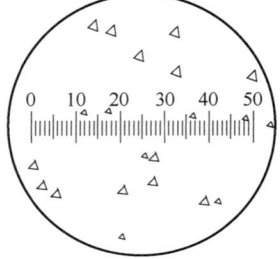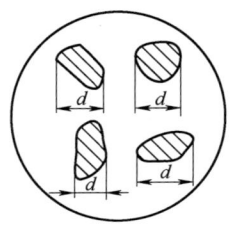

图 4-12　粒径测定示意图

具体操作如下：将采集粉尘后的聚氯乙烯纤维滤膜放在洁净干燥的瓷坩埚或烧杯中，用吸管加入 2mL 乙酸丁酯，再用玻璃棒轻轻地充分搅拌，制成均匀的粉尘混悬液。然后立即用滴管吸取一滴，滴于载物玻片上，用另一载物玻片成 45°角推片，最后贴上标签，并编号、注明采样地点及日期。如不能及时检测，应把制好的标本保存在玻璃平皿中，避免外界粉尘的污染。测定时，先在 400~600 倍的放大倍率下，用物镜测微尺校正目镜测微尺每一刻度的间距，即将物镜测微尺放在显微镜载物台上，目镜测微尺放在目镜内。在低倍镜下（物镜4×或10×），找到物镜测微尺的刻度线，将其刻度移到视野中央，然后换成测定时所需的倍率，在视野中心使物镜测微尺的任一刻度与目镜测微尺的任一刻度相重合。然后找出两尺再次重合的刻度线，分别数出两种测微尺重合部分的刻度数，计算出目镜测微尺一个刻度的间距。

取下物镜测微尺，将粉尘标本放在载物台上，先用低倍镜找到粉尘粒子，然后用 400~600 倍观察（倍数与校正时相同）。用目镜测微尺无选择地依次测定粉尘粒子的大小。至少测量 200 个尘粒，填写记录表（表4-1），算出百分数。

表 4-1 粉尘数量分散度测量记录表

粒径/μm	<2	2~5	5~10	≥10
尘粒数/个				
百分数（%）				

显微镜放大倍数的选择：若粉尘粒径的分布范围较窄，可用一个放大倍数观测，一般选用物镜的放大倍数为 40 倍，目镜放大倍数为 10~15 倍，总放大倍数为 400~600 倍。对微细粉尘可用更高的放大倍数。

该法中尘样经溶剂稀释、搅拌等操作，部分大颗粒，尤其是因荷电性凝集的尘粒可能破碎；可溶于有机溶剂的粉尘，在乙酸丁酯中溶解变形。因此，它反映尘样在空气中的真实性较自然沉降法差。对可溶于有机溶剂中的粉尘和纤维状粉尘不适用，应采用自然沉降法。

4.4.2 自然沉降法

自然沉降法又称格林氏沉降法或沉降法。自然沉降法的原理是：将现场的含尘空气采集到格林氏沉降器（图4-13）的金属圆筒中，使尘粒自然沉降在盖玻片上，在显微镜下测定，按粒径分组计算其尘粒数的百分率。

该方法的操作步骤如下：将盖玻片用铬酸洗液浸泡，用水冲洗后，再用 95% 乙醇擦洗干净晾干；然后放在沉降器的凹槽内，推动滑板至与底座平齐，盖上圆筒盖以备采样。采样时将滑板向凹槽方向推动，直至圆筒位于底座之外，取下筒盖，上下移动数次，使含尘空气进入圆筒内，盖上圆筒盖，推动滑板至与底座平齐。然后将沉降器水平静置 3h，使尘粒自然降落在盖玻片上，将滑板推出底座外，取出盖玻片贴在载物玻片上，并编号、注明采样日期及地点。最后在显微镜下测量。

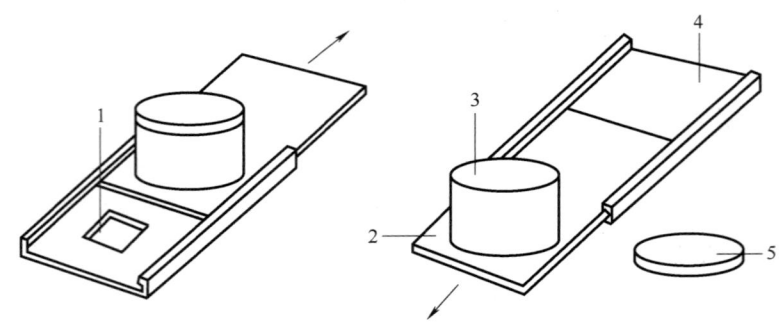

图 4-13 格林氏沉降器的结构
1—凹槽 2—滑板 3—圆筒 4—底座 5—圆筒盖

粉尘分散度的测量及计算与滤膜溶解涂片法相同。

自然沉降法测定的尘粒，其形状没有变化，测定结果能较真实地反映现场粉尘的状态。采样前应洗净载玻片和盖玻片，保证无尘；采样时要用采样点的气样充分置换沉降器中原有气体；采样后在尘样的送检、存放过程中要避免振动和污染，特别是静置采样时必须保证不受振动、温度变化小，以利于尘粒的自然沉降；同时注意，应在空气清洁场地安放和取出盖玻片，以免污染。测定时必须选择标定时的光学条件，还要测定 200 个以上尘粒，若测定尘粒数太少，则代表性差，粉尘分散度结果误差大。

4.5 粉尘中游离二氧化硅含量的测定

呼吸性粉尘会被吸入人体肺的深部，且不易被排出，沉积在肺泡内的粉尘量以及其中石英的含量，是造成矽肺病的关键因素。由于石英硬度较大，不易被碾碎，在矿物粉尘的粗粉尘中，石英含量会比在细粉尘（如呼尘）中的含量高，且石英粉尘极易造成矽肺病。因此，只有使用呼吸性粉尘检测方法检测作业场所的呼吸性粉尘浓度并检测其中的石英含量，才能相对准确地反映工人的粉尘接触剂量，以它来评价作业场所粉尘危害程度才是科学合理的。石英的主要成分是游离二氧化硅，游离二氧化硅是结晶型的二氧化硅，不包括以硅酸盐形式存在的硅化合物。游离二氧化硅是地壳的主要成分之一，如其在石英中含 97% 以上、砂岩中含 80% 左右、花岗岩中含 65%，其他大部分岩石中也都含有游离二氧化硅。在采掘作业的凿岩、爆破、运输过程中，以及在修建铁路、水利工程、开挖隧道、采石等工程作业中常常产生大量含石英岩尘。在石粉厂、玻璃厂和耐火材料厂等的原料破碎、研磨、筛分和配料等生产工序中，也会产生大量粉尘。若作业场所通风除尘条件差，防护措施不得当，工人长期吸入含有游离二氧化硅的粉尘，会引起以肺组织纤维化为主的职业性疾病——矽肺。检测和控制含游离二氧化硅粉尘在空气中的污染，对保障工人的职业安全具有重要意义。

现行的粉尘游离二氧化硅标准检测方法，包括焦磷酸法、红外光谱法、X 射线衍射法三种；此外，还有一些非标准方法，如碱熔钼蓝比色法和氟硼酸重量法。目前，《工作场所空

气中粉尘测定 第 4 部分：游离二氧化硅含量》（GBZ/T 192.4—2007）规定了工作场所粉尘中游离二氧化硅含量的测定方法为焦磷酸法。

4.5.1 焦磷酸法

1. 原理

粉尘中的金属氧化物、硅酸盐能溶于加热到 245~250℃ 的焦磷酸中，游离二氧化硅几乎不溶，形成溶解残渣，从溶液中分离出来，然后称量分离出的游离二氧化硅，计算其在粉尘中的百分含量。

2. 测定方法

1）样品处理。将采集到的粉尘经烘干和研磨（粒径至 5μm 以下）处理之后，准确称样 100~200mg。放入 50mL 的硬质锥形瓶中，加入已制好的焦磷酸 15mL，并用圆头玻璃棒搅拌至完全湿润，插入 300℃ 的温度计，置于可调温的电炉上迅速加热至 245~250℃，在此温度下，持续 15min。再用热蒸馏水洗至无酸性反应为止（可用 pH 试纸检验），如用瓷坩埚，需洗至无磷酸根反应后再洗涤 3 次。上述过程应在当天完成。

2）测定步骤。将样品先在室温下冷却至 100~150℃，再在冷水中冷却至 40~50℃，然后将其慢慢倒入盛有约 100mL、50~80℃ 蒸馏水的硬质玻璃烧杯中，使其完全混合。再用 50℃ 左右的蒸馏水洗净锥形瓶，清洗液加入样液中。将样液稀释至 150~200mL，搅拌均匀，煮沸，趁热过滤。

过滤完毕后，滤纸上的沉淀物用 0.1mol 的盐酸洗 3~5 次，再用蒸馏水洗至无酸性反应为止。将滤纸和沉淀物置于已恒重的瓷坩埚中，先低温炭化（切忌明火），然后放入高温电炉，以 950~1000℃ 灼烧 30min，冷却称量至恒重。

计算粉尘中游离二氧化硅含量的计算公式如下：

$$c_{SiO_2} = \frac{m_2 - m_1}{G} \times 100\% \tag{4-12}$$

式中，c_{SiO_2} 为游离二氧化硅含量，用 % 表示；m_1 为坩埚质量，单位为 g；m_2 为坩埚与沉淀物的总重，单位为 g；G 为粉尘样品质量，单位为 g。

3）焦磷酸难溶物质的处理。若粉尘中含有焦磷酸难溶物质，如碳化硅、绿柱石、电气石、黄玉等，需用氢氟酸在瓷坩埚中处理。

将带有沉渣的滤纸放入瓷坩埚内，根据上述步骤，灼烧至恒量（m_2），然后加入数滴 9mol/L 硫酸溶液，使沉渣全部湿润。在通风柜内加入 5~10mL 40% 氢氟酸，稍加热，使沉渣中的游离二氧化硅溶解，继续加热至不冒白烟为止（要防止沸腾）。再于 900℃ 下灼烧，称至恒量（m_3）。氢氟酸处理后粉尘中的游离二氧化硅含量为

$$c_{SiO_2} = \frac{m_2 - m_3}{G} \times 100\% \tag{4-13}$$

式中，c_{SiO_2} 为游离二氧化硅含量，用 % 表示；m_2 为氢氟酸处理前游离二氧化硅、坩埚和焦磷酸难溶物质的质量，单位为 g；m_3 为氢氟酸处理后坩埚与焦磷酸难溶物质的质量，单位为 g；G 为粉尘样品质量，单位为 g。

3. 注意事项

1）焦磷酸溶解硅酸盐时温度不得超过 250℃，否则容易形成胶状物。温度低、时间短时，硅酸盐等化合物溶解不彻底，可能会残留在二氧化硅中，使测定结果偏高；时间过长时，已溶解的硅酸盐可能脱水形成胶体。

2）酸与水混合时应缓慢并充分搅拌，避免形成胶状物。

3）样品中含有碳酸盐时，遇酸会产生气泡，宜缓慢加热，以免样品溅失。

4）用氢氟酸处理时，必须在通风柜内操作，注意防止污染皮肤和吸入氢氟酸蒸气。

5）用瓷坩埚处理样品时，过滤沉渣必须洗至无磷酸根反应，否则会损坏瓷坩埚。

4.5.2 红外光谱测定法

1. 基本原理及红外分光光度计结构

红外吸收波谱是电磁辐射的一种。红外波长可以分为 3 个区域：近红外区，波长为 $0.77 \sim 2.5 \mu m$；中红外区，波长为 $2.5 \sim 25 \mu m$；远红外区，波长为 $25 \sim 1000 \mu m$。红外光谱分析主要应用中红外光谱区域。

在天然矿物粉尘中，二氧化硅主要以 α-石英的形式出现，因此检测 α-石英含量即可反映石英总含量。α-石英在红外光谱中的 $12.5 \mu m$（$800 cm^{-1}$）、$12.8 \mu m$（$780 cm^{-1}$）及 $14.4 \mu m$（$695 cm^{-1}$）处出现特异性的吸收谱带，在一定的范围内其吸光度值与 α-石英的质量呈线性关系。

红外分光光度计的基本结构如图 4-14 所示。在工作过程中，光源发出的红外线被分成两束光：参考光束（R）和样品光束（S）。这两束光交替地进入单色仪的狭缝，并通过棱镜或光栅进行分光。随后，检测两束光的强度差。当样品光束的光路中没有样品吸收时，探测器输出电信号。一旦放入测试样品，样品会吸收红外光，导致两束光产生强度差。此时，探测器会将上述的交变光信号转换为相应的电信号，经放大器进行电压放大后，馈入 A/D 转换器，放大电信号就会转换为相应的数字量，然后进入数据处理系统的计算单元中去。在计算单元中，运用同步分离原理，将被测信号中的基频分量（R-S）和倍频分量（R+S）分离开来，再通过解联立方程求出 R 和 S 的值，最后再求出 S 和 R 的比值。这个比值表示被测样品在某一固定波数位置的透过率值。

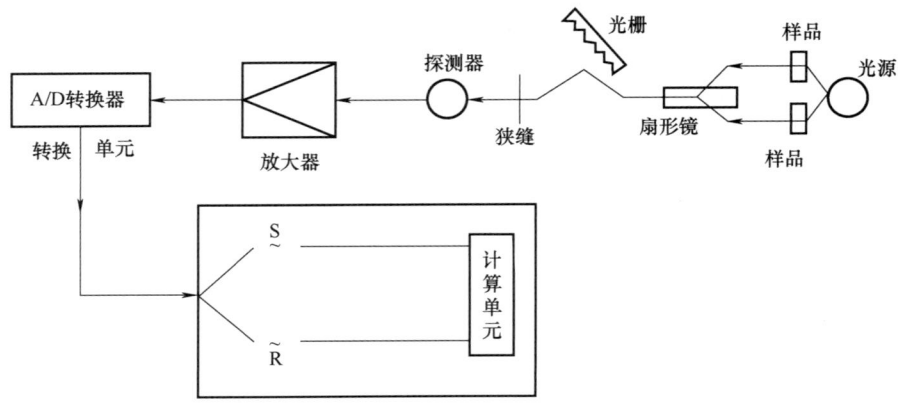

图 4-14　红外分光光度计基本结构示意图

2. 测定方法

（1）样品处理

准确称量采样后滤膜上粉尘的质量（m）。然后将粉尘放在瓷坩埚内，置于低温灰化炉或电阻炉（低于600℃）内灰化，冷却后，放入干燥器内待用。称取250mg溴化钾和灰化后的粉尘样品一起放入玛瑙乳钵中研磨混匀后，连同压片模具一起放入干燥箱[(110±5)℃]中10min。将干燥后的混合样品置于压片模具中，加压25MPa，持续3min，制备出的锭片作为测定样品。同时，取空白滤膜一张，同上处理，制成样品空白锭片。

（2）石英标准曲线的绘制

精确称取不同质量（0.01~1.00mg）的标准α-石英尘，分别加入250mg溴化钾，置于玛瑙乳钵中充分研磨均匀，同样品处理，制成标准系列石英锭片。将标准系列石英锭片置于样品室的光路中进行扫描，分别以800cm^{-1}、780cm^{-1}和694cm^{-1}三处的吸光度值为纵坐标，以石英质量为横坐标，绘制三条不同波长的α-石英标准曲线，并求出标准曲线的回归方程式。在无干扰的情况下，一般选用800cm^{-1}的标准曲线进行定量分析。

（3）样品测定

分别将样品锭片与样品空白锭片置于样品室光路中进行扫描，记录800cm^{-1}（或694cm^{-1}）处的吸光度值，重复扫描测定3次。将测定样品的吸光度均值减去样品空白的吸光度均值后，由α-石英标准曲线，得出样品中游离二氧化硅的质量。

（4）结果计算

粉尘中游离二氧化硅的含量计算方法为

$$c_{SiO_2} = \frac{m_1}{m} \times 100\% \tag{4-14}$$

式中，c_{SiO_2}为粉尘中游离二氧化硅（α-石英）的含量；m_1为测得的粉尘样品中游离二氧化硅的质量，单位为mg；m为粉尘样品质量，单位为mg。

4.6 粉尘可燃性和爆炸性特征值的测定

粉尘爆炸是指悬浮于空气中的可燃性（或还原性）粉尘的爆炸。最常见的粉尘爆炸是煤尘的爆炸。机械化的面粉厂、制糖厂、纺织厂以及铝、镁、碳化钙等生产场所的悬浮于空气中的细微粉尘都有极大的爆炸危险性。避免粉尘爆炸的根本方法是防止或减少粉尘外逸并有效地通风除尘。

粉尘爆炸必须具备3个条件：粉尘浓度在爆炸极限之内、有氧化性气体（通常是氧气）和点燃源。碳氢化合物的单位重量燃烧热大致相等，其下限为45~50g/m^3；爆炸上限一般都比较高，实际情况下很难达到。粉尘的爆炸特性与其颗粒大小有关，颗粒越细，单位重量的粉尘表面积越大，吸附的氧就越多，发火点和爆炸下限也越低。颗粒越细越容易带上静电。细小粉尘的爆炸危险性还与其物理化学性质有关，粉尘物质的燃烧热越大，则其粉尘的爆炸危险性越大；越易被氧化的物质，其粉尘越易爆炸；易带静电的粉尘易引起爆炸。在产生粉尘的过程中，由于摩擦、碰撞等作用粉尘一般都带有电荷，细小粉尘带电后其物理性质将发生改变，其爆炸特性也会变化。

4.6.1 粉尘可燃性特征值的测定

特征值是在一定条件下的测定值，只有实验室测试条件接近现场实际情况时，测定数据才接近实际。

1. 自燃（自发火）温度（t_z）的测定

自燃温度（自发火温度）是指产生自发火的初始温度。通常采用温度记录法进行测定。图4-15所示为按差分温度记录法测定t_z的装置。

具体操作是：首先将盛有测试粉尘及惰性物质的坩埚连同插入其中的热电偶一起置于反应管中，用支撑管固定于竖炉内。用双坐标电位计平行记录热电偶的指示值。将一定组成的混合气送入反应管中，由气体分析器测定指示氧浓度。在不同氧浓度下重复进行试验，测出粉尘产生自发火时的最低氧浓度。根据温度记录图上的拐点，确定粉尘自燃的开始点。

2. 点火温度（被发火温度）的测定

点火温度（被发火温度）指引起发火的热源的最低温度。测定的操作流程是，将粉尘试样置于热金属传热板上，利用热金属棒作为点火源；使热金属棒与粉尘表面接触，粉尘的温度用插入其中的热电偶测量；用电位计记录其读数，在温度记录图上，温度上升的跃点即为点火温度。

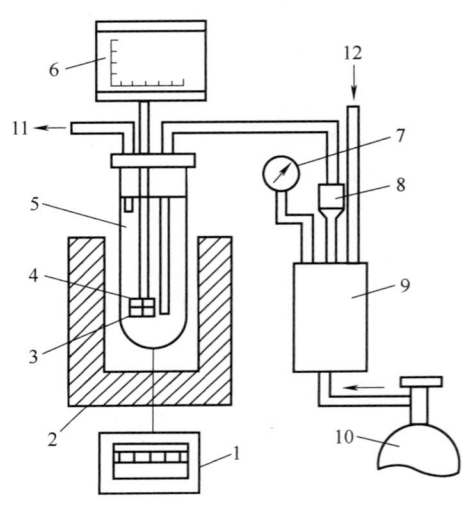

图4-15 测定自燃温度的装置图
1—电位计 2—竖炉 3—盛有标准物质的坩埚
4—盛有测试粉末的坩埚 5—反应管 6—双坐标电位计 7—压力计 8—流量计 9—集气包
10—气体瓶 11—氧气体分析仪 12—压缩空气

3. 阴燃温度（t_y）的测定

阴燃温度是指在规定的试验条件下，粉尘在加热表面发生阴燃时的最低温度。它是衡量粉尘阴燃特性的重要指标。粉尘阴燃时通常不起火焰，且不同种类的粉尘，其阴燃温度差异较大。

测定时，先将粉尘以一定厚度均匀地铺撒在加热板上。加热板应放置在通风良好的装置内，以保证有适当的空气流通以供阴燃反应所需的氧气，但又不能使气流过于强烈而影响热交换的稳定性。使用经过校准的热电偶连接到温度记录装置来准确记录阴燃温度。

煤粉的最低阴燃温度约是125℃，黄铁矿粉约为150℃，菱铁矿粉约为500℃，但这些数值可能会因粉尘的粒度、纯度、湿度等因素不同而有所变化。

4. 爆燃温度（t_b）的测定

爆燃温度是指在规定的试验条件下，可燃粉尘与空气混合形成可燃混合物，在一定的能量输入（如点火源）下，发生爆燃时的最低温度。

测定爆燃温度时，先将试样放置在合适的加热容器中，以14~17℃/min的速度进行加热,当温度接近预计爆燃温度之前的最后 28℃时,把加热速度降为 5~6℃/min,开始测定。此时使用合适的点火装置,在试样表面上方的固定位置进行点火,温度每上升 2℃ 重复进行一次测试。

测定 t_b 以后,继续以 5~6℃/min 的速度加热试样,直至达到发火温度。当物质由于点火源而发火后,移开点火源使其继续燃烧不少于 5s 的时间,这期间记录的最低温度为发火温度。整个过程中的温度、压力等关键参数都要使用高精度的测量仪器(如铂电阻温度计测量温度、高精度压力传感器测量压力)进行记录,以便准确评估爆燃特性。

4.6.2 粉尘爆炸性特征值的测定

粉尘爆炸性特征值一般在粉尘云发生装置内测定。粉尘云发生装置的关键是能否造成均匀的粉尘云。粉尘爆炸特性试验装置,大致由以下几部分构成:喷粉系统、测量发火温度系统、测量爆炸压力及压力增长速度系统、观察发火过程及火焰扩散过程窗口。在煤矿工业方面,许多国家都建立了地下或地面的大型煤尘爆炸试验巷道或中、小型管道,以此来研究煤尘的爆炸传播特性,检验抑制爆炸的措施。

粉尘爆炸的相关测定参数包括:

1) 爆炸下限。爆炸下限的测试应该从一个可爆炸的粉尘浓度开始实验,然后逐渐降低该浓度值,直至无爆炸发生为止。为确保无爆炸的发生,最少需在该浓度值上重复 3 次以上试验。采用的点火能量约为 2kJ。关于是否爆炸的判据,国际上尚无定论。20L 爆炸球创始人 R. Siwek 认为,通常应将比单纯点火头爆炸超压大 0.05MPa 的压值作为爆炸判据。

2) 最大爆炸压力和最大爆炸压力上升速率。最大爆炸压力(p_{max})和最大爆炸压力上升速率 $[(dp/dt)_{max}]$ 可以从压力-时间曲线上判定。测试粉尘浓度应该在一个广泛范围内变化,直到 p_{max} 和 $(dp/dt)_{max}$ 均无增加为止。一般 p_{max} 和 $(dp/dt)_{max}$ 不出现在同一粉尘浓度值上。

3) 极限氧浓度。可燃粉尘云中氧浓度低于一定值时不会发生爆炸。试验时,逐步降低 20L 爆炸球内的氧气浓度,并调整粉尘浓度值,直到不爆炸为止,此值即为极限氧气浓度。

20L 爆炸球试验装置如图 4-16 所示,由爆炸容器、粉尘分散装置、控制系统和压力测试系统组成,该装置可用来完成爆炸参数的测量。

1. 测试方法

预先将 20L 球形装置内部抽至一定的真空度,用 2MPa(绝对压力)的高压空气将储粉罐内的可燃粉尘经气粉两相阀和分散阀分散,使得容器内初始压力恰好为 1 个大气压(101325Pa)。然

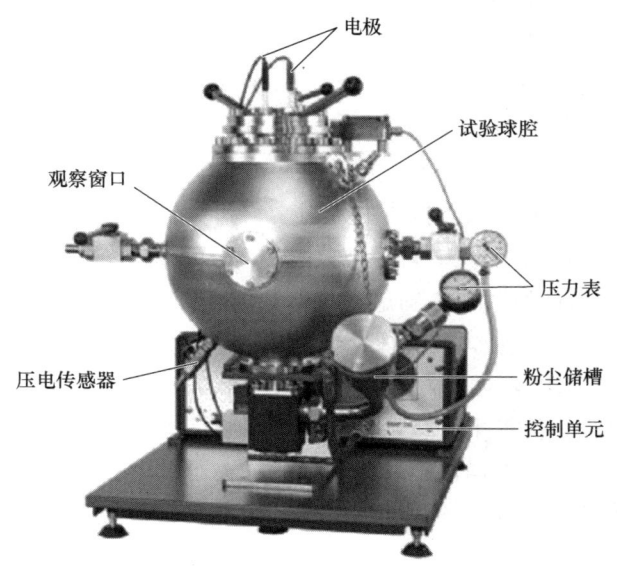

图 4-16 20L 爆炸球试验装置

后用化学点火装置点火引爆气粉混合物。通过安装在容器壁内的压力传感器记录压力-时间曲线。通过对压力-时间曲线进行分析，可以得到试验的最大爆炸压力和最大爆炸压力上升速率。

装置主体为不锈钢双层夹套球形容器，如图4-17所示。容器盖附近有安全限位开关，只有当容器盖位于锁定位置时，控制系统才能进行进气、喷粉和点火。储粉罐上安装有电接点压力表，只有当压力达到设定压力2MPa（表压）时，点火按钮才能工作。容器上设有观察窗，可以观察到点火和爆炸发出的光。

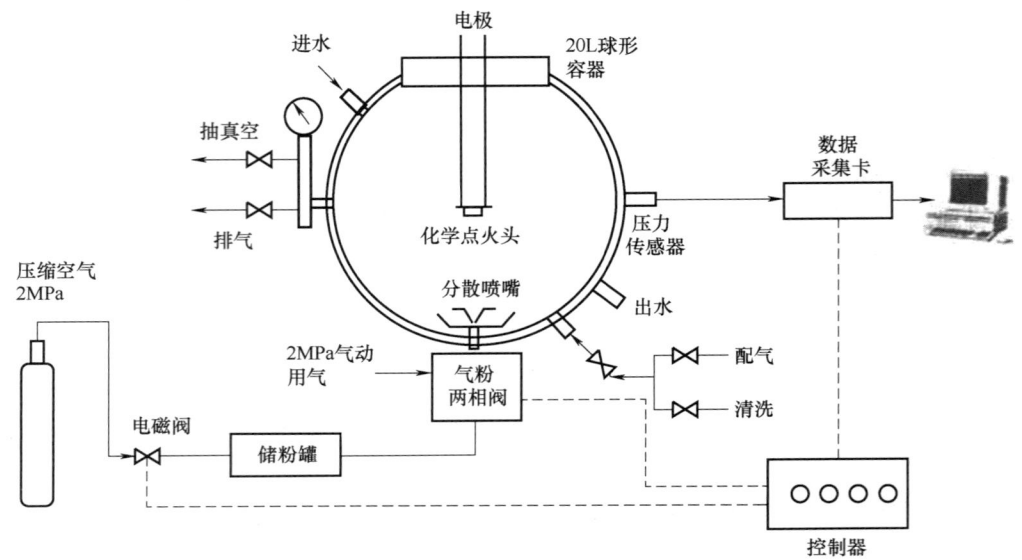

图4-17 20L爆炸测试系统示意图

2. 测定步骤

把粉尘试样放入粉尘容器中，用压缩空气加压到2MPa。将爆炸室抽成一定真空状态，以确保爆炸室在点燃时处于大气压状态。启动压力记录仪，打开粉尘容器的阀门，滞后点燃点火源，对爆炸压力进行记录测定。每次试验后，要用空气吹净爆炸室。

采用不同的粉尘浓度重复试验，以得到爆炸压力p和压力上升速率（dp/dt）随粉尘浓度变化的曲线，根据曲线可求得最大爆炸压力p_{max}、最大爆炸指数K_{max}。

爆炸下限浓度C_{min}需通过一定范围内不同浓度粉尘的爆炸试验来确定。初次试验时按10g/m³的整数倍确定试验粉尘浓度，如测得的爆炸压力等于或大于0.15MPa（表压），则以10g/m³的级差减小粉尘浓度继续试验，直至连续3次同样试验所测的压力值均小于0.15MPa。如测得的爆炸压力小于0.15MPa表压，则以10g/m³的整数倍增加粉尘浓度试验，至压力值等于或大于0.15MPa表压，然后，以10g/m³的级差减小粉尘浓度继续试验，直至连续3次同样试验所测压力值均小于0.15MPa表压。所测粉尘试样的爆炸下限浓度C_{min}则介于C_1（3次连续试验压力均小于0.15MPa表压的最高粉尘浓度）和C_2（3次连续试验压力均等于或大于0.15MPa表压的最低粉尘浓度）之间，即$C_1<C_{min}<C_2$。

当所试验的粉尘浓度超过100g/m³时，按20g/m³的级差增减试验浓度。

3. 粉尘爆炸特性特征值的参考值

各种粉末的自燃温度及爆炸下限见表 4-2。

表 4-2　各种粉末的自燃温度及爆炸下限

粉尘名称	雾状粉尘的自燃温度/℃	爆炸下限/(g/m³)	粉尘名称	雾状粉尘的自燃温度/℃	爆炸下限/(g/m³)
蒽	472	5.04	对甲氧基苯酸	830	5.2
萘	565	2.5	对硝基苯酸	850	10.4
甲基苯酚	559	1.1	2-羟基萘酸	850	20.8
对氯苯甲酸	850	10.4	油溶橙 R	890	5.2
苯邻二（甲）酰氯	890	20.8	油溶升华橙	870	7.8
对硝基苯（甲）酰氯	675	10.4	氯苯甲酰苯甲酸	970	10.4
对硝基苯替二乙胺	975	31.2	苯甲酰基苯甲酸	890	5.2
4-硝基-2-氨基甲苯	650	5.2	氨基氯苯甲酰苯甲酸	885	5.2
木质素树脂	450	40	醋酸纤维	320	25
酚醛树脂	460	25	丙酸纤维	460	25
聚乙烯树脂	450	25	凝汽油剂	450	20
聚苯乙烯	490	25	噻吩	540	15
合成硬橡胶	320	30	面粉	—	30.2
有机玻璃	440	20	棉花		25.2
赛璐珞	125	4	苯磺酸钠	950	10.4
木纤维	775	25	邻苯二甲酸	650	15
樟脑	466	10	铝	645	35
松香	130	12.6	铝粉末	—	58
硫	232	2.3	铁	315	120
钛	480	45	镁	520	20
钒	500	220	锰	450	210
锌	680	500	硅	775	160
铁钛（低碳）	370	140	锡	630	190
铁硅（89%Si）	860	425	烟煤	610	35
镁-铝（1:1）	535	50	煤末	—	114
棉纤维	440	50	肥皂	430	45
脱水柑皮	490	65	木粉	430	40

（续）

粉尘名称	雾状粉尘的自燃温度/℃	爆炸下限/(g/m³)	粉尘名称	雾状粉尘的自燃温度/℃	爆炸下限/(g/m³)
三叶草籽	470	60	硫磺	248	2.3
谷物淀粉	470	45	亚麻皮屑	—	16.7
干玉米芯	400	30	奶粉	—	7.6
桐籽	540	70	茶叶粉末	—	32.8
麦粉	—	30.2	烟草粉末	—	68

4.7 粉尘监测监控系统

粉尘监测监控系统的研究很多。在粉尘监控系统中，在粉尘浓度超限时，会与其他抑尘自动装置联动实现自动喷雾降尘。例如炼矿生产中，当粉尘浓度传感器与煤矿井下的监测系统联网使用时，可实现煤矿井下粉尘浓度的连续监测。粉尘浓度超限自动喷雾降尘系统（图4-18）可根据作业场所粉尘浓度的大小进行设限喷雾，当作业场所粉尘浓度高于设定值时开始喷雾，低于设定值时停止喷雾，从而实现高效的喷雾降尘。

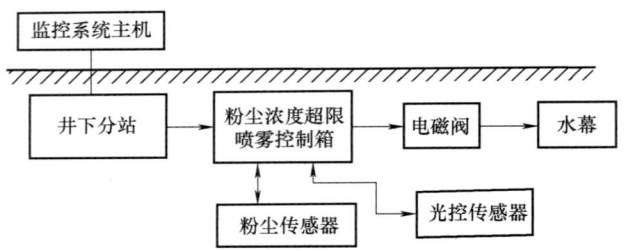

图4-18 粉尘浓度超限自动喷雾装置原理图

粉尘浓度超限自动喷雾降尘系统可以实现井下粉尘浓度的自动监测与监控，具有喷雾装置的自动化控制、粉尘浓度超限报警及地面远程监测与监控、信息管理系统等功能。在该系统现有功能的基础上，建立了粉尘自动监测与喷雾装置的自动化系统，实现了远距离粉尘在线实时监测、监控与信息管理功能，降低了工作面粉尘浓度，体现了工作面无尘化管理，对井下粉尘的综合治理、改善工作环境、减小职业危害具有重要的现实意义和社会效益。

粉尘实时监测与监控系统实现了煤矿井下粉尘在线连续监测与监控，具有井下粉尘浓度超标报警、自动净化水喷雾、远程监控等功能；煤矿井下粉尘浓度的自动监测监控系统在产生粉尘的场所安装粉尘实时监测监控子系统，能自动监测粉尘浓度，粉尘浓度超限时实现报警功能。

粉尘实时监测监控系统的井下安装示意图如图4-19所示。

该系统利用粉尘浓度传感器、红外探测传感器、水流控制传感器及自动喷雾系统组成监测传感器模块。粉尘浓度传感器能够保证实现在线连续检测粉尘浓度，且测量准确、操作维

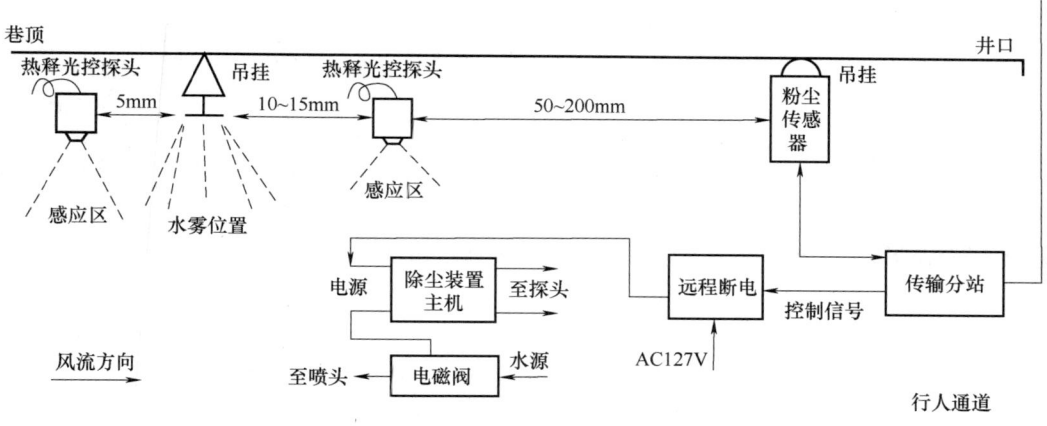

图 4-19　粉尘实时监测监控系统

护方便。例如报警浓度的设置与显示，设置粉尘监测浓度区间为 $0.1\sim500\mathrm{mg/m^3}$，报警浓度为 $10\mathrm{mg/m^3}$（可调），当粉尘浓度大于 $10\mathrm{mg/m^3}$（可调）时自动喷雾，直到粉尘浓度降到报警浓度以下，喷雾自动停止，报警解除。红外探测传感器与自动喷雾系统结合，实现有人通过时自动停止喷雾；水流控制传感器用于判断喷雾系统电磁水阀是否打开或关闭，确保喷雾系统的正常工作。

该系统可实现其他各种信号的采集、处理和控制功能的兼容接入，可循环显示从现场采集到的数据，为现场监测人员提供了方便，同时可将现场粉尘浓度的数据及有关信息通过网络上传到服务器或云端，实现远程的管理。通过系统控制和收发数据，接收各个现场控制器采集的测量数据，然后进行汇总、处理，储存到数据库，并能实现动态实时显示及打印图形、报表等。该系统不仅可实现实时数据显示、存储，还具有历史数据、曲线查询，用户权限设定、数据备份等功能。

思 考 题

1. 生产性粉尘的来源有哪些？
2. 能反映粉尘危害的理化特性有哪几种？生产性粉尘的职业危害有哪些？
3. 可吸入颗粒物、胸部颗粒物、呼吸性颗粒物都能到达沉积在人体呼吸系统的哪一部分？为什么说粉尘的粒径越小危害越大？
4. 你认为确定生产场所粉尘采样点应满足什么原则？
5. 在粉尘检测中，长时间采样和短时间采样的方式与气体检测时有无区别？
6. 粉尘预分离器的作用是什么？有哪些种类？
7. 简述撞击式切割器和水平淘洗式切割器的工作原理。
8. 分别简述 β 射线法和光散射法检测粉尘浓度的检测原理。
9. 何谓粉尘分散度？如何在显微镜目镜中准确测量粉尘粒径？
10. 为何要测定粉尘中游离二氧化硅的含量？简述焦磷酸法测定游离二氧化硅含量的原理。
11. 红外分光光度法测定游离二氧化硅的原理是什么？溴化钾在测定中起什么作用？
12. 简述 20L 爆炸球装置的基本结构和工作原理。

第 5 章
噪声检测与监控

从物理学上看，噪声是无规律、不协调的声音，即频率和声强都不相同的声波无规律的杂乱组合。噪声不单纯根据声音的客观物理性质来定义，还应根据人们的主观感觉、当时的心理状态和生活环境等因素来决定。从生理学观点来看，凡是干扰人们休息、学习和工作及对人们所要听的声音产生干扰的声音，即不需要的声音，统称为噪声。在《工业企业设计卫生标准》（GBZ 1—2010）中定义噪声为"一切有损听力、有害健康或有其他危害的声响"。本章所涉及的噪声是属于环境及职业卫生科学术语，也是现在人们日常生活中高频度使用的普通名词，指使人厌烦的声音，或者说在一定环境中不应有而有的声音，泛指嘈杂、刺耳的声音，即干扰人们休息、学习和工作的声音，如工业生产、交通、施工等产生的声音（乐音也可以成为噪声，如夜半的歌唱声、钢琴声等扰人不得入睡，这时歌唱声、钢琴声之类的乐音就成了噪声）。

噪声对人体的危害是全身性的，既可以引起听觉系统的变化，也可以对非听觉系统产生影响，如对人的心血管系统、神经系统、内分泌系统产生不利影响。这些影响在早期主要表现为生理性改变，长期接触比较强烈的噪声，则会引起病理性改变。长期接触噪声后，听觉器官首先受损害。短时间暴露在强噪声环境中，会出现耳鸣、听力下降等不适感；长时间停留在强烈噪声环境中，听力会明显下降，甚至脱离噪声环境后听力也不能恢复；在听觉疲劳的基础上，继续接触强噪声，则造成内耳感音器官发生器质性退行性病变，表现为永久性听阈位移，并可能进展到噪声性耳聋。噪声通过听觉器官传入大脑皮质和自主神经中枢，引起头痛、头晕、心悸、睡眠障碍等神经衰弱症状。在强噪声作用下，表现为心率加快、血压不稳、心电图呈缺血型改变。在噪声的影响下，会造成人体胃功能紊乱、食欲不振、消瘦、胃液分泌减少、胃蠕动减慢及肾上腺皮质功能减弱等现象。

当噪声对人及周围环境造成不良影响时，就形成了噪声污染。据相关数据统计，2020年，"全国生态环境信访投诉举报管理平台"共接到公众举报44.1万余件，其中噪声扰民问题占全部举报的41.2%，仅次于大气污染，这一情况不得不引起重视。

为有效防治噪声污染，我国相关法律规章不断完善。先后发布并实施了《中华人民共和国环境噪声污染防治条例》（1989年9月）《中华人民共和国环境噪声污染防治法》（1997年3月1日）等法规。现行噪声防治的主要法规为2022年6月5日起实施的《中华人民共和国噪声污染防治法》，《中华人民共和国环境噪声污染防治法》同时废止。

除对人体的生理影响外，作业场所中的噪声还会干扰语言交流，影响工作效率，甚至引起意外事故。综上所述,对噪声的检测和监控在防治环境噪声污染,保护和改善生活环境,保障人体健康,促进经济和社会发展方面有着重要地位,尤其是处于高噪声级别的工业噪声,也是安全检测与监控的主要研究对象。

5.1 噪声物理量度

5.1.1 噪声的基本参数

噪声是一种声波,可以用声波的物理特性来描述它,同时为便于评价和控制噪声,人们还特地引入一些专用量来表示它。在进行噪声测量时,常用声压级、声强级和声功率级表示其强弱,用频率或频谱表示其成分,也可以用人的主观感觉进行量度,如响度级等。

1. 声压、声强和声功率

(1) 声压

声波是在弹性介质中传播的疏密波,即纵波,其压力随疏密程度的变化而变化,如图5-1所示。所谓声压,是指某点上各瞬间的压力与大气压力的差值,单位为 N/m^2,即帕(Pa)。

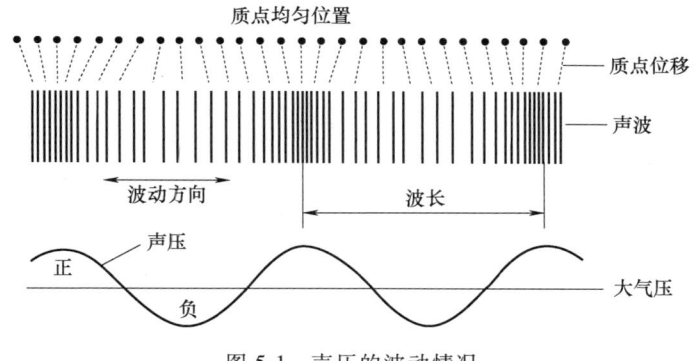

图 5-1 声压的波动情况

在空气中,正常人耳刚能听到的1000Hz声音的声压为 $2×10^{-5}$Pa,称为听阈声压,并规定其为基准参考声压,记为 p_0。当声压为20Pa时,能使人耳产生疼痛,称为痛阈声压。通常吸声测量仪器所指示的数值就是声压值。声音的强弱变化和人的听觉范围非常宽广,用声压的绝对值来衡量声音的强弱很不方便。为此,引用一个成倍比关系的对数量,称为声压级。声压级的单位是分贝(dB),分贝是一个相对单位。声压与基准声压之比,取以10为底的对数,再乘以20就得到声压级的分贝数。声压级实际上是声压分贝标度的一种形式,其计算公式如下:

$$L_p = 20\lg\frac{p}{p_0} \tag{5-1}$$

式中,L_p 为声压级,单位为 dB;p 为声压,单位为 Pa;p_0 为基准参考声压,即频率在1000Hz时的听阈声压,$p_0 = 2×10^{-5}$Pa。

常见噪声源的声压和声压级见表5-1。

表 5-1　几种常见噪声源的声压和声压级

声压/Pa	声压级/dB	噪声源及环境	声压/Pa	声压级/dB	噪声源及环境
$2×10^{-5}$	0	刚刚能听到的声音	$2×10^{-1}$	80	公共汽车内
$6.3×10^{-5}$	10	寂静的夜晚	$6.3×10^{-1}$	90	水泵房
$2×10^{-4}$	20	微风轻轻吹动树叶	2	100	轧钢机附近
$6.3×10^{-4}$	30	轻声耳语	6.3	110	织布机旁
$2×10^{-3}$	40	疗养院房间	$2×10$	120	大型球磨机附近
$6.3×10^{-3}$	50	机关办公室	$6.3×10$	130	锻锤工人操作附近
$2×10^{-2}$	60	普通讲话	$2×10^{2}$	140	飞机强力发动机旁
$6.3×10^{-2}$	70	繁华街道			

分贝标度法不仅用于声压，同样也能用于声强和声功率的标度，当用分贝标度声强或声功率的大小时，就是声强级或声功率级。

（2）声强

声波作为一种波动形式，将噪声源的能量向空间辐射，人们可用能量来表示它的强弱。在单位时间内（每秒）通过垂直声波传播方向的单位面积上的声能，叫作声强。用 I 表示，单位为 W/m^2：

$$I=\frac{p^2}{\rho c} \tag{5-2}$$

式中，p 为声压，单位为 Pa；ρ 为空气的密度，单位为 kg/m^3；c 为声速，单位为 m/s。

声强的大小与离噪声源的距离远近有关，离噪声源的距离越远，噪声能量分布的面积就越宽，通过单位面积的噪声能量就越小，声强就越小。在自由声场中（离声源很远且没有任何反射的声场），声压与声强有密切的关系，将声强与参考声强（取 $I_0=10^{-12}\ W/m^2$）的比值常用对数的 10 倍来表示，称为声强级 L_I，也是一种无量纲量：

$$L_I=10\lg\frac{I}{I_0} \tag{5-3}$$

（3）声功率

噪声源在单位时间内向外辐射的总声能叫声功率，通常用 W 表示，单位是 W，$1W=1N·m/s$。在自由声场中，若有一个向四周均匀辐射噪声的点噪声源，则在 r 处的声功率与声强有如下关系：

$$I=\frac{W}{4\pi r^2} \tag{5-4}$$

式中，I 为离噪声源 r 处的声强，单位为 W/m^2；W 为声源辐射的声功率，单位为 W；r 为离声源的距离，单位为 m。

声功率 W 和参考基准声功率 W_0（取 $I_0=10^{-12}\ W/m^2$）的比值常用对数的 10 倍来表示，即声功率级 L_W，定义如下：

$$L_W = 10\lg \frac{W}{W_0} \tag{5-5}$$

声压、声强和声功率三个物理量中,声强和声功率是不容易直接测定的,所以在噪声监测中一般都是测定声压。通过测出声压,可算出声强,进而算出声功率。

利用以上公式,就可以把人耳能听到的各种噪声的声压、声强和声功率转化为声压级、声强级和声功率级,从而很方便地判断其危害程度。

显然,采用分贝标度的声压级后,动态范围为 $2\times10^{-5} \sim 20\mathrm{Pa}$ 的声压转变为动态范围为 $0\sim120\mathrm{dB}$ 的声压级,因而使用方便,也符合人的听觉的实际情况。

声压、声强和声功率与它对应的级的换算如图 5-2 所示。

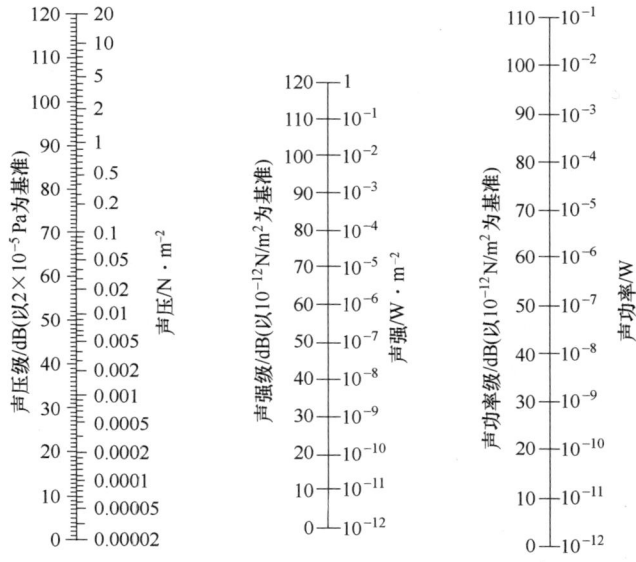

图 5-2 声压、声强和声功率对应级的换算列线图

2. 噪声频谱分析

声源做简谐振动所产生的声波为简谐波,其声压和时间关系为一条正弦曲线,这种只有单频率的声音称为纯音,乐器可以发出纯音。而由强度不同的许多频率纯音组成的声音称为复音,组成复音的强度与频率的关系图称为声频谱,简称声谱(Sound Spectrum)。

由一系列分离频率成分组成的声音的频谱图为离散线谱,如乐器频谱,其频谱中除有一个频率最低、声压最高的基频音外,还有与基频成整倍数的较高频率的泛音,或称陪音、谐频音,音乐的音调由基音决定,泛音的多少和强弱影响音色。

声音的高低主要与频率有关。如音乐中的音调,分为 C、D、E、F、G、A、B,其中,C 调最低,频率为 250Hz,B 调最高,其频率为 480Hz。而噪声的频率成分比这些单一频率的乐音的频率成分要复杂得多。因为声音有不同的频率,所以有低沉的声音和高亢的声音,频率低的声音的音调低,频率高的声音音调高。

不同的乐器可以有相同的基频,其主要区别在于音色。噪声由许多频率和强度不同的成分组合而成,其频谱中的声能连续分布在宽广的频率范围内,成为一条连续的曲线,称为连续谱。对于宽广连续的噪声谱，很难对每个频率的成分进行分析，而是按倍频程和 1/3 倍频程等划分频带。此时的频谱是不同的倍频带与倍频带级（即声级）的关系，如锣声、鼓风机的声音频谱，既有连续的噪声谱，又有线谱，两者混合，形成有调噪声混合谱。分析有调噪声时，应特别注意频谱中较为突出的频率成分。

研究噪声时，必须研究它的频率。人耳可以听到的声音频率为 20~20000Hz，达到了 1000 倍的变化范围，如果逐个进行分析是不现实的，也是不需要的。为方便起见，可以将大的频率范围划分为若干个小段，每一小段就叫作频程或频带。频程上限频率用 $f_上$ 表示，下限频率用 $f_下$ 表示，当频程上限频率与下限频率之比为 2 时，频程就叫倍频程；上限频率与下限频率之比为 $2^{1/3}$ 的频程叫作 1/3 倍频程。在实际应用时，每个频程都是用它的中心频率（$f_中$）来表示的，中心频率与上、下限频率的关系如下：

$$f_中 = \sqrt{f_上 f_下} \tag{5-6}$$

在测量和研究噪声时，常常采用的是倍频程，其频率范围见表 5-2。

表 5-2 倍频程中心及频率范围

下限频率/Hz	22	44	88	177	355	710	1240	2840	5680	11360
中心频率/Hz	31.5	63	125	250	500	1000	2000	4000	8000	16000
上限频率/Hz	44	88	177	355	710	1240	2840	5640	11360	22720

噪声频谱中最高声级分布在 350Hz 以下，称为低频噪声；最高声级分布在 350~1000Hz，称为中频噪声；最高声级分布在 1000Hz 以上，称为高频噪声。机械噪声测量和分析项目中最主要的是噪声频谱。噪声频谱表示一定频带范围内声压级的分布情况，频谱中各峰值所对应的频率（带）就是某种声源产生的，找到了主要峰值声源，就为噪声控制提供了依据。

3. 噪声的响度分析及评价

可听声对人类产生的总效果除了上面提到声压、声频率之外，还有声音持续时间、听音人的主观情况等，人的耳朵对高频声波敏感，而对低频声波迟钝。为了把客观上存在的物理量和人耳感觉的主观量统一起来，引入一个综合声音强度量度——响度（响度级）。

（1）纯音的等响曲线

听阈和痛阈的数值都是定义在 1000Hz 纯音条件下的量，当声音的频率发生变化时，听阈和痛阈的数值也将随着变化，为了使在任何频率条件下，主、客观量都能统一，就需要在各种频率条件下，对人的听力进行试验。这种试验得出的曲线称为等响曲线。经过大量试验测得的纯音的等响度曲线表达了典型听者认为的响度相同的纯音的声压级和频率的关系。因为频率不同时，人耳的主观感觉不同，所以对应的每个频率都有各自的听阈声压级和痛阈声压级。

（2）宽带噪声的响度

纯音响度可以通过测量声压级和频率，按等响曲线来确定它的响度级。然后根据声压和频率的关系，确定纯音的响度。但绝大多数的噪声是宽带声音，评价它的响度比较复杂，或者计算求得，或者通过计权网络由仪器直接测定。

(3) 等效连续声级与噪声评价标准

考虑噪声对人们的危害程度，除了要注意噪声的强度和频率之外，还要注意作用的时间。反映这三者作用效果的噪声量度叫作等效连续声级。

我国《工业企业噪声测量规范》（GBJ 122—1988）规定：稳态噪声应测量 A 声级；非稳态噪声应测量日等效 A 声级。计算等效连续 A 声级，即用等效连续声级评定间断的、脉动的或随时变化的不稳定噪声的大小。近年来，为了减少噪声的危害，提出了保护听力、保障生活和工作环境安静的噪声允许标准。

4. 噪声标准

为了保护人们的听力和身体健康，保护人们的休息、学习和工作，避免噪声的影响，制定了相应的标准。到底应把噪声治理到什么水平，这就需要根据不同的目的提出不同的标准。例如，对于噪声比较强烈的地方（如工厂车间），为了保护人们的身心健康，就应制定一个保护听力和健康的噪声标准；再如为了保护人们的睡眠、休息，就应制定一个保护人们睡眠、休息、工作的环境标准。

噪声标准的制定不是按照最佳条件，而是按照"可以容忍"的条件制定的，它根据不同的情况提出所允许的最高噪声级。噪声标准是对噪声进行行政管理和对噪声进行控制的依据。我国和其他各国都相继制定了一系列有关标准，表 5-3 列出了我国部分代表性标准。

表 5-3 噪声相关的各类别标准举例

类别	标准编号	标准名称	说明
声环境质量标准	GB 3096—2008	声环境质量标准	针对敏感目标保护
	GB 9660—1988	机场周围飞机噪声环境标准	
	GB/T 15190—2014	声环境功能区划分技术规范	
工业噪声职业健康标准	GB/T 50087—2013	工业企业噪声控制设计规范	针对工业噪声场所职业健康
	GBZ 2.2—2007	工作场所有害因素职业接触限值 第 2 部分：物理因素	
	GBZ 1—2010	工业企业设计卫生标准	
噪声排放标准	GB 12348—2008	工业企业厂界环境噪声排放标准	针对高噪声活动或场所
	GB 12523—2011	建筑施工场界环境噪声排放标准	
	GB 12525—1990	铁路边界噪声限值及其测量方法	
	GB 22337—2008	社会生活环境噪声排放标准	
噪声辐射标准	GB 1495—2002	汽车加速行驶车外噪声限值及测量方法	针对高噪声产品
	GB 16170—1996	汽车定置噪声限值	
	GB 16169—2005	摩托车和轻便摩托车加速行驶噪声限值及测量方法	
	GB 4569—2005	摩托车和轻便摩托车定置噪声排放限值及测量方法	
	GB 19757—2005	三轮汽车和低速货车加速行驶车外噪声限值及测量方法（中国Ⅰ、Ⅱ阶段）	
	GB 14892—2006	城市轨道交通列车噪声限制和测量方法	

类别	标准编号	标准名称	说明
工程机械噪声标准	GB 16710—2010	土方机械噪声限值	针对工程作业噪声场所
	GB/T 20062—2017	流动式起重机 作业噪声限值及测量方法	

5. 噪声危害量度指标

《声环境质量标准》（GB 3096—2008）规定了五类声环境功能区的环境噪声限值及测量方法。《噪声职业病危害风险管理指南》（WS/T 754—2016）定义生产性噪声为在生产过程中产生的噪声。按噪声的时间分布分为连续声和间断声；声级波动小于 3dB（A）的噪声为稳态噪声，声级波动大于等于 3dB（A）的噪声为非稳态噪声；持续时间小于或等于 0.5s，间隔时间大于 1s，声压有效值变化大于或等于 40dB（A）的噪声为脉冲噪声。存在有损听力、有害健康或有其他危害的声音，且 8h/d 或 40h/w 噪声暴露等效声级大于或等于 80dB（A）的作业，称为噪声作业。

5.1.2 噪声的叠加

前述的声压级、声强级、声功率级都是单一噪声源的表示式。在实际工作中，常遇到某些场所有几个噪声源同时存在，人们可以单独测量每一个噪声源的声压级，那么，当多个噪声源同时向外辐射噪声时，区域内总噪声对应的物理量度将是多少？在说明总噪声物理量度前，必须明确这样两点：一是声能量是可以进行代数相加的物理量度，设两个声源的声功率分别是 W_1 和 W_2，那么总声功率 $W_总 = W_1 + W_2$，同样两个声源在同一点的声强为 I_1 和 I_2，则它的总声强 $I_总 = I_1 + I_2$；二是声压是不能直接进行代数相加的物理量度，根据前面公式可以推导总声压与各声压的关系式如下：

$$I_1 = p_1^2/(\rho c) \tag{5-7}$$

$$I_2 = \frac{p_2^2}{(\rho c)} \tag{5-8}$$

由 $I_总 = \dfrac{p_总^2}{(\rho c)}$，得出总声压：

$$p_总^2 = p_1^2 + p_2^2 \tag{5-9}$$

1. 相同噪声级的叠加

噪声级是噪声物理量度的统称，它代表的是噪声的声压级、声强级或声功率级。如果某场所有 N 个噪声级相同的噪声源叠加到一起，那么它们所产生的总的噪声级可用下式表示：

$$L_c = L + 10\lg N \tag{5-10}$$

式中，L_c 为总噪声级，单位为 dB；L 为一个噪声源的噪声级，单位为 dB；N 为噪声源的数目。

有时人们把 $10\lg N$ 叫作噪声级增值，当 L 分别用 L_p、L_I、L_W 表示时，L_c 分别代表的是总声压级、总声强级、总声功率级。由于每个噪声源的噪声级多数以该噪声源的声压级来表示。因此，在噪声合成中总噪声级多以总声压级来表示。

2. 不同噪声级的叠加

如果有两个噪声级不同的噪声源（如 L_1 和 L_2，且 $L_1>L_2$，叠加在一起，这时它们产生的总噪声级可按下式计算：

$$L_c = L_1 + \Delta L \tag{5-11}$$

式中，L_c 为总噪声级，单位为 dB；L_1 为两个相叠加的噪声级中数值较大的一个，单位为 dB；ΔL 为增加值，单位为 dB。分贝和的增加值见表 5-4。

表 5-4　分贝和的增加值

声压级差	0	1	2	3	4	5	6	7	8	9	10	11	12	13	14	15
增加值	3	2.5	2.1	1.8	1.5	1.2	1	0.8	0.6	0.5	0.4	0.3	0.3	0.2	0.2	0.1

由表 5-4 可看出，当噪声级相同时（即声压级差为 0 时），叠加后总噪声级增加 3dB；当噪声级相差 15dB 时，叠加后的总噪声级增加 0.1dB。因此，两个噪声级叠加，若两者相差 15dB 以上，其中较小的噪声级对总噪声级的影响可以忽略。同样，当 L_1 分别用声压级、声强级、声功率级表示时，则 L_c 分别代表的是总声压级、总声强级、总声功率级。

对于多个不同声压级的噪声源，依然仿照上述方法，依次计算出差值，再两个两个的相叠加，最后求出总的噪声级。多个噪声源的叠加与叠加次序无关。叠加时，一般选择相近的两个噪声级依次进行。当两个噪声级相差很大时，即 $L_1-L_2>15$dB，总的噪声级的增加值 ΔL 可以忽略。因此，在噪声控制中，抓住噪声源中有主要影响的，将这些主要噪声源降下来，才能取得良好的降噪效果。

3. 噪声的相减

在实际工作中，常遇到从总的被测噪声级中减去背景或环境噪声级，来确定由单独噪声源产生的噪声级。例如，某加工车间内的一台机床，在它启动时，辐射的噪声级是不能单独测量的，但机床启动前的背景或环境噪声是可以测量的，机床起动后的噪声与背景或环境噪声的总噪声级也是可以测量的，那么计算机床本身的噪声级就必须采用噪声级的减法。

噪声相减的推导与上述叠加计算类似，可用下式表示：

$$L_1 = L_c - \Delta L \tag{5-12}$$

式中，L_1 为机器本身的噪声级，单位为 dB；L_c 为总噪声级，单位为 dB；ΔL 为增加值，单位为 dB。ΔL 的数值可由图 5-3 查出。

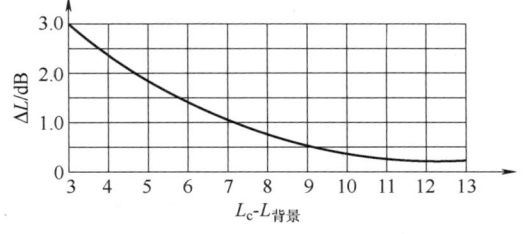

图 5-3　声压级分贝差值图

5.2 噪声测量仪表

噪声的测量主要是声压级、声功率级及其噪声频谱的测量。一套声压级测量仪器由传声器、声级计、频率分析仪、校准器等组成。声功率级不是直接由仪器测量出来的，而是在特定的条件下，由测量的声压级计算出来的。除利用声级计的滤波器进行简易频率的噪声分析外，还可以将声级计的输出接电平记录仪、示波器，进行波形分析，或接信号分析仪，进行精密的频率分析。本节将重点介绍传声器、声级计及其校准的原理及方法。

5.2.1 传声器

传声器是将声波信号转换为相应的电信号的传感器，其原理是：声造成的空气压力，推动传声器的振动膜振动，然后机械振动通过变换器变成电参数的变化。

根据变换器的形式不同，常用传声器有电容式、动圈式、压电式和永电体式。

1. 电容式传声器

电容式传声器是精密测量中最常用的一种传声器，在各种传声器中，这种传声器的稳定性、可靠性、耐振性及频率特性均较好。电容式传声器的结构如图 5-4 所示，振膜是一张拉紧的金属薄膜，厚度为 0.0025～0.05mm，它在声压的作用下，发生变形位移，起到可变电容器的动片作用，可变电容器的定片是背极，背极上有若干个经过特殊设计的阻尼孔。振膜运动时造成的气流将通过这些小孔产生阻尼效应，以抑制振膜的共振振幅。壳体上开有毛细孔，用来平衡振膜两侧的静压力，以防止振膜破裂，然而，动态的应力变化（声压）很难通过毛细孔作用于内腔，从而保证仅有振膜的外侧受到声压的作用。当振膜受到声压作用而发生变形时，传声器的电容量也发生变化，从而使通过电阻 R 的电流也随之

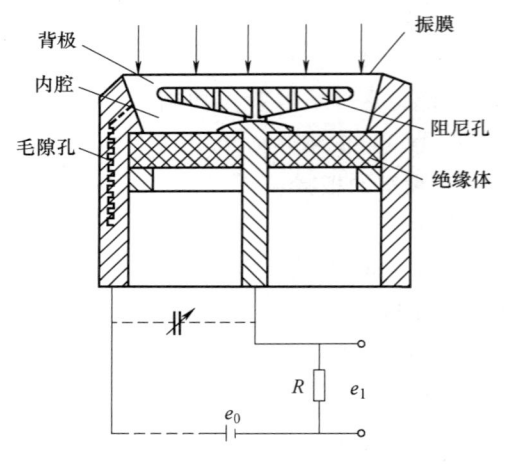

图 5-4 电容式传声器的结构

变化，其输出电压也随之变化。根据需要，对 e_1 再进行必要的中间变换。电容式传声器幅频特性平直部分的频率范围为 10～2000Hz。

2. 动圈式传声器

动圈式传声器的结构如图 5-5 所示，一个轻质振膜的中部有一个线圈，线圈放在永久磁场的气隙中，在声压作用下，振膜和线圈移动，并切割磁力线，产生感应电势，并同线圈移动速度成正比例。

这种扬声器精度较低，灵敏度也较低，体积大，突出特点是输出阻抗小，所以接较长的电缆，也不降低其灵敏度。此外，温度和湿度的变化对其灵敏度也影响不大。

3. 压电式传声器

图 5-6 为压电式传声器的原理图。图中金属箔形膜片与双压电晶体弯曲梁相连，膜片受到声压作用而变位时，双压电元件产生变形，在压电元件梁端面出现电荷，通过变换电路便可以输出电信号。压电式传声器膜片较厚，其固有频率较低，灵敏度较高，频率响应曲线平坦，结构简单，价格便宜，广泛用于普通声级计中。

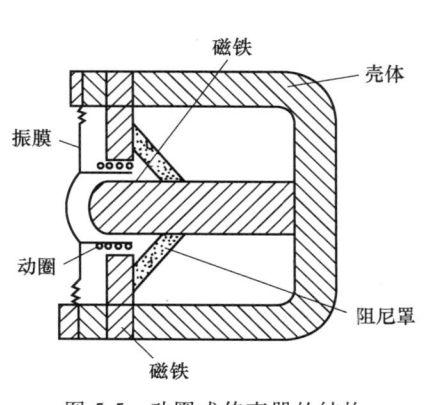

图 5-5 动圈式传声器的结构

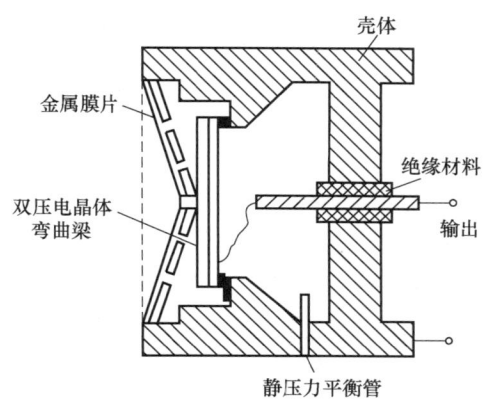

图 5-6 压电式传声器的原理图

此外，还有永电体传声器（又称驻极体式），工作原理与电容式传声器相似。它的特点是尺寸小、价格便宜，既可用于高湿度的测量环境，也可用于精密测量。

5.2.2 声级计

声级计也称噪声计，它是用来测量噪声的声压级的最基本的测量仪器，适用于环境噪声和各种机器（如风机、空压机、内燃机、电动机）噪声的测量，也可用于建筑声学、电声学的测量。

声级计按其用途可分为一般声级计、车辆声级计、脉冲声级计、积分声级计和噪声剂量计等。按其精度可分为四种类型：0 型声级计，是实验用的标准声级计；1 型声级计，相当于精密声级计；2 型声级计和 3 型声级计，是一般用途的普通声级计。按体积大小声级计可分为便携式声级计和袖珍式声级计。普通声级计如图 5-7 所示。国际标准化组织（ISO）及国际电工委员会（IEC）规定普通声级计的频率范围是 20~8000Hz，精密声级计的频率范围为 20~12500Hz。

1. 声级计的组成

声级计主要由传感器、放大器、衰减器、计权网络、电表电路及电源等组成，如图 5-8 所示。

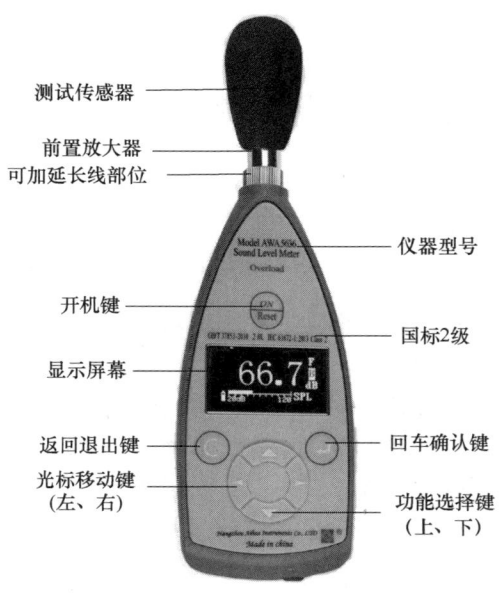

图 5-7 普通声级计示意图

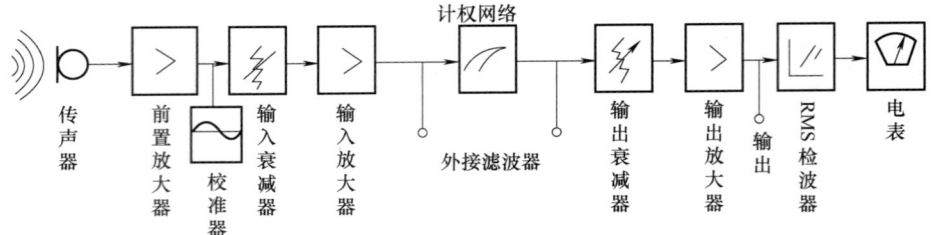

图 5-8 声级计工作示意图

声级计的工作原理是：被测的声压信号通过传声器转换成电压信号，该电压信号经衰减器、放大器及相应的计权网络、滤波器，或者输入记录仪器，或者经过均方根值检波器，直接推动以分贝标定的指示表头。

传声器是影响声级计性能和测量准确度的关键部位。优质的传声器应满足以下要求：灵敏度高、工作稳定；频率范围宽、频率响应特性平直、失真小；受外界环境（如温度、湿度、振动、电磁波等）影响小；动态范围大。在噪声测量中，根据换能原理和结构的不同，常用的传声器分为晶体传声器、电动式传声器、电容传声器和驻极体传声器。晶体和电动式传声器一般用于普通声级计；电容和驻极体传声器多用于精密声级计。电容传声器灵敏度高，一般为 10~50mV/Pa；在很宽的频率范围（10~20000Hz）内频率响应平直；稳定性良好，可在 50~150℃、相对湿度为 0~100% 的范围内使用。所以，电容传声器是目前较理想的传声器。传声器对整个声级计的稳定性和灵敏度影响很大。因此，使用声级计要合理选择传声器。

放大器和衰减器是声级计和频谱分析仪内部放大和衰减电信号的电子线路。传声器把声音信号变成电信号，而此电信号一般很微弱，既达不到计权网络分离信号所需的能量，也不能在电表上直接显示，因此需将信号加以放大，这个工作由前置放大器来完成；当输入信号较强时，为避免表头过载，应对信号加以衰减，这就需要用输入衰减器进行衰减。前边处理后的信号必须再由输入放大器进行定量的放大才能进入计权网络。用于声级测量的放大器和衰减器应满足下面几个条件：要有足够大的增益而且稳定，频率响应特性要平直，在声频范围（20~20000Hz）内要有足够的动态范围，放大器和衰减器的固有噪声要低，耗电量小。

计权网络是由电阻和电容组成的、具有特定频率响应的滤波器，它能使欲测定的频带顺利地通过，而把其他频率的波尽可能地除去。为了使声级计测出的声压级的大小接近人耳对声音的响应，用于声级计的计权网络根据等响曲线设计，有 A、B、C 三种计权网络。

经过计权网络后的信号由输出衰减器衰减到额定值，随即送到输出放大器放大，使信号达到相应的功率输出，输出的信号被送到电表电路进行有效值检波（RMS 检波），然后送出有效电压，推动电表，显示所测的声压级分贝值。声级计上有阻尼开关能反映人耳听觉动态特性，"F" 表示表头为 "快" 的阻尼状态，它表示信号输入 0.2s 后，表头指针就迅速达到最大读数，一般用于测量起伏不大的稳定噪声。如果噪声起伏变化超过 4dB，应使用慢挡 "S"，它表示信号输入 0.5s 后，表头指针就达到最大读数。

2. 声级计的校准

使用声级计测量声压时，必须经常校准，以确保声压计读数的精确度。某些行业的标准规定，每次测量开始和结束都必须进行校准，两次差值不得大于 1dB。目前常用的校准方法有以下几种。

（1）活塞发生器校准法

活塞发生器校准法是一种现场常用的精确、可靠且简便的方法，它主要适用于低频校准（几赫兹到几十赫兹）。其原理是：由电池供电的电动机通过凸轮，使两个对称的活塞做正弦移动，造成空腔中气体体积变化，使腔内产生标准的正弦变化的声压，被校的传声器置于空腔的一端。

（2）扬声器校准法

这是一种更简单且便宜的校准方法。用一个精确标定过的扬声器，在一个声耦合空腔中产生 1000Hz 的精确给定声压级的声压，作为作用在传声器振膜上的标准信号。

（3）互易校准法

互易校准法适用于中频范围可听声的传声器的校准，它的准确度高，声学测量实验室普遍采用这种方法。互易校准法既可测定传声器的压力响应，也可以测定其自由场响应。

（4）静电激励校准法

静电激励校准法适用于较高频率的扬声器校准。它是将一个绝缘的栅状金属板置于传声器振膜之前，并使两者之间的距离尽量小。在栅状金属板和振膜之间加上高达 800V 的直流电压，使两金属板极化，从而使两者之间互相作用一个稳定的静电力。另外，再加上 30V 左右的交流电压，从而产生一个交变力，其值等于 1Pa 的声压。和电磁激振器一样，若没有直流电压，所产生的交变压力的频率就是交变电压频率的 2 倍。静电激振器产生的力和频率无关，因此，可以用来测量电容传声器的响应。

（5）置换法

置换法是用一个已知频率响应的精确基准声级计来校准使用声级计。校准时，用两声级计分别测量同一声压，从两声级计测量结果的差别，可以确定待校声级计的频率响应。

5.2.3 声级频谱仪

频谱仪是测量噪声频谱的仪器，它的基本组成大致与声级计相似。但是频谱分析仪中，设置了完整的计权网络（滤波器）。借助于滤波器的作用可以将声频范围内的频率分成不同的频带进行测量。例如，作为倍频程划分时，滤波器置于中心频率 500Hz，通过频谱分析仪的则是 355~710Hz 的噪声，其他频率是不能通过的，因此在频谱分析仪上所显示的就是频率为 355~710Hz 噪声的声压级，其他的依此类推。由于频谱分析仪能分别测量噪声中所包含的各种频带的声压级。所以，它是进行噪声频谱分析不可缺少的仪器。一般情况下，进行频谱分析时都采用倍频程划分频带。如果对噪声要进行更详细的频谱分析，就要用窄频带分析仪，如 1/3 频程划分频带。在没有专用的频谱分析仪时，也可以把适当的滤波器接在声级计上进行频谱测定。

5.3 噪声监测

人类的听觉是很复杂的，具有多种属性，其中包括区分声音的高低和强弱两种属性。听觉区分声音的高低，用音调来表示，它主要依赖于声音的频率，但也与声压和波形有关；听觉判别声音的强弱，用响度来表示，它主要与声压相关，但也和频率及波形有关。在噪声测量中多采用声级，特别是用 A 声级来表示噪声的强弱。这种测量方法在比较具有相似频谱的噪声时颇为有效。在考察噪声对人们的危害程度时，除了要分析噪声的强度和频率外，还要注意噪声的作用时间，因为噪声对人的危害程度与这三个因素均有关。

5.3.1 声环境功能区噪声监测

1. 声环境功能区划分与噪声限值

声环境功能区监测的目的是为评价不同声环境功能区昼间、夜间的声环境质量，了解功能区环境噪声时空分布特征。《声环境功能区划分技术规范》（GB/T 15190—2014）和《声环境质量标准》（GB 3096—2008）均规定了按区域的使用功能特点和环境质量要求，声环境功能区分为以下五种类型：

1) 0 类声环境功能区是指康复疗养区等特别需要安静的区域。

2) 1 类声环境功能区是指以居民住宅、医疗卫生、文化教育、科研设计、行政办公为主要功能，需要保持安静的区域。

3) 2 类声环境功能区是指以商业金融、集市贸易为主要功能，或者居住、商业、工业混杂，需要维护住宅安静的区域。

4) 3 类声环境功能是指以工业生产、仓储物流为主要功能，需要防止工业噪声对周围环境产生严重影响的区域。

5) 4 类声环境功能区是指交通干线两侧一定距离之内，需要防止交通噪声对周围环境产生严重影响的区域，包括 4a 类和 4b 类两种类型。4a 类为高速公路、一级公路、二级公路、城市快速路、城市主干路、城市次干路、城市轨道交通（地面段）、内河航道两侧区域；4b 类为铁路干线两侧区域。

各类声环境功能区适用表 5-5 规定的环境噪声等效声级限值。此外，各类声环境功能区夜间突发噪声，其最大声级超过环境噪声限值的幅度不得高于 15dB（A）。

表 5-5 环境噪声限值

声环境功能区类别		时段	
		昼间/dB（A）	夜间/dB（A）
0 类		50	40
1 类		55	45
2 类		60	50
3 类		65	55
4 类	4a	70	55
	4b	70	60

2. 噪声测量仪器要求

测量仪器精度为 2 型及 2 型以上的积分平均声级计或环境噪声自动监测仪器,其性能需符合《电声学 声级计 第 1 部分:规范》(GB/T 3785.1—2010)的规定,并需要定期校验。测量前后使用声校准器校准测量仪器的示值偏差不得大于 0.5dB,否则测量无效。声校准器应满足《电声学 声校准器》(GB/T 15173—2010)对 1 级或 2 级声校准器的要求,测量时传声器应加防风罩。

3. 测点选择的一般要求

根据监测对象和目的,可选择以下三种测点条件(指传声器的放置位置)进行环境噪声的测量:

(1) 一般户外

距离任何反射物(地面除外)3.5m 外测量,距地面高度 1.2m 以上。必要时可置于高层建筑上,以扩大监测受声范围。使用监测车辆测量时,传声器应固定在车顶部 1.2m 高度处。

(2) 噪声敏感建筑物户外

噪声敏感建筑物指医院、学校、机关、科研单位、住宅等需要保持安静的建筑物。在噪声敏感建筑物外,需要在距墙壁或窗户 1m 处、距地面高度 1.2m 以上处测量。

(3) 噪声敏感建筑物室内

在噪声敏感建筑物室内,需要在距离墙面和其他反射面至少 1m、距窗约 1.5m、距地面 1.2~1.5m 高处进行测量。

4. 声环境功能区监测

(1) 定点监测法

选择能反映各类功能区声环境质量特征的监测点 1 至若干个,进行长期定点监测,每次测量的位置、高度应保持不变。对于 0、1、2、3 类声环境功能区,该监测点应为户外长期稳定、距地面高度为声场空间垂直分布的可能最大值处,其位置应避开反射面和附近的固定噪声源;4 类声环境功能区监测点设于 4 类区内第一排噪声敏感建筑物户外交通噪声空间垂直分布的可能最大值处。声环境功能区监测每次至少进行一昼夜(24h)的连续监测,得出每小时及昼间、夜间的等效声级 L_{eq}、L_d 和 L_n 的最大声级 L_{max}。出于噪声分析的目的,可适当增加监测项目,如累积百分声级 L_{10}、L_{50} 和 L_{90} 等。监测应避开节假日和非正常工作日。

各监测点位的测量结果独立评价,以昼间等效声级 L_d 和夜间等效声级 L_n 作为评价各监测点位声环境质量是否达标的基本依据,一个功能区设有多个测点的,应按点次分别统计昼间、夜间的达标率。

全国重点环保城市及其他有条件的城市和地区宜设置环境噪声自动监测系统,进行不同声环境功能区监测点的连续自动监测。环境噪声自动监测系统主要由自动监测子站、中心站及通信系统组成,其中,自动监测子站由全天候户外传声器、智能噪声自动监测仪器、数据传输设备等构成。

(2) 0~3 类声环境功能区普查监测

将要普查监测的某一声环境功能区划分成多个等大的正方格,网格要完全覆盖住被普查的区域,且有效网格总数应多于 100 个,测点应设在每一个网格的中心,测点条件为一般户外条件。监测分别在昼间工作时间和夜间 22：00—24：00（时间不足可顺延）进行。在前述测量时间内，每次每个测点测量 10min 的等效声级，同时记录噪声主要来源，监测应避开节假日和非正常工作日。

将全部网格中心测点测得的 10min 的等效声级做算术平均运算，所得到的平均值就代表某一声环境功能区的总体环境噪声水平，并计算标准偏差。根据每个网格中心的噪声值及对应的网格面积，统计不同噪声影响水平下的面积百分比，以及昼间、夜间的达标面积比例。有条件的可估算受影响人口。

(3) 4 类声环境功能区普查监测

以自然路段、站场、河段等为基础，考虑交通运行特征和两侧噪声敏感建筑物分布情况，划分典型路段（包括河段）。在每个典型路段对应的 4 类区边界上（指 4 类区内无噪声敏感建筑物存在时）或第一排噪声敏感建筑物户外（指 4 类区内有噪声敏感建筑物存在时）选择 1 个测点进行噪声监测。这些测点应与站、场、码头、岔路口、河流汇入口等相隔一定的距离，避开这些地点的噪声干扰。监测分昼、夜两个时段进行。分别测量规定时间内的等效声级（L_{eq}）和交通流量，对铁路、城市轨道交通线路（地面段），应同时测量最大声级（L_{max}），对道路交通噪声应同时测量累积百分声级 L_{10}、L_{50} 和 L_{90}。

根据交通类型的差异，规定的测量时间为：在铁路、城市轨道交通（地面段）、内河航道两侧，昼、夜各测量不低于平均运行密度的 1h 值，若城市轨道交通（地面段）的运行车次密集，测量时间可缩短至 20min；在高速公路、一级公路、二级公路、城市快速路、城市主干路、城市次干路两侧，昼、夜各测量不低于平均运行密度的 20min 值。监测应避开节假日和非正常工作日。

将某条交通干线各典型路段测得的噪声值，按路段长度进行加权算术平均，以此得出某条交通干线两侧 4 类声环境功能区的环境噪声平均值。也可对某一区域内的所有铁路、确定为交通干线的道路、城市轨道交通（地面段）、内河航道按前述方法进行长度加权统计，得出针对某一区域某一交通类型的环境噪声平均值。根据每个典型路段的噪声值及对应的路段长度，统计不同噪声影响水平下的路段百分比，以及昼间、夜间的达标路段比例，有条件的可估算受影响人口。对某条交通干线或某一区域某一交通类型采取抽样测量的，应统计抽样路段比例。

(4) 噪声敏感建筑物监测

噪声敏感建筑物监测的目的是了解噪声敏感建筑物户外（或室内）的环境噪声水平，评价是否符合所处声环境功能区的环境质量要求。

监测点一般设于噪声敏感建筑物户外。不得不在噪声敏感建筑物室内监测时，应在门窗全打开的情况下进行室内噪声测量，并采用比该噪声敏感建筑物所在声环境功能区对应的环境噪声限值低 10dB（A）的值作为评价依据。

对敏感建筑物的环境噪声监测，应在周围环境噪声源正常工作的条件下测量，视噪声源的运行工况，分昼、夜两个时段连续进行。根据环境噪声源的特征，可优化测量时间。

1) 受固定噪声源的噪声影响，稳态噪声测量 1min 的等效声级 L_{eq}，非稳态噪声测量某个正常工作时间（或代表性时段）的等效声级 L_{eq}。稳态噪声是指在测量时间内，被测声源的声级起伏不大于 3dB（A）的噪声；非稳态噪声是指在测量时间内，被测声源的声级起伏大于 3dB（A）的噪声。

2）受交通噪声源的噪声影响，对于铁路、城市轨道交通（地面段）、内河航道，昼、夜各测量不低于平均运行密度的 1h 等效声级 L_{eq}，若城市轨道交通（地面段）的运行车次密集，测量时间可缩短至 20min；对于道路交通，昼、夜各测量不低于平均运行密度的 20min 等效声级 L_{eq}。

3）受突发噪声的影响，以上监测对象夜间存在突发噪声的，应同时监测测量时段内的最大声级 L_{max}。

以昼间、夜间环境噪声源正常工作时段的 L_{eq} 和夜间突发噪声的 L_{max} 作为评价噪声敏感建筑物户外（或室内）环境噪声水平是否符合所处声环境功能区的环境质量要求的依据。

（5）其他注意事项

测量应在无雨雪、无雷电天气且风速 5m/s 以下时进行。

测量记录应包括以下事项：日期、时间、地点及测定人员；使用仪器型号、编号及其校准记录；测定时间内的气象条件（如风向、风速、雨雪等天气状况）；测量项目及测定结果；测量依据的标准；测点示意图；声源及运行工况说明（如交通噪声测量的交通流量等）；其他应记录的事项。

5.3.2 工业企业厂界环境噪声测量

1. 工业企业厂界噪声排放限值

工业企业厂界环境噪声指在工业生产活动中使用固定设备等产生的、在厂界处进行测量和控制的干扰周围生活环境的声音。《工业企业设计卫生标准》（GBZ 1—2010）要求工业企业噪声控制设计时"对生产工艺、操作维修、降噪效果进行综合分析，采用行之有效的新技术、新材料、新工艺、新方法，对生产过程和设备产生的噪声，应首先从声源上进行控制"。《工业企业厂界环境噪声排放标准》（GB 12348—2008）规定了工业企业厂界环境噪声不得超过表 5-6 规定的噪声排放限值。夜间频发噪声的最大声级超过限值的幅度不得高于 10dB（A）。夜间偶发噪声的最大声级超过限值的幅度不得高于 15dB（A）。工业企业若位于未划分声环境功能区的区域，当厂界外有噪声敏感建筑物时，由当地县级以上人民政府参照《声环境质量标准》（GB 3096—2008）和《声环境功能区划分技术规范》（GB/T 15190—2014）的规定确定厂界外区域的声环境质量要求，并执行相应的厂界环境噪声排放限值。当厂界与噪声敏感建筑物距离小于 1m 时，厂界环境噪声应在噪声敏感建筑物的室内测量，并将表 5-6 中相应的限值减 10dB（A）作为评价依据。

表 5-6 工业企业厂界环境噪声排放限值

厂界外声环境功能区类别	昼间/dB（A）	夜间/dB（A）
0	50	40
1	55	45
2	60	50
3	65	55
4	70	55

2. 测量的一般要求

测量仪器为积分平均声级计或环境噪声自动监测仪，其性能应不低于《电声学声级计 第 1 部分：规范》（GB/T 3785.1—2010）对 2 级仪器的要求。测量 35dB 以下的噪声应使用 1 级声级计，且测量范围应满足所测量噪声的需要。校准所用仪器应符合《电声学 声校准器》（GB/T 15173—2010）对 1 级或 2 级声校准器的要求。当需要进行噪声的频谱分析时，仪器性能应符合《电声学 倍频程和分数倍频程滤波器》（GB/T 3241—2010）中对滤波器的要求。

测量仪器和校准仪器应定期检定是否合格，并在有效使用期限内使用；每次测量前、后必须在测量现场进行声学校准，前、后校准示值偏差不得大于 0.5dB，否则测量结果无效。测量时传声器加防风罩。测量应在无雨雪、无雷电天气且风速为 5m/s 以下时进行。不得不在特殊气象条件下测量时，应采取必要措施保证测量的准确性，同时注明当时所采取的措施及气象情况，测量应在被测声源正常工作时间进行，同时注明当时的工况。

3. 测点位置要求

根据工业企业声源、周围噪声敏感建筑物的布局及毗邻的区域类别在工业企业厂界布设多个测点，其中包括距噪声敏感建筑物较近及受被测声源影响大的位置。

一般情况下，测点选在工业企业厂界外 1m、高度 1.2m 以上、距任一反射面距离不小于 1m 的位置。当厂界有围墙且周围有受影响的噪声敏感建筑物时，测点应选在厂界外 1m、高于围墙 0.5m 以上的位置。当厂界无法测量到声源的实际排放状况时（如声源位于高空、厂界设有声屏障等），应在受影响的噪声敏感建筑物户外 1m 处另设测点。室内噪声测量时，室内测量点位设在距任一反射面至少 0.5m 以上、距地面 1.2m 高度处，在受噪声影响方向的窗户开启状态下测量。固定设备结构传声至噪声敏感建筑物室内，在噪声敏感建筑物室内测量时，测点应设在距任一反射面至少 0.5m 以上、距地面 1.2m、距外窗 1m 以上处，并在窗户关闭状态下测量。被测房间内的其他可能干扰测量的声源（如电视机、空调机、排气扇及镇流器较响的日光灯、运转时出声的时钟等）应关闭。

4. 测量时段

分别在昼间、夜间两个时段测量。夜间有频发、偶发噪声影响时同时测量最大声级。若被测声源是稳态噪声，则采用 1min 的等效声级。若被测声源是非稳态噪声，应测量被测声源有代表性时段的等效声级，必要时测量被测声源整个正常工作时段的等效声级。

5. 测量记录

噪声测量时需做测量记录。记录内容应主要包括：被测量单位名称、地址、厂界所处声环境功能区类别、测量时气象条件、测量仪器、校准仪器、测点位置、测量时间、测量时段、仪器校准值（测前、测后）、主要声源、测量工况、示意图（厂界、声源、噪声敏感建筑物、测点等位置）、噪声测量值、背景值、测量人员、校对人、审核人等相关信息。

测量结果修正要求如下：

1）噪声测量值与背景噪声值相差大于 10dB（A）时，噪声测量值不做修正。

2）噪声测量值与背景噪声值相差在 3~10dB（A）之间时，将噪声测量值与背景噪声值的差值取整后，按表 5-7 进行修正。

表 5-7　测量结果修正表　　　　　　　　　　　　　　　　［单位：dB（A）］

差值	3	4~5	6~10
修正值	-3	-2	-1

3）噪声测量值与背景噪声值相差小于 3dB（A）时，应采取措施降低背景噪声，然后视情况执行；仍无法满足测量结果修正要求的，应按《环境噪声监测技术规范　噪声测量值修正》（HJ 706—2014）的有关规定执行。

各个测点的测量结果应单独评价。同一测点每天的测量结果分昼间、夜间进行评价，对频发或偶发噪声事件测得的瞬时最大声级无需经过等效声级的修正或计算，可直接与标准中规定的限值进行比较和评价。

5.3.3　工作场所噪声测量

工业企业生产所产生的噪声不仅会对生活环境造成危害，还会严重危害工作场所的劳动者。工作场所的噪声测量、分析和评价对于评估噪声对工作者的健康、安全和工作效率的潜在影响十分重要。工作场所噪声是物理性危害因素，《工作场所有害因素职业接触限值　第 2 部分：物理因素》（GBZ 2.2—2007）、《工作场所物理因素测量　第 8 部分：噪声》（GBZ/T 189.8—2007）、《工作场所职业病危害作业分级　第 4 部分：噪声》（GBZ/T 229.4—2012）、《工业企业噪声控制设计规范》（GB/T 50087—2013）、《声学　职业噪声暴露的测定　工程法》（GB/T 21230—2014）等国家标准对工作场所噪声的测量与控制均提出了相关规定，《噪声职业病危害风险管理指南》（WS/T 754—2016）规定劳动者职业暴露的噪声强度等效声级大于或等于 80dB（A）且小于 90dB（A）的岗位，用人单位应每年对该岗位工作场所噪声及劳动者噪声暴露情况至少进行一次测量；劳动者职业暴露的噪声强度等效声级大于或等于 90dB（A）的岗位，用人单位应每半年对该岗位工作场所噪声及劳动者噪声暴露情况进行一次测量。如果设备、生产工艺、岗位人员或者维护程序发生变化影响了噪声暴露水平，测量应在发生变化的 3 个月内重复进行。

1. 工业企业噪声控制设计限值

生产车间的噪声限值为噪声职业接触限值，噪声职业接触限值指劳动者在职业活动过程中长期反复接触，对绝大多数接触者的健康不引起有害作用的噪声容许接触水平。工业企业内各类工作场所噪声限值应符合表 5-8 的规定。噪声职业接触限值为每周工作 5 天，每天工作 8h，稳态噪声限值为 85dB（A），非稳态噪声等效声级限值为 85dB（A）；每周工作 5 天，每天工作时间不等于 8h，需计算 8h 等效声级；每周工作日不是 5 天，需计算 40h 等效声级。室内背景噪声级指室外传入室内的噪声级。

表 5-8　各类工作场所噪声限值

工作场所	噪声限值/dB（A）
生产车间	85
车间内值班室、观察室、休息室、办公室、实验室、设计室室内背景噪声级	70

(续)

工作场所	噪声限值/dB（A）
正常工作状态、精密装配线、精密加工车间、计算机房	70
主控室、集中控制室、通信室、电话总机室、消防值班室，一般办公室、会议室、设计室、实验室室内背景噪声级	60
医务室、教室、值班宿舍室内背景噪声级	55

工业企业脉冲噪声C声级峰值不得超过140dB。工业企业厂界噪声限值应符合现行国家标准《工业企业厂界环境噪声排放标准》（GB 12348—2008）的有关规定。

实际工作中，对于每天接触噪声不足8h的工作场所，也可根据实际接触噪声的时间和测量（或计算）的等效声级，按照接触时间减半噪声接触限值增加3dB（A）的原则，根据表5-9确定噪声接触限值。

表5-9 工作场所噪声等效声级接触限值

日接触时间/h	接触限值/dB（A）	日接触时间/h	接触限值/dB（A）
8	85	4	88
2	91	1	94
0.5	97		

2. 工作场所噪声测量

工作场所的噪声测量必须依照《工作场所物理因素测量 第8部分：噪声》（GBZ/T 189.8—2007）、《工作场所职业病危害作业分级 第4部分：噪声》（GBZ/T 229.4—2012）、《工作场所有害因素职业接触限值 第2部分：物理因素》（GBZ 2.2—2007）等标准进行。

为正确选择测量点、测量方法和测量时间等，必须在测量前对工作场所进行现场调查。调查内容主要包括：调查工作场所的面积、空间、工艺区划、噪声设备布局等绘制略图；调查工作流程的划分、各生产程序的噪声特征、噪声变化规律等；预测量，判定噪声是否稳态、分布是否均匀；调查工作人员的数量、工作路线、工作方式、停留时间等。

测量仪器可用声级计、积分声级计或个人噪声剂量计。固定的工作岗位选用声级计；流动的工作岗位优先选用个人噪声剂量计，或对不同的工作地点使用声级计分别测量，并计算等效声级。测量前应根据仪器校正要求对测量仪器校正。

工作场所声场分布均匀，测量范围内A声级差别小于3dB（A），选择3个测点，取平均值。工作场所声场分布不均匀时，应将其划分若干声级区，同一声级区内声级差小于3dB（A）。每个区域内，选择2个测点，取平均值。若劳动者工作是流动的，在流动范围内，对工作地点分别进行测量，计算等效声级。

传声器应放置在劳动者工作时耳部的高度，站姿为1.50m，坐姿为1.10m。传声器的指向为声源的方向。测量仪器固定在三脚架上，置于测点；若现场不适于放置三脚架，可手持声级计，但应保持测试者与传声器的间距大于 0.5m。稳态噪声的工作场所，每个测点测量 3 次，取平均值。非稳态噪声的工作场所，根据声级变化（声级波动不低于 3dB）确定时间段，测量各时间段的等效声级，并记录各时间段的持续时间。测量脉冲噪声时，应测量脉冲噪声的峰值和工作日内的脉冲次数。

测量应在正常生产情况下进行。工作场所风速超过 3m/s 时，传声器应戴风罩。应尽量避免电磁场干扰。在进行现场测量时，测量人员应注意个体防护。

测量记录应该包括：测量日期、测量时间、气象条件（温度、相对湿度）、测量地点（单位、厂矿名称、车间和具体测量位置）、被测仪器设备型号和参数、测量仪器型号、测量数据、测量人员及工时记录等。

3. 使用个人噪声剂量计的抽样方法

使用个人噪声剂量计的抽样原则是在现场调查的基础上，根据检测的目的和要求，选择抽样调查对象。在工作过程中，凡接触噪声危害的劳动者都列为抽样对象范围。抽样对象中应包括不同工作岗位的、接触噪声危害最高和接触时间最长的劳动者，其余的抽样对象随机选择。每种工作岗位劳动者数不足 3 名时，全部选为抽样对象，劳动者多于 3 名时，按表 5-10 选择，测量结果取平均值。

表 5-10 抽样对象及数量

劳动者数	采样对象数
3~5	2
6~10	3
>10	4

4. 工业企业噪声控制一般规定

当前，随着经济的快速发展，工业企业引起的噪声问题日益突出，降低噪声、改善工业企业内外声环境的呼声日益强烈。《工业企业噪声控制设计规范》（GB/T 50087—2013）从防止工业企业噪声的危害、保障职工的身体健康、保证安全生产与正常工作，保护环境等角度出发，对工业企业的新建、改建、扩建与技术改造工程提出了噪声控制设计的若干规定，涵盖工业企业噪声控制设计限值、工业企业总体设计中的噪声控制、隔声设计、消声设计、吸声设计、隔振降噪设计等内容。

1）工业企业的新建、改建和扩建工程的噪声控制设计应与工程设计同时进行。

2）工业企业噪声控制设计，应对生产工艺、操作维修、降噪效果、技术经济性进行综合分析。

3）对于生产过程和设备产生的噪声，应首先从声源上进行控制，以低噪声的工艺和设备代替高噪声的工艺和设备；如仍达不到要求，则应采用隔声、消声、吸声、隔振及综合控制等噪声控制措施。

4）对于采取相应噪声控制措施后其噪声级仍不能达到噪声控制设计限值的车间及作业场所，应采取个人防护措施。

思 考 题

1. 简述噪声污染的特点。
2. 简述用"分贝"表示声学量的优点。
3. 简述声级计的工作原理。
4. 叙述声环境功能区的类型。
5. 叙述工业企业噪声控制的相关规定。

第 6 章 环境辐射监测与监控

辐射是一种特殊的能量传递方式。通常可分为两大类，即电离辐射和非电离辐射。电离辐射是指能够通过初级或次级过程引起电离事件的带电粒子或不带电粒子，如 α 粒子、β 粒子、γ 射线等。非电离辐射是指那些能量低而不能引起电离事件的光和电磁波。

6.1 电离辐射

在人类生存的环境中，由于自然或人为原因，存在着放射性辐射。自然界的天然辐射来源于太阳、宇宙射线和在地壳中存在的放射性核素。从地下逸出的氡是自然界辐射的另一种重要来源。从太空来的宇宙射线包括能量化的光量子、电子、γ 射线和 X 射线。在地壳中发现的主要放射性核素有铀、钍、钋及其他放射性物质，它们释放出 α、β 或 γ 射线。而在当今世界，原子能工业迅速发展，放射性废物的排放量不断增加，核爆炸试验和核事故屡有发生，放射性物质在国防、医学、科研和民用等领域的应用不断扩大，有可能使环境中的放射性水平高于天然本底值，甚至超过标准规定的剂量限值，导致放射性污染。当这些放射性物质作用于机体后，使机体中的蛋白质、酶类等大分子化合物被激发或电离，造成分子结构和生物学功能性质的改变，从而引起组织细胞的破坏和各个系统（神经、消化、造血、内分泌，等）的功能障碍，使机体发生病理性变化，导致放射性损伤发生。例如，2014 年 "5·7" 南京丢失放射源铱 ^{192}Ir 事故、2005 年 "10·9" 某特种锅炉配件厂发生的 ^{192}Ir 放射事故中，5 名现场工作的辐射检测操作人员与安全员的辐射事故，以及 1999 年河南省 "4·26" ^{60}Co 源放射事故造成的 4 名人员的电离辐射，都说明对作业（或工作）场所物质放射性进行经常性的、有效的放射性监测是安全检测与监控的重要任务。

6.1.1 电离辐射的基础知识

放射性物质以波或微粒的形式发射出的能量叫作核辐射。核辐射是原子核从一种结构或一种能量状态转变为另一种结构或另一种能量状态的过程中所释放出来的微观粒子流。它包括 α 粒子、β 粒子及各种原子核反应或放射性核素自然衰变过程中所放出的高速带电粒子和中子等。核辐射可以引起物质的电离或激发，故称为电离辐射。电离辐射又分直接致电离辐射和间接致电离辐射。直接致电离辐射包括质子等带电粒子，间接致电离辐射包括光子、中子等不带电粒子。电磁辐射包括可见光、红外线、紫外线、γ 射线和 X 射线等。辐射一般是指上述物理现象，即波动能量或微观粒子束本身，有时也指一种物理过程，如太阳辐射，既指从太阳向周围辐射过程中的太阳光，也指这个辐射过程。

原子是由原子核和围绕原子核按一定能级运行的电子所组成。原子核由质子和中子组成，它们又称为核子。有些原子核是不稳定的，能自发地改变核结构，这种现象称为核衰变。核衰变过程中总是放射出具有一定动能的带电或不带电粒子，即α、β和γ射线，这种现象称为放射性。决定放射性核素性质的基本要素是放射性衰变类型、放射性活度和半衰期。放射性衰变类型包括有α衰变、β衰变和γ衰变。放射性活度是指单位时间内发生核衰变的数目。而半衰期就是指当放射性核素因衰变而减少到原来的一半时所需的时间。照射量和吸收剂量都是表征放射性粒子与物质作用后产生的效应及其量度的术语。

照射量的国际单位为C/kg，与它暂时并用的专用单位是伦琴（R），简称伦：

$$1R = 2.58 \times 10^{-4} C/kg$$

1R是指γ射线或X射线照射 $1cm^3$ 标准状态下（0℃和101.325kPa）的空气，能引起空气电离而产生1静电单位正电荷和1静电单位负电荷的带电粒子。这一单位仅适用于γ射线或X射线透过空气介质的情况，不能用于其他类型的辐射和介质。

吸收剂量是指在电离辐射与物质发生相互作用时，单位质量的物质吸收电离辐射能量大小的物理量。吸收剂量的国际单位为J/kg，单位的专门名称为戈瑞，简称戈，用符号Gy表示：

$$1Gy = 1J/kg$$

与戈瑞暂时并用的专用单位是拉德（rad）：

$$1rad = 10^{-2}Gy$$

为描述人体所受的各种电离辐射的危害程度，应用剂量当量来表达不同种类的射线在不同能量和不同照射条件下所引起生物效应的差异。剂量当量的国际单位为J/kg，单位的专门名称为希沃特（Sv），简称希：

$$1Sv = 1J/kg$$

与希沃特暂时并用的专用单位是雷姆（rem）：

$$1rem = 10^{-2}Sv$$

6.1.2 核辐射与电磁辐射防护标准

为了保障核安全，预防与应对核事故，安全利用核能，保护公众和从业人员的安全与健康，保护生态环境，促进经济社会可持续发展，我国制定了《中华人民共和国核安全法》。为了防治放射性污染，保护环境，保障人体健康，促进核能、核技术的开发与和平利用，制定了《中华人民共和国放射性污染防治法》。为了贯彻《中华人民共和国环境保护法》和《中华人民共和国放射性污染防治法》，防治放射性污染，改善环境质量，保护人体健康，制定了《核动力厂环境辐射防护规定》（GB 6249—2011）等防治标准。为了防治电磁辐射污染，制定了《电磁环境控制限值》（GB 8702—2014），该标准规定了电磁环境中控制公众暴露的电场、磁场、电磁场的场量限值。下面介绍我国部分标准的相关内容。

1）职业性放射性工作人员和居民每年限制剂量当量见表6-1。

表 6-1 职业性放射性工作人员和居民每年限制剂量当量　　　（单位：Sv/a）

受照射部位		职业性放射性工作人员的年最大允许剂量当量[①]	放射性工作场所、相邻及附近地区工作人员和居民的年最大允许剂量当量[①]	广大居民年最大允许剂量当量
器官分类	器官名称			
第一类	全身、性腺、红骨髓、眼晶体	5×10^{-2}	5×10^{-3}	5×10^{-4}
第二类	皮肤、骨、甲状腺	3.0×10^{-1}	3×10^{-2}[②]	1×10^{-2}[②]
第三类	手、前臂、足踝	7.5×10^{-1}	7.5×10^{-2}	2.5×10^{-2}
第四类	其他器官	1.5×10^{-1}	1.5×10^{-2}	5×10^{-3}

① 表内所列数值均指内、外照射的总剂量当量，不包括天然本底照射和医疗照射。
② 16 岁以下人员甲状腺的限制剂量当量为 1.5×10^{-2} Sv/a。

2）露天水源中限制放射性比活度和放射性工作场所空气中最大允许放射性比活度见表 6-2。

表 6-2　部分放射性核素在露天水源中的限制放射性比活度和
放射性工作场所空气中的最大允许放射性比活度

放射性核素		露天水源中的限制放射性比活度[①]/(Bq·L^{-1})	放射性工作场所空气中的最大允许放射性比活度[②]/(Bq·L^{-1})
名称	符号		
氚	^{3}H	1.1×10^{4}	1.9×10^{2}
铍	^{7}Be	1.9×10^{4}	3.7×10
碳	^{14}C	3.7×10^{3}	1.5×10^{2}
硫	^{35}S	2.6×10^{2}	1.1×10
磷	^{32}P	1.9×10^{2}	2.6
氩	^{41}Ar	—	7.4×10
钾	^{42}K	2.2×10^{2}	3.7
铁	^{55}Fe	7.4×10^{3}	3.3×10
钴	^{60}Co	3.7×10^{2}	3.3×10^{-1}
镍	^{59}Ni	1.1×10^{3}	1.9×10
锌	^{65}Zn	3.7×10^{2}	2.2
氪	^{85}Kr	—	3.7×10^{2}
锶	^{90}Sr	2.6	3.7×10^{-2}
碘	^{131}I	2.2×10	3.7×10^{-1}
氙	^{131}Xe	—	3.7×10^{2}
铯	^{137}Cs	3.7×10	3.7×10^{-1}
氡	^{220}Rn[③]	—	1.1×10
	^{222}Rn[③]	—	1.1
镭	^{226}Ra	1.1	1.1×10^{-3}

（续）

放射性核素		露天水源中的限制放射性比活度①/(Bq·L^{-1})	放射性工作场所空气中的最大允许放射性比活度②/(Bq·L^{-1})
名称	符号		
铀	^{235}U	3.7×10	3.7×10^{-3}
钍	^{232}Th	3.7×10^{-1}	7.4×10^{-3}

① 露天水源的限制放射性比活度是为广大居民规定的，其他人员也适用此标准。
② 放射性工作场所空气中的最大允许放射性比活度是为职业放射性工作人员规定的，工作时间每周按40h计算。
③ 矿井下^{222}Rn子体或^{220}Rn子体的α潜能值不得大于4×10^{4}MeV/L。

放射性核素在放射性工作场所以外地区空气中的最大允许放射性比活度，应根据表6-2放射性工作场所空气中的最大允许放射性比活度乘以表6-3所列的控制比值来确定。

表6-3 控制比值

放射性同位素	比值	
	放射性工作场所相邻及附近地区	广大居民区
^{3}H、^{35}S、^{41}Ar、^{85}Kr、^{131}Xe	1/30	1/300
^{14}C、^{55}Fe、^{59}Ni、^{65}Zn、^{90}Sr、^{226}Ra	1/30	1/200
其他放射性核素	1/30	1/100

3）为控制电场、磁场、电磁场对公众的暴露，环境中电场、磁场、电磁场场量参数的公众暴露控制限值见表6-4。

表6-4 公众暴露控制限值

频率（f）范围	电场强度/V·m^{-1}	磁场强度/A·m^{-1}	磁感应强度/μT	等效平面波功率密度/W·m^{-2}
1~8Hz	8000	32000/f^2	40000/f^2	—
8~25Hz	8000	4000/f	5000/f	—
0.025~1.2kHz	200/f	4/f	5/f	—
1.2~2.9kHz	200/f	3.3	4.1	—
2.9~57kHz	70	10/f	12/f	—
57~100kHz	4000/f	10/f	12/f	—
0.1~3MHz	40	0.1	0.12	4
3~30MHz	67/$f^{1/2}$	0.17/$f^{1/2}$	0.21/$f^{1/2}$	12/f
30~3000MHz	12	0.032	0.04	0.4
3000~15000MHz	0.22$f^{1/2}$	0.00059$f^{1/2}$	0.00074$f^{1/2}$	f/7500
15~300GHz	27	0.073	0.092	2

注：1. 频率（f）的单位为所在行中第一栏的单位。
  2. 0.1~3MHz频率，场量参数是任意6min内的方根均值。
  3. 100kHz以下频率，需同时限制电场强度和磁感应强度。100kHz以上频率，在远场区，可以只限制电场强度或磁场强度，或等效平面波功率密度；在近场区，需同时限制电场强度和磁场强度。
  4. 架空输电线路线下的耕地、园地、牧草地、畜禽饲养地、养殖水面、道路等场地，频率为50Hz的电场强度控制限值为10kV/m，且应给出警示和防护指示标志。

对于脉冲电磁波，除满足上述要求外，其功率密度的瞬时峰值不得超过表 6-4 中所列限值的 1000 倍，或场强的瞬时峰值不得超过表 6-4 中所列限值的 32 倍。

6.1.3　放射性测量实验室与检测器

1. 放射性测量实验室

由于放射性监测的对象是放射性物质，为保证操作人员的安全，防止污染环境，对实验室有特殊的设计要求，并需要制定严格的操作规程。测批放射性需要使用专门的检测器。放射性测量实验室分为两个部分：一是放射化学实验室，二是放射性计测实验室。

（1）放射化学实验室

放射性样品的处理一般应在放射化学实验室内进行。为得到准确的监测结果，并考虑操作安全问题，该实验室内应符合以下要求。

1）墙壁、门窗、天花板等要涂刷耐酸油漆，电灯和电线应装在墙壁内。

2）有良好的通风设施，大多数处理样品的操作应在通风橱内进行，通风马达应装在管道外。

3）地面及各种家具面要用光平材料制作，操作台面上应铺塑料布。

4）洗涤池最好不要有尖角，放水用足踏式龙头，下水管道尽量少用弯头和接头等。

5）实验室工作人员应养成整洁、细心的优良工作习惯，工作时穿戴防护服、手套、口罩，佩戴个人剂量监测仪等。

6）操作放射性物质时，用夹子、镊子、盘子、铅玻璃防护屏等器具，工作完毕后立即清洗所用器具并放在固定地点，还需洗手和淋浴。

7）实验室必须经常打扫和整理，配置专用放射性废物桶和废液缸。

8）对放射源要有严格的管理制度，实验室工作人员要定期进行体检。

上述要求的严格程度也随实际操作放射性的水平而异。对操作具有微量放射性的环境类样品的实验室，上述各项措施中有些可以省略或修改。

（2）放射性计测实验室

放射性计测实验室装备有灵敏度高、选择性和稳定性好的放射性计量仪器和装置。设计实验室时，特别要考虑放射性本底问题，实验室内放射性本底主要来源于宇宙射线、地面和建筑材料，也可能来源于测量用的屏蔽材料中所含的微量放射性物质，以及邻近放射化学实验室的放射性沾污等。对于消除或降低本底的影响，常采用两种措施：一是根据其来源采取相应措施，使之降到最低程度；二是通过数据处理，对测量结果进行修正。此外，实验室供电电压和频率需要十分稳定，各种电子仪器应有良好的接地和进行有效的电磁屏蔽，室内最好保持恒温。

2. 放射性检测器

放射性检测器的种类有很多，需根据监测目的、试样形态、射线类型、强度及能量等因素进行选择。表 6-5 列举了不同类型的常用放射性检测器。

放射性检测器检测放射性的基本原理基于射线与物质间相互作用所产生的各种效应，包括电离、发光、热效应、化学效应和能产生次级粒子的核反应等。最常用的检测器有三类，即电离型检测器、闪烁检测器和半导体检测器。

表 6-5 各种常用放射性检测器

射线类型	检测器	特点
α 射线	闪烁检测器	检测灵敏度低，探测面积大
	正比计数管	检测效率高，技术要求高
	半导体检测器	本底小，灵敏度高，探测面积小
	电流电离室	测较大放射性活度
β 射线	正比计数管	检测效率较高，装置体积较大
	盖革计数管	检测效率较高，装置体积较大
	闪烁检测器	检测效率较低，本底小
	半导体检测器	探测面积小，装置体积小
γ 射线	闪烁检测器	检测效率高，能量分辨能力强
	半导体检测器	能量分辨能力强，装置体积小

(1) 电离型检测器

电离型检测器是利用射线通过气体介质时，使气体发生电离的原理制成的检测器。电离型检测器有电流电离室、正比计数管和盖革计数管（GM管）三种。电流电离室是测量由于电离作用而产生的电离电流，适用于测量强放射性；正比计数管和盖革计数管则是测量由每个入射粒子引起电离作用而产生的脉冲式电压变化，从而对入射粒子逐个计数，用于测量弱放射性。以上三种检测器之所以有不同的工作状态和不同的功能，主要是因为对它们施加的工作电压不同，从而引起电离过程的不同。

1）电流电离室。电流电离室用来研究由带电粒子所引起的总电离效应，也就是测量辐射强度及其随时间的变化。由于这种检测器对任何电离都有响应，所以不能用于甄别射线类型。电流电离室工作原理如图 6-1 所示。

图中 A、B 是两块平行的金属板，加于两板间的电压为 V_{AB}（可变），室内填充有空气或其他气体。当有射线进入电流电离室时，气体电离产生的阳离子和电子在外加电场作用下，分别向异极移动，电阻 R 上有电流通过。电流与电压的关系：开始时，随电压增大电流不断增加，待电离产生的离子全部被收集后，相应的电流达

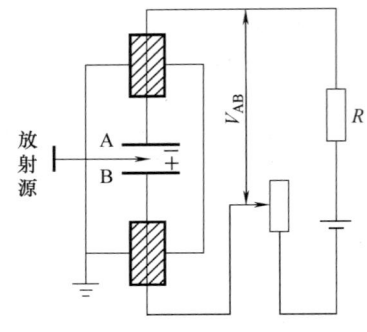

图 6-1 电流电离室工作原理示意图

到饱和，如进一步有限地增加电压，则电流不再增加。电流达到饱和时对应的电压称为饱和电压，饱和电压范围称为电流电离室的工作区。

由于电离电流很微小（通常在 10^{-12}A 左右或更小），所以需要用高倍数的电流放大器放大后才能测量。

2）正比计数管。正比计数管在图 6-2 中所示的电流-电压关系曲线中的正比区（CD 段）工作。在此区域内，电离电流突破饱和值，随电压增加继续增大。这是由于在这样的工作电压下，能使初级电离产生的电子在收集极附近高度加速，并在前进中与气体碰撞，使之发生次级电离，而次级电子又可能再发生三级电离，进而形成"电子雪崩"，使电流放大倍数达

10^4 左右。由于输出脉冲大小正比于入射粒子的初始电离能，故定名为正比计数管。

正比计数管内充甲烷（或氩气）和烃类气体，充气压力同大气压。两极间电压根据充气的性质选定。这种计数管普遍用于 α 粒子和 β 粒子计数，具有性能稳定、本底响应低等优点。因为给出的脉冲幅度正比于初级致电离粒子在管中所消耗的能量，所以还可用于能谱测定，但要求的条件是初级粒子必须将它的全部能量损耗在计数管的气体之内。由于这个原因，它大多用于低能 γ 射线的能谱测定，以及鉴定放射性核素时使用的 α 射线的能谱测定。

3）盖革计数管。盖革计数管是目前应用最广泛的放射性检测器，被普遍用于检测 β 射线和 γ 射线强度，这种检测器对进入灵敏区域的粒子有效计数率接近 100%。它的另一个特点是，对不同射线都能给出大小相同的脉冲（如图 6-2 中盖革计数管工作区段 EF 线的形状），因此不能用于区别不同的射线。

常见的盖革计数管如图 6-3 所示，在一密闭玻璃管中间固定一条细丝作为阳极，管内壁涂一层导电物质或另放进一金属圆筒作为阴极，管内充约 1/5 大气压的惰性气体和少量猝灭气体（如乙醇、乙醚、溴等），猝灭气体的作用是防止计数管在一次放电后发生连续放电。

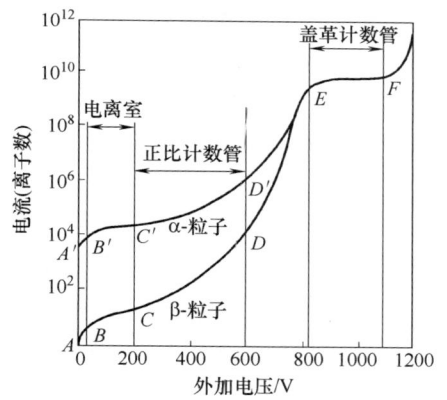 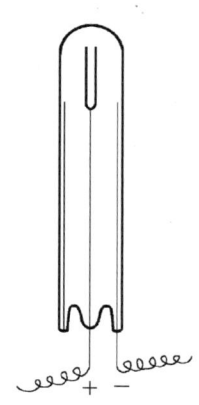

图 6-2　α、β 粒子的电离电流与外加电压的关系曲线　　图 6-3　盖革计数管

图 6-4 是用盖革计数管测量射线强度的装置示意图。为减小本底计数和达到防护目的，一般将计数管放在铅或生铁制成的屏蔽室中，其他部件装配在一个仪器外壳内，合称定标器。

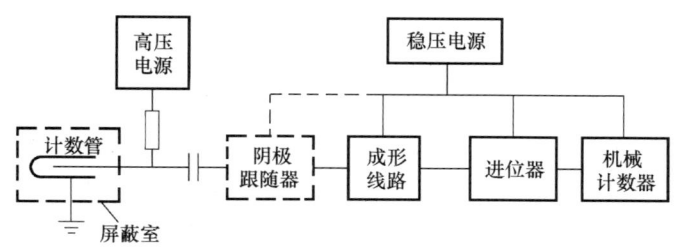

图 6-4　用盖革计数管测量射线强度的装置示意图

（2）闪烁检测器

闪烁检测器是利用射线与物质作用发生闪光的仪器。它具有一个受带电粒子作用后内部

原子或分子被激发而发射光子的闪烁体。当射线照在闪烁体上时，会发射出荧光光子，并且利用光导和反光材料等将大部分光子收集在光电倍增管的光阴极上。光子在灵敏阴极上打出光电子，经过倍增放大后在阳极上产生电压脉冲，此脉冲还是很小的，需经电子线路放大和处理后记录下来。图6-5是这种检测器测量装置的工作原理图。

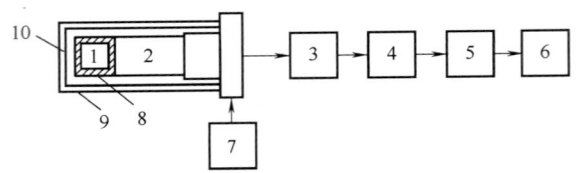

图6-5 闪烁检测器测量装置的工作原理图
1—闪烁体 2—光电倍增管 3—前置放大器 4—主放大器 5—脉冲幅度分析器
6—定标器 7—高压电源 8—光导材料 9—暗盒 10—反光材料

闪烁体的材料可采用 ZnS、NaI、蒽、芪等无机和有机物质。探测 α 粒子时，通常用 ZnS（Ag）粉末；探测 γ 射线时，可选用密度大、能量转化率高、体积较大并且透明的 NaI（Tl）晶体；蒽等有机材料发光持续时间短，可用于高速计数和测量短寿命核素的半衰期。闪烁检测器以其高灵敏度和高计数率的优点而被用于测量 α、β、γ 辐射的强度。由于它对不同能量的射线具有很高的分辨率，所以可用测量能谱的方法鉴别放射性核素。这种仪器还可以测量照射量和吸收剂量。

（3）半导体检测器

半导体检测器的工作原理与电离型检测器相似，但其检测元件是固态半导体。当放射性粒子射入这种元件后，会产生电子-空穴对，电子和空穴受外加电场的作用，分别向两极运动，并被电极所收集，从而产生脉冲电流。脉冲电流再经放大后，由多道分析器或计数器记录，如图6-6所示。

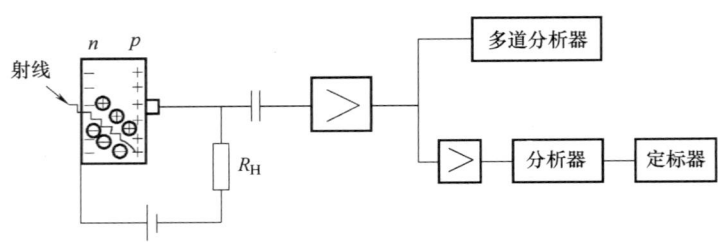

图6-6 半导体检测器工作原理

半导体检测器可用作测量 α、β 和 γ 辐射。与前两类检测器相比，在半导体元件中产生电子-空穴所需的能量要小得多。例如，对硅半导体是 3.6eV，对锗半导体是 2.8eV，而对 NaI 闪烁检测器来说，从其中发出一个光电子平均需能量 3000eV，也就是说，在同样外加能量下，半导体中生成的电子-空穴对数比闪烁检测器中生成的光电子数多近 1000 倍。因此，前者输出脉冲电流大小的统计涨落比较小，对外来射线有很好的分辨率，适合做能谱分析。其缺点是由于制造工艺等方面的原因，检测灵敏区范围较小。但因为元件体积很小，所以较容易实现对组织中某点进行吸收剂量的测定。

6.1.4 放射性监测

放射性监测按照监测对象可分为：①现场监测，即对放射性物质生产或应用单位内部工作区域所做的监测；②个人剂量监测，即对放射性专业工作人员或公众做内照射和外照射的剂量监测；③环境监测，即对放射性生产和应用单位外部环境，包括空气、水体、土壤、生物、固体废物等所做的监测。

在环境监测中，主要测定的放射性核素为：①α放射性核素，即 ^{239}Pu、^{226}Ra、^{242}Ra、^{222}Rn、^{210}Po、^{222}Th、^{234}U 和 ^{235}U；②β放射性核素，即 ^{3}H、^{90}Sr、^{89}Sr、^{134}Cs、^{137}Cs、^{131}I 和 ^{60}Co。这些核素在环境中出现的可能性较大，其毒性也较大。

对放射性核素具体测量的内容有：①放射源强度、半衰期、射线种类及能量；②环境和人体中放射性物质含量、放射性强度、空间照射量或电离辐射剂量。

环境放射性监测方法有定期监测和连续监测：①定期监测的一般步骤是采样、样品预处理、样品总放射性或放射性核素的测定；②连续监测是在现场安装放射性自动监测仪器，实现采样、预处理和测定自动化。

对环境样品进行放射性测定要经过样品采集、样品预处理、选择适宜方法与仪器进行测定三个过程。

1. 样品采集

样品的采集包括放射性沉降物的采集和放射性气溶胶的采集。对于样品的采集也有相应的流程和方法。

（1）放射性沉降物的采集

放射性沉降物包括干沉降物和湿沉降物，主要来源于大气层核爆炸所产生的放射性尘埃，小部分来源于人工放射性颗粒物。

对于放射性干沉降物样品，可用水盘法、黏纸法、高罐法采集。水盘法使用不锈钢或聚乙烯塑料制圆形水盘来采集沉降物，盘内装有适量稀酸，沉降物过少的地区可以再酌加数毫克硝酸锶或氯化锶载体。将水盘置于采样点暴露24h，始终保持盘底有水。采集的样品经浓缩、灰化等处理后，进行总β放射性测量。黏纸法是将涂一层黏性油（松香加蓖麻油等）的滤纸贴在圆形盘底部（涂油面向外），放在采样点暴露24h，然后再将黏纸灰化，进行总β放射性测量，也可以用醮有三氯甲烷等有机溶剂的滤纸擦拭落有沉降物的刚性固体表面（如道路、门窗、地板等），以采集沉降物。高罐法是用不锈钢或聚乙烯圆柱形罐暴露于空气中采集沉降物的，因罐壁较高，故不必放水，可用于长时间收集沉降物。

放射性湿沉降物是指随雨（雪）降落的沉降物。其采集方法除上述方法外，还常用一种能同时对雨水中核素进行浓集的采样器，如图6-7所示。这种采样器由一个承接漏斗和一根离子交换柱组成，交换柱上下层分别装有阳离子交换树脂和阴离子交换树脂，欲收集核素被离子交换树脂吸附浓集后，再进行洗脱，然后收集洗

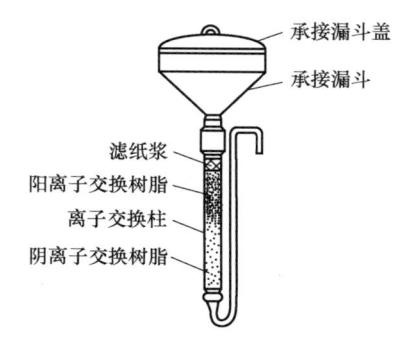

图6-7 离子交换树脂湿沉降物采集器

脱液，分离放射性核素。也可以将树脂从柱中取出，经烘干、灰化后制成干样品，然后进行总 β 放射性测量。

（2）放射性气溶胶的采集

放射性气溶胶包括核爆炸产生的裂变产物、各种人工放射性物质及氡、钍的衰变子体等天然放射性物质。这种样品的采集常用滤膜阻留法，其原理与大气中颗粒物的采集相同。

对于被 ^{3}H（T）污染的空气，因其在空气中的主要存在形态是氚水，所以除吸附法外，还常用冷阱法收集空气中的水蒸气作为样品。

2. 样品预处理

对样品进行预处理的目的是将样品处理成适合测量的状态，将样品的待测核素转变成适合测量的形态并进行浓集，以及去除干扰核素。常用的样品预处理方法有衰变法、共沉淀法、灰化法、电化学法、有机溶剂溶解法、蒸馏法、溶剂萃取法、离子交换法等。

（1）衰变法

采样后，将其放置一段时间，让样品中一些短寿命的非待测核素衰变除去，然后再进行放射性测量。例如，测定大气中气溶胶的总 α 和总 β 放射性时常用这种方法，即用过滤法采样后，放置 4~5h，使短寿命的氡、钍子体衰变除去。

（2）共沉淀法

用一般的化学沉淀法分离环境样品中的放射性核素，因核素含量很低，达不到溶度积，故不能达到分离的目的。但如果加入毫克数量级与待分离放射性核素性质相近的非放射性元素载体，那么由于两者之间发生同晶共沉淀或吸附共沉淀作用，载体会将放射性核素载带下来，达到分离和富集的目的。例如，用 ^{59}Co 作载体共沉淀 ^{60}Co，则发生同晶共沉淀；用新沉淀出来的水合二氧化锰作载体沉淀水样中的钚，则二者间发生吸附共沉淀。这种分离富集方法具有简便、实验条件容易满足等优点。

（3）灰化法

灰化法是指将蒸干的水样或固体样品，放在瓷坩埚内于 500℃ 高温电炉中灰化，冷却后称重，再转入测量盘中铺成薄层检测其放射性。

（4）电化学法

该方法通过电解将放射性核素沉积在阴极上，或以氧化物形式沉积在阳极上。例如，Ag^+、Bi^{2+}、Pb^{2+} 等以金属的形式沉积在阴极；Pb^{2+}、Co^{2+} 以氧化物的形式沉积在阳极。该方法的优点是分离核素的纯度高。如果使放射性核素沉积在惰性金属片电极上，可直接进行放射性测量；如将其沉积在惰性金属丝电极上，可先将沉积物溶出，再制备成样品源。

3. 环境中的放射性监测

在放射性工作场所中的粉尘（铀、钍矿的开采），实验室内及排至实验室外的放射性挥发性气体（碘蒸气、氡气等），放射性废水、废物和做放射治疗的病人或实验动物的排泄物（尿、粪便）均应进行辐射监控。监控放射性气体、气溶胶时，一般用空气采样器抽吸、过滤，若是放射性废水或排泄物，应先蒸干浓缩后再监控。剂量较大时可使用一般的监控仪，若是辐射水平较低或天然本底的监控，可用低本底测量仪测定样品中的比活度。

环境样品经用上述方法分解和对待测放射性核素分离、浓集、纯化后，有的已成为可供放射性测量的样品源，有的还需用蒸发、悬浮、过滤等方法将其制备成适合测量要求状态（液态、气态、固态）的样品源。蒸发法是指将样品溶液移入测量盘或承托片上，在红外灯下徐徐蒸干，制成固态薄层样品源。悬浮法是将沉淀形式的样品用水或适当有机溶剂进行混悬，再移入测量盘用红外灯徐徐蒸干。过滤法是将待测沉淀抽滤到已称重的滤纸上，用有机溶剂洗涤后，将沉淀连同滤纸一起移入测量盘中，置于干燥器内干燥后进行测量。还可以用电解法制备无载体的 α 或 β 辐射体的样品源；用活性炭等吸附剂浓集放射性惰性气体，再进行热解吸，并将其导入电流电离室或正比计数管等检测器内测量；将低能 β 辐射体的液体样品与液体闪烁体混合制成液体样品源，置于闪烁检测器中测量。

环境中的辐射监测项目与分析方法见表 6-6。

表 6-6 环境辐射监测项目与分析方法

监测对象	测定项目	测定方法	检测限或测定范围
水	氚	闪烁谱仪	测定下限：0.5Bq/L
	钾-40	原子吸收分光光度法	测定范围：0.2~10mg/L
		火焰光度法	测定范围：0.07~20mg/L
		离子选择性电极法	测定范围：0.08~3900mg/L
	锶-90	发烟硝酸沉淀法	测定范围：0.1~10Bq/L
		二-(2-乙基己酸)磷酸萃取色谱法	测定范围：0.01~10Bq/L
	碘-131	β 射线测量仪	测定范围：3.0×10^{3}Bq/L
		γ 谱仪	测定下限：4.0×10^{-3}Bq/L
	铯-137	β 射线测量仪	测定范围：0.01~10Bq/L
	钋-210	电化学制样法	—
	微量铀	固体荧光法	测定范围：0.05~100μg/L
		激光液体荧光法	测定范围：0.02~20μg/L
		分光光度法	测定范围：2~100μg/L
	钍	分光光度法	测定范围：0.01~0.5μg/L
	镭-226	闪烁法	测定范围：2.0×10^{-3}~3.0×10^{3}Bq/L
	镭的 α 放射活性核素	α 探测仪	测定下限：8.0×10^{-3}Bq/L
	钚 α 放射性活度	α 探测仪	测定下限：1.0×10^{-5}Bq/L
空气	环境空气中的氡	两步法	—
	微量铀	TBP 萃取荧光法	测定范围：6.7×10^{-4}~1.3μg/m^3
土壤	铀	分光光度法	测定下限：1.5×10^{-2}Bq/kg
	钚 α 放射性活度	离子交换法	—

(续)

监测对象	测定项目	测定方法	检测限或测定范围
生物	锶-90 放射性活度	离子交换法，β 射线测量仪	测定范围：0.1~10Bq/L
	碘-131	β 射线测量仪	植物 0.17Bq/kg，动物 $6×10^{-3}$ Bq/kg
		γ 谱仪	植物 0.01Bq/kg，动物 $8×10^{-3}$ Bq/kg
	牛奶中碘-131	β 射线测量仪	测量下限：$7×10^{-3}$ Bq/kg
		γ 谱仪	测量下限：$1×10^{-2}$ Bq/kg
	铯-137 放射性活度	β 射线测量仪	测定范围：0.1~10Bq/L
	铀	固体荧光法	测定范围：5~5000μg/L
		激光液体荧光法	测定范围：$2.5×10^{-2}$~250mg/L

4. 个体外照射剂量

个体外照射剂量用佩戴在身体适当部位的个体剂量计测量，这是一种能监测放射性辐射累积剂量的小型、轻便、容易使用的仪器。常用的有个人剂量笔、热释光剂量计和胶片剂量计等。

（1）个人剂量笔

个人剂量笔是一个灵敏的笔形验电器，也称为个人剂量报警仪。充电后，其中涂有金属的石英丝达最大偏转。当受到辐射作用时，验电器中的气体产生电离，使石英丝偏转角度减小，通过以伦琴刻度的标尺可以直接读出所受的剂量，使用方便，但环境湿度对其影响较大，因此应尽可能在湿度较低的环境中使用。

它采用功能较强的单片机技术制作而成，主要用来监测 X 射线和 γ 射线。在测量范围内，可任意设置各种阈值、报警值，并发生声光报警及时提醒工作人员注意安全。该仪器内存大，一般可存储约一周的数据。

个人剂量笔的特点是：可测量场所周围的 X/γ 射线剂量率（μSv/h）；为满足高放射性环境中工作人员的需要，为减少工作时间，个人累积剂量（μSv）报警阈值连续可调；具有 1500h 的数据存储能力；阈值连续可调，可对累积剂量、剂量率、阻塞、超时等设置相应的报警阈值；可显示累积剂量、剂量率、工作时间、最大剂量率发生时刻及大小、累积剂量阈值、剂量率阈值等参数，自动记录各种数据，断电或更换电池时数据不丢失；灵敏度高，对环境本底也有响应，体积小，操作简单，抗电磁干扰能力强。

个人剂量笔广泛应用于医疗、核军工、核潜艇、核电站、工业无损检测、同位素应用、医院钴治疗、职业病防护、核电站周围居民辐射剂量测量等领域。应依据《职业性外照射个人监测规范》（GBZ 128—2019）进行个人剂量监测。

（2）热释光剂量计

热释光剂量计是利用热致发光原理记录累积辐射剂量的一种器件。它将接收照射的剂量计加热，并用光电倍增管测量热释光输出，即可读出辐射剂量值。优点是即使搁置很长时间，读数衰减仍然很少。此外，可制成各种形状的胶片佩章，以供个人剂量监测使用。

一些晶体存在结构上的缺陷（如 LiF），被射线照射后会产生自由电子和空穴，然后电子和空穴又被俘获（自由电子被导带俘获，空穴被激发能级俘获），当把这些晶体加热后，被俘获的电子获得足够的能量逃逸出来与空穴结合，同时多余的能量以光辐射的形式释放出来，通过这样的原理就有了热释光剂量计计算剂量这个方法。

6.2 电磁辐射

电磁辐射是人类认识、利用和开发电磁能的一种产物，从某种角度说，它是人类发展进步的一个标志。随着人们生产、生活需求及人类科学技术水平的不断提高，作为一种不可替代的有限资源，电磁辐射必将发挥越来越重要的作用，因此，在未来很长一段时间内，它作为人们生活环境的一部分，将时时处处存在。这也就是说，电磁辐射是不可避免的，但这并不表明由电磁辐射造成的危害也无法避免。通过认识和研究电磁辐射危害产生的原因、机制，可以为人们更加有效利用电磁辐射，同时抑制或消除电磁辐射危害提供帮助。

6.2.1 电磁辐射的基础知识

电场是存在于电荷周围能传递电荷与电荷之间相互作用的物理场，是一种特殊物质。这种物质与通常的实物不同，它不是由分子、原子所组成的，但它是客观存在的，具有通常物质所具有的力和能量等客观属性。在电荷周围总有电场存在，同时电场对场中其他电荷会发生力的作用。电场大小和方向用电场强度来表示，单位为 V/m，简称场强，定义为放入电场中某点的电荷所受的电场力 F 与它的电荷量 q 的比值。电场的大小与电压有关，电压越大，电场越大。电场的方向与正电荷所受电场力的方向相同，与负电荷所受电场力的方向相反。

磁场是传递运动电荷（电流）之间相互作用的物理场，由运动电荷（电流）产生，同时对场中其他运动电荷（电流）又有力的作用。磁石、磁铁、电流，都能产生磁场。有电流通过就会产生磁场，电流越大，产生的磁场越强。有两个物理量表征磁场大小和方向，一个是磁感应强度，单位为 T；另一个是磁场强度，单位为 A/m。

电场和磁场的交互变化产生电磁波，电磁波向空中发射或泄漏的现象，叫电磁辐射。电磁辐射是以一种看不见、摸不着的特殊形态存在的物质。人类生存的地球是一个大的磁场场源，当然地球本身就是一个大磁场。它表面的热辐射和雷电都可能产生电磁辐射，太阳及其他星球也从外层空间源源不断地产生电磁辐射。围绕在人类身边的天然磁场、家用电器等都会发出强度不同的辐射。电磁辐射是物质内部原子、分子处于运动状态的一种外在表现形式。

电磁辐射主要来源于以下两个方面：

1. 自然电磁辐射

自然电磁辐射主要来自地球大气层中的雷电、宇射线、天体放电、地球磁场辐射和地球热辐射等。

2. 环境电磁辐射

环境电磁辐射主要来自发射台、高压线、雷达站、微波用具、电视机、无线电等工业和生活中所用的电子设备。

环境电磁辐射源可分为广播、电视发射设备，通信、雷达设备，ISM 射频设备，机动车辆的点火系统，高压输电系统，电力牵引系统和家用电器等几类。

电磁辐射是以辐射形式传播的电磁噪声（电磁噪声是电磁骚扰的一个重要组成部分），与有用信号电磁场一样，分为近场和远场。近场是以场源为零点或中心，在一个波长范围之内的区域，由于作用方式为电磁感应，所以又称感应场。感应场受场源距离的限制，在感应场内，电磁能量将随着离开场源距离的增大而比较快地衰减。相对于近场而言，在一个波长之外的区域称远场。远场是与传播方向垂直的平面内的电场的角度分布基本上与距天线的距离无关的场区。远场已脱离了场源而按自己的规律运动。远场电磁辐射强度衰减比近场要缓慢。

6.2.2 电磁辐射的影响与危害

1. 电磁辐射的影响

电磁辐射最严重的危害之一是会导致电磁干扰（Electromagnetic Interference，EMI）。随着现代电子工业的高速发展，以及各种商用和家用电子产品数量的急剧增加，尤其是随着电子线路和元件的微型化、集成化、轻量化和数字化，导致日常使用的电子产品易受外界电磁波干扰而出现误动、图像障碍及声音障碍等。在某些医院、银行加油站、机场内部等，具有发射源功能的无线电设备被禁止使用，就是为了防止电磁干扰，以免造成不必要的损失。近年来，袖珍电子计算机造成民航导航装置发生误动，以及计算机控制的流水生产线失控、机械手乱动作伤人等事故，这些轻则造成财产损失，重则导致机毁人亡。

电磁干扰（EMI）有三个最基本的要素：电磁干扰源、耦合途径（或称为耦合通道）和敏感设备。电磁干扰源是指产生电磁干扰的任何元件、器件、设备、系统或自然现象。电磁干扰源可分为自然干扰源（如雷电干扰）和人为干扰源（如通信、雷达等）。耦合途径指将电磁干扰能量传输到受干扰设备的通路或媒介，通常分为传导耦合途径（导线、互感、供电电源等）和辐射耦合途径（以电磁场的方式传播）两类。电磁波传播途径如图 6-8 所示。

在应用相关设备的时候，为保证设备的安全性，要考虑符合电磁兼容标准的设备，以保证设备和系统在规定的电磁环境下不受电磁干扰而降低工作性能。

2. 电磁辐射对人体的危害

电磁辐射对生物体的作用是一个复杂过程，其危害的产生取决于很多因素。现实生活中，人们对于某个环境中的电磁辐射是否会造成危害、危害结果怎样、程度多大，往往难以下明确结论。但是，借助各个科学领域不断取得的研究成果，人们还是制定了一些规则、要求等来尽量降低电磁辐射可能带来的健康风险。目前公认的判断准则是人体暴露在环境中的电磁辐射安全限值，因为电磁辐射超标被认为是造成电磁辐射危害的直接判断准则。

（1）造成电磁辐射超标的因素

1）辐射源自身的因素。各类电子、电气设备在工作时都是电磁辐射源，所产生的电磁辐射泄漏是造成环境电磁辐射超标的可能因素，一些大型的功率发射设施设备，由于发射功率大、能量高，因此是造成其周围环境电磁辐射超标的主要原因。

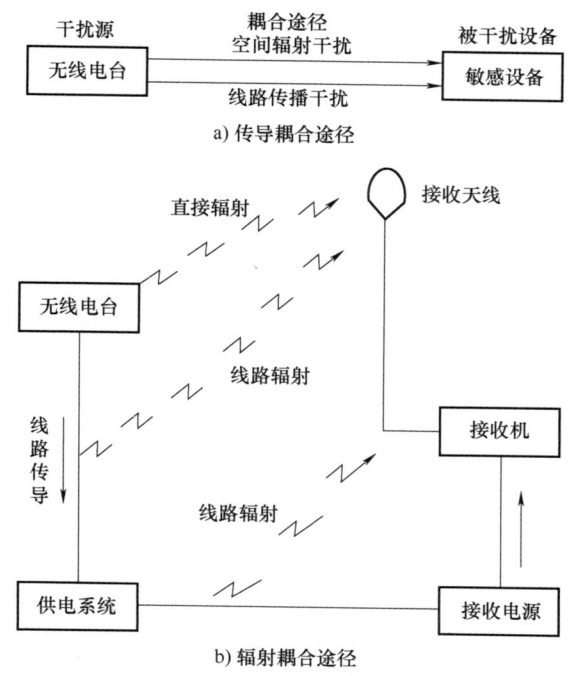

图 6-8 电磁波传播途径示意图

2) 辐射源安装使用位置因素。一些具有较强电磁辐射能力的设备，所安装、使用的位置与人们居住、生活的空间发生重叠，容易导致电磁辐射超标。

3) 职业暴露因素。在一些专业领域从事技术工作的人群，由于长时间暴露于辐射源近场范围之内，电磁辐射超标的风险较高。例如，广播、电视发射设备的保养维护人员，工业、科学、医疗设备的操作使用人员，雷达、导航、通信设备的操作使用和维修保障人员等。

4) 其他引起辐射超标的因素。由战争、自然灾害、重大事故等引发的电磁辐射危害，如核战争、核设施泄漏事故等。

（2）辐射对人体健康的不良影响

人体所处环境的电磁辐射强度超过一定限度时，或产生累积效应时，会对人体健康产生不良影响，甚至造成伤害。国内外的流行病学调查和大量的试验研究已经证明，电磁辐射可造成广泛的生物损伤效应。主要表现在以下五个方面：

1) 对心理和行为健康的危害。电磁辐射可以对人的心理和行为产生影响。大量资料证明：电磁能使人出现头昏脑涨、失眠多梦、记忆力减退等症状。电磁场对睡眠的影响是对患者心理、行为和识别能力影响的反映，进而可以推断暴露于人工电磁辐射中的人员，其睡眠异常也许是随后精神紊乱的起因。

2) 对心血管系统的危害。超短波、微波除了引起比较严重的神经衰弱症外，最突出的是造成自主神经机能紊乱，主要反映在心血管系统中，其中以副交感神经紧张反应为多，如心动过缓，血压下降或心动过速等。

3) 对眼的危害。高强度电磁辐射会使人眼的晶状体蛋白质凝固，轻者混浊，严重者可造成白内障，伤害角膜、虹膜和前房，导致视力减退乃至完全丧失。人眼在短时间内经微波辐射后，会出现视疲劳、眼不适、眼干、视力明显下降等现象，夜晚更为突出。

4）对癌症发生率的影响。大量试验研究表明：电磁辐射以多种方式影响生命细胞。极低频电磁辐射与白血病（尤其是儿童白血病）、乳腺癌、皮肤恶性黑色素癌、神经系统肿瘤、急性淋巴性白血病等有关，这些结果通过细胞学研究得到了理论验证。此外，电磁辐射对人体内分泌系统、免疫系统、骨髓造血系统均有不同程度的影响。目前，许多国内外学者正在进行广泛和深入的研究。

5）对生殖系统的危害。电磁辐射对女性还易造成生殖机能及胚胎发育异常，甚至影响男子精子的机能。世界卫生组织的研究指出，孕妇每周使用计算机 20h 以上，其流产发生率增加到 80% 以上，并且还可能导致胎儿畸形。

3. 电磁辐射对人体的伤害机理

生物物理学家深入研究了电磁波辐射对人体造成伤害的机理，取得了许多重要的实验性结果，电磁辐射危害人体的机理主要是热效应、非热效应和累积效应等。电磁辐射的作用机理如图 6-9 所示。

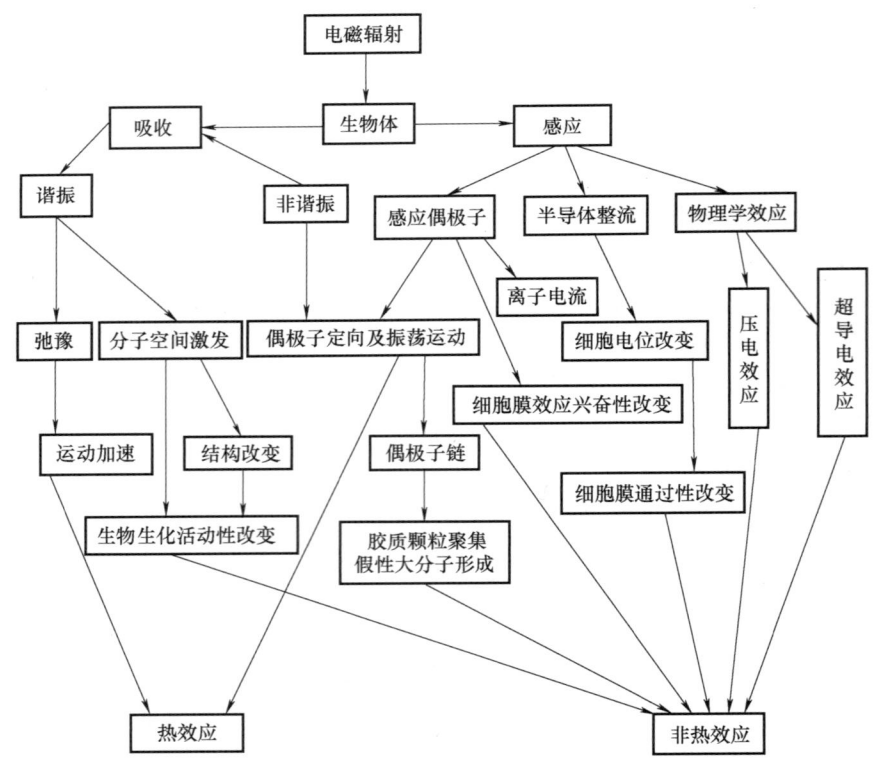

图 6-9　电磁辐射作用机理

（1）热效应

人体内 70% 以上是水，水分子受到电磁波辐射后相互摩擦，引起机体升温，从而影响身体其他器官的正常工作。体温升高引发各种症状，如心悸、头胀、失眠、心动过缓、白细胞减少、免疫功能下降、视力下降等。

（2）非热效应

人体的器官和组织都存在微弱的电磁场，它们是稳定和有序的，一旦受到外界电磁波的干扰，处于平衡状态的微弱电磁场即遭到破坏，人体正常循环机能就会遭受破坏。这主要是低频电磁波产生的影响，即人体被电磁辐射后，体温并未明显升高，但已经干扰了人体的固有微弱电磁场，使血液、淋巴液和细胞原生质发生改变，对人体造成严重危害，影响人体的循环、免疫、生殖和代谢功能等，还可能导致胎儿畸形或孕妇自然流产。

（3）累积效应

热效应和非热效应作用于人体后，若在身体尚未完成自我修复之前再次受到电磁波辐射，其伤害程度就会发生累积，久而久之可能导致永久性病态或危及生命。对于长期接触电磁波辐射的群体，即使功率很小、频率很低，也会诱发想不到的病变。

总之，"电磁污染"已成为继大气污染、水污染、固体废弃物污染和噪声污染之后的第五大污染，而且看不见、摸不着，直接作用于机器或者人体，是危害极重的"隐形杀手"。因此，电磁辐射问题越来越受到世界各国的普遍重视，各国相继开展了关于电磁辐射的各种研究，并制定出了电磁辐射卫生标准。

6.2.3 电磁辐射的防护技术

总的来说，电磁辐射的防护技术可以从控制辐射源、传播途径和保护接受体三个方面入手。具体主要有以下几方面的措施。

1. 辐射源控制

从电磁辐射源的角度控制环境电磁辐射超标有两个途径：一是限制电子设备的电磁泄漏和无意发射水平，尽量减少其对周围电磁环境的影响。对于标准中有明确发射限值要求的设备或产品，通过建立严格的质量检验机制和市场准入制度，可有效避免不合格产品进入流通领域，从根源上减少或避免电磁辐射危害的发生；对于标准中没有明确要求的设备或产品，则要在现有技术的基础上，着重减少电磁泄漏或无意发射，将可能发生的电磁辐射危害风险降到最低。二是合理布局和加强管理，在城市规划和建设中，应合理布局高压线、变电站、广播电视发射塔等电磁辐射源，避免对居民生活和工作造成影响。同时加强对电磁辐射源的管理，建立健全电磁辐射监测和管理制度，定期对电磁辐射源进行监测和评估，确保其符合国家标准和要求。

2. 电磁屏蔽技术

电磁屏蔽技术是最常用的一种电磁辐射防护技术。它利用电磁能在屏蔽金属中产生涡流及反射而起到屏蔽作用。屏蔽效果与屏蔽材料的性能相关，也与辐射频率、屏蔽体与辐射源的距离及壳体上可能存在的各种不连续的形状和数量有关。

电磁屏蔽是最常用的一种电磁辐射防护技术，屏蔽是指用金属材料制成的屏蔽体将电磁波的传播路径"截断"，使其无法到达被防护体或防护区域的方法，其原理是利用了电磁波在不同介质中传输时的反射效应和吸收效应。反射效应是指当电磁波从一种介质进入另一种介质时，一些能量会被发射回去，使实际进入另一种介质的能量减少的现象。例如，光（也是一种电磁波）从空气中进入水中时在水面上产生的亮光即为一种反射效应。吸收效应是指电磁波进入金属导体后，因电磁感应会在金属表面产生感应电流，由于金属中电阻的存在，而使一部分电磁能转化成热能消耗掉的现象。电磁波在遇到金属导体时，一般会经历反射、吸收、再反射的过程，因此，电磁辐射能量会有显著的降低，从而达到防护的目的，如图 6-10 所示。

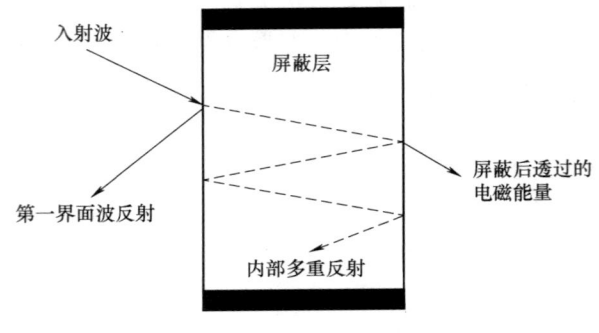

图 6-10 电磁屏蔽原理

3. 接地技术

射频场源屏蔽体或屏蔽部件内因感应生成的射频电流，容易通过射频接地技术迅速导入大地，形成等电势分布，从而消除辐射污染。

4. 电磁波吸收防护

吸波材料是一种能吸收电磁波而反射和散射却极小的材料，它是依据材料电磁匹配原理与谐振原理研制成功的。吸收防护利用吸收材料对射频能量有一定的吸收作用，使电磁波能量得到衰减，从而达到防护的目的。吸收防护可用于各个频段，不同的吸波材料对电磁波能量均有不同的吸收效果。与屏蔽材料的反射不同，利用吸波材料直接将电磁波转换成热能散失掉，这是从根本上解决电磁污染的方法。

5. 线路滤波

线路滤波主要应用于电磁信号在线路中的传递。简单来讲，线路滤波就是采用磁性材料通过阻抗效应将信号中的杂波信号给消除掉，从而保证有用信号正常传输的途径。线路滤波可根据材料和信号特性进行匹配设计。

6. 远距离作业

由于电磁场强度在近场内与距离的二次方成反比，因此在可行的情况下，应尽可能加大场源与作业人群及行为人群的距离。

7. 个体防护

个体防护是对在高频辐射环境内作业的人员采用防护用品进行防护的一种措施。常用的防护用品有防辐射服、防辐射眼镜、防辐射面具和防辐射头盔等防辐射器具。这些防护用品一般用金属丝布、金属膜布和金属网等制作。

8. 医学防护措施

医学防护措施包括有常规体检、专项检查、日常饮食和药物防护。常规检查是对规定不适宜某项作业的疾病进行就业前、上岗后定期健康检查，以加强职业医学监护，例如接触高频电磁场和微波作业的人员。专项检查主要是针对电磁辐射影响较大的系统，例如神经系统，心血管系统，造血系统，生殖、内分泌系统，晶状体与视网膜等。电磁辐射使身体能量消耗增加，身体组织对糖的利用能力下降，足够的能量供给有利于提高人体对电磁辐射的耐受力，降低敏感性，减轻损伤，保护身体。补充维生素和微量元素可提高身体对辐射的耐受性和人体的抗氧化能力。

6.2.4 电磁辐射的检测设备

对电磁辐射检测方法和对检测设备的规定的主要依据是《辐射环境保护管理导则 电磁辐射监测仪器和方法》（HJ/T 10.2—1996）和《辐射环境保护管理导则 电磁辐射环境影响评价方法与标准》（HJ/T 10.3—1996）。电磁辐射测量的一般要求有以下几点：

1）测量时的环境条件应符合仪器的使用环境条件，测量记录应注明环境条件。
2）测量点位置的选取应考虑其测量结果是否具有代表性。不同的测量目的应采取不同的测量方案。
3）测量前应估计最大场强值，以便选择测量设备。测量设备应与所测对象在频率、量程、响应时间等方面相符合，以保证测量的准确。
4）测量时必须获得足够的数据量，以保证测量结果准确可靠。
5）测量中异常数据的取舍及测量结果的数据处理应按统计学原则处理。
6）电磁辐射测量应建立完整的文件资料以备复查，文件资料包括测量设备的校准证书、测量方案、测量布点图、原始测量数据、统计处理方法等。
7）场参数测量时，若用宽带测量设备进行测量，测量值没有超出限值，则不需用其他设备进行测量，否则应使用窄带测量设备进行测量，找出影响测量结果的主要辐射源。
8）对固定辐射源（如电视发射塔）进行场参数测量，应设法避免或尽量减少周边偶发的其他辐射源的干扰，对不可避免的干扰应估计其对测量结果可能产生的最大误差。
9）测量设备应定期校准。

1. 电力系统电磁辐射检测

为了把发电厂发出来的电输送到较远的地方，必须把电压升高，变为高压电，到用户附近再按需要把电压降低，这种升降电压的工作靠变电站来完成。变电站的主要设备是变压器、电压互感器、电流互感器和开关设备。

（1）检测方法

工频电磁场的监测方法可参照《高压交流架空送电线路、变电站工频电场和磁场测量方法》（DL/T 988—2005）等相关规定。进行电力系统电磁辐射检测时，要满足基本要求：测量正常运行的高压架空送电线路工频电场和磁场时，工频电场和磁场的测量地点应选在地势平坦、远离树木，以及没有其他电力线路、通信线路及广播线路的空地上。测量工频电场和磁场时，测量仪表应架设在地面上方 $1\sim2m$ 的位置，一般情况下选 $1.5m$，也可根据需要在其他高度测量。在测量报告中要清楚地标明。一般情况下，工频电场可以只测量其垂直于地面的分量，即垂直分量；但工频磁场既要测量垂直分量，也要测量其水平分量。

送电线路工频电场和磁场的测量点应选择在导线档距中央弧垂最低位置的截面方向上。此外，也可在线下其他感兴趣的位置进行测量，但测量条件必须满足前述基本要求，同时也要详细记录测量点及其周围的环境情况。测量送电线路邻近民房的工频电场和磁场时，记录民房内、民房阳台上和民房楼顶平台上的场强,并测出最大值,作为评价依据。

变电站内外的工频电场和磁场测量时,要详细记录测量点。测量变电站内工频电场和磁场、站内高压设备附近工频电场和磁场场强的最大值;进行变电站围墙外工频电场和磁场的衰减测量;在满足前述的基本要求的前提下,要详细记录测量点,所有参数都记录在测量报告中。

(2) 检测设备

电力系统所产生的电磁辐射主要为50Hz的工频电场和磁场,还包含少量的几千赫兹的电磁波。该频段内的电磁波的特点是波长长,辐射强度衰减速度快,作用范围处于近场,电场强度和磁感应强度不成比例关系,需要分别测量。工频电场和磁场的测量必须使用专用的探头或工频电场和磁场测量仪器。工频电场测量仪器和工频磁场测量仪器既可以是单独的探头,也可以是将两者合成的仪器。但是无论是哪种型式的仪器,都必须经计量部门检定,且在检定有效期内使用。

2. 广播电视发射设备电磁辐射检测方法与设备

无线广播、电视都是利用电磁波的发射与接收进行工作的。其原理是:首先将声音和图像经信号转换装置转变为电信号,然后由发射装置产生的电磁波携带至接收点,再由接收装置还原为声音和图像。各类广播、电视发射塔是无线广播、电视电磁辐射的主要产生源,发射塔内安装了发送各个电台节目和广播频段的发射机,通过天线向周围发送广播电视信号,这些信号可通过天波、地波、直射波等多种形式由发射点到达接收点,如图6-11所示。

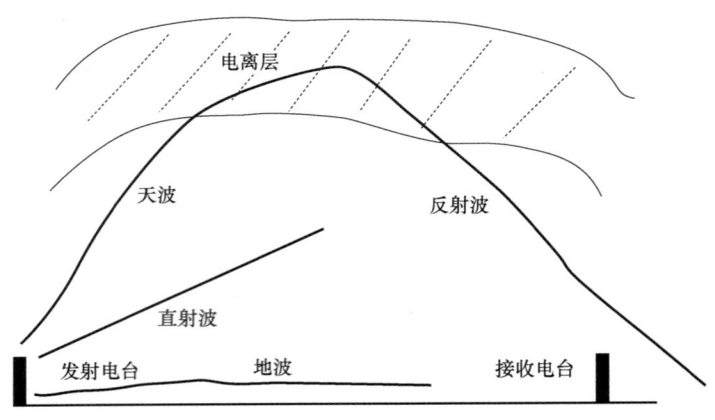

图6-11 广播电视信号传播方式

无线广播、电视发射的电磁波频率范围很宽,可从几百千赫兹到百十兆赫兹。国内一般中波广播频段大致为550~1605kHz,短波广播的频段为2~24MHz,调频广播的频段为88~108MHz。电视信号频段则主要集中于VHF(甚高频)和UHF(特高频),范围分别是48.5~223MHz和470~958MHz。

用以发送广播、电视节目的发射机的发射功率通常为几百瓦或几千瓦,但随着广播电视频道数目的增长,发射机数量也会随之增多,整个发射塔总的发射功率会很大,达到几百千瓦。

(1) 检测方法

对广播、电视的电磁监测要进行监测布点,水平方向的监测布点位置分别为 50m、100m、200m、300m、400m、500m、600m、700m、800m、1000m、1500m、2000m,测量范围可根据实际情况进行适当调整,水平方向的监测布点如图 6-12 所示。同时,在周围评价范围内的敏感目标处进行测量,若为楼房,可进一步选择不同楼层的阳台作为测量点进行测量。测量高度一般距地面或立足点 1.7~2.0m,也可根据不同目的,选择测量高度。

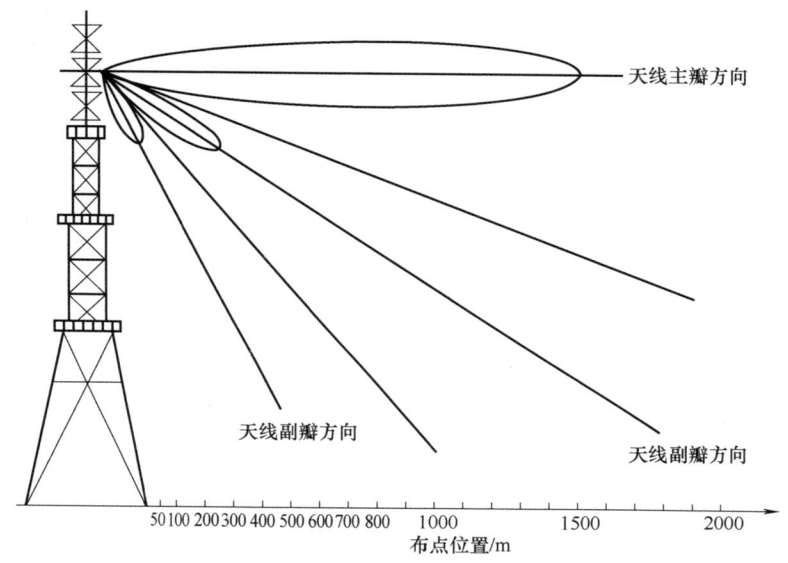

图 6-12 广播电视塔辐射监测布点示意图

测量的地点应该根据实际情况尽量选择在空旷平坦的地方,并要求没有其他反射杂波反射回测量点。应保证远离主要高压输电线、变电所、工厂等,确保上述设施对测量没有明显干扰(或者背景噪声电平应比被测信号电平低 20dB 以上),且能提供全天候监测。

测量方式可根据实际情况确定固定测量、移动测量或其他测量方式。在测量场强值时,标准的接收天线架设高度应该为距离地面 10m,若在移动测量时,可以根据实际测量情况将接收天线的架设高度改为 4m,但是此时需要加高度校正,可根据实测结果求得高度的校正因子。每次的观测时间应大于 1min,读取测量数据,将观测期间测量仪表达到的最大值作为信号场强的实测值。

(2) 检测设备

结合实际测量情况,根据《电视、调频广播场强测量方法》(GB/T 14109—1993)选择以下监测设施:固定测量车、测量车和便携式测量设备。监测仪器主要有:场强仪、接收天线和连接馈线。连接馈线和接收天线都必须与场强仪是配套的;场强仪和连接馈线、接收天线之间应有比较好的阻抗匹配。另外,还可以根据实际情况选择记录仪、计算机、电视接收机等仪器设备。

3. 移动通信基站电磁辐射检测方法及设备

在移动通信中,基站的主要作用是当作移动通信系统中的中继站系统,也就是说基站是被用来作为信号传输的接力站的。基站发射机的工作原理是：把由频率合成器提供的频率为 766.9125~791.8875MHz 的载频信号与 168.1MHz 的已调信号，分别经滤波进入双平衡变频器，并获得频率为 935.0125~959.9875MHz 的射频信号，此射频信号再经滤波和放大后进入驱动级，驱动级的输出功率约 2.4W，然后加到功率放大器模块。功率放大器模块的作用是把信号放大到 10W，不过这也要依据实际情况而定，如果小区发射信号半径较大，也可采用 25W 或 40W 的功放模块，以增强信号的发送半径。

（1）检测方法

监测前先收集被测移动通信基站的基本信息，包括：移动通信基站名称、编号、建设地点、建设单位、类型；发射机型号、发射频率范围、标称功率、实际发射功率；天线数目、天线型号、天线载频数、天线增益、天线极化方式、天线架设方式、钢塔桅类型（钢塔架、拉线塔、单管塔等）、天线离地高度、天线方向角、天线俯仰角、水平半功率角、垂直半功率角等参数。

测量仪器应与所测基站在频率、量程、响应时间等方面相符合，以保证监测的准确。使用非选频式宽带辐射测量仪器监测时，若监测结果超出管理限值，还应使用选频式辐射测量仪对该点位进行选频测试，测定该点位在移动通信基站发射频段范围内的电磁辐射功率密度（电场强度）值，判断主要辐射源的贡献量。选用具有全向性探头（天线）测量仪器的测量结果作为与标准对比的依据。

监测点位一般布设在以发射天线为中心半径 50m 范围内可能受到影响的保护目标附近，可根据现场环境情况对点位进行适当调整。具体点位优先布设在公众可以到达的距离天线最近处，也可根据不同目的选择监测点位。测量仪器探头（天线）尖端距地面（或立足点）的高度，可根据不同监测目的调整。

（2）检测设备

测量仪器根据监测目的分为非选频式宽带辐射测量仪和选频式辐射测量仪。进行移动通信基站电磁辐射环境监测时，采用非选频式宽带辐射测量仪；需要了解多个电磁波发射源中各个发射源的电磁辐射贡献量时，则采用选频式辐射测量仪。测量仪器的工作性能应满足待测场要求，仪器应定期检定或校准。监测应尽量选用具有全向性探头（天线）的测量仪器。使用非全向性探头（天线）时，监测期间必须调节探测方向，直至测到最大场强值。

4. 工业、科研、医疗射频设备电磁辐射测试方法及设备

随着电子工业的迅速发展，射频大功率设备在我国工业、科学和医疗等方面得到广泛应用。设备功率越来越大，人们受到照射的机会也越来越多，大强度高频电磁感应场对作业人员的身体健康会产生一定影响，某些强定向高频发射设备还可能对附近环境造成较大污染，甚至对通信造成干扰。

工业、医疗、科研设备统称为 ISM 设备，包括介质加热设备、感应加热设备、微波加热设备、射频溅射设备、大功率信号源、电气医疗设备等，具体的 ISM 设备见表 6-7。ISM 设备种类多、数量大、功率大、增长速度快。ISM 设备的电磁辐射泄漏对附近几百米以内的电磁环境影响很大。ISM 设备泄漏的高次谐波一般都不在自由辐射频率范围内，对广播、通信的接收都会造成影响。ISM 设备产生电磁辐射的原因是电磁通过机壳、机壳上的空隙或者连接电缆而发生泄漏。辐射场的场强值的影响因素包括设备的屏蔽效果、机壳空隙的位置和设备的电磁功率等。

表6-7 工业、医疗、科研电磁设备

用途	设备名录	应用领域
工业用电磁设备类	高频、中频感应加热设备（高频熔炼设备、高频淬火设备、高频焊接设备）	热处理、热锻成型、焊接、金属熔炼、其他需对金属加热的场合
	高频介质加热设备（塑料热合，压花、熔接、箔印机、高频干燥处理机、高频灭菌处理机、介质加热联动机）	塑料、纺织、化工、食品、药品、建材等行业
	微波加热设备（微波加热设备、微波灭菌设备、微波干燥设备）	药品、食品、化工、建材等行业
	射频溅射设备（射频溅射镀膜设备）	半导体和光电产品的制造
科学研究用电磁设备类	磁粉检测仪等	
医疗用电磁设备类	高频理疗机、超短波理疗机、紫外线理疗机、高频透热机（包括热疗癌机、微波电疗机等）、高频烧灼器，高频手术刀、微波针灸设备等	医疗领域
其他	电焊机、电弧炉等	

（1）检测方法

高频设备一般都安装在厂房的一侧，因此，测试电磁辐射区域可以确定为一个扇形区域，即以高频设备安装地点为相对水平零点，以间隔45°的四个方位作测量线，每条测量线上取距水平零点（辐射源）0.2m、0.5m、1.0m、1.5m四个测点。为了能准确地描述电磁场在空间的分布规律，按操作人员操作时的姿势（立姿或坐姿）形成空间中的放射状的立体测线，即对同一方位的同一距离，分别测头部（约1.7m高）、胸部（约1.3m高）、腹部（约0.8m高）三个部位的垂直高度。

为避免作业人员对被测点的场强产生影响，作业人员（除现场操作员外）应远离操作带。探头周围1m以内不应站人或放置其他金属物，转动天线探头使仪表的指针指示最大（即电场强度最大点），此时仪表的读数即为该操作部位的电场强度值。

（2）检测设备

测量仪器应为具有准峰值检波器和平均值检波器的测量接收机。测量接收机应具有这样的特性：当被测场强的频率变化时，不会影响测量结果。为避免测量仪器可能错误地产生不符合限值的指示，测量接收机不应在接近工科医指配频段边缘的频率上调谐，即测量仪器调谐频率上的6dB带宽的频点，不应和指配频段的某个边缘相衔接。鉴于ISM设备发射电磁波的特点，电磁辐射测量最好选用频谱分析仪。

5. 交通运输系统电磁辐射检测方法及设备

目前，电力机车、有无轨电车、轻轨地铁、高铁等在全国已广泛应用，线路总长度不断增长，在交通运输系统快速发展的同时，电气化铁路带来的影响也日益突出。电气化铁路和城市轨道交通的电磁辐射监测主要包括工频电磁辐射、无线电干扰及射频电磁辐射的监测。

工频电磁场的监测可参照《高压交流架空送电线路、变电站工频电场和磁场测量方法》（DL/T 988—2005）等相关规定进行测量。电视信号强度的监测应按照《电视、调频广播场强测量方法》（GB/T 14109—1993）的有关规定进行。对应的内容与电力系统和广播电视系统电磁辐射的测量方法和设备相似。

6.3 光辐射与热辐射

6.3.1 光辐射与光污染监测

光是人类生存所必需的，也是最重要的环境要素之一。如果没有光，人们将无法生活、学习、工作和从事生产活动。但是，不适当的光辐射也能对环境造成污染，危害人体健康。

光污染一词出现于20世纪70年代。光污染的概念最早是由国际天文学界的专家们首先提出来的。天文学家们发现，城市夜景照明时天空亮度增大，这对天文观测产生了负面影响。于是，他们把这种由于夜景照明而进入环境并妨碍他们进行天文观测的光，称为光污染。随着现代社会经济发展、科学技术进步，光污染涉及的是环境污染问题。

光污染作为新的环境污染源，主要来自两个方面：①城市建筑物采用大面积镜面装饰外墙、玻璃幕墙所形成的光污染；②夜景照明所形成的光污染。玻璃幕墙的光污染主要是指高层建筑的幕墙上采用了涂膜玻璃或镀膜玻璃，当日光直接照射到玻璃表面，由于玻璃的镜面反射而产生的反射眩光干扰了人们的正常生活和工作。城市夜景照明中大功率高强度气体放电光源的泛光照明和五彩缤纷的霓虹灯、广告灯照明的亮度过高及夜景照明的泛滥使用，同样也形成了严重的光污染。不仅如此，光污染还直接威胁着环境及人类的健康，使人们视力下降、大脑中枢神经受干扰、生物钟紊乱。同时，也影响着动植物的正常繁殖、生长。波长10nm～1mm的光辐射，即紫外辐射、可见光和红外辐射，在不同的条件下都可能成为光污染源。

光污染现在已经成为继废水污染、大气污染、噪声污染、固体废物污染之后的第五大污染，是21世纪直接影响人类健康的又一环境杀手。光污染越来越得到人们的重视，为了防治光污染，改善环境质量，保护人体健康，我国制定了《城市夜景照明设计规范》（JGJ/T 163—2008）和《室外照明干扰光限制规范》（GB/T 35626—2017）等。

1. 光污染的分类

光污染一般可分为白亮污染、人工白昼污染和彩光污染三类。

（1）白亮污染

白亮污染是指在太阳光的强烈照射下，城市里建筑物的玻璃幕墙、釉面砖墙、磨光大理石和各种涂料等装饰反射光线，明晃白亮、炫眼夺目，从而形成的污染。长时间在白亮污染环境下工作和生活的人，视网膜和虹膜都会受到不同程度的损害，视力急剧下降，白内障的发病率高达45%。还使人头昏心烦，甚至发生失眠、食欲下降、情绪低落、身体乏力等类似神经衰弱的症状，使人的正常生理及心理发生变化。有些建筑物的玻璃幕墙是半圆形的，反射光汇聚还容易引起大面积火灾。烈日下光污染会形成交通安全隐患，尤其是公交车、出租车驾驶员,他们受光污染所扰,会头晕目眩、精力分散,从而诱发车祸。还有路面、草地、树叶等都会不同程度地反射光源。在室内,也会有光污染。例如读书的时候,纸张的颜色也有光污染;室内墙壁的颜色,如果太亮也会引起视觉不舒服;家具、地板等都会对视力造成不同程度的危害。

(2) 人工白昼污染

人工白昼污染是指夜晚商场、酒店的广告灯、霓虹灯的强光,使得夜晚如同白天,从而形成的污染。人工白昼污染使人夜晚难以入睡,扰乱人体正常的生物钟,导致白天工作效率低下;还会伤害鸟类和昆虫,强光可能破坏昆虫在夜间的正常繁殖过程。另外,人工白昼还严重影响天文观测、航空等,很多天文台因此被迫停止工作。据天文学统计,在夜晚天空不受光污染的情况下,可以看到的星星约为7000颗,而在路灯、背景灯、景观灯乱射的大城市里,只能看到大约20~30颗星星。

(3) 彩光污染

彩光污染是指舞厅、夜总会等娱乐场所安装的黑光灯、旋转灯、荧光灯,以及闪烁的彩色光源构成的污染。家用普遍照明灯,户外霓虹灯、广告灯,娱乐场所的各种彩色光源及电视、计算机等带屏幕的电器也是彩光污染的主要污染源。人类采用的各种光源中,不仅发出可见光,而且其中很多光源还含有较多的紫外辐射和红外辐射,比如激光,易导致眼底细胞被烧伤。彩色光源让人眼花缭乱,不仅对眼睛不利,还会干扰大脑中枢神经,使人感到头晕目眩,出现恶心呕吐、失眠等症状。

另外,根据光污染所影响的范围的大小,将光污染分为室外视环境污染、室内视环境污染和局部视环境污染。其中,室外视环境污染包括建筑物外墙、室外照明等;室内视环境污染包括室内装修、室内不良的光色环境等;局部视环境污染包括书簿纸张和某些工业产品等。

2. 光污染的评价指标

能否看清一个物体,或能否辨别物体上的细微部分,都与物体表面的被照明程度有关。为了表明物体的被照明程度,引进了照度的物理量。照度是反映光照强度的一种单位,其物理意义是照射到单位面积上的光通量,单位是勒(克斯)(lx),表示每平方米的流明(lm)数,流明是光通量的单位。

3. 测量仪器

照度计是一种用于测量被照物体表面上照度的仪器,又称勒克斯表,是照度测量中用得最多的仪器之一。照度计通常由硒光电池或硅光电池和微安表组成,如图6-13所示。

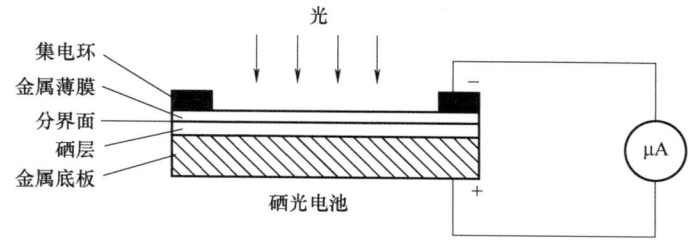

图 6-13 硒光电池照度计原理图

光电池是把光能直接转换成电能的光电元件。当光线射到硒光电池表面时，入射光透过金属薄膜到达半导体硒层和金属薄膜的分界面上，在界面上产生光电效应。产生电位差的大小与光电池受光表面上的照度有一定的比例关系。这时如果接上外电路，就会有电流通过，电流值从以勒克斯（lx）为刻度的微安表上指示出来。光电流的大小取决于入射光的强弱和回路中的电阻大小。照度计有变挡装置，可以测量高照度，也可以测量低照度。

6.3.2 热辐射与热污染监测

在自然界中，物体由于自身的温度或者受到热运动激发而产生的电磁波称为热辐射。温度高于绝对零度的物体，都会产生热辐射，从理论上讲，物体产生的热辐射波长可以包含整个波谱，然而有实际应用意义的热辐射波长主要集中在 $0.1\sim100\mu m$，其中，$0.1\sim0.38\mu m$ 波段的热辐射属于紫外线，$0.38\sim0.76\mu m$ 波段的热辐射属于可见光辐射，$0.76\sim100\mu m$ 波段的辐射属于红外辐射。

热辐射是一种重要的能量/信息传递机制，在热电转换、航空航天热控制、目标隐身、激光等与热辐射密切相关的领域有着广泛的应用和重大意义。随着社会生产力的发展，能源消耗迅速增加，在能源转化和消费过程中不仅会产生直接危害人类的污染物，而且还会产生对人体无直接危害的 CO_2、水蒸气和热废水等。这些成分排入环境后会引起环境增温效应，达到损害环境质量的程度，即成为热污染。热污染是一种能量污染，是指人类活动危害热环境的现象，常发生在城市、工厂、火电厂、核电站等人口稠密和能源消耗大的地区。

1. 热污染的分类

热污染一般分为水体热污染和大气热污染。水体热污染的污染源有：热电厂、核电站、钢铁厂的循环冷却系统排放热水；石油、化工、铸造、造纸等工业排放含大量废热的废水。燃煤火电站的热能利用率仅为40%，轻水堆核电站仅为31%~33%，核电站冷却水消耗量较火电站多50%以上。废热随冷却水或工业废水排入地表水体，导致水温急剧升高，对水生生物造成危害。大气热污染的污染源有：城市大量燃料燃烧过程产生的废热，以及高温产品、炉渣和化学反应产生的废热等。目前，关于大气热污染的研究主要集中在城市热岛效应和温室效应。温室气体的排放抑制了废热向地球大气层外扩散，加剧了大气的升温过程。

2. 热污染的危害

广义的热污染包括温室效应、热岛效应和水体热污染，狭义的热污染仅指水体热污染，是指向水体排放废热造成的水体环境破坏。异常的气候变化和人为因素是广义热污染的两大主因，而水体热污染则基本都是人为因素造成的。

（1）危害人体健康

热污染对人体健康构成严重危害，降低了人体的正常免疫功能。高温不仅会使体弱者中暑，还会使人心跳加快，引起情绪烦躁，精神萎靡，食欲不振，思维反应迟钝，工作效率低。高温气候助长了多种病原体、病毒的繁殖和扩散，易引起疾病，特别是肠道疾病和皮肤病。

（2）影响全球气候变化

随着人口和耗能量的增长，城市排入大气的热量日益增多。人类使用的全部能量最终将转化为热，传入大气，逸向太空。这样，地面对太阳热能的反射率将增高，吸收的太阳辐射热将减少，沿地面空气的热减少，上升气流减弱，从而阻碍云雨形成，造成局部地区干旱，影响农作物生长。近1个世纪以来，地球大气中 CO_2 不断增加，气候变暖，冰川积雪融化，海水水位上升，一些原本十分炎热的城市变得更热。专家预测，如果按现在的能源消耗速度计算，每10年全球温度会升高 0.1~0.26℃，一个世纪后即为 1.0~2.6℃，而两极温度将上升 3~7℃，对全球气候会有重大影响。

（3）污染大气

人类使用的全部能源最终将转化为一定的热量进入大气环境，这些热量会对大气产生严重影响。

（4）污染水体

火力发电厂、核电站和钢铁厂冷却系统排出的热水，以及石油、化工、造纸等工厂排出的生产性废水中均含有大量废热。热污染首当其冲的受害者是水生物，水温升高使水中溶解氧减少，水体处于缺氧状态，同时又使水生生物代谢率增高而需要更多的氧，从而造成一些水生生物在热效力作用下发育受阻或死亡，进而影响环境和生态平衡。此外，河水水温上升会给一些致病微生物造成一个人工温床，使它们得以滋生、泛滥，引起疾病流行，危害人类健康。

（5）加快水分蒸发

水温的升高使水分子热运动加剧，也使水面上的大气受热膨胀而上升，加强了水汽在垂直面上的对流运动，从而导致液体蒸发加快。陆地上的液态水转化为大气水，使陆地上失水增多，这在贫水地区尤其不利。

（6）增加能量消耗

冷却水水温升高，给许多利用循环水生产的工厂在经济和安全方面带来了危害。水温直接影响电厂的热机效率和发电的煤耗、油耗。水温超过一定限度，将严重影响发电机的负荷，成为发电机组安全运行的巨大障碍。

3. 热污染的原因

热污染是异常热量的释放或被迫吸收产生的环境"不适"造成的。近百年来全球气候变化的主要影响因子按重要程度排序为：CO_2 浓度增大，城市化，海温变化，森林破坏，气溶胶，沙漠化加剧，太阳活动频繁，O_3 增加，火山爆发，人为加热。使用化石燃料及核电站排出的废热是全球范围内热污染的主要来源。概括起来，热污染的原因包括异常气候变化带来的多余热量和各种有害的"人为热"。

（1）异常气候变化

近年来，太阳活动频繁，到达地球的太阳辐射量发生改变，大气环流运行状况也随之发生变化。太阳黑子活动强烈时，经向环流活跃，南北气流交换频繁，导致冬冷夏热。而森林随全球平均温度的上升而出现自燃现象，并引发森林大火，同时向大气释放大量热量和 CO_2，最终又直接或间接地导致全球大气总热量增加，破坏了生态平衡，并给人类带来无法估量的损失。全世界每年有几百万公顷的原始森林被破坏，极大地削弱了森林对气候的调节作用。由于大气环流原因，改变了大气正常的热量输送，赤道东太平洋海水异常增温，厄尔尼诺现象增强，导致地球大面积天气异常，旱涝等灾害性天气增多。火山爆发频繁，释放的大量地热和温室气体直接或间接地对地球气温变化产生影响,而地震、风暴潮等灾害也严重影响了人类的生产和生活。

(2) 直接或间接的"人为热"释放

工业迅速发展,各种燃料(煤、石油、天然气等)消费剧增,产生的大量 CO_2 等温室气体被释放到大气之中,温室效应显著,加速了地球大气平均温度的增高,造成全球热量平衡紊乱。工业生产(如电力、冶金、石油、化工、造纸、机械等部门)过程中的动力、化学反应、高温熔化等,也是热污染的来源。此外,居民生活(如汽车、空调、电视、电风扇、微波炉、照明、液化气、蜂窝煤等)向环境排放了大量的废热水、废热气和废热渣,散失了大量热量。

4. 热污染的防治

人类的生活永远离不开热能,但人类面临的问题是,如何在利用热能的同时减少热污染。这是一个系统问题,但解决问题的切入点应在源头和途径上。随着现代工业的发展和人口的不断增长,环境热污染将日趋严重。然而,目前尚未有一个量化的标准来规定其污染程度,这表明人们并未对热污染有足够重视。防治热污染可以从以下几方面着手:

1)在源头上,应尽可能多地开发和利用太阳能、风能、潮汐能、地热能等可再生能源。

2)加强绿化,增加森林覆盖面积。绿色植物具有光合作用,可以吸收 CO_2,释放 O_2,还可以产生负离子。植物的蒸腾作用可以释放大量水汽,增加空气湿度,降低气温。林木还可以遮光、吸热、反射长波辐射,降低地表温度,绿色植物对防治热污染有巨大的可持续生态功能。因此,要提高城市行道树建设水平,加强机关、学校、小区等的绿化布局,发展城市周边及郊区绿化等。

3)提高热能转化和利用率,对废热进行综合利用。在热电厂、核电站的热能转化为电能,工厂及日常生活中热能的利用等方面,都应提高热能的转化和使用效率,把排放到大气中的热能和 CO_2 降低到最小量。在电能的消耗上,应使用良好设计的节能、散发额外热能少的电器等。这样做,既节省能源,又有利于环境。另外,产生的废热可以作为热源加以利用,如用于水产养殖、农业灌溉、冬季供暖、预防水运航道和港口结冰等。

4)提高冷却排放技术水平,减少废热排放。

5)有关职能部门应加强监督管理,制定法律、法规和标准,严格限制热排放。

6.4 集装箱检查系统的辐射泄漏监测预警

随着经济的发展与进步,港口安全引起了社会公众的广泛关注。港口集装箱透视安检通道系统中的加速器在工作状态下会产生泄漏辐射,将对附近区域人员造成放射性损伤并且对港口周围环境造成污染。因此,为了预防港口泄漏辐射的危害,保障现场人员的安全,设计一种集装箱检查系统的辐射泄漏预警系统是非常必要的。

图 6-14 为某港口安检区域设计平面图。如图所示,车辆从检入室一侧进入,通过道闸进入安检区域,在安检通道停下后进行透视监测,驾驶员下车从专用通道通过安检区域。港

口安检区域主要包括检入室、车辆入检室、图像分析室、司机通道、车辆出检口及检出室。港口泄漏辐射剂量监测预警系统将监测系统与预警系统结合起来，对港口区域环境内的辐射污染实时监测预警。

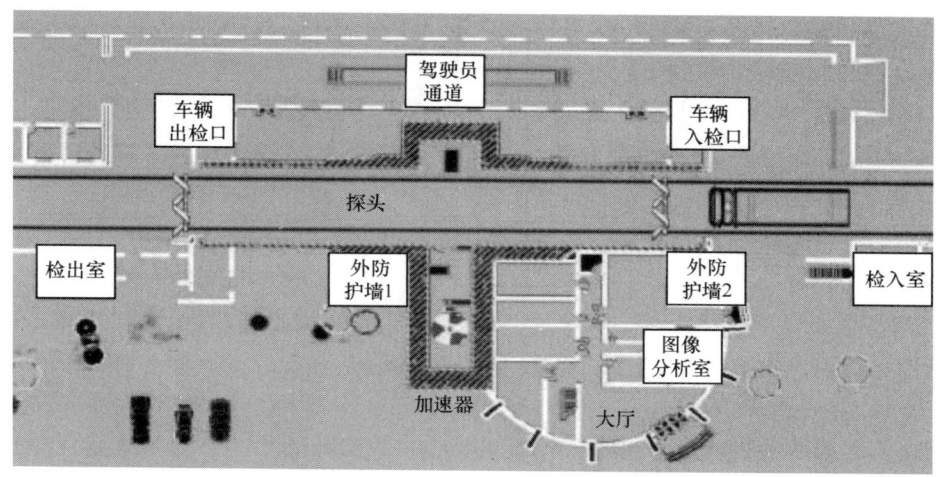

图 6-14　某港口安检区域

6.4.1　集装箱检查系统

大型集装箱检查系统借助高能量的 X 射线的强大穿透能力，不经过开箱就可看到集装箱内装载的货物，适用于货运集装箱的快速检查，能发现暗藏于集装箱箱体上、货物中及运载车辆上的违禁物品。它的使用，不仅会带来巨大的社会效益和经济效益，也会大大降低海关人员的工作强度，有利于海关监管工作的进一步现代化。

大型集装箱检查系统是以辐射成像技术为核心，集电子技术、计算机技术、信息处理技术、控制技术、精密机械技术于一体的大型技术装备。在它身上充分体现出了现代高科技装备的典型特点，就是机械、电子、计算机一体化。而它有别于其他各类先进设备的地方，就是其中所使用的辐射成像技术。大型集装箱检查系统如图 6-15 所示。

图 6-15　大型集装箱检查系统示意图

辐射成像技术利用辐射源产生的射线来观察物体内部。由于集装箱尺寸太大，无法实现一次成像，所以必须采用扫描成像技术，如图 6-16 所示。

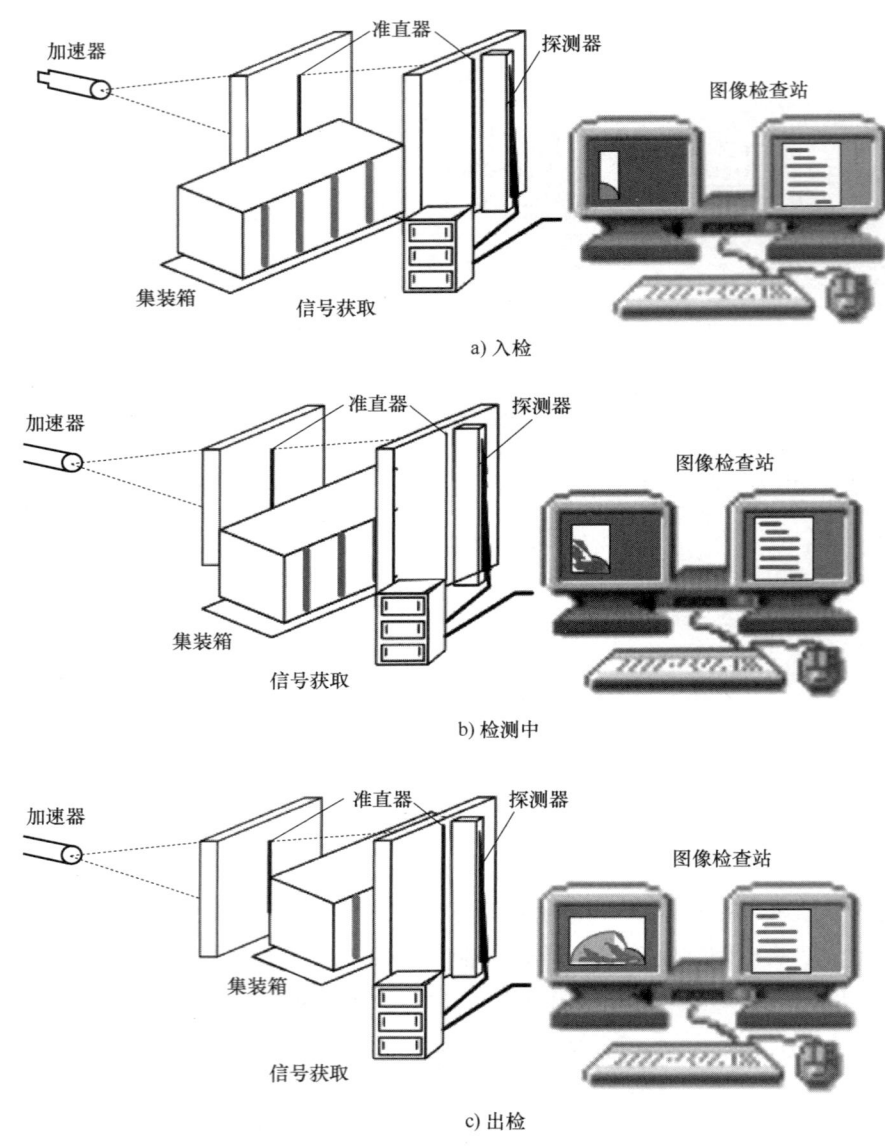

图 6-16 扫描成像技术

在成像过程中，集装箱相对于 X 射线源（加速器）和成像装置（探测器），在进行不停地运动，X 射线从一条狭缝（准直器）中射出，穿过集装箱后再经另一条狭缝进入成像装置。因此，成像装置每次只能获得集装箱的一列图像，随着集装箱的前进，一列列的图像最终组成一幅完整的集装箱透视图像，如图 6-17 所示。

成像过程中，要使被检集装箱相对于 X 射线源（加速器）和成像装置（探测器）移动，需要设计一种特殊的装置使两者产生相对运动，这种特殊的装置称为扫描装置。扫描装置的任务就是在扫描过程中使被检集装箱与射线源、成像设备产生快速稳定的相对运动。产生相对运动的方式可分为两种：一种是射线源不动，集装箱移动，如固定式集装箱检查系统，称为传送装置分系统；另一种是集装箱不动，射线源移动，如车载移动式和组合移动式集装箱检查系统，称为扫描装置分系统。

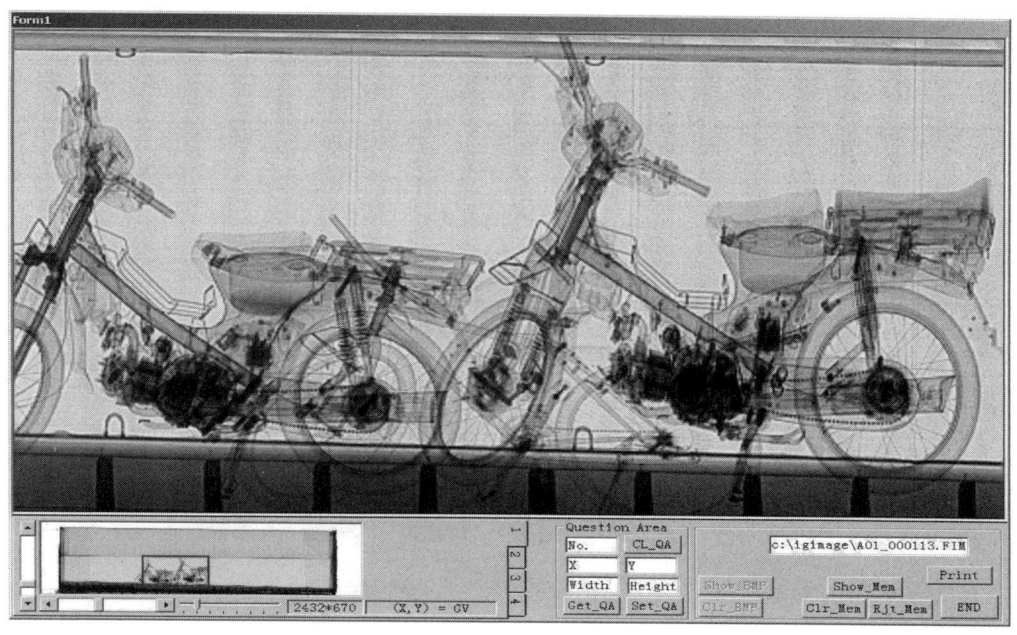

图 6-17　集装箱透视图像

集装箱检查系统的 X 射线源由 X 光机、放射性同位素、加速器等组成，港口集装箱安检区域相当于放射源。

在传统的辐射剂量监测系统中，工作人员现场操作辐射监测仪进行测量，存在测量次数有限、现场工作人员容易受到辐射损伤等弊端。与此同时，大部分辐射监测系统仅实现了对辐射剂量的实时监测。当系统监测到港口安检区域的辐射泄漏剂量率已经超过安全阈值时，会引发系统报警。集装箱检查系统的辐射泄漏预警系统实现了泄漏辐射剂量预警功能。通过已采集的泄漏辐射剂量信息数据来预测未来泄漏辐射剂量的变化情况，不仅可以实时监测当前港口泄漏辐射剂量的变化，而且还能提前发出报警信号，通知现场人员及时撤离，预防事故发生。

6.4.2　集装箱检查系统的辐射泄漏监测预警系统

为了保证港口集装箱透视安检通道附近区域辐射水平及放射性污染水平低于设定的安全阈值，确保该区域环境内的人员处于相对安全的环境中，需设计港口集装箱检查系统的辐射泄漏监测预警系统，简称泄漏监测预警系统。根据国家安全标准规定，公众受照射的个人剂量每年不能超过 1mSv，因此该系统需要不间断监测港口安检区域的辐射剂量数据，以便发现异常及时报警，以便现场人员及时采取防护措施。同时加入预警模块，使得系统能够预测未来某一时刻安检区域环境内辐射剂量数据，提前采取相应的安全防护措施，以确保周围环境人员安全。

泄漏监测预警系统除了监测现场数据和预测未来数据之外，还包括分析数据、反馈数据及调节数据。先进的监测预警系统包括三个特点：

1) 监测数据具有科学性和准确性。
2) 运行效率高，信息传输反馈及时。
3) 响应时间短，针对突发性事故，例如核辐射事故，系统需反应灵敏，反馈快速。

建设预警体系时主要围绕技术设备、人员队伍及外界保障，预警系统建设的主要任务就是创新系统管理体制、完善系统监测网络、加强系统硬件装备和监督管理。

泄漏预警系统硬件部分主要包括监控计算机、报表计算机、数据服务器、WF-3204B监测仪及声光报警器。软件部分主要是上位机软件开发，包括复杂报表处理软件设计、监测预警系统软件设计、预测系统软件设计。泄漏预警系统是集数据采集、实时监测、预测报警为一体的自动化智能控制系统，如图6-18所示。

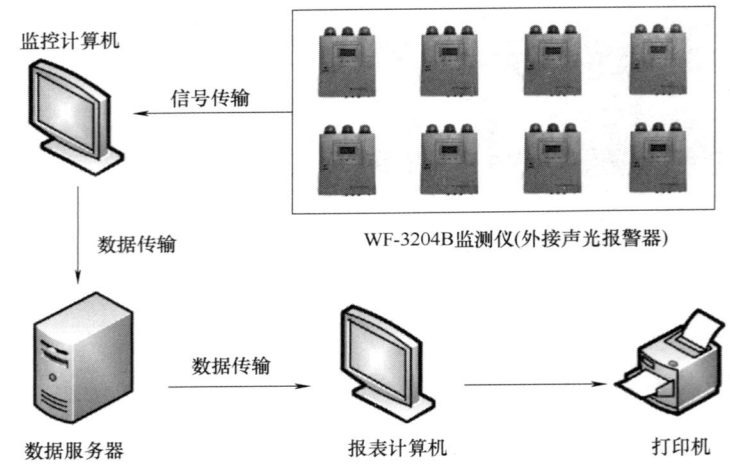

图6-18 港口集装箱检查系统的辐射泄漏监测预警系统

泄漏监测预警系统在港口通道式车辆安检系统进出口护栏外、防护墙外、引导室、申报室、控制室等位置设立监测点，通过数据传输总线将监测仪与上位机连接，实现对港口泄漏辐射剂量数据的实时监测。

港口泄漏辐射剂量监测预警系统包括8个监测点，分别是：车辆出检口、检出室、驾驶员通道、外防护墙1、车辆入检口、外防护墙2、图像分析室、检入室。

各监测点的分布原则是：要尽可能地按照方位点进行均匀分布，同时人员所在位置必须设监测点，例如图像分析室及驾驶员通道等。

思 考 题

1. 简述放射性测量实验室的分类与安全要求。
2. 简述放射性检测器的分类及特点。
3. 简述放射性监测的分类。

4. 简述环境样品进行放射性测定的过程。
5. 简述电磁辐射的主要来源。
6. 简述电磁辐射的影响。
7. 简述造成电磁辐射超标的原因。
8. 简述电磁辐射对人体的危害。
9. 简述电磁辐射危害人体的机理。
10. 简述电磁辐射的防护技术。
11. 简述电磁辐射测量的基本要求。
12. 简述光污染的分类。
13. 简述热污染的危害。

第 7 章
火灾探测与控制技术

近年来，重特大火灾事故频发。例如，2022 年 11 月，河南省安阳市凯信达商贸有限公司厂房发生火灾，造成 42 人死亡、2 人受伤，伤亡惨重；2019 年 9 月，浙江宁波锐奇日用品有限公司发生重大火灾事故，造成 19 人死亡、3 人受伤，直接经济损失约 2380.4 万元；2019 年 4 月，山东济南齐鲁天和惠世制药有限公司某车间地下室，在冷媒系统管道改造过程中，发生重大着火中毒事故，造成 10 人死亡、12 人受伤，直接经济损失约 1867 万元。在工业生产及储运过程中，一旦发生火灾将造成巨大的损失。通过先进的火灾探测技术和监测设备的应用，可以及时、准确地发现火情，从而及早采取措施进行预防和救援，避免火灾造成的损失。火灾的初期信息有烟气、热流、火花、辐射热等，探测这些火灾信息的仪表有感温式、感烟式、感光式和感气式等。本章就对各种火灾监测仪表的探测方法、工作原理及选用设置等加以介绍。

7.1 火灾的产生及其分类

7.1.1 火灾产生的条件

火灾是一种在时间和空间上失去人为控制的燃烧现象，是可燃物与氧化剂发生相互作用的一种氧化还原反应，所以产生火灾的必要条件是可燃物、氧化剂、着火源及它们之间的相互作用。通常将可燃物、氧化剂和着火源称为燃烧三要素，但只要三要素没有相互作用就不会产生火灾。

1. 可燃物

凡是能与氧气或其他氧化剂相互作用产生燃烧的物质都称为可燃物，反之称为不燃物。但是有一些高分子聚合物，如聚氯乙烯、酚醛塑料等，在强烈火焰中能够燃烧，离开火焰后又不能继续燃烧，此类物质称为难燃物。可燃物可以是单质，如碳（C）、氢（H）等，也可以是化合物或混合物，如乙醇、甲烷、木材等。可燃物按其组成可分为有机可燃物和无机可燃物；可燃物按其存在形态可分为固体可燃物、液体可燃物和气体可燃物。不同形态的同一种物质的燃烧性能是不同的，一般来说气态最容易燃烧，其次是液态，最后是固态。

2. 氧化剂

凡是能和可燃物发生反应并导致可燃物燃烧的物质称为氧化剂。空气中的氧气（体积分数约为21%）就是一种常见的氧化剂，所以一般可燃物在空气中均能燃烧。空气供应不足就会产生不完全燃烧，隔绝空气会使燃烧停止。其他常见的氧化剂有卤族元素，如氟、氯、溴、碘等。此外还有一些化合物，如硝酸盐、氯酸盐、重铬酸盐、高锰酸钾及过氧化物等，它们的分子中含氧较多，当受到光、热或摩擦、撞击等作用时，都能发生分解放出氧气，使可燃物氧化燃烧，因此也属于氧化剂。

3. 着火源

着火源分为明火强制着火和可燃物本身自燃或受热自燃两种类型。强制着火就是常温下，可燃物与火源直接接触产生的燃烧，并且在火源移去后仍能保持燃烧的现象。这个火源就称为着火源。可燃物发生着火的最低温度称为着火点或燃点。所有固态、液态和气态可燃物都有着火点。不同可燃物的着火点是不同的，见表7-1。

表7-1 空气中某些可燃物的着火点　　　　　　　　　　　　　　　（单位：℃）

可燃物	着火点	可燃物	着火点	可燃物	着火点	可燃物	着火点
甲烷	537	异辛烷	415	甲醇	385	甲醛	463
乙烷	472	氨	651	乙醇	363	聚乙烯	424
丙烷	432	乙烯	450	1-丙醇	412	聚苯乙烯	495
丁烷	287	丙烯	455	1-甲醇	343	乙炔	305
戊烷	260	聚氯乙烯	530以上	氢气	500	汽油	390以上
己烷	223	栎木	445	一氧化碳	609	苯	498
庚烷	204	红松	430	氧化乙烯	429	天然气	530
辛烷	260	榉木	426	醋酸	463	焦炉煤气	500

可燃物在没有外部火花、火焰等火源的作用下，因受热或自身发热并蓄热所产生的自然燃烧称为自燃。引起可燃物发生自燃的最低温度称为自燃温度（自燃点）。自燃分两种情况：一种情况是某些物质没有外来热源加热，只靠物质内部发生的物理（辐射、吸附等）、化学（分解、化合等）及生物化学（细菌腐败、发酵等）过程产生热量，随着热量的积累，温度升高，一旦温度达到自燃点，就会引起燃烧，这种物质自身引起的燃烧称为本身自燃；另一种情况是可燃物在空气中被加热时（如热辐射、摩擦、撞击、放热化学反应、气体快速压缩等），先开始缓慢氧化并放出热量，提高可燃物的温度，使氧化反应加快，放出更多的热量，当热量积累到温度至自燃点时就产生燃烧，这种燃烧称为受热自燃。可燃物在发热过程中，同时有散热存在，当散热量大于或等于发热量时，可燃物的热量就没有积累，温度不会上升，自燃就不会发生，所以常用控制热源和增加散热等方法来防止火灾的发生。由于固体可燃物的热量相对气体和液体可燃物更容易积累，所以固体可燃物比气体可燃物和液体可燃物更容易产生自燃。

火灾的发生、发展，除了要具备上面的基本条件外，还要有量的要求。例如，在空气中燃烧，空气中氧气浓度不低于16%；可燃物的数量不够，可能"起火不成灾"或造成的损失较小，而火灾规模的大小与可燃物的数量有直接关系；着火源的温度达到该可燃物着火点且着火能量要足够等，这些称为火灾产生的充分条件。因此，只要破坏燃烧的充要条件，就能达到防火、灭火的目的。

7.1.2 火灾的发生和发展

根据可燃物形态的不同，火灾分为气体火灾、液体火灾和固体火灾。火灾产生的一般过程如图 7-1 所示。

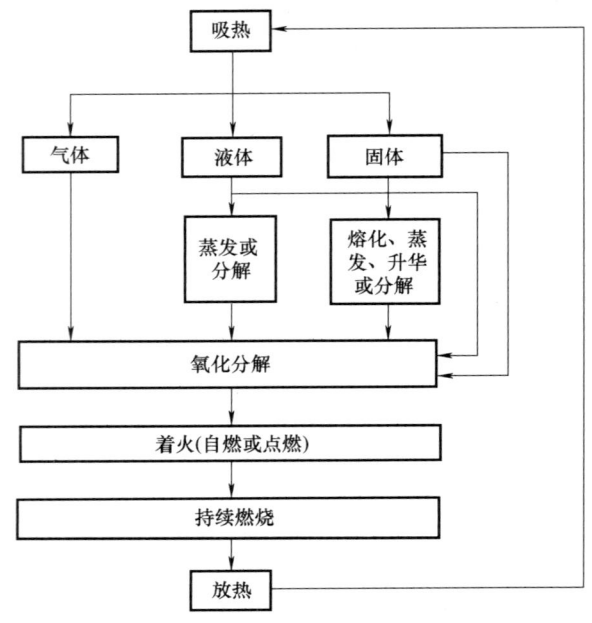

图 7-1 不同状态物质燃烧过程示意图

1. 气体火灾

由可燃气体产生的燃烧引起的火灾称为气体火灾。可燃气体燃烧有一定的浓度要求，浓度低于某一值或高于某一值都不发生燃烧。可燃气体预先与空气混合到可燃浓度范围内，着火源仅提供可燃气体氧化或分解及加热到着火点所需要的能量就能够燃烧，需要的能量比较少，容易燃烧且燃烧速度快，温度上升很快，并有火焰产生，这种燃烧称为预混燃烧。对低于可燃浓度下限的可燃气体不必担心它发生火灾，因此，常通过降低可燃气体浓度的方法进行防火或灭火。对于高于可燃浓度上限的可燃气体，当它从储罐或管道内喷泄出来被点燃时，燃烧在可燃气体与空气的交界面进行，随着温度的升高，可导致储罐或管道发生爆炸，进而形成火灾。所以高于气体可燃浓度上限的气体浓度是一种不稳定浓度，当可燃气体以这种浓度与空气混合时，就可能进入可燃浓度范围内而产生燃烧，引起火灾，这种可燃气体与空气边燃烧边混合的燃烧称为扩散燃烧。

2. 液体火灾

由液体或可熔化的固体物质产生的火灾称为液体火灾。液体可燃物受热时，可燃液体被蒸发或热分解产生可燃气体，可燃气体与空气形成可燃预混气体，遇到明火或高温使可燃液体在液体表面产生气相燃烧，随着温度升高，蒸发加快，使火灾维持并发展，所以可燃液体燃烧有蒸发（或分解）和气相燃烧两个阶段。由液体蒸发引起的燃烧称蒸发燃烧，由液体热分解产生的燃烧称分解燃烧，只有少数液体能在高温状态下发生直接燃烧。各种液体的表面都有一定的蒸气存在，不同液体在同一温度下蒸发浓度不同，同一种液体随着温度升高，蒸发浓度增大。在液体表面上能产生足够的可燃蒸气，遇火能产生一闪即灭的燃烧现象，称为闪燃。

3. 固体火灾

由固体可燃物产生的燃烧引起的火灾称为固体火灾。多数固体可燃物呈气相燃烧，有些可燃物同时产生气相燃烧和固相燃烧。不同化学组成的固体燃烧过程有所不同，如硫、磷、石蜡、TNT炸药等受热时先熔化成液体，然后蒸发、燃烧；而沥青、木材等受热后会先分解成气态和液态可燃物，气态可燃物和液态可燃物的蒸气再着火形成气相燃烧。在蒸发、分解过程中会留下一些不分解、不挥发的固体碳，固体碳遇到高温在气-固相界面上进行燃烧，构成固相燃烧。固相燃烧没有火焰产生，只产生光和热。

液体燃烧和固体燃烧都是在液体或固体的表面燃烧，所以又称表面燃烧或非均相燃烧，而气体燃烧则是均相燃烧。

无论哪一种可燃物燃烧都会产生大量热量，这些热量再加热没有燃烧的可燃物，会使燃烧扩大，火灾蔓延，直到燃烧三要素之一丧失支持继续燃烧的能力，火灾也就自动熄灭了。

7.1.3 火灾特征及火灾参量

火灾是一种不可控的燃烧现象，燃烧是可燃物与氧化剂作用发生的放热反应，通常伴有火焰、发光和（或）发烟的现象，所以放热、发光和生成新物质是火灾的三个主要特征。此外火灾还产生电磁波、亚声波等。将表征火灾特征的这些参量称为火灾参量，通过测量火灾参量的有无，就可以知道火灾的存在与否。

1. 热量

火灾放热是火灾的重要特征。各种可燃物放热的能力各不相同，多用质量热值（单位为 $kJ \cdot kg^{-1}$）和体积热值（单位为 $kJ \cdot m^{-3}$）来表征各种可燃物的放热能力。热值越高，单位质量可燃物放热越多，火灾发展越快。热量以导热、对流和辐射三种方式向周围传递，使周围没有燃烧的可燃物温度升高，引起燃烧，导致火灾向周围蔓延、扩散，所以燃烧热量既是燃烧产物，又是继续燃烧的条件。

2. 火焰

发光的气相燃烧区域称为火焰。燃烧包括有焰燃烧和无焰燃烧。阴燃可以在较低的加热温度和较低的氧气浓度下进行，氧化反应速度和火灾传播速度慢，产生的烟量、可燃气体和有毒气体量较多。当散热条件较差时，热量积累可以从无焰燃烧转换成有焰燃烧。

3. 烟

烟是指人肉眼可见的悬浮在大气中的燃烧生成物，其粒径为 $0.01 \sim 10 \mu m$。燃烧生成物包括燃烧或热解产生的固体或液体微粒。这些悬浮在大气中的固态粒子或液态小滴物质统称为气溶胶。烟气是燃烧气体、被这些气体所夹带的颗粒和卷吸混入的大量空气的总称，所以烟气是烟和空气的混合物。烟雾泛指以工业排放的固体粉尘为凝结核所形成的雾状物，或由碳氢化合物和氮氧化物经光化学反应生成的二次污染物，是多种污染物的混合体形成的烟雾。雾是指使能见度减小到 1km 以内的水滴在大气中的悬浮体系。

烟、烟气、烟雾都含有燃烧生成物——烟粒子，不同的是烟气中卷入了空气，烟雾中包含了自然雾，在概念上有区别。火灾过程中会产生大量的热量，甚至高温，燃烧气体和热空气夹带着燃烧生成物的颗粒上升，周围的冷空气过来补充，同时带来氧气，使燃烧维持并蔓延，所以火灾产生的烟通常都以烟气的方式存在，因此本章将火灾产生的烟称为烟气。

7.1.4 火灾分类

为了研究和讨论问题方便，有必要对火灾进行分类。从不同的角度出发，火灾有不同的分类方法。

《火灾分类》（GB/T 4968—2008）根据可燃物的类型和燃烧特性，将火灾分成 6 类。

A 类火灾：固体物质火灾。这种物质通常具有有机物性质，一般在燃烧时能产生灼热的余烬。如木材、棉、毛、麻、纸张火灾等。

B 类火灾：液体或可熔化的固体物质火灾。如汽油、煤油、柴油、原油、甲醇、乙醇、沥青、石蜡火灾等。

C 类火灾：气体火灾。如煤气、天然气、甲烷、乙烷、丙烷、氢气火灾等。

D 类火灾：金属火灾。

E 类火灾：带电火灾，物体带电燃烧的火灾。

F 类火灾：烹饪器具内的烹饪物（如动植物油脂）火灾。

这种火灾分类对选用灭火方式，特别是对选用灭火器具有指导作用。

这里要特别说一下金属火灾。可燃金属有锂、钠、钾、钙、锶、镁、铝、钛、锆、锌、铪、钚、钍和铀，当它们处于薄片状、颗粒状或熔融状时很容易着火；燃烧时产生的热量为普通燃料的 5~20 倍，火焰温度能达到 3000℃ 以上；在高温下金属的性质特别活泼，能与 H_2O、CO_2、N_2、卤素及卤化合物发生化学反应，使常用灭火剂失去作用，所以要特别注意。

根据产生的原因，火灾可分为人为火灾和自然火灾。人为火灾是人们违反安装规定或使用规定、违反操作规则、吸烟、用火不慎、玩火、放火，以及电气设备陈旧引起的火灾，如电气火灾、建筑火灾、工业火灾、油品火灾等；自然火灾是自然发生的火灾，如地震火灾、雷电火灾及其他原因引起的火灾。据统计，建筑火灾有 99% 是人为火灾，森林火灾也有 90% 是人为火灾，因此，经常对人员进行火灾安全教育和制定防火安全制度对于防止火灾发生具有十分重要的意义。

7.2 火灾探测器概述

在火灾自动报警系统中，火灾探测器是火灾自动报警和自动灭火系统最基本和最关键的部件之一，能不断地监视和探测被保护区域火灾的早期信号。火灾自动报警系统设计的最基本和最关键的工作就是正确地选择火灾探测器的类型、布置火灾探测器的位置及确定火灾探测器数量等。

7.2.1 火灾探测器的基本结构

火灾探测器是能对火灾参量做出响应,自动产生火灾报警信号的器件。火灾参量有烟气、火焰、温度、燃烧产物、电磁波、声音、气味等,火灾探测器通过敏感元件感知这些火灾参量并转换成电信号,然后对电信号进行处理,将处理结果与设定的规则进行比较后,输出正常、火警或故障信号。火灾报警控制器接收到火灾探测器的信号后,再做出相应的进一步反应。

火灾探测器本质上是感知其装置区域范围内火灾形成过程中的物理和化学现象的部件。原则上讲,火灾探测器既可以是人工的,也可以是自动的。由于人工很难做到24h全天候看守,因此一般讲火灾探测器均是指自动火灾探测器。

无论何种火灾探测器,其基本功能要求是:
1)信号传感要及时,具有相当的精度。
2)传感器本身应能给出信号指示。
3)通过报警控制器,能分辨火灾发生的具体位置或区域。
4)探测器应具有相当的稳定性,应尽可能地防止干扰。

因此,火灾探测器通常由敏感元件、电路、固定部件和外壳组成。

1. 敏感元件

敏感元件的作用是感知火灾形成过程中的物理或化学量,如烟雾、温度、辐射光、气体浓度等,并将其转换成电信号。它是探测器的核心部分,凡是对烟雾、温度、辐射光和气体浓度等敏感的传感元件都可以用作敏感元件。

2. 电路

电路的作用是将敏感元件转换的模拟电信号进行放大并处理成火灾报警控制器所需的信号。它通常由转换电路、保护电路、抗干扰电路、指示电路和接口电路等组成,如图7-2所示。

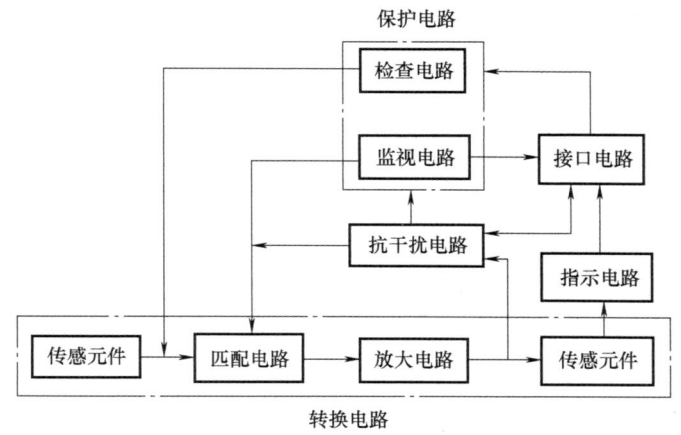

图7-2 火灾探测器电路的组成

转换电路的作用是将敏感元件输出的电信号进行放大和处理,使之满足火灾报警系统所需的模拟载频信号或数字信号。它通常由匹配电路、放大电路和传感元件等部分组成。保护电路用于监视探测器和传输线路故障的电路，它由监视电路和检查电路两部分组成。抗干扰电路的作用是提高火灾探测器信号感知的可靠性，防止或减少误报，探测器必须具有一定的抗干扰功能，如采用滤波、延时、补偿和积分电路等。指示电路可以显示探测器是否动作，并给出动作信号，一般在探测器上都设置动作信号灯。接口电路用以实现火灾探测器之间、火灾探测器和火灾报警器之间的信号连接。

3. 固定部件和外壳

固定部件和外壳是探测器的机械结构。它的作用是将传感元件、印刷电路板、接插件、确认灯和紧固件等部件有机地连成一体，保证一定的机械强度，达到规定的电气性能，以防止所处环境（如光源、灰尘、气流、高频电磁波等）的干扰和机械力的破坏。

7.2.2 火灾探测器的分类

火灾探测器常用的分类方法是按探测器的结构造型、探测的火灾参数和使用环境条件等进行分类。

1. 根据探测器的结构造型分类

火灾探测器根据探测器的结构造型分类，可分为点型和线型两大类。点型火灾探测器是探测元件集中在一个特定点上，响应该点周围空间的火灾参数的火灾探测器。民用建筑中基本都使用点型火灾探测器。线型火灾探测器是一种响应某一连续线路周围的火灾参数的火灾探测器，多用于工业设备及民用建筑中一些特定场合。

2. 根据探测火灾参数分类

火灾探测器根据探测火灾参数分类，可分为感烟、感温、感光、可燃气体和复合式等几大类。

3. 根据安装场所的环境条件分类

火灾探测器根据安装场所的环境条件分类，可分为陆用型（主要用于陆地、无腐蚀性气体、温度范围为 $-10 \sim 50$℃、相对湿度在 85% 以下的场合中）、船用型（其特点是耐温和耐湿，也可用于其他高温、高湿的场所）、耐酸型、耐碱型、防爆型等类型。

4. 其他分类

火灾探测器还有以下几种分类方式：根据探测到火灾信号后的动作是否延时向火灾报警控制器送出火警信号分类，可分为延时型和非延时型两种；根据输出信号的形式分类，可分为模拟型和开关型；根据安装方式分类，可分为露出型和埋入型。

根据响应的火灾参量不同和响应使用方法的差别，形成了各种各样的火灾探测器，见表 7-2。可燃气体的探测在第 3 章已经做了介绍，因此本章主要对感烟式、感温式、感光式火灾探测器进行介绍。

表 7-2 火灾探测器分类

感知参量	型式		探测原理
感烟火灾探测器	点型	离子感烟火灾探测器	单源单室感烟火灾探测器；双源双室感烟火灾探测器；双源单室感烟火灾探测器
		光电感烟火灾探测器	减光型感烟火灾探测器；散射型感烟火灾探测器

(续)

感知参量	型式		探测原理	
感烟火灾探测器	线型		吸气式感烟火灾探测器	
			线型光束感烟火灾探测器、光截面感烟火灾探测器	
	区域		空气采样感烟火灾探测器	图像型感烟火灾探测器
感温火灾探测器	点型	定温	玻璃球膨胀定温火灾探测器；易熔合金定温火灾探测器；金属薄片定温火灾探测器；双金属水银接点定温火灾探测器；热电偶定温火灾探测器；半导体定温火灾探测器	
		差温	金属膜盒式差温火灾探测器；热敏电阻差温火灾探测器；半导体差温火灾探测器；双金属差温火灾探测器	
		差定温	金属膜盒式差定温火灾探测器；热敏电阻差定温火灾探测器；双金属差定温火灾探测器；半导体差定温火灾探测器；模盒式差定温火灾探测器；热电偶线性差定温火灾探测器	
	线型	定温	半导体线性定温火灾探测器；缆式线型定温火灾探测器；光纤光栅定温火灾探测器；分布式光纤线型定温火灾探测器；线式多点型感温火灾探测器	
		差温	空气管式线型差温火灾探测器；热电偶线型差温火灾探测器	
	图像型感温火灾探测器			
感光火灾探测器	点型紫外感光火灾探测器；红紫外复合感光火灾探测器			
	点型红外感光火灾探测器；双红外感光火灾探测器；三红外感光火灾探测器			
	图像型感光火灾探测器			
气体火灾探测器（可燃气体探测器）	半导体气体火灾探测器；接触燃烧式气体火灾探测器；光电式气体火灾探测器；红外气体火灾探测器；光电式气体火灾探测器；红外气体火灾探测器；热线型气体火灾探测器；光纤可燃气体火灾探测器			
复合火灾探测器	光电烟温复合火灾探测器；光电烟温气（CO）复合火灾探测器；双光电烟温复合火灾探测器；焰烟温复合火灾探测器；双光电烟双感温复合火灾探测器；离子烟光电烟感温复合火灾探测器			

7.3 感烟火灾探测器

除了易燃易爆物质遇火立即爆炸起火外，一般物质的火灾发展过程通常都要经过初始、发展和熄灭三个阶段。由于绝大多数物质在燃烧的开始阶段首先产生烟气，因此采用感烟火灾探测器能早期发现火灾，减少火灾损失。烟气具有很大的流动性，它能潜入建筑物的任何空间，烟浓度大、流动性好，有利于火灾探测器发现火灾。感烟火灾探测器主要用于探测火灾过程的早期和阴燃阶段的烟雾，是目前世界上应用较普及、数量较多的火灾探测器。据统计，感烟火灾探测器可以探测70%以上的火灾。

7.3.1 点型感烟火灾探测器

1. 离子感烟火灾探测器

离子感烟火灾探测器的核心部件是感烟电离室。如图 7-3 所示,感烟电离室的两个电极板 P_1 和 P_2 之间的空气分子受到放射源 ^{241}Am 不断放出的 α 射线照射,高速运动的 α 粒子撞击空气分子,使得 P_1 和 P_2 之间的空气分子电离为正、负离子。这样,电极板之间原来不导电的空气就具有了导电性。在电场的作用下,正、负离子有规则地定向运动,电离室呈现出典型的伏安特性,形成离子电流。当火灾发生时,由火灾产生的烟雾及燃烧产物(即烟雾气溶胶)进入感烟电离室,表面积较大的烟雾粒子将吸附其中的正、负离子,引起离子电流变化。

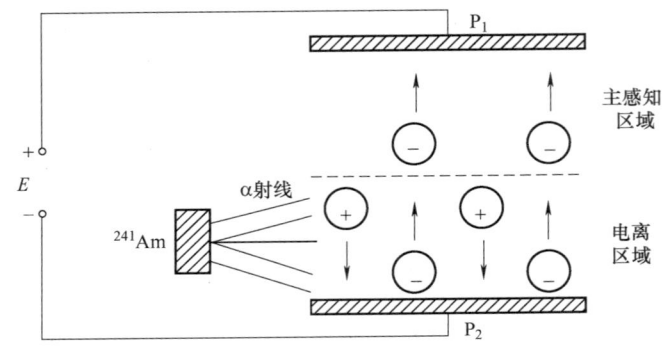

图 7-3 感烟电离室基本结构

离子感烟火灾探测器的工作原理如图 7-4 所示。它由检测电离室、补偿电离室、信号放大回路、开关转换电路、火灾模拟检测回路、故障自动检测回路、确认灯等组成。信号放大回路在检测电离室进入烟雾、电压信号达到规定值以上时开始动作,将高输入阻抗的 MOS 场效应晶体管 (FET) 作为阻抗耦合后进行放大。开关转换电路用经过放大后的信号触发正反馈开关电路,将火灾信号传输给报警控制器。正反馈开关电路一经触发导通,就能自我保持,起到记忆的作用。当探测器至报警器间发生电路断线,或者探测器安装接触不良,或者探测器被取走等问题发生时,故障自动检测回路能够及时发出故障报警信号,以便及时进行检查维修。

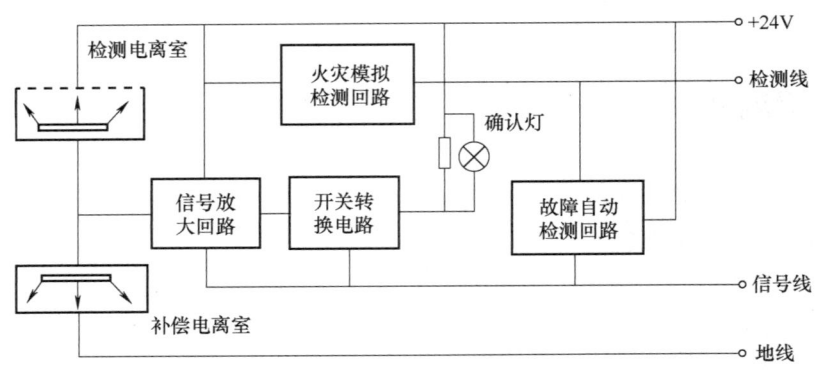

图 7-4 离子感烟火灾探测器工作原理图

离子感烟火灾探测器的电路是由许多电子元器件组成的，电子元器件的损坏将会导致探测器误报警或不报警。可以在火灾模拟检查回路中加入火灾模拟信号来检查电子元器件是否损坏，若发现问题可以及时维修。确认灯平时以一定的闪烁频率点亮，表示探测器在正常工作；火灾报警后，确认灯变为常亮，值班人员根据这一点可确定发出火灾报警信号的探测器。为了在确认灯损坏时不影响探测器的正常工作，可以在确认灯的两端并联一个电阻。

2. 光电感烟火灾探测器

光电感烟火灾探测器是利用烟雾能够改变光的传播特性这一基本性质研制的。根据烟雾粒子对光线的吸收和散射作用，光电感烟火灾探测器又分为减光型和散射光型两种。

减光型光电感烟火灾探测器由发光元件、透射镜和光敏元件组成，平常发光元件发出的光，通过透镜射到光敏元件上，电路维持正常，如果有烟雾从中阻隔，到达光敏元件的光通量就会显著减弱，于是光敏元件把光强的变化转化成电信号的变化。电信号变化量的大小，反映了烟雾的浓度，当变化量达到一定数值时将输出火灾报警信号。图 7-5 为减光型光电感烟火灾探测器的原理示意图。

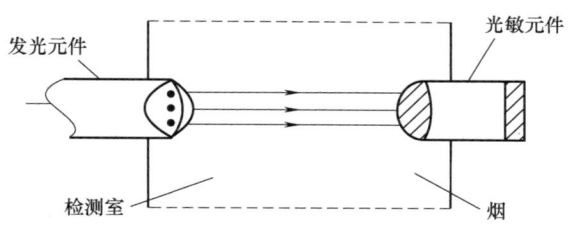

图 7-5　减光型光电感烟火灾探测器原理示意图

散射光型光电感烟火灾探测器由检测暗室、发光元件、光敏元件和电子电路组成。检测暗室是一个特殊设计的"迷宫"，发光元件与光敏元件在检测暗室中成一定角度设置，并在其间设置遮光板，使得从发光元件发出的光不能直接到达光敏元件上。当烟雾粒子进入此暗室，光源发出的光线会被烟雾粒子散射，散射光会被光敏元件感应。光敏元件的响应与散射光的能量有关，且由烟雾粒子的浓度所决定。当探测器感受到的烟雾浓度超过一定量，光敏元件接收到的散射光的能量足以激发探测器动作时，就会发出火灾报警信号。图 7-6 为散射光型光电感烟火灾探测器工作原理示意图。

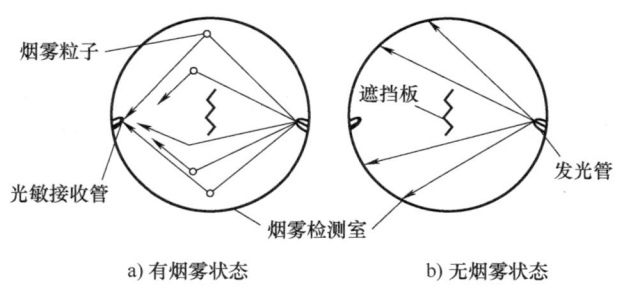

图 7-6　散射光型光电感烟火灾探测器工作原理示意图

7.3.2 线型感烟火灾探测器

线型感烟火灾探测器是一种能探测到被保护范围中某一线路周围烟雾的火灾探测器。它的工作原理与减光型光电感烟火灾探测器的工作原理类似,可把减光型光电感烟火灾探测器的采样室想象放大,光学路程远大于点型感烟火灾探测器内部光学路程几个数量级,就相当于线型感烟火灾探测器。线型感烟火灾探测器由光束发射器和光电接收器两部分组成,它们分别安装在被保护区域的两端,中间用光束连接(软连接),其间不能有任何可能遮断光束的障碍物存在,否则探测器将不能工作。常用的有红外光束型、紫外光束型和激光型感烟火灾探测器三种,本节以红外光束感烟火灾探测器为例予以介绍。

红外光束感烟火灾探测器由发射器和接收器两部分组成,其工作原理如图7-7所示。

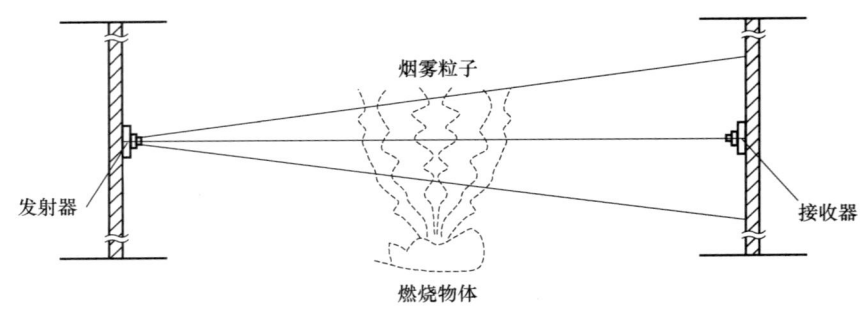

图 7-7 红外光束感烟火灾探测器工作原理图

在正常情况下,红外光束感烟火灾探测器的发射器会发送不可见的、波长 940nm 的脉冲红外光束,该光束经过不受阻挡的保护空间射到接收器的光敏元件上。当发生火灾时,由于受保护空间的烟雾气溶胶扩散到红外光束内,使到达接收器的红外光束衰减(这里灰色烟和黑色烟的衰减作用效果几乎相同),接收器接收的红外光束辐射通量减弱。当辐射通量减弱到感烟动作阈值(响应阈值)以下,且保持衰减 5s(或 10s)时,探测器即动作,发出火灾报警信号。

红外光束感烟火灾探测器的特点包括:保护面积大,安装位置较高,在相对湿度较高和强电场环境中反应速度快,适合保护较大空间的场所,尤其适合保护难以使用点型火灾探测器甚至根本不可能使用点型火灾探测器的场所。

7.3.3 吸气式感烟火灾探测器

吸气式感烟火灾探测器是通过管道抽取被保护空间内的空气样本到中心检测点,以监视被保护空间内烟雾存在与否的火灾探测器。该探测器能够通过测试空气样本了解烟雾浓度,并根据预先确定的响应阈值给出相应的报警信号。这种火灾探测器将被保护空间的气体通过管道抽吸到探测器内部,在精心设计的测量室内进行检测,采用激光光源和高灵敏度接收器使探测器的灵敏度得到了很大提高。这种探测器是一种主动式的火灾探测器,它能在烟还不被人眼所见的情况下,探测到火灾的存在并发出报警信号,为超早期探测预报火灾提供了有效的手段。

吸气式感烟火灾探测系统主要由抽取空气样本的管道网络、抽气所需的气泵或风扇、管道空气流速控制电路、烟粒子探测器、信号处理电路和报警信号显示电路等组成。吸气式感烟火灾探测器按其灵敏度可分为普通灵敏度、中等灵敏度和高灵敏度三种。常用每米减光率（%/m）或减光系数 m 值（dB/m）作为烟浓度测量单位。

高灵敏度吸气式感烟火灾探测器的原理如图 7-8 所示。其内置的吸气泵在管网中形成了一个稳定的气流，通过敷设的管路（通常采用 PVC 管）抽样孔不停地从警戒区域抽取空气样品并送到测量室进行检测。为了防止空气中的灰尘或其他颗粒对检测造成干扰，所采集的空气样品还需经过过滤器，但该过滤器并不阻挡烟雾粒子的通过。该系统在测量室内特定的空间位置安装了测量光源（一般为氙闪光灯或激光器）及特殊的反射镜，测量光源发射出平行的激光光束，但并不直接照射到光接收器上。来自警戒区域的空气样本进入测量室后，如果样本中有烟雾粒子存在，激光束将产生前向散射，散射光线经凹面反光镜反射后穿过带孔盘片照射到高灵敏度光接收器，所产生的散射光的强弱变化量在测量后经过处理计算，并结合测得的散射光信号脉冲数，可测出空气样本中的烟粒子数。这些数据经称为"人工神经网络"的微处理器处理后，与预先设定的报警阈值比较，如果烟雾浓度达到警报级别，则发出警报。对于其他杂乱光线则会由带孔圆盘的平面反光镜射出测量室，不会影响光接收器的正常工作。

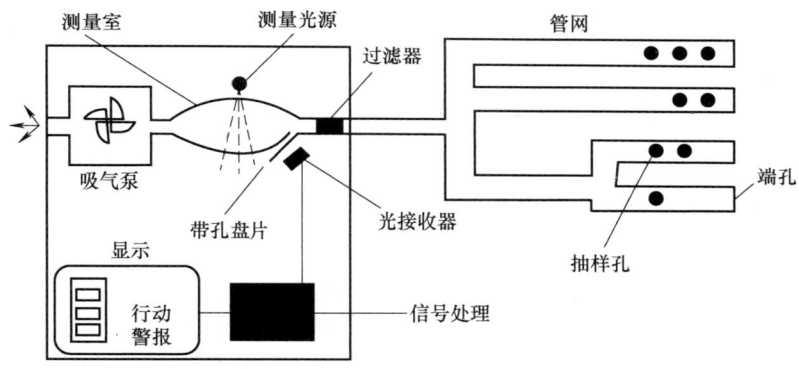

图 7-8 高灵敏度吸气式感烟火灾探测器工作原理图

这种主动式高灵敏度吸气式感烟火灾探测器与普通感烟火灾探测器相比，具有如下一些优点：

1）普通感烟火灾探测器为被动工作方式，烟雾依靠空气自然对流到达探测器后才能被探测。而在火灾初期，烟雾的扩散速度通常很慢，须经过较长时间才能到达探测器，而有时根本就到达不了，导致探测器无法实现探测报警。

2）普通感烟火灾探测器使用的传感器大多是靠黑烟遮挡住光源或放射源射线而产生报警的。高灵敏度吸气式感烟火灾探测器的工作方式是主动吸气，它主动抽取检测区域的空气样本并进行烟雾粒子（包括不可见烟雾粒子）探测计数分析；同时，它采用独特设计的检测室和现代高科技技术，使可靠性和灵敏度比普通感烟火灾探测器提高了近千倍。因此，它对初期火灾具有极灵敏的反应，可提前预报火灾隐患，从而赢得宝贵的扑救时间。

3）人工智能技术和微处理器控制技术在系统中的应用，使高灵敏度吸气式感烟火灾探测器具备自学能力，通过改变探测器的灵敏度来适应现场条件的改变，从而解决了高灵敏度系统可能出现的误报问题。这种类型的系统还能自动补偿部件漂移或探测器污染，以便保持最佳性能。

7.4 感温火灾探测器

感温火灾探测器是对警戒范围中异常温度、温升速率和温差做出响应的火灾探测器。它是一种动作于燃烧阴燃阶段后期的"早中期发现"型探测器。感温火灾探测器具有结构简单、电路少的特点，与感烟火灾探测器相比，其可靠性高、误报率低，且可以做成密封结构，防潮、防水、防腐蚀性好，可在恶劣环境（风速大、多灰尘、潮湿等）中使用。但是感温火灾探测器灵敏度较低，报警时间迟。在感温、感火焰、感烟和气体探测等四大类火灾探测器中，通常感温火灾探测器发现火灾最晚，然而它仍然是火灾探测大家庭中不可缺少的一员，而且随着长距离输油、输气、输电工程的实施，以及地下空间的开发，线型感温火灾探测器受到了越来越多的重视，得到了越来越广泛的应用。

感温火灾探测器的适用场所有：

1）可能发生无烟火灾的场所。

2）汽车库、吸烟室、小会议室、锅炉房、厨房、发电机房等正常情况下有烟或蒸汽的场所。

3）有粉尘污染的场所。

4）相对湿度经常大于95%的场所。

不宜安装感温火灾探测器的场所有：

1）不会产生阴燃火或发生火灾不及早报警将造成重大损失的场所。

2）正常情况下湿度变化较大的场所或温度在0℃以下的场所。

感温火灾探测器通常与感烟火灾探测器联合使用，为火灾报警控制提供复合报警信号。《点型感温火灾探测器》（GB 4716—2005）对一般工业与民用建筑中安装使用的点型感温火灾探测器的要求与试验方法、检验规则和标志等做出了相关规定。

感温火灾探测器的种类极多，根据其敏感元件的不同可以分为各种形式的感温火灾探测器。常用的热敏元件有双金属片、易熔合金、低熔点塑料、水银、乙醇、热敏绝缘材料、半导体热敏电阻、膜盒机构等。根据监测温度参数的不同，感温火灾探测器分为定温、差温和差定温三种类别：定温火灾探测器用于响应温度达到或超过某一预定值的场合；差温火灾探测器以检测"温升"为手段；差定温火灾探测器则同时兼顾检测"温度"和"温升"两种功能。

7.4.1 定温火灾探测器

定温火灾探测器是指在规定时间内火灾温度参量达到或超过其动作温度值时，探测器动作向报警控制器送出报警信号。定温火灾探测器的动作温度应按其所在的环境温度进行选择。

1. 点型定温火灾探测器

点型定温火灾探测器是利用感温元件被加热到预定温度值时会发出报警信号的原理工作的。它一般用于环境温度变化较大或环境温度较高的场所,用来监测火灾发生时温度的异常升高。定温火灾探测器的种类较多,常用的有双金属型、易熔合金型、水银接点型、热敏电阻型及半导体型等。

(1) 双金属型定温火灾探测器

双金属型定温火灾探测器是利用不同热膨胀系数的金属受热膨胀变化的原理制成的探测器,它可对警戒范围中某一点周围温度达到或超过规定值时发出响应。这类火灾探测器主要有双金属定温火灾探测器、翻转式碟形双金属定温火灾探测器和圆筒状双金属定温火灾探测器,其结构如图 7-9 所示。

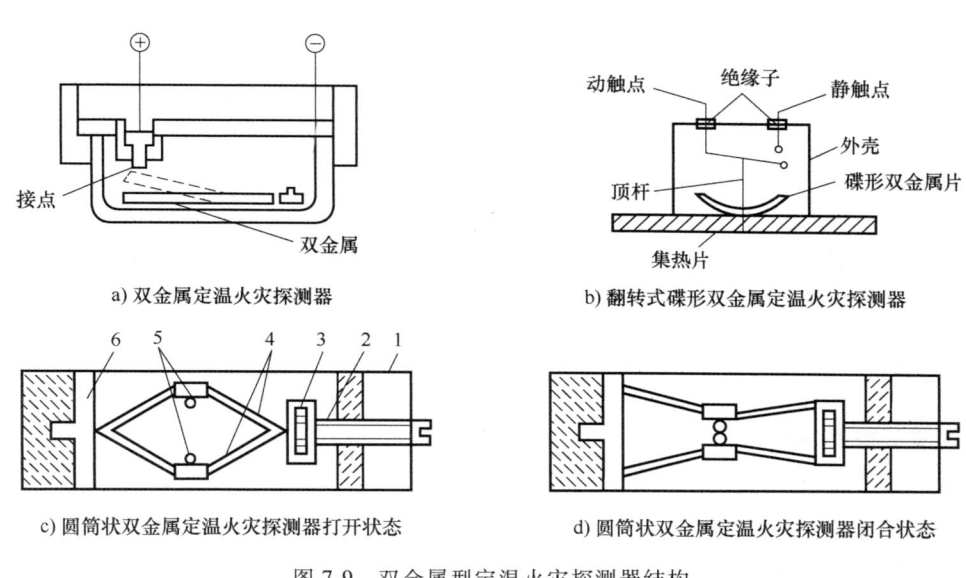

图 7-9 双金属型定温火灾探测器结构
1—不锈钢臂 2—调节螺栓 3、6—固定块 4—铜合金片 5—电接点

如图 7-9a 所示双金属片受热时,膨胀系数大的金属就要向膨胀系数小的金属弯曲,如图 7-9a 中虚线所示,接点闭合使信号输出。

图 7-9b 所示为翻转式碟形双金属定温火灾探测器的结构。该类型探测器凹面选用膨胀系数大的材料制成,凸面选用膨胀系数小的材料制成。随着环境温度升高,碟形双金属片逐渐展平,当达到临界点(即定温值时)碟形双金属片突然翻转,凸面向上,通过顶杆推动触点,造成电气触点闭合,再通过后续电子电路发出火灾报警电信号。当环境温度逐渐恢复至原来温度时,碟形双金属片的变化过程恰好与升温时相反,即恢复到凹面向上,电气触点脱开,探测器恢复到正常监控状态。

图 7-9c、d 所示为圆筒状双金属定温火灾探测器。这一类型探测器将两块铜合金片通过固定块固定在一个不锈钢的圆筒形外壳内,在铜合金片的中段部位各安装一个金属触头作为电接点,由于不锈钢的热膨胀系数大于铜合金的热膨胀系数,当探测器检测到的温度升高时,不锈钢外筒的伸长量大于铜合金片,两块合金片被拉伸而使两个触头靠拢(或离开)。

当温度上升到规定值时,触头闭合(或打开),探测器即发生动作,送出开关信号使报警器报警。当探测器检测到的温度低于规定值时,经过一段时间,两触头就会分开,探测器又重新自动恢复到监视状态。

(2) 易熔金属型定温火灾探测器

易熔金属型定温火灾探测器是一种将可在规定温度下迅速熔化的易熔合金作为热敏元件的定温火灾探测器,它是一种点型定温火灾探测器。

如图7-10所示,探测器下方吸热片的中心处和顶杆的端面用低熔点合金焊接,弹簧处于压紧状态。在顶杆的上方有一对电接点,无火灾时,电接点处于断开状态,使探测器处于监视状态;火灾发生后,只要它探测到温度升到动作温度值,低熔点合金就会迅速熔化,释放顶杆,顶杆借助弹簧弹力立即弹起,使电接点闭合,从而引起探测器动作。

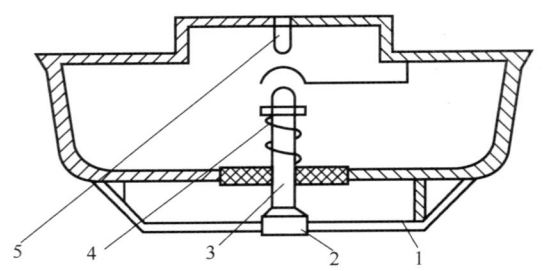

图 7-10 易熔合金定温火灾探测器的结构示意图
1—吸热片 2—易熔合金 3—顶杆 4—弹簧 5—电接点

2. 缆式线型定温火灾探测器

线型感温火灾探测器的产品分类、技术要求、试验方法、检验规则和标志参见《线型感温火灾探测器》(GB 16280—2014)。

缆式线型定温火灾探测器是一种线型感温火灾探测器,通常将定温电缆每20~30m截成一段,每段配接输入模块一只,作为火灾报警控制器输入回路中的一个探测点。它的工作原理与点型火灾探测器相同,能对保护监测区中某线路周围温度升高做出响应,其中热敏电缆是感热元件,可对额定的动作温度值做出有效响应。由于其特有的柔韧性和防振动、耐污染的性能,它在电线电缆隧道、高架仓库、野外原材料堆垛、重要设施的隐蔽处等环境较恶劣的场所进行初期火灾报警非常有利。热敏定温电缆由两根弹性钢丝、热敏绝缘材料、塑料包带及塑料外护套组成,其结构如图7-11所示。

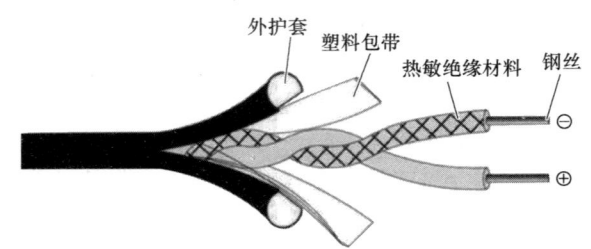

图 7-11 缆式线型定温火灾探测器的热敏定温电缆结构图

外护套两根弹性钢丝上包热敏绝缘材料,然后绞对成型。当热敏电缆某一部位温度上升(可以是电缆周围空气或它所直接接触的物体表面温度),达到额定动作值时,受热部位热敏绝缘材料熔化,绝缘性能被破坏,两根钢丝互相接触发生短路,以指示火警的发生。这种热敏电缆动作温度值稳定,响应时间适当,一致性好。

7.4.2 差温火灾探测器

在较大的控制范围内,温度变化达到或超过所规定的某一升温速率时,才开始动作的探测器,称为差温火灾探测器。这类火灾探测器根据工作原理不同,可分为空气管式线型差温火灾探测器和膜盒差温火灾探测器等。

1. 空气管式线型差温火灾探测器

空气管式线型差温火灾探测器是用空气管作为敏感元件制成以差温工作方式感受温升速率的一种火灾探测器,它利用点型膜盒差温火灾探测器气室的工作特点,将一根用铜或不锈钢制成的细管(空气管)与膜片相接构成气室。当环境温度上升较慢时,空气管内受热膨胀的空气可从泄漏孔排出,不会推动膜片,电接点不闭合;火灾时,若环境温度上升很快,空气管内急剧膨胀的空气来不及从泄漏孔排出,空气室中压强增大到足以推动膜片位移,使电接点闭合,即探测器动作,报警器发出报警信号。

通常情况下,每个空气管式线型差温火灾探测器的空气管两端应接到传感元件,如图 7-12 所示。

空气管式线型差温火灾探测器具有报警可靠、不怕环境恶劣等优点,在多粉尘、湿度大的场所也可使用,尤其适用于可能产生油类火灾且环境恶劣的场所;不易安装点型探测器的夹层、闷顶、库房、地道、古建筑等场所也可使用;由于敏感元件空气管本身不带电,因此也可安装在防爆场所。但由于长期运行空气管线路易泄漏及检查维修不方便等原因,该探测器比其他类型探测器的使用场所要少。

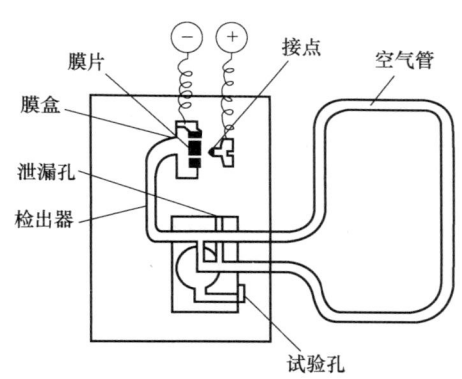

图 7-12 空气管式线型差温火灾探测器结构示意图

2. 膜盒差温火灾探测器

膜盒差温火灾探测器是一种常见的差温火灾探测器。这类探测器是利用装有金属波纹膜片的膜盒作为感热元件,再配上相应的后续电子电路而构成的,可对火灾引起的异常升温速率做出有效响应。它的结构简单、可靠,稳定性好,密封性好,可用于离子感烟探测器不宜使用的场所。

如图 7-13 所示,当温度速率不高时,感热室内的受热膨胀气体可以通过泄漏孔排出,使膜片两侧的压力基本相等。当温升速

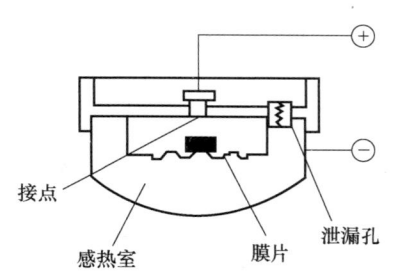

图 7-13 膜盒差温火灾探测器内部结构示意图

率超过某一值时,感热室内迅速膨胀的气体来不及从泄漏孔内排出,使得感热室内侧的压力高于外侧的压力。

利用金属膜盒做感热元件,气室内的空气只能通过呼吸机构气塞螺钉的小孔与大气相连,一般情况下(环境升温速率<3℃/min),感热室受热时,室内膨胀的气体可以通过气塞小孔泄漏到大气中去。当发生火灾时,环境升温速率急剧增加,探头周围的热气流使气室内的空气受热迅速膨胀,气压增大,弹性敏感元件波纹膜片向上移动鼓起,膜片与接点电气触点闭合,发出报警信号。

根据查理定律,当气体质量 M 恒定且体积 V 保持不变时,气体的压力 p 满足:

$$p = p_0(1 + t/273) \tag{7-1}$$

式中,p_0 为初始温度 $t=0℃$ 时的气体压力(基准值);t 为环境摄氏温度,单位为℃。

探测器气室设计成型后,气室内气体体积 V 即为常数,由查理定律可知,气室内的气压 p 只与环境温度 t 有关,所以探测器的外形尺寸可根据实际需要进行设计,而不会影响其基于气压和温度关系的检测原理。当环境温度缓慢变化时,气室内空气虽然受热膨胀,但均由呼吸机构泄出进入大气,因此敏感元件膜片不会产生位移,也就不会发生误报警。

7.4.3 差定温火灾探测器

差定温火灾探测器是将差温式、定温式两种感温探测技术结合在一起,兼有两种火灾探测功能的探测器。在实际使用中,即使其中一种功能失效,另一种功能仍起作用,因而大大提高了探测可靠性。差定温火灾探测器使用相当广泛,常见的有膜盒差定温火灾探测器、半导体差定温火灾探测器、双金属片差定温火灾探测器和热敏电阻差定温火灾探测器等,本节主要介绍前面两种。

1. 膜盒差定温火灾探测器

膜盒差定温火灾探测器的结构原理如图 7-14 所示。这类型火灾探测器差温部分的工作原理同膜盒差温火灾探测器,即气室为差温敏感元件,当环境温度迅速变化时,差温部分起动;易熔元件是定温敏感元件,当环境温度升高到易熔合金的熔化温度[(70±5)℃]时,定温部分作用,易熔合金片熔化,弹簧片上弹,推动波纹膜片造成电气触点闭合,从而发出一个不可复位的火灾报警信号,可避免漏报警产生。

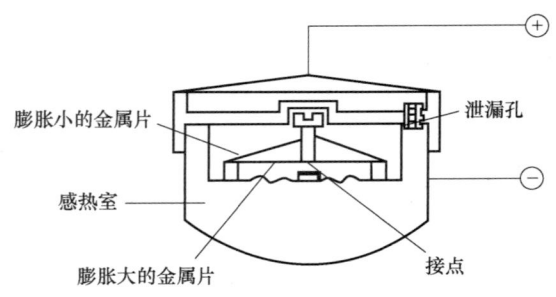

图 7-14 膜盒差定温火灾探测器内部结构

2. 半导体差定温火灾探测器

图 7-15 是半导体差定温火灾探测器的结构示意图,图 7-16 是这类型火灾探测器的电路

原理图。由图可见，半导体差定温火灾探测器采用两只 NTC 热敏电阻，其中，取样电阻 R_M 位于监视区域的空气环境中，参考电阻 R_R 密封在探测器内部。当外界温度缓慢升高时，R_M 和 R_R 均有响应，当温度达到临界温度后，由于 R_M 和 R_R 都变得很小，R_A 和 R_R 串联后，R_R 的影响可以忽略，这样 R_A 和 R_M 使探测器表现为定温特性。当外界温度急剧升高时，暴露在空气环境中的 R_M 阻值迅速下降，而密封在探测器内部的 R_R 的阻值变化缓慢，那么当阈值电路输入端电位达到阈值时，其输出信号就会促使双稳态电路翻转，从而发出报警信号。

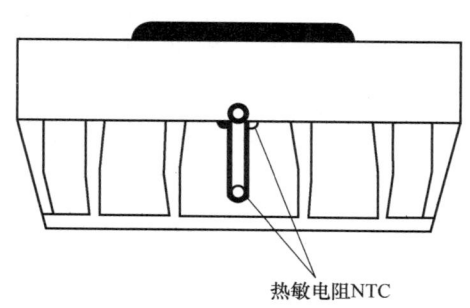

图 7-15　半导体差定温火灾探测器的结构示意图

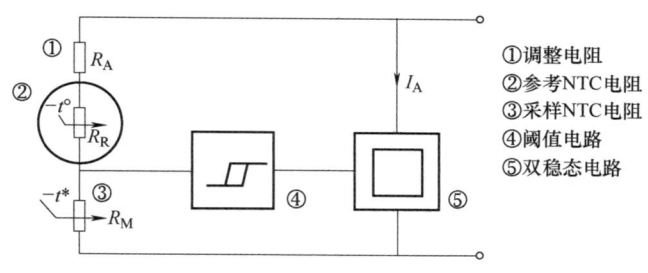

图 7-16　半导体差定温火灾探测器电路原理图

7.5　感光火灾探测器

物质在燃烧时除了产生大量的烟和热外，也产生波长为 400nm 以下的紫外光、波长为 400~700nm 的可见光及波长为 700nm 以上的红外光。由于火焰辐射的紫外光和红外光具有特定的峰值波长范围，因此可以用专门的紫外光和红外光接收器来探测火焰辐射的红外光和紫外光，这就是感光火灾探测器的探测原理。感光火灾探测器适用于物质燃烧已产生火焰时，因此感光火灾探测器又称火焰探测器，它是一种能对物质燃烧的光谱特性、光强度和火焰的闪烁频率敏感响应的火灾探测器，且都是点型火灾探测器。由于光辐射的传播速度快（$3×10^8$m/s），和感烟、感温等火灾探测器相比，感光火灾探测器的优点表现在响应速度快，在几毫秒甚至几微秒内就能发出报警信号，特别适用于快速发生的火灾（特别是可燃液体火灾）或爆炸引起火灾的场合。它不受环境气流影响，是唯一能在室外使用的火灾探测器，适用于突然起火而又无烟雾的易爆易燃场所，且性能稳定、可靠。

7.5.1 紫外感光火灾探测器

响应火焰产生的紫外辐射而工作的探测器称为紫外感光火灾探测器,也叫紫外火焰探测器,通常用于探测光波为 $0.2 \sim 0.3 \mu m$ 的火灾引起的紫外辐射。紫外感光火灾探测器使用了紫外光敏管为敏感元件,而紫外光敏管同时也具有光电管和充气闸流管的特性,因此紫外感光火灾探测器具有响应速度快、灵敏度高的特点,可以对易燃物火灾进行有效报警。紫外感光火灾探测器适用于生产、存储和运输高度易燃物质且危险性很大的场所。例如,油气采集和生产设施;炼油厂和裂化厂;汽油运输的装卸站;轮船发动机房和储存室;煤气生产和采集装置;丙烷和丁烷的装载、运输和存储;氯生产设施;弹药和火箭燃料的生产和储存;镁及其他可燃性金属的生产设施;大型和主要货物仓库、码头等。此外,它特别适用于火灾初期不产生烟雾的场所(如生产储存乙醇、石油等场所)。

火焰温度越高,火焰强度越大,紫外光辐射强度也越高。研究指出,绝大多数燃烧火焰中都包含紫外辐射。紫外感光火灾探测器就是根据火灾(或燃烧)的这一特性进行探测的。图 7-17 所示为碳氢化合物燃烧火焰在 $200 \sim 360nm$ 波段上的光谱能量分布,且将紫外光敏管的特性与火焰和太阳辐射做了比较。

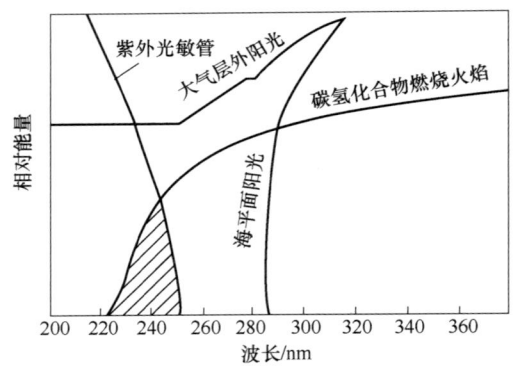

图 7-17　紫外光敏管特性与火焰和太阳辐射的比较

图 7-17 表明,海平面上太阳的辐射能在 290nm 时实际上已完全截止。在地球大气层外太阳辐射能在 290nm 时仍继续存在,一直延续到 200nm 以下。紫外光敏管的光谱能量分布与海平面的太阳辐射能不相交,与碳氢化合物燃烧火焰的辐射能有交叉(如图 7-17 中阴影所示),因此紫外光敏管具有"日光盲"的特性。但在陆地,或者紫外光敏管品质不同时(如光敏材料纯度不高或用铯做紫外光敏管阴极时),紫外光敏管就会受到阳光干扰,就不是"日光盲"了。

紫外光敏管对紫外线特别敏感,尤其是对木材、化纤、纸张、油类、橡胶及可燃性气体等燃烧时产生的紫外线反应更为敏感,甚至可以检测到 5m 以内打火机火焰发出的紫外线。紫外光敏管具有灵敏度高、受光角度宽、响应速度快的特点,广泛应用于各种场合的火灾报警。图 7-18 为紫外感光火灾探测器结构示意图。

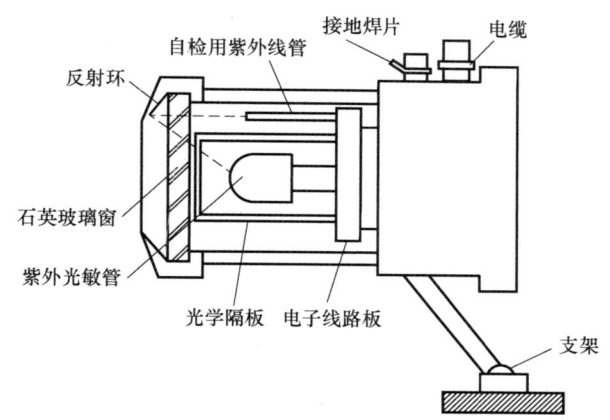

图 7-18 紫外感光火灾探测器结构示意图

发生火灾时，大量紫外光通过石英玻璃窗射入光敏管，光子能量激发金属内的自由电子，使电子逸出金属表面，光电子受到电场的作用而加速；由于管内充有一定的惰性气体，当光电子与气体分子碰撞时，惰性气体分子被电离成正、负离子，并在强电场的作用下加速，从而使更多的气体分子电离。于是在极短的时间内，造成"雪崩"式放电过程，使紫外光敏管内阻急剧变小，乃至导通，最终产生报警信号。

石英玻璃窗有阻挡波长小于 185nm 的紫外线通过的能力，而紫外光敏管接收紫外线上限波长的能力，取决于光敏管电极的材质、温度及管内充气的成分、配比和压力等因素。自检用紫外线管可发出紫外线，经反射环反射给紫外光敏管，用来进行探测器光学功能的自检。紫外感光火灾探测器对强烈的紫外光辐射响应时间极短，25ms 即可动作且不受风、雨、高温等影响，室内外均可使用。

7.5.2 红外感光火灾探测器

响应火焰产生的红外辐射（波长大于 700nm）工作的探测器称为红外感光火灾探测器，也叫红外火焰探测器。红外线波长较长，烟粒对其吸收和衰减能力较弱，即使有大量烟雾存在的火场，在距火焰一定距离内，仍可使红外线敏感元件感应，发出报警信号。因此，这种探测器误报少，响应时间快，抗干扰能力强，工作可靠，适用于生产、存储和运输高度易燃物质且危险性大的场所。

如图 7-19 所示，可以利用干扰背景小而火灾产生的辐射强红外光谱段制成红外感光火灾探测器。

红外感光火灾探测器主要由罩壳、红外滤光片、硫化铅红外光敏元件及相应电路组成，如图 7-20 所示。

滤光片同时也是敏感元件的保护层。由硫化铅组成的敏感元件前装有透镜，将通过红外滤光片分散的红外光聚集到敏感元件上，以增强敏感元件接收红外光辐射的强度。硫化铅经红外光照射后，析出正负离子，它在外电路作用下产生感应电势，其大小正比于光照强度。此外，硅光电池、硅光电管也经常用来作为红外光敏感元件。火焰燃烧时会发出 5~30Hz 的闪烁红外信号，能鉴别此闪烁信号是感光火灾探测器的主要特点。因此，它能对一些无变化

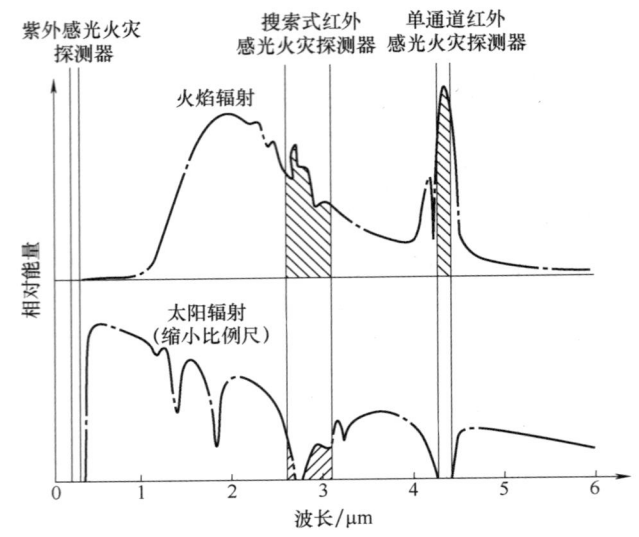

图 7-19　感光火灾探测器对火焰和太阳辐射的光谱响应的比较

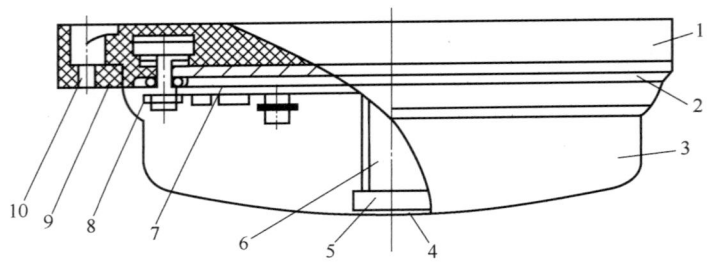

图 7-20　红外感光火灾探测器结构示意图
1—底座　2—上盖　3—罩壳　4—红外滤光片　5—硫化铅红外光敏元件
6—支架　7—印刷电路板　8—柱脚　9—弹性接触片　10—确认灯

的、恒定红外辐射进行鉴别，以免误报。

红外感光火灾探测器对恒定的红外辐射（如白炽灯、太阳光及瞬时的闪烁现象）均不敏感，适用于烟雾场所和户外工作，抗干扰能力强，响应快，通常用在电缆沟、地下隧道、库房，特别适用于无阴燃阶段的燃料火灾（如醇类、汽油等易燃液体）的初期报警。值得注意的是，红外感光火灾探测器能够响应的红外辐射波长范围通常大于 $0.76\mu m$，这使得它们能够有效地探测到由低温火源产生的特定波长的红外辐射。

目前大多数感光火灾探测器是采用单辐射频带通道的探测器（简称单通道探测器）和双辐射频带通道的探测器（简称双通道探测器）。

1. 单通道红外感光火灾探测器

假设太阳光经过大气层 $4.35\mu m$ 附近的光谱被吸收，而火灾时，$4.35\mu m$ 附近又出现一个峰值，单通道红外感光火灾探测器利用窄带滤波器滤除 $4.35\mu m$ 以外的干扰信号，接收 $4.35\mu m$ 附近的火焰信号完成火灾探测功能。在实际使用中，当环境温度变化时，滤波器的参数会发生变化,导致窄带滤波器的中心频率发生漂移,而使火灾信号丢失,阳光干扰信号进来,造成漏报或者误报。此外其他背景光也会对探测器造成干扰,引起误报。因此单通道红外感光火灾探测器的稳定性和可靠性都存在问题,在火灾探测领域很难获得实际使用,于是提出了双通道探测器的方案,使得红外感光火灾探测器得到了实际使用。

2. 双通道红外感光火灾探测器

双通道红外感光火灾探测器由通道 A 和通道 B 联合组成。通道 A 的工作谱带为 $4.1\sim4.7\mu m$,通道 B 的工作谱带为 $5\sim6\mu m$,如图 7-21 所示。通道 A 是火焰探测通道,是主通道,用于探测碳氢化合物火灾,灵敏度高;通道 B 是监视通道,用于监视非火灾的热体辐射及太阳辐射,是辅助通道,用于区分火焰和非火焰源,如 200℃、700℃ 等热体的辐射。

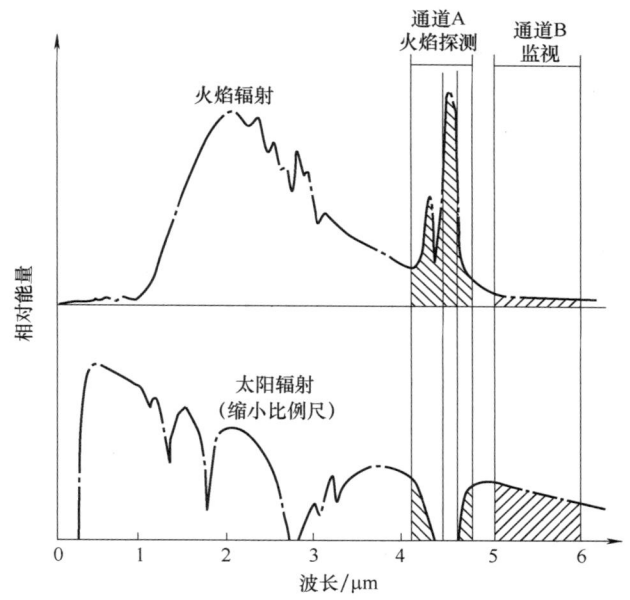

图 7-21 双通道红外感光火灾探测器工作谱带

如图 7-22 所示,当存在火焰时,通道 A 的信号幅值大于通道 B 的信号幅值,于是发出火灾报警信号;当通道 B 的信号较强时,说明存在外部干扰辐射,此时不报警。

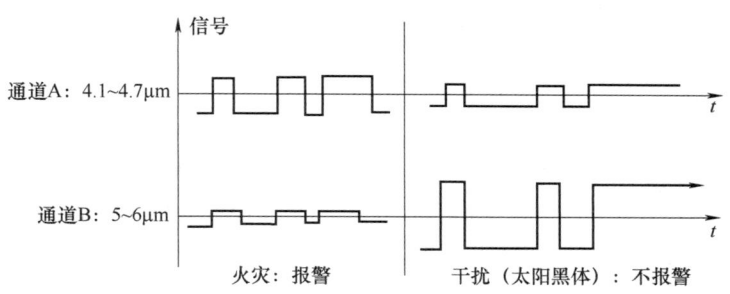

图 7-22 真实火焰与干扰辐射(太阳黑体)之间的不同信号电平

3. 三波段感光火灾探测器

图 7-23 所示为三波段感光火灾探测器的工作原理。图中，近红外波段采用光敏管接收 $0.7\sim1.1\mu m$ 波段的红外信号，$0.7\sim1.1\mu m$ 为背景光检测单元；中红外波段采用热释电传感器，分别接收 $4\sim4.8\mu m$ 和 $5.1\sim6\mu m$ 波段的红外信号，其中，$4\sim4.8\mu m$ 为火焰检测单元，$5.1\sim6\mu m$ 为非火灾的热体（如 200℃、700℃）及背景光检测单元。

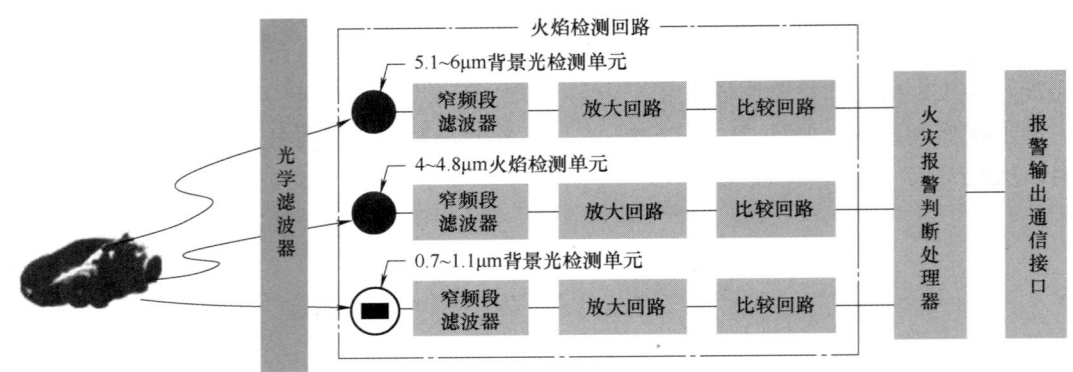

图 7-23　三波段感光火灾探测器的工作原理

7.5.3　红紫外复合感光火灾探测器

这种感光火灾探测器系统由两个红外通道（双红外）和一个紫外通道组成，能够探测火焰在红外和紫外的辐射。系统中的双红外探测器和紫外探测器可以独立运行，即它们可以分别检测火焰的红外和紫外波段辐射。当其中任一探测器（无论是红外还是紫外）首次检测到火焰并触发报警时，这个报警被视为预警信号。消防控制室的值班人员接收到预警信号，便开始关注并进一步确认情况。只有当双红外感光火灾探测器和紫外感光火灾探测器都检测到火焰并触发报警时，火灾报警控制器才会发出正式的火警信号。这种双重确认机制有助于减少误报，提高报警的准确性。总之，这种感光火灾探测器系统通过双红外感光火灾探测器和紫外感光火灾探测器的结合，实现了更可靠的火焰检测。其中，预警信号用于提醒值班人员注意可能的火灾情况，而正式的火警信号则在确认火灾发生时发出，以触发相应的应急响应措施。

7.6　火灾探测器的选用与自动消防控制系统

7.6.1　常用火灾探测器的适用场所

火灾探测器种类繁多，探测原理、探测技术各有不同，并分别针对火灾发生过程中的不同物理现象。因为不同环境、不同场合、不同单位和不同建筑物的特点及消防要求不同，所以火灾报警系统用于应对各类不同的火灾现象的探测器也应不同，合理选择火灾探测器，才能使报警系统真正起到防范火灾的作用。例如，灰尘大、水蒸气多、油雾经常出现的地方就不适合用感烟火灾探测器；有高温黑体或低于 0℃ 的场所不适合用感温火灾探测器。需要根据火灾形成与发展的规律、被保护空间的高度和形状、探测器的使用环境条件和火灾探测器的特点选用合适的火灾探测器并安装在合适的部位。例如，服装城的火灾通常有阴燃阶段，不能用感温火灾探测器，而要选用感烟火灾探测器；大型停车场由于汽车发动时有大量烟雾喷放，不适合用感烟火灾探测器，要用感光火灾探测器或者感温火灾探测器；净空高度大于 12m 的高大物流仓库要用红外光束线型感烟火灾探测器或者感光火灾探测器，而不能用点型的感烟火灾探测器和感温火灾探测器等。表 7-3 所示为各类火灾探测器的适用场所或情形。在实际使用中，所设计使用的场所在表中找不到时，可以参照类似场所选用火灾探测器。如果火灾形成特征不可预料、没有把握或很难决定选用哪种探测器时，可以进行燃烧试验，再根据试验结果确定。此外，对于设有联动装置、自动灭火系统及单一探测器不能有效确认火灾的场合，宜采用同类型或不同类型的火灾探测器组合探测。

表 7-3　各类火灾探测器的适用场所或情形

序号	场所或情形	感烟		感温		感光		气体	说明
		点型	线型	点型	线型	能量	图像		
1	饭店、旅馆、教学楼、办公楼的厅堂（净空高度<12m）、卧室、办公室等	○							厅堂、办公室、会议室、值班室、娱乐室、接待室等，灵敏度档次为中、低，可延时；卧室、病房、休息厅、衣帽室、展览室等，灵敏度档次为高
2	计算机房、通信房、电影电视放映房等	○							灵敏度要高或高、中档次联合使用
3	楼梯、走道、电梯机房等	○							灵敏度为高、中
4	书库、档案库等	○							灵敏度为高
5	有电气火灾危险	○							
6	气流速度>5m/s	○							不用离子感烟火灾探测器
7	相对湿度经常在95%以上			○					不用离子感烟火灾探测器
8	有大量粉尘、水雾滞留	×	×	○					
9	可能发生无烟火灾	×	×	○					
10	正常情况有烟或蒸气滞留	×	×	○					
11	有可能产生蒸气或油雾	×	×	○					
12	厨房、锅炉房、发电机房、烘干车间、茶炉房等			○					
13	吸烟室			○					
14	汽车库			○					
15	其他不宜安装感烟火灾探测器的厅堂或公共场所	×	×	○	○	○	○		

（续）

序号	场所或情形	感烟		感温		感光		气体	说明
		点型	线型	点型	线型	能量	图像		
16	可能产生阴燃火或发生火灾不及早报警将造成重大损失的场所	○	○	×	×				
17	温度≤0℃			×	×				
18	正常情况下温度变化较大场所								不用R型探测器
19	可能产生腐蚀性								不用离子感烟火灾探测器
20	产生醇类、醚类、酮类等有机物质								不用离子感烟火灾探测器
21	存在高频干扰								不用光电感烟火灾探测器
22	银行、百货商店、仓库	○	○						
23	火灾时有强烈火焰辐射					○	○		
24	易燃材料房间、飞机库、油库、海上石油钻井和开采平台、炼油裂化厂等					○	○		
25	需要对火焰做出快速反应					○	○		
26	液体燃烧火灾等无阴燃阶段的火灾								
27	博物馆、图书馆、美术馆	○	○			○	○		
28	电站、变压器间、配电室	○	○			○			
29	可能发生无焰火灾					×	×		
30	火焰出现前有浓烟扩散					×	×		
31	探测器探头易被污染					×	×		
32	探测器视线易被遮挡（如物体、油雾、水雾和冰）					×	×		
33	探测器易受阳光、白炽灯等光源直接或间接照射，正常情况下有高温黑体								不用单波段红外感光火灾探测器
34	探测区域可燃物是金属或无机物								不用红外感光火灾探测器
35	正常情况有阳光、明火作业以及X射线、弧光和闪电等								不用紫外感光火灾探测器
36	大空间（会展中心、大会堂、体育馆、候机厅、候车厅、演播厅、中庭、室内广场、大型厂房、大型库房、大型车库等）					○	○		

第 7 章 火灾探测与控制技术

(续)

序号	场所或情形	感烟 点型	感烟 线型	感温 点型	感温 线型	感光 能量	感光 图像	气体	说明
37	铁路隧道、公路隧道、地铁				○	○	○		
38	电缆隧道、电缆竖井、电缆桥架、夹层、闷顶				○				
39	需要进行火灾初期探测的关键场所，机柜内检测，低温、空气流动等场所								吸气式感烟火灾探测器
40	配电装置、开关设备、变压器				○				
41	远程输油或输气管道，皮带输送装置				○				
42	除液化石油气以外的石油储罐				○				
43	强电磁场、雷电频发区、易燃易爆				○				定温火灾探测器
44	需要检测环境温度和被检测物体温度的变化，地下空间，人员不易进入								具有实时温度检测的线型光纤探测
45	生产、使用、散发和存储可燃气体或易产生可燃蒸气，生产过程中产生可燃气体（如调漆、喷漆车间）							○	根据被测气体选用气体火灾探测器
46	火灾初期产生CO，且其他探测器不适宜检测，烟不易对流，闷顶内								CO 火灾探测器
47	烟草仓库								防磷酸铝腐蚀
48	联动控制、灭火系统控制								复合探测

注：1. ○表示适合的探测器，优先选用；×表示不适合的探测器，不应选用；空白无符号，表示谨慎选用。
2. 能量指能量型感光火灾探测器；图像指图像型感光火灾探测器。
3. 应根据被保护场所的典型应用温度和最高应用温度选择感温探测器。
4. 吸气式感烟探测器的优点十分突出，同时缺点也十分明显，使用时要注意扬长避短。
5. 下列场所可不设火灾探测器：厕所、浴室等；不能有效探测火灾的场所；不便维修、使用（重点部位除外）的场所。

7.6.2 选用火灾探测器的参考指标

1. 火灾探测器的性能指标

火灾探测器作为火灾监控系统中的火灾现象探测装置，长期处于监测工作状态，因此，火灾探测器的灵敏度、稳定性、维修性和长期工作的可靠性是衡量火灾探测器产品质量优劣的主要性能指标，也是确保火灾监控系统长期处于最佳工作状态的重要指标。

(1) 火灾探测器的灵敏度

火灾探测器的灵敏度是指在相同的火灾探测现场，不同的探测器探测火灾参数的能力，也有用对某火灾参数的响应阈值高低来表示。但由于火灾探测器的作用原理和结构设计不同，各类火灾探测器对于不同火灾的响应度差异很大，所以各类火灾探测器一般不单纯用某一火灾参数的灵敏度来衡量，而是对不同的火灾类型进行大致的区分。表 7-4 给出了各种火灾探测器对前述不同类型火灾（详见第 7.1.4 节）的灵敏度，在火灾报警系统探测器配置时可以参考。

表 7-4　各种火灾探测器的灵敏度比较

火灾探测器类型	A 类火灾	B 类火灾	C 类火灾
定温火灾探测器	低	高	低
差温火灾探测器	中	高	低
差定温火灾探测器	中	高	低
离子感烟火灾探测器	高	高	中
光电感烟火灾探测器	高	低	中
紫外感光火灾探测器	低	高	高
红外感光火灾探测器	低	高	低

(2) 火灾探测器的可靠性

火灾探测器的可靠性是指在适当的环境条件下，火灾探测器长期不间断运行期间随时能够执行其预定功能的能力。能在严酷的环境条件下正常工作，使用寿命长的火灾探测器可靠性通常较高。一般感烟火灾探测器使用的电子元器件较多，在长期不间断使用期间，电子元器件的失效率较高，因此，这类探测器长期运行时，其可靠性相对较低，但这类探测器的使用又是最普遍的，所以运行期间的维护保养十分重要。

(3) 火灾探测器的稳定性

火灾探测器的稳定性是指在一个预定的周期时间内，以基本不变的灵敏度重复感受火灾相应参数的能力。为了防止稳定性降低，定期检验所有带电子元器件的火灾探测器的灵敏度是十分重要的。

(4) 火灾探测器的维修性

火灾探测器的维修性是指对可以维修的探测器产品进行修复的难易程度或性质。对较多使用电子元器件的感烟火灾探测器和电子感温火灾探测器要求定期检查，发现故障或任何不正常则应加以维修更换，确保火灾探测器敏感元件和电子线路始终处于正常工作状态。

应当指出，上述四项火灾探测器的主要技术指标一般不能精确测定，只能给出高、中、低等一般性的估计。而对某一具体的火灾探测器来说，其实际性能也将因其设计、制造工艺、控制质量、可靠性措施，以及火灾监控系统安装人员的训练素质和监督情况的不同而有所不同。表 7-5 给出了常见火灾探测器的灵敏度、可靠性、稳定性和维修性指标的一般评价，供火灾探测器配置时参考。

表 7-5 常见火灾探测器性能评价

火灾探测器类型	灵敏度	可靠性	稳定性	维修性
定温火灾探测器	低	高	高	高
差温火灾探测器	中	中	高	高
差定温火灾探测器	中	高	高	高
离子感烟火灾探测器	高	中	中	中
光电感烟火灾探测器	中	中	中	中
紫外感光火灾探测器	高	中	中	中
红外感光火灾探测器	中	中	低	中

2. 火灾探测器的技术指标

作为大量应用的产品，技术指标通常是可以用具体的仪器仪表进行测量的各种不同的参数值。火灾探测器一般有如下技术参数：

（1）工作电压和允差

工作电压是指火灾探测器正常工作时所需的电源电压，火灾探测器的工作电压统一规定为 DC24V。允差是指火灾探测器工作电压允许波动的范围。按照国家标准规定，允差为额定工作电压的 $-15\% \sim 10\%$。

（2）响应阈值

响应阈值是指火灾探测器动作的最小参数值，不同类型火灾探测器的响应阈值单位量纲也不相同。点型感烟火灾探测器的响应阈值为减光系数 m 值（dB/m）或烟离子对电离室中电离电流作用的参数 Y 值（无量纲）；线型感烟火灾探测器的响应阈值采用的是代表紫外线辐射强度的单位长度、单位时间的脉冲数（光敏管受光强照射后发出的脉冲数）；定温火灾探测器的响应阈值为温度值（℃）；差温火灾探测器的响应阈值为温升速率值（℃/min）；气体火灾探测器的响应阈值采用气体的浓度值。

（3）监视电流

监视电流是指火灾探测器处于监视状态下的工作电流，此电流实质上是表示火灾探测器在监视状态下的功率消耗。由于火灾探测器处于 24h 连续工作状态，因此要求火灾探测器的监视电流越小越好，这样探测器在连续工作状态时的热量小，可延长其使用寿命，同时对报警控制器的供电要求也可降低。

（4）允许的最大报警输出电流

最大报警输出电流是指火灾探测器处于报警状态时允许的最大输出电流。最大报警输出电流越大，表明火灾探测器的负载能力越强。使用中若超过此电流值，火灾探测器就可能损坏。

（5）报警电流

报警电流是指火灾探测器处于报警状态时的工作电流。报警电流值和允差值决定了火灾探测报警系统中探测器的最远安装距离，以及在同一个地址码的线路端口允许并接火灾探测器的数量。

（6）工作环境条件

工作环境条件是指环境温度、相对湿度、气流速度和清洁程度等，通常要求火灾探测器对各种工作环境的适应性越强越好。

7.6.3 自动消防控制系统

自动消防控制系统（Automatic Fire Control System）是自动防火对策的重要组成部分，它以被警戒区域（如建筑物、油库、船舶等）为控制对象，通过自动化手段实现火灾的自动报警和自动灭火，达到降低火灾损失或起火不成灾的目的，其结构如图 7-24 所示。

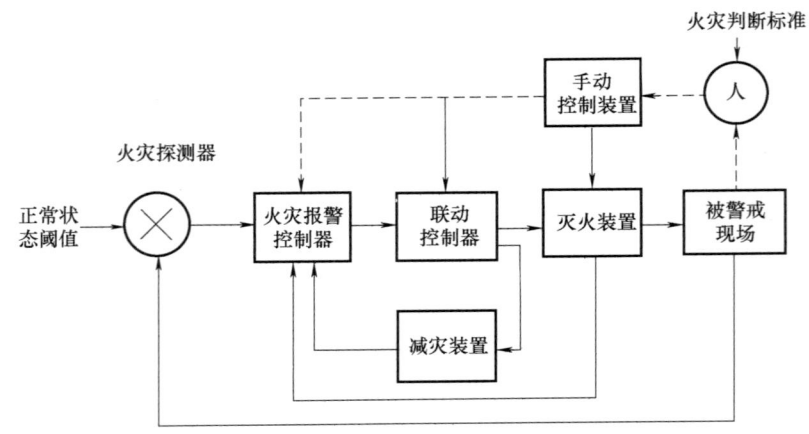

图 7-24 自动消防系统结构图

火灾发生时，安装在保护现场的火灾探测器能够将由火灾产生的烟雾、高温、火焰及火灾特有的气体等信号转换成电信号，经过与正常状态阈值或参数模型分析比较，产生火灾报警信号并传输至火灾报警控制器；而在火灾现场的人员若发现火情，也可以触发安装在现场的手动火灾报警按钮，使其发出火灾报警信号并传输至火灾报警控制器。

火灾报警控制器接收到火灾报警信号后，经联动控制器执行以下操作：一方面，经火灾警报装置发出声光报警信号或消防广播信号，启动减灾装置，如切断相关区域的非消防电源和启动防火卷帘、防火阀、排烟阀、应急照明、疏散指示等；另一方面，启动灭火装置，如消防水泵、自动喷水灭火装置、气体灭火装置等进行灭火。一旦火灾被扑灭，系统就停止灭火，由人工恢复系统进入正常工作状态。

如果现场有人发现火灾，通过手动控制装置控制系统进入控火、灭火状态，如通过手动报警按钮将火灾报警信号通知火灾报警控制器，发出声光报警信号，通过紧急启停按钮启动或关闭自动灭火系统，通过不同按钮控制防火门、防火卷帘、排烟阀等关闭或打开。

思 考 题

1. 简述火灾的定义及分类。
2. 发生火灾的必要条件和充分条件各是什么？
3. 简述火灾探测器的定义和分类。

4. 简述感烟火灾探测器的分类及其工作原理。
5. 感温火灾探测器主要有哪几种工作方式?
6. 简述空气管式线型差温火灾探测器的工作原理及其应用。
7. 简述紫外感光火灾探测器和红外感光火灾探测器的工作原理。
8. 简述太阳光对紫外感光火灾探测器和红外感光火灾探测器的影响。
9. 简述办公楼、计算机房、图书馆、体育馆、喷漆车间、烟草仓库等典型场所火灾探测器的选用方法和原则,并列出被选用的火灾探测器的名称。
10. 解释火灾探测器的灵敏度、可靠性、稳定性、维修性等性能指标的含义。

第 8 章
无损检测技术

无损检测技术是一门新兴的、多学科综合应用的、理论与实践紧密结合的工程科学。无损检测技术能够在不损伤被检物使用性能、形状及内部结构和形态的前提下实现百分之百检查,从而达到了解和评价被检测的材料、产品和设备构件的性质、状态、质量或内部结构等的目的,以保证后续生产与任务的安全性。随着现代材料科学、电子学、信息技术及计算机技术等学科的不断发展,无损检测技术在工业生产、在役检验、物理研究、生物工程等广大领域获得了高度重视和广泛应用,并且为适应新应用的需求而不断发展。

8.1 无损检测概述

无损检测技术是指利用被检物质因存在缺陷或组织结构上的差异而使其某些物理性质的物理量发生变化的现象,在不损伤被检物质的使用性能、形状及内部结构和形态的前提下,应用相应的物理方法测量这些变化,从而达到了解和评价被检测的材料、产品和设备构件的性质、状态、几何尺寸、质量或内部结构等的目的,它属于高新科技领域的一种特殊检测技术。

8.1.1 无损检测的目的

1. 保证和提高产品质量

无损检测可以对生产产品所需的原材料、各个加工工艺环节的半成品直至最终产品实行全过程的检验和检测,能够有效保证产品的质量。例如,在钢厂中可以通过漏磁检测技术对钢结构部件、钢管、钢棒、钢缆等产品开展自动化的无损检测,及时发现材料的微小缺陷,保证产品质量。另外,在控制产品质量的过程中,可以将无损检测所得的信息及时反馈给工艺部门,用以改进产品生产工艺。例如,在对焊缝进行射线或者超声检测时,可以根据无损检测结果修正焊接参数,优化热处理过程,进一步保证和提高产品质量。

2. 降低产品生产成本

在生产过程中增加无损检测的工艺环节,会导致费用和时间的增加,但在生产过程中及时而适当地开展无损检测,有利于防止后续工序的浪费,减少返工情况,降低废品率,从而降低产品的生产成本。例如,在对钢板进行焊接时可以先焊接一半就对已焊接的部位进行超声无损检测,如果存在问题就及时返修而不必等到全部焊接完成再返修,总体上可降低产品的生产成本。

3. 保障在役设备安全

尽管产品和设备在出厂时是合格的,但是由于存在疲劳、腐蚀、磨损及使用不当等不可避免的因素,在役设备会产生危害设备安全运行的各类缺陷和问题,由此会给环境、设备及人员带来各种安全隐患和事故。无损检测技术可以在不破坏设备原有使用性能的情况下及时发现这类缺陷和问题,提高设备的使用安全性,特别是在重点和危险行业,例如航空航天、铁道、核设施、特种设备等行业,无损检测保障在役设备安全运行的作用更加突出。

8.1.2 无损检测的发展趋势

新兴技术的发展,为无损检测技术带来了新的发展动力,下面介绍无损检测的发展趋势。

1. 数字化、图像化和智能化

随着计算机技术、嵌入式系统技术、传感器技术等的快速发展,无损检测技术及其仪器已经呈现出数字化、图像化和智能化现象,并且在进一步扩大和发展。例如,数字化超声波检测仪的出现,以及数字化射线技术的发展,即包括数字放射成像(Digital Radiography,DR)、计算机放射成像(Computed Radiography,CR)和计算机断层扫描(Computed Tomography,CT)等技术,为今后快速高效、大规模应用射线技术奠定了基础。

2. 自动化

随着技术的发展,无损检测技术呈现出检测自动化的发展趋势。例如,超声波自动化测厚和检测技术可以应用于钢材的检测,避免了传统手工检测劳动强度大、检测时间长、检测效率低、难以保证100%覆盖等不足。再如,漏磁自动化检测设备可以安装在管道、钢材等生产线上,进行大批量、快速、动态、在线的无损检测,检测速度可达每分钟数十米,可检测出表面和内部缺陷。

3. 标准化和规范化

无损检测技术的标准化和人才培养的规范化正在不断加强。在国际范围内,无损检测的国际标准主要由国际标准化组织负责组织和实施。在我国,标准体系已经较为完备,包括各类国家标准、行业标准、技术规范、企业标准等。另外,人才培养、资格鉴定等工作也将越来越规范。例如,无损检测从业人员的专业分为Ⅰ、Ⅱ、Ⅲ三个等级,同时对超声、射线、磁粉、渗透、涡流、声发射等按照无损检测技术分类开展分等级的培训和考核。

4. 绿色化

无损检测技术是和机械工业紧密联系的技术体系,绿色无损检测技术会随着绿色制造的发展成为未来的重要发展方向。我国著名无损检测专家耿荣生教授将低耗能、低排放和环境友好作为绿色无损检测技术的核心,将绿色无损检测技术定义为在不实施破坏的同时还应当具有不对材料或者结构造成二次污染的无损检测方法。例如,由于传统射线检测无法完成图像的处理和数字化传输,因此其绿色程度较低,而数字化射线检测的显示媒介可以重复利用,图像可以实现计算机存储和传输,因此更加符合绿色要求,由此可见数字化射线检测将替代传统射线检测。

8.2 超声检测技术

超声波是机械振动源在弹性介质中激发的一种机械振动波,其实质是以应力波的形式传递振动能量,其必要条件是要有振动源和能传递机械振动的弹性介质(实际上包括了几乎所有的气体、液体和固体),它能透入物体内部并可以在物体中传播。

工业无损检测技术中应用的超声检测(Ultrasonic Testing,UT),其原理利用超声波在物体中的多种传播特性,如反射、透射与折射、衍射与散射、干涉、衰减、谐振及声速等的变化,来测量物体的几何尺寸、探测表面与内部缺陷的大小与位置、判断材料的显微组织变化等,因此,超声波检测是无损检测技术中发展最快、应用最广泛的一种无损检测技术,在工业无损检测技术中占有非常重要的地位。

8.2.1 超声波的波型

超声波在弹性介质中传播时,根据介质质点的振动方式与超声波传播方向的关系,可以把超声波分为以下几种波型。

1. 纵波

介质中质点的振动方向与波的传播方向相同的波叫纵波,用 L 表示,如图 8-1 所示。介质质点在交变拉压应力的作用下,质点间产生相应的伸缩变形,从而形成纵波。因为弹性力是弹性介质体积发生变化而产生的,所以纵波在固体、液体和气体中均能传播。

2. 横波

介质中质点的振动方向垂直于波的传播方向的波叫横波,用 T 表示,如图 8-2 所示。横波的特点是传声介质的质点振动方向与超声波的传播方向垂直,介质质点受到交变切应力时,产生剪切形变,从而形成横波。由于液体和气体中只具有体积弹性,而不具有剪切弹性,所以横波只能在固体中传播,不能在液体、气体中传播。

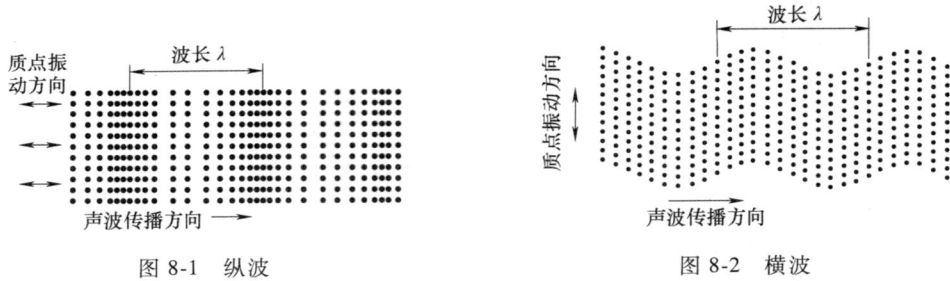

图 8-1 纵波　　　　　　　　　图 8-2 横波

3. 表面波

超声波沿固体介质表面传递,传声介质的质点沿椭圆形轨迹振动的波叫表面波,用 S 表示,如图 8-3 所示。表面波仅在材料表面传播,超过一个波长的深度时,能量急剧下降。此外,质点振动平面与波的传播方向相平行时称 SH 波,也称乐普波,如图 8-4 所示,它也是一种沿介质表面传播的波。在介质上的有效透入深度只有一个波长的范围,因此只能用于检查表面光洁度高的介质表面的缺陷，而不能像纵波与横波那样深入介质内部传播以检查介质内部的缺陷。

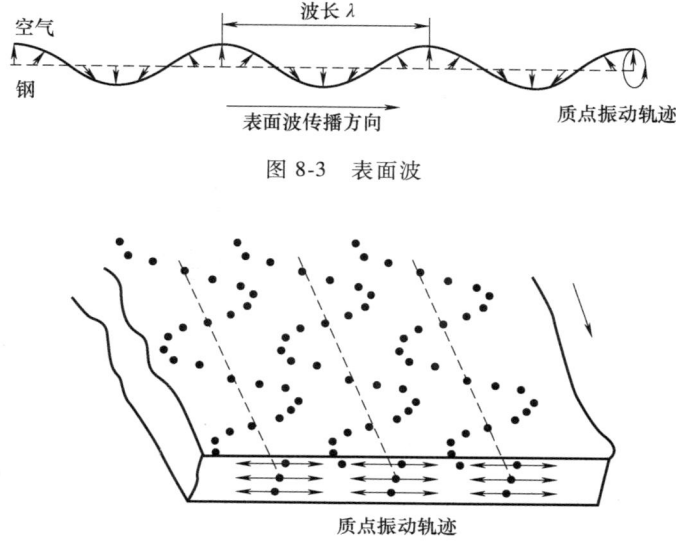

图 8-3 表面波

图 8-4 SH 波（乐普波）

4. 板波

在板厚和波长相当的弹性薄板中传播的超声波叫板波或兰姆波，用 P 表示。板波是一种由纵波与横波叠加合成，以特定频率被封闭在特定有限空间内产生的制导波。板波在薄板中传递时，薄板上下表面层质点沿椭圆形轨迹振动，而薄板中层的质点将以纵波分量或横波分量的形式振动，从而构成全板振动，这是薄金属板材板波检测的显著特征。根据薄板中层的质点以纵波分量或横波分量的形式振动，可以将板波分为对称型板波和非对称型板波两种类型，如图 8-5 所示。在细棒和薄壁管中可激发出兰姆波，其模式有扭曲波、膨胀波等。

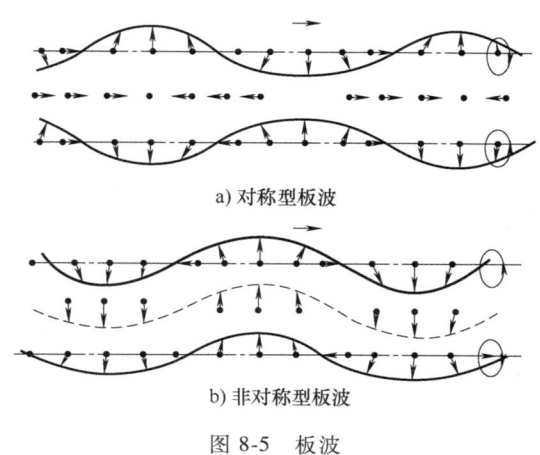

a) 对称型板波

b) 非对称型板波

图 8-5 板波

除了上述四种主要的工业超声检测应用波型，超声波主要的分类方法还包括按波振面的形状分类、按振动的持续时间分类等，如图 8-6 所示。

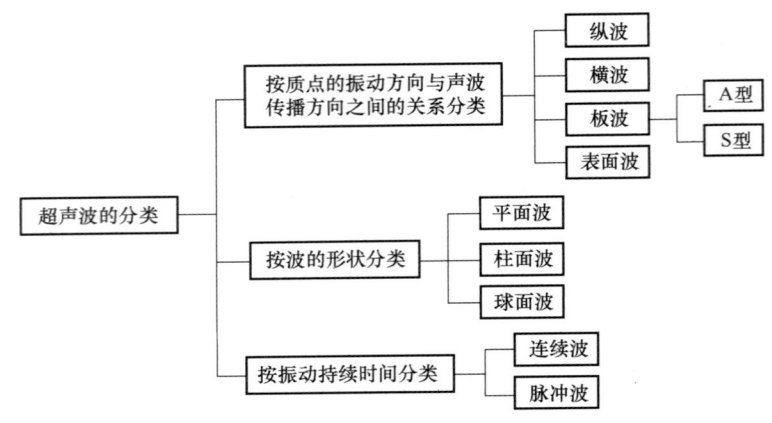

图 8-6　超声波的分类

8.2.2　超声检测的特点及应用范围

超声检测的应用范围特别广泛，它的原理是利用超声波良好的方向性和所具有的能量特性，利用超声传播过程中的反射、折射、散射及能量的传播特点来对材料内部的缺陷进行定性、定量和定位。超声检测的主要特点包括：

1）检测成本低、速度快、可现场检测。
2）难以得到缺陷直观图像，定性困难，精度不高。
3）面积型缺陷检测较好，体积型缺陷难以检测。
4）适合检测厚度较大的工件，不适合检测较薄的工件。
5）应用广泛，可适用众多试件。
6）材料的材质、晶粒度对检测有影响，例如奥氏体不锈钢材料现在还没有成熟的超声检测方法。
7）需要耦合剂，耦合剂的存在影响检测精度和可靠性，也一直影响超声检测的自动化检测。
8）工件的不规则形状等会影响超声检测的适用性。
9）超声检测环境友好，对人体无影响。

根据超声波的传播特性，其应用范围主要体现在以下几个方面：

1. 超声波的反射与折射特性

在弹性介质中传播的超声波遇到异质（密度或声速不同）界面时会发生反射与折射，并有波型转换发生。

在两种不同介质的界面上，超声波从第一介质垂直或倾斜入射到界面上返回第一介质的现象称为反射，其反射率的大小取决于两种介质的声阻抗差异（介质的声阻抗在数值上等于该介质的密度与声速的乘积）；超声波从第一介质倾斜入射到界面上进入第二介质并改变传播方向的现象称为折射，其折射率的大小取决于两种介质的声速差异。

如图 8-7 所示，在倾斜入射的反射情况中，由于同一介质具有相同的密度，相同波型的超声波有相同的声速，因此，反射纵波 $L_反$ 的反射角与入射纵波 L 的入射角 α 相同，而在同一介质中的横波速度小于纵波速度,因此反射横波 $S_反$ 的反射角 β 小于入射纵波 L 的入射角 α。

在折射情况中,由于同一介质中的横波速度小于纵波速度,因此折射横波 $S_折$ 的折射角 β 小于折射纵波 $L_折$ 的折射角,如图8-7所示。

在工业超声检测中,超声波在界面上的折射特性主要被用于波型转换,例如把一般压电元件产生的纵波转换成横波、表面波、板波等,以适应不同工件及不同情况下检测的需要。其转换条件与界面两侧介质的声速比(折射率)和入射、折射角度(正弦函数)相关,其关系式为

$$\frac{\sin\alpha}{C_1}=\frac{\sin\beta}{C_2} \quad (8-1)$$

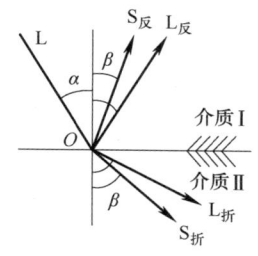

图 8-7 超声波反射、折射及波型转换示意图

式中,α 为入射角;C_1 为第一介质中入射超声波的传播速度;β 为反射或折射角;C_2 为在第一介质中反射或者在第二介质中折射超声波的传播速度。

式(8-1)称为斯涅尔定律或折射定律。

在工业超声检测中,超声波的反射特主要被用于探测材料中的缺陷,最常应用的是超声脉冲波反射法。

如图8-8所示,超声波检测仪中高频脉冲电路产生的高频脉冲振荡电流施加到超声换能器(超声探头)中的压电元件上,基于逆压电效应(或电致伸缩效应),压电元件激发出脉冲超声波并传入被检工件。超声波在被检工件中传播时,若在声路(超声波的传播路径)中遇到缺陷(异质),将会在界面上产生反射,反射回波被超声探头接收,基于压电效应(或逆电致伸缩效应),由压电元件转换成高频脉冲电信号输入超声波检测仪的接收放大电路,经过处理后在超声波检测仪的显示屏上显示出与回波声压大小成正比的回波波形(A型显示图形)。根据显示的回波幅度大小可以评估缺陷大小,显示屏上的水平扫描线(时基线)可以设置为与超声波在该介质中的传播时间(距离)成正比(俗称"定标"或"时间轴校正"),然后就可以根据回波在显示屏水平扫描线上的位置来判定缺陷在工件中的位置。利用工件底面回波在水平扫描线上的位置,还可测定工件的厚度。

超声波在传声介质中所占的空间称为超声场,如图8-9所示,它包括近场区(N 为近场长度)和远场区两个部分。

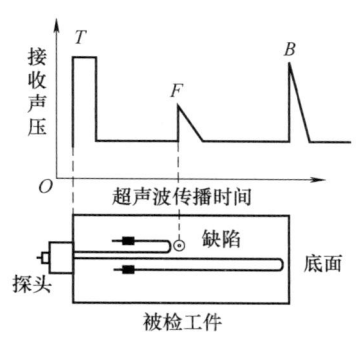

图 8-8 超声脉冲反射法检测原理

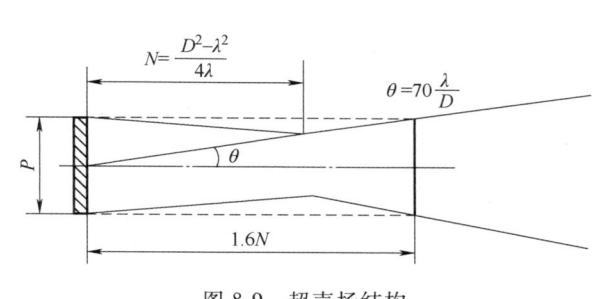

图 8-9 超声场结构

超声波在近场区中的声压分布是不均匀的,而在远场区中的声压则随距离的增大呈单调下降变化。近场区的长度与换能器的晶片直径和超声波的波长有关,近场区的超声波束呈收敛状态,在近场区末端,即从近场区进入远场区的过渡点上声束直径最小而声压最大(故将此点称作"自然焦点"),进入远场区后声束将以一定角度发散,声束边缘的斜度以半扩散角 θ 表示(也称为"指向性"),声束的半扩散角同样与换能器的晶片直径和超声波的波长有关。

近场长度 N 的计算公式为

$$N = (D^2 - \lambda^2)/4\lambda \tag{8-2}$$

式中,D 为圆形晶片直径,单位为 mm;λ 为超声波在传声介质中的波长,单位为 mm。

式(8-2)是根据连续波推导出来的,在应用脉冲波时,实际的近场长度约等于连续波推导的近场长度的 0.7 倍。同样根据连续波推导出来的半扩散角近似值有

$$\theta = 70\lambda/D \tag{8-3}$$

式中,D 为圆形晶片直径,单位为 mm;λ 为超声波在传声介质中的波长,单位为 mm。

缺陷反射回波声压大,意味着缺陷反射面积大。超声波反射率高,表现在超声波检测仪显示屏上的回波幅度高,反之,则回波幅度低。在超声检测中可以根据回波幅度的大小来评估缺陷的大小,当被检工件尺寸较小或缺陷埋藏深度较浅,落在超声探头的近场区范围时,通常需要采用参考试块进行比较评定,参考试块的材料、状态(声学特性)与被检物相同或相近,并且含有已知精确尺寸的特定人工反射体(例如平底孔、横孔、柱孔、刻槽等)。将发现的缺陷回波幅度与相同声程(超声波传播路程)的人工反射体回波幅度进行比较,就可以得到以人工反射体尺寸表示的缺陷当量大小(即相当于同声程的某尺寸人工反射体回波幅度)。

在远场检测时,因为工件尺寸较大,所以要预先制作相应尺寸的试块有困难,而且搬运、使用均很不方便。鉴于超声波在远场中的声压随距离的增大呈单调下降变化,各种人工反射体的回波声压变化是有规律可循的,因此,可以采用计算方法或事先测绘制作的距离-波幅曲线来确定检测灵敏度及评定缺陷的当量大小。

必须指出,超声波在检测中评定的缺陷当量大小,是指缺陷的回波幅度与一定尺寸的标准人工反射体的回波幅度相同。但是缺陷的实际尺寸与标准人工反射体的尺寸并不相同,这是因为缺陷的回波幅度的大小受被检工件的材料特性及缺陷本身的性质、大小、形状、取向、表面状态等多种因素的影响。超声波反射到超声探头的主要影响因素是缺陷上的有效反射面积,此外还与超声波的自身特性有关,因此,引入"当量"(相当的量)这个概念作为定量衡量缺陷大小的标准。例如,经过超声检测,发现被检工件内的某个位置存在直径为 2mm 的平底孔当量的缺陷,就是指该缺陷的回波幅度与工件内相同位置处直径为 2mm 的平底孔(平底孔的孔底面与超声束轴线垂直,并且平底孔中心与声束中心轴线同轴)的孔底面回波幅度相同,即超声波的反射量相同,但是该缺陷的实际面积尺寸往往大于直径为 2mm 的平底孔的底面面积,大多少则与缺陷种类、形状等有关。

此外,根据超声的检测结果判断缺陷的性质(定性)的问题还未很好地解决,目前还主要依靠检测人员的实践经验、技术水平,以及对被检工件的材料特性、加工工艺特点、使用状况等的了解进行综合的主观判断。

超声脉冲反射法是超声检测中应用最广泛的方法，不仅在工业超声检测的测厚等应用中被采用，就是在其他领域，例如鱼群探测、水下声呐、海洋测深、海底形貌及地质构造探测、医用超声诊断等，也都广泛利用着超声波的反射特性。

2. 超声波的透射、衍射与散射特性

根据惠更斯原理，超声波在传声介质中投射到一个异质界面边缘（例如裂纹的尖端）时，由于超声波振动作用在该边缘上，因此使该边缘成为新的子波源而产生新激发的衍射波，导致有衍射现象发生，这种衍射波是球面波，向四周传播。可以用适当的方式接收这种新生的衍射波，并按照超声波的传播时间与几何声学的原理计算评定工件表面缺陷的深度或内部缺陷的垂直高度。

当缺陷垂直于超声波束轴线的尺寸（面线度）远小于超声波的波束直径时，由于缺陷边缘的衍射现象，从表观上看，原来的超声波会绕过缺陷继续前进，但在缺陷后面会形成声影（没有超声波的空间）。图 8-10 所示为声场中的声影形成与超声波穿过小孔的衍射。

利用声影形成的现象，可用于超声穿透法检测，如图 8-11 所示。当超声波在其声路上遇到缺陷时，由于有反射、衍射、散射等现象的发生以及被检工件材料显微组织的异常，将造成超声波传播能量的衰减，使得在声路的另一端接收到的声能低于正常情况下接收到的声能，利用超声波检测仪显示屏或直接利用电表指示反映这种变化差异，即可作为检测评定的依据。

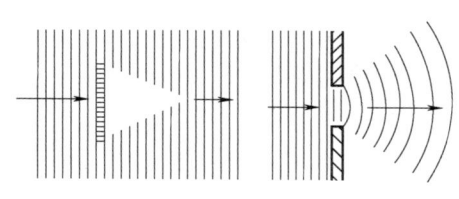

图 8-10　衍射与声影

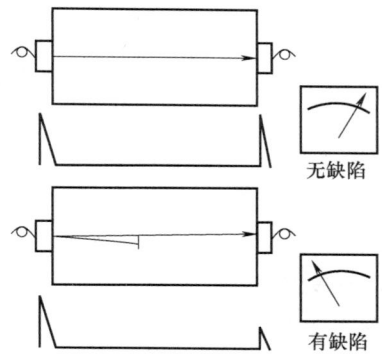

图 8-11　超声穿透法检测

超声穿透法检测可用于板材、复合材料或胶接结构等的缺陷检测，如分层、脱黏、未黏合等，也可用于小型电器开关的镀银触点质量检测等。

超声穿透法检测的优点是容易实现自动化检测，但是缺点是无法确知小于声束直径的缺陷面积的大小及缺陷在声路中所处的位置（埋藏深度），并且对发-收两个探头的相对位置有严格要求。

3. 超声波的衰减特性

超声波在介质中传播时，其自身的波前扩散会造成随着传播距离的增大而垂直于声束传播方向单位面积通过的声能减小，这称为扩散衰减。扩散衰减是超声波自身的特性所决定的，它与声束扩散角 2θ（θ 为超声束的半扩散角）有关。

此外，超声波在材料中的晶界、相质点，或者媒介物中的悬浮粒子、杂质、气泡等声阻抗有差异（哪怕是微小差异）的区域会有散射现象发生。其散射状态与超声波的波长及散射质点（例如平均晶粒直径）的大小有关，这是由超声波的反射与衍射机理的综合作用产生的。

由于散射现象的存在，使得垂直于声路上的单位面积通过的声能减少，即造成散射衰减。在超声脉冲反射法检测中，这种散射现象的存在不仅使得超声波的穿透能力降低，而且还对回波判别带来干扰。但是在金属材料中散射的超声波的叠加混响返回到超声探头并被接收后，可在超声波检测仪显示屏上以杂草状回波形式（杂波）显示，通过对杂波水平的评定，可以判断和评价金属材料的显微组织状态。特别是在航空工业中，杂波水平的评定已经成为钛合金锻件等超声检测验收标准中的一项重要指标。

超声波在材料中传递时，能量衰减的另一个重要原因是内吸收，它与材料的黏滞性、热传导、边界摩擦、弛豫现象有关，使得超声能量以热和溶质原子迁移等形式被消耗掉。此外，还有位错运动（如位错密度、长度的变化，空穴与杂质的存在）及磁畴壁运动、残余应力造成声场紊乱等，这些都能导致超声能量的衰减，这些原因所导致的超声能量衰减统称为吸收衰减。

超声波在材料中的衰减机理很复杂，很难逐一分析，因此在超声检测技术中，通常以综合衰减来考虑。假定距离振源 $x=0$ 处的声压振幅为 P_0，经过距离 x 后的声压振幅为 P_x，则 $P_x = P_0 e^{-\alpha x}$，式中的 α 称为衰减系数，它可以被分为两部分，即 $\alpha = \alpha_s + \alpha_a$，式中，$\alpha_s$ 为散射衰减系数，α_a 为吸收衰减系数。因此，以 α 表示的衰减系数是一个材料的综合性参数，它一般会随超声频率的提高和被检材料温度的升高而增大。

在超声检测中，可以测定超声波通过材料后声能减小的程度，用以评定材料显微组织的性质、形态及分布。例如，检测金属材料的粗晶、过热与过烧、魏氏组织（金属锻件中的一种过热组织）、碳化物不均匀度、球墨铸铁的石墨球化率、碳钢的室温拉伸强度及应力测定等。把超声衰减特性与声速特性相结合，可以用于测定钛合金等中的含氢量（若钛合金含氢量大，将有发生氢脆断裂的危险性）及评定铝合金的时效质量等。

4. 超声波的速度特性

同一波型的超声波在不同材料中有不同的传播速度，而在同一材料中，不同波型的超声波也有不同的传播速度。当材料的成分、显微组织、密度、内含物比例、浓度、聚合物转化率、强度、温度、湿度、压强（应力）、流速等存在差异或发生变化时，其声速也将出现差异。

利用专门的声速测定仪、普通的超声脉冲反射型检测仪或超声测厚仪，将未知声速的材料与已知声速的标准试样进行比较，可以测出材料的声速或者声速变化，可以应用于以下几个方面。

（1）材料物理常数的测定

根据物理学中的关系式，一般有：声速 $c = \sqrt{E/\rho}$，式中，ρ 为材料密度，E 为材料的弹性模量。声速受材料的各向异性、形状及界面影响，并且因超声波的振动模式不同，而要分别采用各自的弹性模量。

（2）测量温度

利用介质中的声速与介质的温度相关的特性，可以非接触方式测量介质温度，用于指示介质的熔点、沸点及相变，测量介质的比热、熔解热、反应热和燃烧热，测量介质的纯度和分子量等。

（3）测量流量

超声波在流动介质中传播时，相对于固定坐标系统，其传播速度与静态条件下的速度不同，而与介质的流速有关（因存在多普勒效应所致），因而可以根据声速的变化确定流速并进一步确定流量（流体横截面积×流速）。

（4）测量液体的黏度

根据切变声阻抗 Z 与 $\sqrt{\eta\rho}$（η 为液体的黏度，ρ 为液体的密度）存在正比关系，而 $Z=\rho c$，因此通过测量声速 c 并确定液体的密度 ρ，即可确定液体的黏度。

（5）应力测量

超声波在材料中的传播速度随材料内存在的应力有近似线性的变化（称为超声应力效应），因此可以用来测量混凝土预应力构件的强度、金属的强度和残余应力、紧固件（例如紧固螺栓）上的拉伸应力等。

（6）硬度测量

利用表面波在金属表面淬硬层中的速度变化特性，可以确定金属表面的硬度或者硬化层的深度。

（7）测定金属表面裂纹的深度

利用瑞利波沿金属表面直接传递与存在金属表面裂纹时瑞利波绕过裂纹传递的时间差，根据瑞利波的传播速度，可以计算得出裂纹的深度（图8-12）。这种方法称作时间延迟法或渡越时间法。

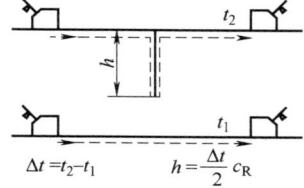

图 8-12　超声时间延退法
测定表面裂纹深度

h—超声波探头到障碍物的距离；
t_1—发出超声波的时间；
t_2—接收超声波所用的时间；
c_R—超声波探头的声速。

（8）测量厚度

根据超声波传播距离 x 与声速 c、传递时间 t 的关系：$x=ct$，在采用超声脉冲反射法测厚时，就有：工件厚度 $d=ct/2$，这里分母取值为 2 的原因是超声探头发射超声脉冲至工件底面并反射返回探头被接收，因此其声路长度是工件厚度的 2 倍。

超声波的速度特性可应用于检测混凝土强度，测量球墨铸铁的强度及石墨球化率，测量陶瓷土坯的湿度以确定进窑焙烧的时机，以及测量石油储分的密度、氯丁橡胶乳液的密度等。总之，超声速度特性的应用，特别是在工业测量技术中的应用很广泛。

5. 超声波的谐振特性

超声波是一种机械振动波，利用超声谐振仪把频率可调的超声波（主要利用纵波）垂直入射到被检工件中，当超声波与工件的固有频率发生频率共振时，相向传播的入射波与反射波会互相叠加形成驻波，此即纵波垂直入射的厚度共振，如图8-13所示。

这种谐振特性可以有以下几方面应用。

（1）测厚

设试样厚度为 d，在其中传播的超声波波长为 λ，则在发生谐振时可以得到：

$$d = \lambda_1/2 = 2\lambda_2/2 = 3\lambda_3/2 = n\lambda_n/2 \tag{8-4}$$

式中，n 为任意正整数，也就是此时被检工件的厚度等于谐振超声波半波长的整数倍。

当试件材料的超声波速 c 为已知时，根据声速、波长和频率的关系式 $c = \lambda f$，可得到在厚度共振时的超声波频率 $f_n = c/\lambda_n = nc/(2d)$。当 $n=1$ 时，$f_1 = c/(2d)$，f_1 就是厚度共振的基频。由于任何两个相邻谐波的频率之差等于基频，则有：

$$f_n - f_{n-1} = nf_1 - (n-1)f_1 = f_1 \tag{8-5}$$

利用谐振仪确定厚度共振时两个相邻谐波的频率，则工件厚度确定如下：

$$d = \frac{c}{[2(f_n - f_{n-1})]} \tag{8-6}$$

或者在两个不相邻谐波的频率分别为 f_m 和 f_n 时，由于 $f_m - f_n = (m-n)f_1$，则有：

$$d = \frac{(m-n)c}{[2(f_m - f_n)]} \tag{8-7}$$

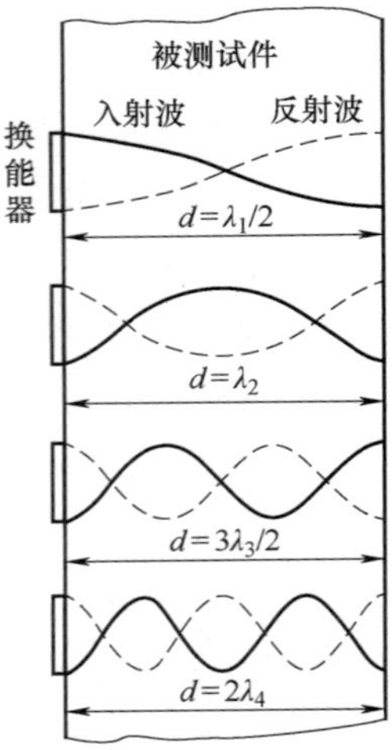

图 8-13 试样中的驻波

（2）检测缺陷

当被检工件存在缺陷时，与无缺陷的相同工件相比，其固有频率将会发生改变，因而谐振状态也会发生变化（谐振频率改变），从而可以据此检测出缺陷的存在。

（3）测量硬度

超声波谐振特性的一个典型应用是超声硬度计，它借助超声传感器杆谐振频率的变化来测量硬度，主要用于测定金属的洛氏硬度，采用比较法也可用于其他测量。

超声硬度测量的优点是对试件表面的破坏极小、测量速度很快、操作程序简单，特别适合成品工件百分之百检验，并且可以手握测头直接对工件进行检测，特别适合对不易移动的大型工件、不易拆卸的部件进行测量。

8.3 射线检测技术

射线检测是利用各种射线对材料的透射性能及不同材料对射线的吸收、衰减程度的不同，使底片感光成黑度不同的图像，从而通过观察探明物质内部结构或所存在缺陷的性质、大小、分布状况，并做出评价判断。射线检测是一种行之有效而又不可缺少的检测材料或零件内部缺陷的手段，在工业上广泛应用。在焊接产品的制造、安装及服役过程中，射线检测是检验焊缝及其热影响区内部是否存在工艺性缺陷的主要方法之一。

8.3.1 射线检测的基础知识

1. 射线的散射与吸收

X 射线或 γ 射线通过物质时，其强度将会逐渐减弱，可以表达为

$$I = I_0 e^{-\mu x} \tag{8-8}$$

式中，I 为透过厚度为 x 的物质后射线的强度；I_0 为初始入射的射线强度；x 为物质厚度；μ 为由波长和物质决定的常数，特别是与物质的密度（即物质的原子序数）有关。

对于 X 射线与 γ 射线的吸收，大致有以下几个主要原因：

（1）由光电效应引起的吸收

X 射线或 γ 射线的光子入射到物质中，与物质的原子发生碰撞，将会把与该原子结合在一起的电子驱逐出来，而光子则在物质中消失（即被吸收），与原子核结合越紧密的电子发生光电效应的概率越大，它主要发生在波长较长的 X 射线情况下，并能诱发荧光 X 射线。

（2）由散射引起的吸收

X 射线或 γ 射线都是电磁波，它们入射到物质中时，由于电场分量的作用，物质内部的电子产生频率与入射电磁波相同的振动。以该电子为振动源，向各个方向放射出频率与入射射线相同的散射线（这种现象称为"汤姆逊散射"，是一种弹性散射），由于原子中有许多电子，由这些电子放射出频率与入射射线相同的散射线将会发生干涉，形成干涉性散射，其强度可以用原子散射因子来表示，即把所有电子散射线振幅叠加来进行计算。

另一种散射是"康普顿散射"（非弹性散射），这是在 X 射线或 γ 射线入射到物质中时，光子与电子碰撞，使电子飞出，而光子因为能量减小而改变了原来的前进方向，因而出现了散射线。这种现象主要出现在射线波长较短的情况，而且入射射线的波长越短，产生散射线的波长就越长，但是因为散射线有波长的变化，所以不会发生干涉，即不会形成干涉性散射。只有在入射射线的能量大于产生光电效应的射线能量时，也就是波长短的射线入射的情况下，才会产生这种非干涉性散射。

（3）电子偶（电子对）的生成

在光子能量很大的情况下，光子将会在物质的原子核周围消失并形成正负电子偶，正电子又会以极快的速度与负电子结合而消失，并放射出新的光子。电子偶的生成概率随射线能量的增大而显著加大，并且与物质的原子序数的二次方成正比。

由此可见，入射到物质中的 X 射线或 γ 射线会被物质吸收，其能量转变成电子的动能或者荧光 X 射线能，这正是射线检测所应用的物理基础，还有一部分不能从该物质中向外逸出的能量则转变为热能。

除了 X 射线与 γ 射线，还有 β 射线，其在物质中被吸收同样与物质的密度有关，物质密度越大，对射线的吸收越强。但是中子射线被吸收与上述射线不同，轻元素物质对中子射线的吸收反而比重元素物质要大，而且即便是对 X 射线与 γ 射线吸收能力相同的物质（元素），对中子射线的吸收能力也很不一样。

中子射线的入射强度 I_0 与透射强度 I 的关系可表示为

$$I = I_0 e^{-NS_t x} \tag{8-9}$$

式中，N 为吸收材料中每单位体积（cm^3）内的原子数；S_t 为总反应截面积，单位为靶恩，表示核的有效截面积单位，1 靶恩 = $10^{-24} cm^2$；x 为吸收材料的厚度，单位为 cm。

2. 射线与物质的相互作用

射线与物质的相互作用主要有光电效应、康普顿效应和电子对效应，这三种效应的共同点是先产生电子，然后电离或激发物质中的其他原子，其中，光电效应和康普顿效应随射线能量的增加而减少，而电子对效应则随射线能量的增加而增加。

(1) 光电效应

在普朗克概念中，每束射线都具有能量为 E（$E=h\nu$）的光子。光子运动时保持着它的全部动能。光子能够撞击物质中原子轨道上的电子，若撞击时光子释放出全部能量，并将原子电离，则称为光电效应。光电效应中，光子的一部分能量把电子从原子中逐出去，剩余的能量则作为电子的动能被带走，于是该电子可能又在物质中引起新的电离，如图 8-14 所示。当光子的能量低于 1MeV 时，光电效应是极为重要的过程。另外，光电效应更容易在原子序数高的物质中产生，如在铅中产生光电效应的程度比在铜中大得多。

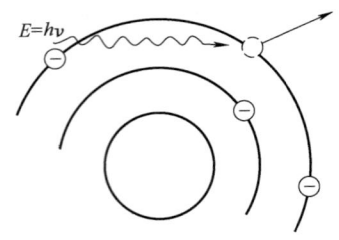

图 8-14 光电效应示意图

(2) 康普顿效应

在康普顿效应中，一个光子撞击一个电子时只释放出它的一部分能量，结果光子的能量减弱并在和射线初始方向成 θ 角的方向上散射，而电子则在和初始方向成 φ 角的方向上散射，如图 8-15 所示。这一过程同样服从能量守恒定律，即电子所具有的动能为入射光子和散射光子的能量之差，最后电子在物质中因电离原子而损失其能量。

在绝大多数的轻金属中，射线的能量在 0.2~3MeV 范围时，康普顿效应是极为重要的效应。康普顿效应随着射线能量的增加而减小，其大小也取决于物质中原子的电子数。在中等原子序数的物质中，射线的衰减主要是由康普顿效应引起的。康普顿散射会导致射线的穿透和散射，从而削弱防护效果。因此，在射线防护中，防护材料的选择和厚度设计必须充分考虑康普顿效应的影响。

(3) 电子对效应

一个具有足够能量的光子释放出它的全部动能，形成具有同样能量的一个负电子和一个正电子，这样的过程称为电子对的产生，如图 8-16 所示。产生电子对所需的最小能量为 0.51MeV，因此光子能量 $h\nu$ 必须大于或等于 1.02MeV。

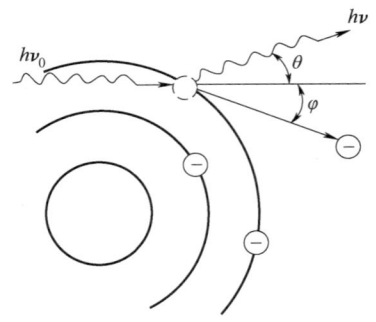

图 8-15 康普顿效应示意图

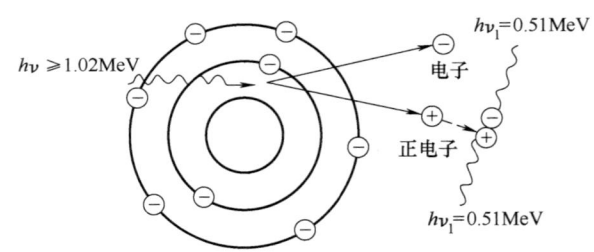

图 8-16 电子对效应示意图

光子的能量一部分用于产生电子对，一部分传递给负电子和正电子作为动能，还有一部分能量传给原子核。在物质中负电子和正电子都是通过原子的电离而损失动能的，在消失过程中，正电子和物质中的负电子相互作用成为能量各为 0.51MeV 的两个光子，它们在物质中又可以通过光电效应和康普顿效应进一步相互作用。

上面已介绍产生电子对的能量条件要求不小于 1.02MeV，因此该过程仅在高能射线（能量大于 1.02MeV）中才具有重要意义。此外，电子对效应的产生概率与吸收体的原子序数的平方成正比。因此，在设计高能射线防护时，应优先考虑使用高原子序数的材料，以充分利用电子对效应增强防护性能。

射线检测的几种常见方法包括射线照相检测（X、γ 射线照相检测）、数字化照相检测（包括 X 射线实时成像检测、CR 技术、DR 技术、和计算机断层扫描等）。

8.3.2 射线照相检测

常规的射线照相检测是指使用 X 射线（由 X 射线发生器产生）和 γ 射线（通常由放射性同位素如钴-60、铱-192 等产生）辐照工件时，由于试件内各部分密度差异、厚度变化或成分改变导致的吸收特性差异，因此，透过的射线强度（能量）会被不同程度地吸收。放置在试件背面的对射线敏感的照相胶片（记录介质）能记录透射的射线的能量差异，构成潜像，经处理后转变成具有可见黑度差的影像。

1. X 射线照相检测

在射线照相检测中最常用的是 X 射线，这是一种波长很短的电磁波，容易穿透试件。射线在穿透试件的过程中，由于发生吸收和散射作用，穿透后的强度会低于穿透前的强度，强度衰减的大小取决于物体材料、厚度和射线的种类（X 射线可按波长的长短分类为线质软和硬的 X 射线）。利用强度均匀的 X 射线辐照试件，当试件均匀时，在整个透照面上，X 射线强度的减少也基本是均匀的；若试件中存在有对 X 射线吸收较大的因素（例如高原子序数成分或高密度夹杂物，或者试件厚度截面变大）或者吸收较小的因素（例如气孔、疏松、裂纹、夹渣与非金属夹杂物、空气缝隙，或试件厚度截面变小），透过试件的 X 射线强度将在一定面积上呈现不均匀分布。利用紧贴在试件背面放置的照相胶片对透射的 X 射线感光，感光后的胶片经过显影→停显→定影→水洗→干燥的暗室处理程序，就可得到具有与试件结构和内部缺陷相对应、以不同黑度显示的图像，即射线照相底片（也称射线照片）。通过对底片上缺陷平面投影图像的观察，可以评定试件中缺陷的种类、大小、形状和分布状况等，从而对试件质量做出判断。

X 射线照相检测最普遍的应用是使用工业 X 射线发生器（普通 X 射线机）产生千伏级（keV）X 射线（一般不超过 450keV），此时最大可检测钢材厚度为 70~80mm。此外还有高能 X 射线，是指能量在 1 兆电子伏特（1MeV）以上的 X 射线，它是由电子感应加速器、电子回旋加速器、电子直线加速器产生的。高能 X 射线设备的主要原理是利用超高压、强磁场、微波等技术对射线管的电子进行加速，从而获得能量强大的电子束，轰击靶面而获得高能 X 射线。高能 X 射线与一般 X 射线相比，具有穿透能力极强（例如可穿透 500~600mm 厚的钢）、焦点小、能量转换效率高、散射线少、清晰度高、透照幅度宽等特点。射线照相检测的基本原理如图 8-17 所示。

工业用的普通 X 射线机一般由控制系统（电源、控制电路、变压器等）、X 射线管（一种特殊的真空二极管，能激发出 X 射线）及冷却系统（X 射线管在发出 X 射线的同时伴随有高热产生，必须给予有效的冷却）三大部分组成。

控制系统中的变压器包括低压变压器（向 X 射线管的灯丝提供低压电流，使灯丝白炽并发射出大量的电子)和高压变压器(在 X 射线管的阴极与阳极之间建立高压电场,使灯丝发出的电子流以极大的动能撞击阳极上的钨靶,而激发出 X 射线从 X 射线管窗口射出),由于电子流高速撞击钨靶时,有很大一部分动能转变为热能,因此对 X 射线管的冷却是一个不可忽视的问题。阳极靶上受电子流撞击的部分称为 X 射线管的实际焦点,激发出 X 射线束的横截面即称作 X 射线的有效焦点,该焦点的尺寸大小和形状对 X 射线的辐射场和照相检测的清晰度(分辨率)有很大关系。

X 射线照相检测的基本操作工艺程序介绍如下。

(1) 试件的放置

根据 X 射线照相检测的原理,要将底片上的对比度差异显示出来,应该尽量使射线的投射方向与试件中缺陷的延伸方向平行,使射线有最长的衰减路径以提高射线能量衰减的差异,而这点正好与超声脉冲反射法的要求相差 90°。试件距离 X 射线焦点的位置一般应使紧贴在试件背面的胶片落在 X 射线束的合适的焦距上,以保证胶片上获得清晰的影像。X 射线照相检测时试件的放置方法如图 8-18 所示。

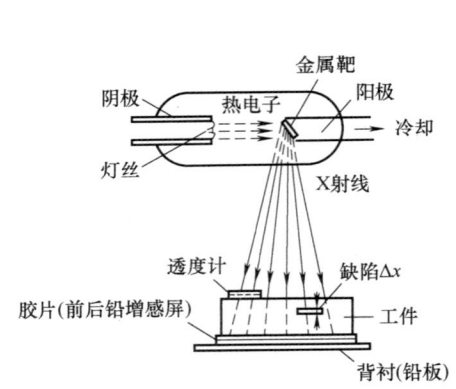

图 8-17　X 射线照相检测原理示意图

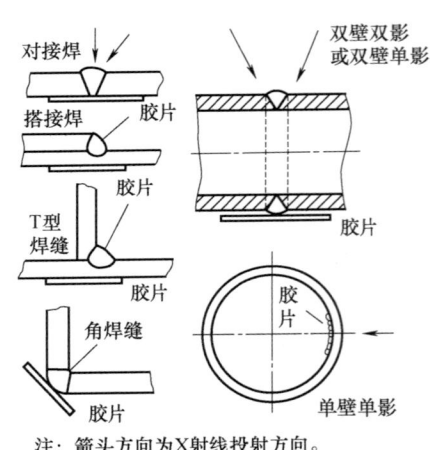

图 8-18　X 射线照相检测时试件的放置方法

(2) 照相胶片的放置

在暗室中需要将未感光的 X 射线照相胶片装入暗带或暗盒,或者直接用黑纸包裹(不能漏光),为了提高照相的感光度和成像清晰度,常常需要在胶片单面或双面紧贴放置增感屏(最常用的是铅箔增感屏),然后把包装好的胶片紧贴试件背面放置,为了防止透射 X 射线的背散射对胶片影像形成干扰,往往还需要在胶片背后铺设薄铅板作为背衬。

(3) X 射线照相检测规范的确定

1) 胶片种类(型号)的确定。不同型号的胶片具有不同粗细的感光乳剂颗粒,有不同的感光速度,所形成的影像对比度和分辨率也不同,适用于不同的应用需求,因此,要根据被检试件的具体情况和检测要求选择适当型号的射线照相胶片。

2) 曝光曲线的绘制与曝光条件的确定。照相胶片上的曝光量主要与 X 射线机的管电压、管电流、曝光时间、焦距的大小有关。在相同的曝光条件下,不同材料所能获得的曝光量是不相同的。一般需要先通过试验绘制对应某种材料的曝光曲线（指在一定的焦距和一定的暗室处理工艺下，对特定的胶片型号，以一定的底片黑度、焦距为标准的管电压、曝光时间与管电流及穿透厚度之间的关系曲线），然后在实际检测中根据试件的具体尺寸和形状，按照曝光曲线选择最佳的曝光条件（焦距、管电压、管电流与曝光时间），以获得符合质量要求的底片。

3）像质计（像质指示器、透度计）的放置。像质计是用不同直径的与被检试件材料相同的金属丝，或者用与被检试件材料相同的金属阶梯试块（含有不同直径的柱孔）等制成的，一般放置在被检试件的射线源侧，与试件同时经受射线辐照（曝光），根据底片上像质计影像的可识别程度来判断射线照相检测的灵敏度。

（4）实施曝光

按照既定的射线照相检测规范的工艺参数对被检试件实施曝光。

（5）胶片处理

按照既定的射线照相检测规范的工艺参数对试件实施曝光后，将胶片在暗室中按照规定的程序进行显影、停显、定影、水洗、干燥，可以手工洗片，也可以使用专门的胶片自动处理机进行自动洗片，最终得到可供观察评定的射线照相底片。

（6）评片

将底片置于专用的底片观察灯上观察，根据底片上黑度变化的影像情况判断存在的缺陷种类、大小、形状、数量、在试件中的平面位置、分布状态等，并按检验标准分类评级。最新型的底片评定已经能通过专用扫描仪将底片影像扫描输入计算机，然后运用专门的评定软件进行分析评定。

2. γ 射线照相检测

工业射线照相检测中常用的另一类射线是 γ 射线，通常由放射性同位素产生。工业 γ 射线照相检测使用的是放射性同位素 γ 射线检测机，主要包括 γ 射源、保护罐（用铅或贫化铀制成）、操作机构和支撑装置。

γ 射线照相检测的程序与 X 射线照相检测基本相同，所不同的是 X 射线是由 X 射线发生装置（X 射线机）产生的，其能级可以调节，并且中断高压电场也就中止了 X 射线的发生；而 γ 射线是由放射性同位素产生的，其初始能级是一定的，但是随着时间的推移，其能量会有衰变（以半衰期来衡量），γ 射线源始终不断地在放射 γ 射线，因此对其辐射的防护要较 X 射线麻烦很多。

射线照相检测适用于铸件、焊缝以及小而薄且形状复杂的锻件、电子组件、非金属、固体燃料、复合材料等，用于探测内部体积型缺陷以及组织结构的变化，例如疏松、偏析、夹杂、夹渣、气孔，也可以检测裂纹、未熔合、未焊透、脱粘等缺陷，以及试件几何形状、结构及密度的变化等。

射线照相检测的优点包括：基本不受被检零件材料、形状和外廓尺寸的限制，有永久性的比较直观的记录结果（照相底片），无须耦合剂，对试件表面光洁度要求不高，对试件中的密度变化敏感（适宜探测体积型缺陷）。

射线照相检测的缺点包括：X 射线检测设备价格较高，而且在检测过程中需要消耗大量的照相胶片和处理药品等，以及需要较多的辅助器材，如暗室设备、洗片机、干燥机、评片灯及现场拍片的辅助工具等，进行射线照相检测操作的人员需要经过一定的培训，射线照相检测过程的程序较多而导致检测效率不高，从而使得检测成本较高。此外，照相底片上不能反映缺陷的深度位置或高度尺寸（得到的是平面投影图像，即三维结构的二维图像，沿射线方向的缺陷影像会前后重叠），并且缺陷取向与射线投射方向有密切关系，影响可检出性，特别是面积型缺陷（例如裂纹），其灵敏度还不如超声检测，一般要求面积型缺陷的取向与射线方向的夹角不宜超过 10°。特别要注意的是，射线的辐射生物效应会对人体造成伤害，因此，对辐射危害的防护及对操作人员的劳动防护、健康保障等都必须高度重视。

还需要特别指出的是，射线照相检测与超声检测都是检测试件内部缺陷的，但其物理原理不同、评定标准不同，因而把两者的检测结果直接进行对比是不合适的。常有人把射线照相检测结果用于验证超声检测结果，或者反验证，这在事实上是不可能一一对应的。应该说，射线照相检测适合检测有一定体积的缺陷（尤其是密度变化较明显的缺陷），而超声检测适合检测面积型缺陷，其反射率大小与两种介质声阻抗差异大小相关。因此，两者的检测结果因评定标准不同而无法做出相同的结论。

8.3.3 数字化照相检测

1. X 射线实时成像检测

X 射线实时成像检测所依据的射线物理基础原理与 X 射线照相检测基本相同，它和 X 射线照相检测一样，都是利用 X 射线在被透照物体中发生衰减或透射的原理。

X 射线实时成像与传统 X 射线照相检测最大的不同是记录介质不再是照相胶片，而是采用特殊荧光物质（如硫化锌镉、硫氧化钆、溴氧化镧、硫化锌等）或者闪烁晶体（如碘化钠、碘化铯、锗酸铋、钨酸钙、钨酸镉等）制成的荧光屏或其他能将穿过物体的带有物体内部形状及缺陷信息（表现为因衰减导致强度变化）的 X 射线转变为肉眼可见透视轮廓图像的物质（如三硫化二锑、碲化锌镉、硒化镉、氧化铅、硫化镉、硅等）。在 X 射线或其他致电离的辐射作用下，这些物质可发出可见光谱范围内的荧光，根据辐射强度的不同，能在该荧光屏上形成荧光图像（射线→可见光），把这种特殊荧光物质制成的屏称为 X 射线实时成像系统的接收屏或感受荧光屏。不只是在静态情况下，还可以在被透照物体位置变化的同时，在荧光屏上产生相应的瞬时射线照相细节的实时图像（即时观察移动中物体的实时图像），荧光屏上的图像再经光电图像变换系统（电视摄像管或 CCD 摄像装置）接收该模拟信号图像转换为视频信号，送到有 X 射线防护的场所，在显示器屏幕上重新显示放大的 X 光图像，以供检验人员进行即时观察评定。这就是工业 X 射线实时成像检测的基本原理。因此，传统 X 射线照相检测可称为直接照相法，而 X 射线实时成像检测则称为间接照相法。

早期的工业 X 射线实时成像检测称为 X 射线工业电视检测或电视射线照相法，简称"X 光工业电视"。它的基本原理是 X 射线穿过被检测物体时，由于物体内部缺陷的密度与母材有差别，对 X 射线吸收程度的大小不同，穿过物体的 X 射线就携带有物体内部形状及缺陷的信息，将这种衰减后强度变化的 X 射线照射到荧光屏后经电视摄像管接收，或者直接照射到对 X 射线敏感的电视摄像管上被接收，并在电视上显示射线照相图像，供检验人员直接观察，可以即时观察移动中的物体的实时图像，如图 8-19 所示。

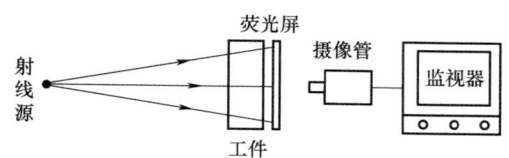

图 8-19　早期 X 射线实时成像系统基本结构原理图

这种早期的 X 射线实时检测系统通过电视摄像管摄取荧光屏上的可见光图像得到的信号是模拟信号，这种模拟信号不能直接被计算机采集进行图像数字化处理，因此这种方法的检测灵敏度比传统 X 射线照相检测要低得多，影像质量较差。

20 世纪 70 年代开始使用以图像增强器为基础的 X 射线实时成像检测系统，采用转换效率高、可进行光电放大、有电子聚焦等功能的图像增强器（图像转换装置），代替射线照相胶片或者旧式工业 X 光电视的简单荧光屏来实现图像转换，进而实现实时检测。

图像增强器（图 8-20）是 X 射线实时成像检测系统中除 X 射线源以外最关键的元件。图像增强器由外壳、射线窗口、输入屏（包括输入转换屏和光电层，目前常用碘化铯晶体或三硫化二锑、硒化镉、氧化铅、硫化镉、硅等对 X 射线敏感的光电材料制作）、聚焦电极和输出屏组成。

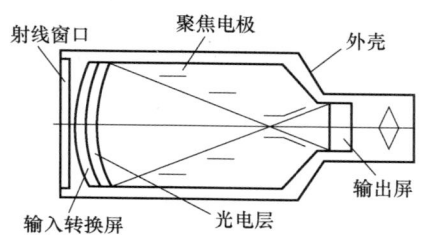

图 8-20　图像增强器结构示意图

X 射线穿过被检工件后首先投射在图像增强器（图像转换装置）的前屏（输入转换屏）上转换为可见光发射，屏后的光电层以同样的分布和比例将可见光发射能量转换为电子发射构成电子图像，通过加有 25~30kV 高压的聚焦电极加速电子，并将其聚集到图像增强器的后屏（输出屏）上，形成高亮度（比通常的荧光屏亮度高出上万倍）的可见光图像。在图像增强器内实现的转换过程是：射线→可见光→电子→可见光。由于大大提高了输出光强，因此得到的图像的亮度、动态范围及分辨率大大增强。

图像增强器输出屏后面是由光学聚焦镜头等组成的光路系统，再由 CCD 或 CMOS 摄像装置摄取可见光模拟图像，通过图像采集板卡进行 A/D 转换，把模拟信号（图像黑度值）转换为计算机能处理的数字电子信号后进入图像处理工作站，引入计算机化的数字图像处理技术进行各种图像增强处理，降低噪声、提高图像的信噪比和动态范围，使图像的亮度、分辨率有更大的提高，从而大大改善图像质量，最后送入监视器显示，方便检验人员进行观察评定。

经过图像增强器及计算机图像处理后，在显示器上所得到的射线透视工件影像的图像灰度、亮度、对比度、清晰度都得到了极大的提高，使现代 X 射线实时检测系统的检测灵敏度达到传统 X 射线照相检测的水平。这种检测方法除了可以进行电信号的图像储存（例如利用硬盘、移动储存介质等），还存在进一步发展缺陷自动识别技术的可能性，目前已有自动评定 X 射线图像的软件可供使用。

现代工业 X 射线实时成像检测系统是一种高度集成的技术设备，主要用于非破坏性检测，广泛应用于工业制造、航空航天、汽车、电子和材料科学等领域。现代工业 X 射线实时成像检测系统结构原理如图 8-21 所示，其中，X 射线源是提供 X 射线成像所必须的 X 射线的设备，其主要由 X 射线管、高压发生器、控制器及冷却装置组成。图像增强器用于提高图像的视觉效果，改善图像质量，将图像转换为更适合人或计算机分析处理的形式。图像处理系统包括计算机操作系统、图像采集卡、采集处理软件及辅助评定软件等。

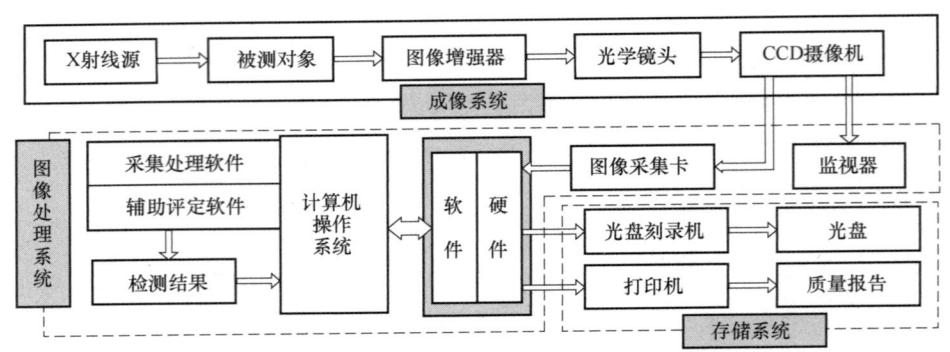

图 8-21　现代工业 X 射线实时成像检测系统结构原理图

该系统工作时，射线透视的结果在监视器屏幕上实时显示生成的 X 射线图像，供操作人员分析和诊断，且检测图像可以按照一定的格式储存在计算机硬盘、移动硬盘、U 盘内或刻录到光盘上而长期保存，也可打印出来存档。

X 射线实时成像检测系统是一种无损检测方法，不会对被测对象造成任何破坏，这使得它适用于成品和半成品的检测。采用 X 射线检测技术具有高分辨率成像能力，能够清晰地呈现物体内部结构，适用于检测微小缺陷。此外，它适用于多种材料和结构，无论是金属还是非金属材料，并且对工件中的夹杂、孔隙等体积型缺陷及密度分布不均等均有很好的检出效果。

工业 X 射线实时成像检测法的适用范围包括金属、非金属、复合材料的被检件整体或特定部位，检测对象的材料范围不限，能应用于大尺寸的材料或整体部件在制造和加工过程中实时监测内部缺陷或者实时观测内部隐藏部件的状况等。工业 X 射线实时成像检测法已经广泛应用于国防、化工、机械制造、锅炉压力容器、汽车制造、电子等行业，例如机场行李检查、核燃料棒、铸件、金属轧制和成形件、焊缝检测等；还可用于检查裂纹、多孔性、气孔、夹杂物、宏观特殊结构和偏心及尺寸变化、厚度、直径、间隙和位置、密度变化、变形力的影响、动态现象、结构内部位移、缺陷变动中的观测等。

2. 计算机放射成像检测

计算机放射成像检测技术属于非直接读出方式，其物理基础是 X 射线的电离作用以及光激励发光；它采用成像板（IP 板）的模拟数字照相成像，其主要特点是以可反复使用高达数千次的成像板取代传统的 X 射线胶片。IP 板又称为无胶片暗盒、拉德成像板等，IP 板有刚性的也有柔性（可弯曲）的，可以与普通胶片一样分切成各种不同大小规格以满足实际应用需要。

计算机放射成像检测系统包括影像采集部分（IP 板）、影像扫描部分（读出器）以及影像后处理和记录部分（计算机、打印机和其他存储介质）。

计算机放射成像检测的成像过程是：X 射线穿透被测物体后，投射到成像板（IP 板）上，IP 板表面涂有一层特殊的荧光物质，当 X 射线照射到这些物质时，它们吸收射线能量，并以潜影的形式储存下来。将这种记录潜影的 IP 板置入专用的读出器中，读书器用极细的激光束对 IP 板进行精细扫描读取，荧光物质被激光激励，释放其储存的能量而发出荧光，荧光被集光器收集送到光电倍增管，由光电倍增管将其放大并转换成电信号，经 A/D 转换器转换成数字图像信号，再经由计算机处理集成为数字化图像。处理后的数字化图像在监视器屏幕上以灰阶形式显示。图像也可以被储存，以供后续分析和记录。

计算机放射成像检测的优点是，便携，读出设备与成像板分离，不需要胶片、化学药品、暗室处理、相关设备及胶片或底片的存储，IP 板可在普通室内进行操作处理（干式），处理速度快，其作业过程基本与传统 X 射线照相检测相同，不需要对操作者进行特殊的培训，使用方便，适用于各种检查。

计算机放射成像检测系统的缺点是操作较复杂，不能实时，与数字 X 射线摄影（DR）检测的成像系统相比，工作效率较低而且图像质量也略逊于 DR。IP 板的使用条件要求和胶片一样，也是非常苛刻的，不能在潮湿的环境中和极端的温度条件下使用。此外，阅读器内应用的是高度精密的激光扫描，现场照相后的 IP 板必须注意清洁，否则容易导致阅读器发生读出故障。

IP 板可重复使用，可装入标准的 X 射线胶片暗盒中。与铅或其他适当的增感屏一起曝光后，手工将其从胶片暗盒中取出，插入阅读器进行成像处理，再将曾曝光的 IP 板重新用于曝光之前需要使用专门的擦除器（消光器）处理即可。IP 板经过强光照射即可抹消潜影，因此可以重复使用高达数千次，其寿命决定于机械磨损程度。

传统射线照相检测与计算机放射成像检测（CR 检测）技术在应用上的一些比较见表 8-1。

表 8-1　传统射线照相检测与 CR 检测技术的比较

比较项目	传统射线照相检测	CR 检测技术
拍摄操作	胶片置入暗盒、遮光袋中，用射线机进行 X 射线照射	与胶片方法基本相同，但采用可反复使用的 IP 板代替胶片
显影（可视化）	在暗室环境中通过显定影等对胶片进行化学处理（湿式）	在明亮的环境下通过专用的读出装置进行光学处理（干式）
评定操作	使用高亮度观片灯对经过显影、定影和干燥处理得到的底片进行观察评定，影像质量已固定	在高分辨率的显示屏上对数字化灰阶图像进行观察评定，可通过软件处理提高图像质量
保管和数据利用	把底片作为证据物保管，保存时间有限，保存日久的照片会逐渐变质，使影像质量下降，如要用于计算机保存观察还必须通过扫描方式变换为数字信息图像。此外，底片的管理和检索查找及递送图像照片都需花费大量的人力和物力	数字化的图像被记录于大容量的存储介质，可被更有效与充分地利用，储存方便可靠和保存时间长，方便计算机管理、检索和网络传送等

3. 数字放射成像检测

数字放射成像检测采用电子成像技术直接数字化 X 射线成像，包括直接转换方式（射线接收器件在经过 X 射线曝光后，X 射线光子被直接转换为电信号）和间接转换方式（射线接收器件先将 X 射线光子转变为可见光，然后再把可见光信号转换为电信号）。数字 X 射线成像从 X 射线曝光到图像显示的全过程是自动进行的，被检工件经过 X 射线曝光后，即可在显示器上显示出黑白灰阶图像。

数字放射成像检测采用的射线接收器件主要是线阵列探测器和平板检测器。目前，线阵探测器已经可以达到每个像素的几何尺寸仅有几十微米，具有极高的空间分辨率和很宽的动态范围，可用于普通 X 射线数字照相。线阵探测器可承受 20~450kV 能量的 X 射线直接照射，具有在强磁场中稳定工作的能力，无老化现象，动态范围可达到 12bit（4096 灰度级），可以一次性实现透照厚度变化较大的工件和成像检测。

线阵成像系统的配置一般包括：线阵探测器（包括扫描机构）、计算机（包括 PC 接口卡、成像器卡、X 射线采集和成像软件）及成像器电缆等。图像的采集与处理系统由前置放大器、A/D 转换器、缓存器、CPU 等组成。线阵探测器作线扫描成像的扫描时间短，所需 X 射线剂量低，动态范围宽，价格较低，因而获得较多应用。

平板检测器主要为平板式结构，平板式数字成像系统的工作原理如图 8-22 所示。

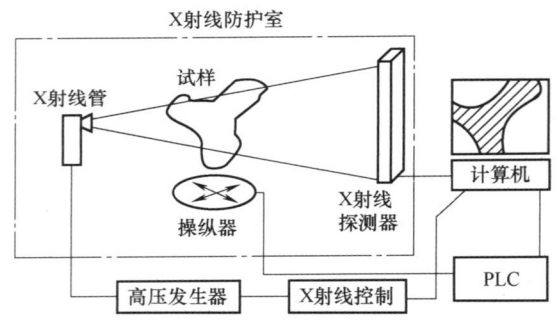

图 8-22 平板式数字成像系统工作原理

平板式数字成像系统的空间分辨率已经接近射线胶片照相的分辨率，但是对比度范围远远超过射线胶片，除了不能进行分割和弯曲外，能够与照相检测和 CR 检测有同样的应用范围，可以被放置在机械或传送带位置，检测通过的零件，还可以采用多配置进行多视域的检测。在两次照射期间，不必更换成像板，仅需要几秒钟数据采集就可以观察到图像，与射线照相检测和 CR 检测的生产能力相比，效率有巨大提高。

平板式数字成像系统已被广泛应用于医疗和工业领域的 X 射线检测，可达到射线照相胶片的影像质量，具有检测速度快、费用低、可接受射线直接照射等特点。

数字放射成像检测系统的组成可以简单地表述为：射线源→检测对象→射线成像探测器→图像数字化系统→计算机（数字图像处理系统、影像后处理和记录部分、打印机和其他存储介质）。

计算机放射成像检测和数字放射成像检测的最大特点是取代了传统的 X 射线照相胶片，以数字化图像显示射线透视影像。射线数字化影像不仅可利用各种图像处理技术对图像进行处理，改善图像质量，并可将各种判断技术所获得的图像同时显示，进行互相参照、互相补充，乃至合并处理，大大增加了可供判断的信息。

4. 计算机断层扫描检测

计算机断层扫描检测是一种重建检测对象横截面薄层切片图像的技术，可以利用不同类型的能量束进行扫描，例如超声波、电子、质子、α粒子、激光、微波、电磁场、X射线和γ射线等。在工业无损检测技术中，目前以X射线为能源的计算机断层扫描检测技术最为成熟，简称工业CT。

基于射线与物质的相互作用原理，利用X射线或γ射线以不同透射角度探查试件的同一水平剖面，把射线探测器置于射线源对面，原则上应对各个断面（各个层面）以不同角度做大量吸收检测，所测得的吸收值储存于计算机中。在断层照相后，通过计算机计算检测范围的水平与垂直断面，以投影重建方法重构出三维显示或恢复任意垂直面和水平面的二维数字图像，而无须再次透照试件。

工业CT技术可以提供传统X射线照相成像技术无法实现的二维切面或三维立体表现图，甚至超高速动态三维CT，避免了传统X射线照相成像的影像重叠、密度分辨率低、混淆真实缺陷等缺点，能紧密、准确地再现物体内部三维立体结构，定量提供物体内部的物理、力学特性，如缺陷位置及尺寸、密度的变化和水平，异型结构的形状及精确尺寸，物体内部的杂质及其分布等。

工业CT主要用于工业产品的无损检测，根据被检工件的材料及尺寸（大到直径为2~4m、长度达8m、重达几十吨，小到直径只有几毫米），选择不同能量的射线，射线能量越高，波长越短，穿透能力越强，同时射线能量也对成像质量的产生有重要影响。

工业CT技术已经应用于航空航天、兵器、核能、船舶、新材料与新工艺研究等领域，检测对象基本上不受材料尺寸、形状的限制，因此适用范围很广，而且除了缺陷检测、尺寸测量、密度分析等应用外，还可应用于计算机辅助设计和计算机辅助加工。

工业CT技术的主要优点是：能保持透视方向的深度信息，能精确测定试件内部结构或缺陷的位置与形状，进行缺陷的定性、定量和定位评定，检测结果直观且检测灵敏度高，例如空间分辨率为20~250Lp/cm、密度分辨率为0.1%~1.0%、几何灵敏度为5~100μm。其缺点主要是：检测系统的仪器技术费用高、检测成本高、检测效率低。图8-23所示为使用平板接收器的工业CT结构组成。图8-24所示为使用线阵列探测器的工业CT结构组成。

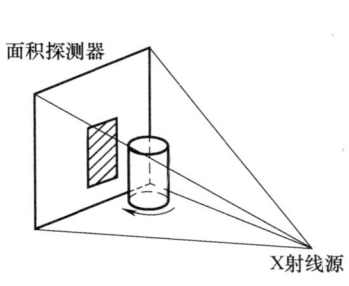

图8-23 使用平板接收器的工业CT结构组成

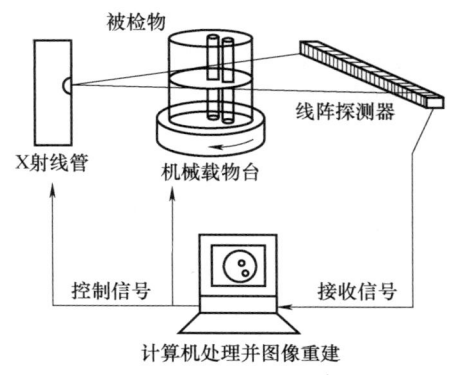

图8-24 使用线阵探测器的CT结构组成

工业 CT 的基本结构包括射线源、前后准直器、射线探测器、机械扫描装置、电子学系统与接口、计算机及外围设备、射线防护措施等。工业 CT 系统中使用的射线源可分为 X 射线源和 γ 射线源。机械扫描装置（如回转检台）的步进与旋转精度决定了射线扫描的精度，需要使用高精度的交流伺服电动机直接驱动机械扫描装置。电子学系统与接口、计算机、外围设备及起着关键作用的应用软件承担数据采集与系统控制、图像重建运算和数字图像处理、CT 影像输出与存储等任务。

工业 CT 系统中使用射线源，因此，所采取的射线防护措施不仅有对操作人员的辐射防护，而且还包括对一些精密电子设备的防护（例如对射线探测器放大电路、数据传输的防护）。

8.4 热学特性的检测技术

热学特性的检测即红外检测，红外线（或称红外热辐射）是一种电磁波，具有与无线电波和可见光一样的本质，红外无损检测是依据红外物理理论，将红外辐射特性的分析技术和方法，应用于被检对象的无损检测的一个综合性应用工程技术。材料、装备及工程结构等运行中的热状态是反映其运行状态的一个重要方面，热状态的变化和异常过热是确定被测对象的实际工作状态和判断其可靠性的重要依据。分析被检对象的红外辐射特性是确定其热状态的良好途径，因此，红外无损检测技术在材料、装备及工程结构等方面的检测与评价中发挥着越来越重要的作用。

8.4.1 红外检测的基础知识

红外线通常指波长 $0.76 \sim 1000 \mu m$、频率 $3 \times 10^{11} \sim 4 \times 10^{14} Hz$ 的电磁波，位于可见光光谱的红色与微波之间，其中，波长为 $0.76 \sim 3.0 \mu m$ 的部分称为近红外线（短波红外线），波长为 $3.0 \sim 30 \mu m$ 的部分称为中红外线，波长为 $30 \sim 1000 \mu m$ 的部分称为远红外线，即长波红外线，也有人把这段再分割为远红外线和极远红外线。

自然界中，一切温度高于 0K（-273.15℃）的物体都会自发地从表面向周围空间发出连续谱的红外辐射能量（即使像冰块这样表面非常寒冷的物体，也同样能够发射红外能量），这是因为任何物体在常规环境下都会产生自身分子和原子的无规则运动，并不停地辐射出热红外能量，从而在物体表面形成一定的温度场，俗称"热像"。物体分子和原子的运动越剧烈，辐射的能量越大；反之，辐射的能量越小。物体的温度只要有较小的变化，就会引起物体的红外辐射功率发生较大变化。物体的温度越高，它所辐射的红外能量就越强，这是一种人眼看不见的能量。红外检测技术就是通过红外探测器接收物体发出的红外线（红外辐射），将物体辐射的功率信号转换成电信号后，成像装置的输出信号就可以一一对应地模拟扫描物体表面温度的空间分布，经电子系统处理，传至红外热像仪显示屏上，得到与物体表面热分布相应的热像图（红外线热图成像），从而实现对目标进行远距离温度场成像和测温，并分析判断物体表面的温度分布情况。红外辐射具有两个重要的理论。

1. 基尔霍夫定律

实验表明，物体表面的温度不同，其红外辐射或吸收的能力也不同。若有一个理想的物体，它对红外的辐射率和吸收率等于1，与表面温度和波长无关，则这种理想的辐射体和吸收体称为黑体。实际上理想的黑体是不存在的，一切物体的辐射率和吸收率都小于1，并且它们辐射或吸收红外的能力与表面温度、红外辐射的波长等因素有关。在工程中用辐射率 ε 来定量地描述物体辐射或吸收红外的能力，它等于物体的实际辐射强度 I 和同温度下黑体的辐射强度 I_b 之比，即

$$\varepsilon = \frac{I}{I_b} \tag{8-10}$$

当几个物体处于同一温度时，各物体辐射红外线的能力正比于其本身吸收红外线的能力，并且任何一个物体的红外辐射能量密度都可用公式表示为

$$\omega_\lambda = \alpha \omega_b \tag{8-11}$$

式中，ω_λ 为物体在单位时间内红外辐射的能量密度；ω_b 为黑体在同一温度下单位时间内红外辐射的能量密度；α 为物体对红外辐射的吸收系数，总小于1。

显然，黑体是最理想的辐射体和吸收体，它的吸收系数和辐射系数都等于1。另外，物体处于红外辐射平衡状态时，它所吸收的红外能量等于它所辐射的红外能量。一个物体对辐射的吸收比越大，它的辐射出射度也就越大，即吸收越强的物体发射辐射也越强，这就是基尔霍夫定律。由此定律还可知，性能良好的反射体或透明体，必然是性能差的辐射发射体。在实践中，增加物体辐射红外线能力的常用方法，就是使其表面反射红外线的能力最小。

2. 斯特藩-玻尔兹曼定律

根据普朗克黑体热辐射定律，在温度 T 一定时，黑体辐射的能流密度 $M_{B\lambda}$ 是辐射波长 λ 的函数。因此，物体的红外辐射能量的大小及其按波长的分布与它的表面温度有着十分密切的关系，在工业上可用于设备、构件等的热点检测和热辐射测温。

根据斯特藩-玻尔兹曼定律可知：

$$R_\lambda = \varepsilon_\lambda \sigma T^4 \tag{8-12}$$

式中，R_λ 为物体光谱辐射通量密度，单位为 $W \cdot cm^2/\mu m$；ε_λ 为物体光谱辐射本领；σ 为斯特藩-玻尔兹曼常数，$\sigma = 5.67 \times 10^{-8} W \cdot m^2/T^4$；$T$ 为物体热力学温度，单位为 K。

该定律描述了辐射功率随温度的变化规律（单位面积单位时间辐射功率和温度的四次方成正比）。具有一定温度的物体对应某一波长有最大的辐射通量密度，根据维恩（Wein）位移定律，有：

$$\lambda_m T = b \tag{8-13}$$

式中，λ_m 为物体最大辐射通量密度对应的波长（即峰值波长）；b 为常数，$b = 2.898 \times 10^{-3} m \cdot K$。因此，通过对物体自身辐射的红外能量的测量，便能准确地测定它的表面温度。

应当注意的是，自然界中并不存在真正的黑体，但是为了弄清和获得红外辐射分布规律，在理论研究中必须选择合适的模型。普朗克提出了体腔辐射的量子化振子模型，以波长表示黑体光谱辐射度，这是一切红外辐射理论的出发点，故称普朗克黑体辐射定律。因此，为使黑体辐射定律适用于所有实际物体，必须引入一个与材料性质及表面状态有关的比例系数，即发射率。该系数表示实际物体的热辐射与黑体辐射的接近程度，其值在0和小于1的数值之间。根据辐射定律，只要知道了材料的发射率，就知道了任何物体的红外辐射特性。

根据黑体辐射定律，在光谱的短波段由温度引起的辐射能量的变化将超过由发射率误差

所引起的辐射能量的变化。因此，红外辐射检测一般对中、短波红外线具有较高的灵敏度，但是短波红外线的衰减很快，所以一般红外辐射检测仪器应用的敏感波段在中波。

在红外热成像检测中，能够检测的物体温度范围通常为 300~400K（开尔文，K 表示热力学温度单位），即波长范围为 8~14μm，此时的红外辐射具有最大辐射通量密度，由此决定了红外热成像检测系统的敏感波段。

在红外热成像检测中涉及两个重要的物理性能和热力学温度单位，即热导率、热扩散率和开氏温度。热导率又称导热系数，常用符号 λ 表示，热导率反映物质的热传导能力，即反映材料导热性能的物理量。根据热传导理论，不同材料的导热率不同，只要材料不同就会产生热传导的不一致性。热导率越大，导热性越好，热导率很大的物体就是优良的热导体，而热导率小的物体就是热的不良导体甚至是热绝缘体（如工业上常用的石棉、珍珠岩等保温隔热材料）。如果同一均匀物质的各部分之间温度差不是很大时，在实际应用中可视整体物质的热导率为一常数。各种物质的热导率数值主要靠实验测定，见表 8-2、表 8-3。

表 8-2 几种常用材料的熔点、热导率和比热容

名称	熔点/℃	热导率 λ/[W/(m·K)]	比热容 c/[kJ/(kg·K)]	名称	熔点/℃	热导率 λ/[W/(m·K)]	比热容 c/[kJ/(kg·K)]
灰铸铁	1200	58	0.532	铝	658	204	0.879
碳钢	1460	47~58	0.49	锌	419	110~113	0.38
不锈钢	1450	14	0.51	锡	232	64	0.24
硬质合金	2000	81	0.80	铅	327.4	34.7	0.130
纯铜	1083	384	0.394	镍	1452	59	0.64
黄铜	950	104.7	0.384	聚氯乙烯	—	0.16	—
青铜	910	64	0.37	聚酰胺	—	0.31	—

表 8-3 几种金属的热导率

材料	热导率 λ/[W/(m·K)]	材料	热导率 λ/[W/(m·K)]
铝	204~238	钢	45
紫铜	65~407	不锈钢	17
黄铜	93	铸铁	45~90
铜	383~401	银	411~429
铅	34.8~35	镍	88
金	317	锡	67
铍	200	铁	46.5~80

热扩散率又叫导温系数，在传热分析中，热扩散率 α（单位为 m²/s）是热导率 λ 与比热容 c 和密度 ρ 的乘积之比

$$\alpha = \lambda/(\rho c) \tag{8-14}$$

式中，λ 为材料的热导率，单位为 W/(m·K)；c 为材料的比热容（比热），单位为 J/(kg·K)；ρ 为材料的质量体密度，单位为 kg/m³。

热扩散率与材料性质有关,它表示物体在加热或冷却过程中,温度趋于均匀一致的能力。对于均匀无缺陷的材料,其热扩散率(α)为常数。当在某种均匀材料中有缺陷存在时,缺陷的导热性与母体材料的导热性有差异,相当于具有另一热扩散率的材料,因而有缺陷部分与无缺陷部分的热状态不同,在材料表面就有不同表现,可以测量这种红外辐射差异从而检出缺陷。

热传导的差异在材料表面形成时间和空间上的温度梯度,即温度扰动。

$$\Delta T = T_f - T \tag{8-15}$$

式中,ΔT 为温度扰动;T_f 为有缺陷处的材料表面温度;T 为无缺陷处的材料表面温度。ΔT 不仅与材料的热扩散率有关,而且与缺陷的几何尺寸和埋藏深度有关。

红外线能够良好地穿透大气、烟雾、水汽等,因此,无论是完全无光的夜晚,或是在烟云密布的战场,通过红外线都可以清晰地观察到前方的情况,例如军事上的红外夜视仪、红外瞄准镜,飞机、舰艇和坦克的全天候前视系统就是运用了热红外成像技术。红外线在医学上可应用于检查人体温度异常区域,在工业上则可用于设备、构件等的热点检测、缺陷检测及热辐射测温。

8.4.2 红外热成像检测

红外热成像检测可分为主动式(在试件背面或正面进行人工加热,从而向被检试件注入一定的热量形成温度场,用于检测成像)和被动式(依靠自然界环境温度或试件自身存在的热源产生热辐射,从而对其温度场被动成像进行检测)。通常所说的红外热成像检测是指被动式红外检测。无论是主动式还是被动式,对于温度场的检测成像都是依靠红外热成像仪。

1. 红外热成像仪的工作原理

红外热成像仪是通过吸收目标物体的能量辐射生成红外图像并进行温度测量的仪器。利用红外热成像仪测量目标本身与背景间的红外辐射能量差异,可以得到不同红外线辐射能量形成的红外热图像。当材料表面的温度差大于红外热成像仪的最小可测温度时,即可在红外热成像仪上观察到人眼不能直接看到的试件表面温度分布的热图像(非可见光图像),然后分析判断材料中是否存在缺陷。

红外热成像仪镜头所用的材料是锗玻璃,由于它价格昂贵,因此镜头的成本占了热成像仪成本的很大比例,镜头尺寸的大小关系到热成像仪的成本,因此热成像仪制造商一般都选择小口径或高焦距的镜头来降低成本。

红外焦平面探测器由大量的像元在焦平面上排成阵列而形成,像元尺寸的大小将影响一系列性能指标,像元尺寸越小,就可制作越高像素的探测器。像元尺寸越小,其像元均匀性越好,图像性能越好。另外,像元尺寸越小,系统所配的镜头口径也可越小,进而降低成本。

红外热成像仪最重要的两个技术指标是温度分辨率和空间分辨率。

(1)温度分辨率

温度分辨率是指红外热成像仪使观察者能从背景中精确地分辨出目标辐射的最小温度差异值。温度分辨率体现了红外热成像仪的温度敏感性,温度分辨率越小则意味着红外热成像仪对温度的变化感知越明显。红外热成像仪测试被测物的主要目的是通过温度差异找出相对的热点,从而判断出故障点,测量单个点的温度值并没有太大意义。

(2) 空间分辨率

空间分辨率是指使用红外热像仪观测时,红外热成像仪对目标空间形状的分辨能力。红外热成像仪的空间分辨率通常以 mrad (毫弧度)为单位,弧度值越小,其分辨率越高。弧度值乘以半径约等于弦长,即目标的直径。

2. 红外热成像检测技术的特点

1) 能显示物体的表面温度场,并以图像的形式显示,非常直观。

2) 分辨力强,现代热成像仪可以分辨 0.1℃ 甚至更小的温差。

3) 显示方式灵活多样,温度场的图像可以采用伪彩色显示,也可以通过数字化处理,采用数字显示各点的温度值。

4) 能与计算机进行数据交换,用于存储和处理。

除上述特点外,热成像仪的不足主要有:大多数热成像仪需要用液氮、氩气或热电制冷以保证红外探测器在低温下工作,这样使其结构复杂,使用不方便;光学机械扫描装置结构复杂,操作维修不方便;价格非常昂贵等。

红外热成像检测技术已广泛应用于金属、非金属构件,尤其适用于热导热率低的材料,如检测复合材料、胶接结构和叠层结构中的孔洞、裂纹、分层和脱黏类缺陷,还可用于聚合物、橡胶、尼龙、胶纸板、石棉、有机玻璃、水泥制品、陶瓷等的质量检测,对固体火箭发动机整体或壳体、航空发动机喷管、涡轮叶片、电子仪器的整机或组件(如印刷电路板、集成电路块等)的温度监控,检查元件的质量、钎焊质量及工作状态,检测电力设备(如电气设备、配电系统,包括高压接触器、熔断器盘、主电源断路器盘、接触器、配电线、电动机、变压器、发电机组的换向触点、高压瓷瓶、高压开关与触头、输变电线路等)中的不良接触以及回路过载或三相负载不平衡等所造成的过热点检测,以免引起严重短路、火灾、停机等事故,铁路车辆的轴体或轴承过热检测(摩擦过热导致"烧轴"事故),石油化工、采暖、节能等领域的容器与管路检测,安全监控系统中也已广泛应用了红外热成像仪。在建筑行业,可以用于建筑外墙的整体检测,检测建筑物墙体的剥离、渗漏和墙饰面层的质量(发现肉眼无法觉察的建筑缺陷及状态,确保建筑性能及质量,避免造成重大损失或危害),还可用于建筑节能评估,检测建筑湿气/冷凝伤害、电气系统故障、暖通空调系统故障等。

对于所有可以直接看见的设备,红外热成像检测能够确定所有连接点的热隐患,对于那些由于屏蔽而无法直接看到的部分,则可以根据其热量传导到部件外面的情况来发现其热隐患。例如,混凝土的红外检测就是通过测量混凝土表面的热量及热流来判断其质量的,因为混凝土内部缺陷会改变混凝土的热传导,使混凝土表面的温度场分布产生异常,用红外热成像仪测量混凝土表面热图像,由热图像中的异常特征可判断出混凝土内部缺陷的类型及位置特征,还可用于检测混凝土遭受冻害或火灾等损伤的程度等。

8.5 渗透检测技术

渗透检测是一种以毛细作用为基础,检查表面开口缺陷的无损检测方法。渗透检测可广泛应用于检测大部分的非吸收性物体的表面开口缺陷,如钢铁、有色金属、陶瓷及塑料等,对于形状复杂的缺陷也可一次性全面检测。

8.5.1 渗透检测的基本原理

渗透检测的基本物理原理是基于毛细管现象,就是通过喷洒、刷涂、浇涂或浸渍等方法,把渗透力很强(表面张力小,或者说与固体的接触角很小)的渗透液施加到已清洗干净并干燥的被检件表面,经过一定的渗透时间,待渗透液基于毛细管作用的机理渗入被检件表面的开口缺陷后,将被检件表面多余的渗透液用擦拭、冲洗等方法清除干净并干燥,然后在被检件表面用喷撒或涂抹等方法施加显像剂,显像剂能将已渗入缺陷的渗透液同样基于毛细管作用吸附引导到被检件表面,而显像剂本身提供了与渗透液的颜色形成强烈对比的背景衬托,反渗出来的渗透液将在被检件表面开口缺陷的位置形成可供观察的痕迹,反映出缺陷的状况(形状、取向及二维平面上的大小)。

渗透检测的基本原理是以液体的某些特性为基础,主要包括渗透、清洗、显像和观察四个方面。渗透检测的基本过程如图8-25。

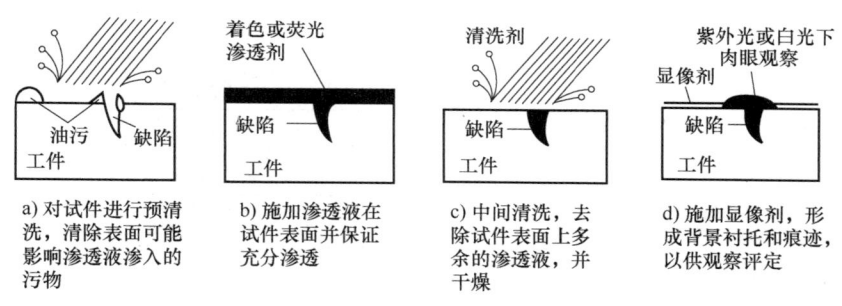

图 8-25　渗透检测的基本过程

(1) 渗透

将工件浸渍在渗透液中,或采用喷涂、刷涂的方法将渗透液均匀地涂抹于工件表面,渗透液会沿缺陷边壁逐渐浸润而渗入缺陷内部。

(2) 清洗

在渗透液充分渗入缺陷内腔以后,用水或溶剂将工件表面多余的渗透液清洗干净,并使其干燥。

(3) 显像

将氧化镁、二氧化硅等显像剂配制成的显像液均匀涂敷在工件表面,形成显像膜,残留在缺陷内的渗透液通过显像膜中粉末间的毛细作用被显像膜回吸,并在工件表面显示出放大的缺陷图像。

(4) 观察

在自然光下(着色渗透法)或在紫外线灯照射下(荧光渗透法),检验人员用目视法进行观察。

渗透检测的特点有:

1) 不受材料组织结构和化学成分的限制,如有色金属、黑色金属、塑料、陶瓷及玻璃等。

2）灵敏度高，可清晰地显示宽 0.5μm、深 10μm、长 1mm 的裂纹。
3）缺陷显示直观，且同时可显示各个方向的各类缺陷。
4）原理简明易懂，设备简单，携带方便，检测费用低，适于野外工作。
5）不适合用于检查多孔性或疏松材料制成的工件或表面粗糙的工件。
6）只能检测表面开口缺陷，对埋藏于表层以下的缺陷无能为力。
7）即使是形状复杂的试件，也只需一次检测操作就可大致做到全面探测。
8）即使是球形表面的缺陷，也很容易观察到痕迹。另外，同时存在几个方向的缺陷时，用一次检测操作就可以完成探测。
9）检测结果往往容易受检测操作人员的技术水平影响。
10）只能检出缺陷表面分布，不能定量。

8.5.2 渗透检测的方法

根据所应用渗透液的种类和显示方式的不同，渗透检测主要分为着色渗透检测和荧光渗透检测，具体分类如图 8-26 所示。

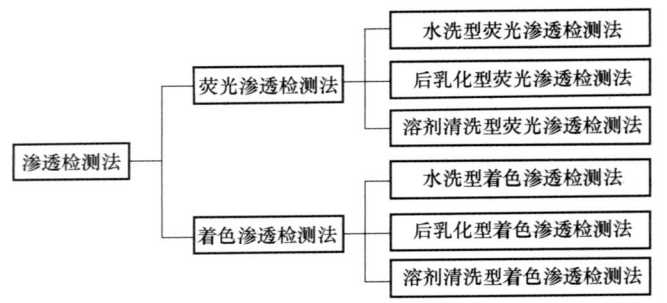

图 8-26 渗透检测分类

1. 荧光渗透检测法

渗透检测液是用黄绿色荧光颜料配制而成的黄绿色液体。荧光渗透检测法的渗透、清洗和显像与着色渗透检测法相似，观察则在波长为 365nm 的紫外线照射下进行，缺陷呈现黄绿色的痕迹。

荧光渗透检测法的优点是检测灵敏度较高，缺陷容易分辨。该方法的缺点包括：要求观察时工作场所光线暗淡；在紫外线照射下观察，检测人员的眼睛容易疲劳；紫外线对人体皮肤长期照射有一定的危害；其适应性不如着色渗透检测法。荧光渗透检测法按清洗方法不同，分为水洗型（自乳化）荧光渗透检测法、后乳化型荧光渗透检测法和溶剂清洗型荧光渗透检测法三种。按显像方法不同，每种方法又可以进一步分成干法显像和湿法显像。

2. 着色渗透检测法

着色渗透检测法使用的渗透液是用红色颜料配制成的红色油状液体，可以在自然光线下观察到红色的缺陷显示痕迹。观察时不使用任何辅助光源，只要在明亮的光线照射下便可进行观察。着色渗透检测法较荧光渗透检测法使用方便，适用范围广，但检测灵敏度低于荧光渗透检测法。

着色渗透检测法按使用的渗透液不同可分成水洗型（自乳化）着色渗透检测法、后乳化型着色渗透检测法和溶剂清洗型着色渗透检测法三种。若按显像方法的不同，每种方法又可分成干法显像和湿法显像。

各种渗透检测方法都有自己的优缺点，实际选用时，应根据零件的大小、形状、数量、质量、表面粗糙度，需要检验的缺陷类型，要求检验的灵敏度，水、电、气的供应情况，检验场地的大小及检验费用等因素来综合考虑。以上因素中以灵敏度和检验费用的考虑最为重要，足够的灵敏度才能确保产品的检验质量，但这并不意味着任何情况下都要选择最高灵敏度的检验方法。粗糙的表面若采用高灵敏度的渗透剂，会导致清洗困难，荧光背景过深，虚假显示多，甚至达不到检验的目的。灵敏度高的检验方法费用也较高，因此，灵敏度和检验费用要综合考虑。

在进行某一种渗透检验时，所用的一系列材料（渗透剂、去除剂、显像剂）应来自同一个制造厂家生产的产品。这一系列渗透检验材料称为一个族组，只有在同一族组中材料配合使用的情况下才能达到满意的检验效果。特别注意不要将不同族组的同类材料混合在一起使用，因为虽然是同种作用的材料（例如渗透剂），但由于其组成不同，所以混合使用时，会出现化学反应或灵敏度下降的现象。经过着色检验过的零件，需进行彻底清洗，才能进行荧光检验，因为缺陷中残存的着色染料会减小或猝灭荧光染料的发光亮度。对于给定的零件，采用合适的显像方法，对保证检验灵敏度十分重要。对于非常光滑的表面，干式显像剂不能有效吸附，撒上的粉末很容易从表面下滑。因此，对于表面光滑的零件采用湿式显像效果更好。相反，粗糙的表面采用干式粉显像效果比湿式显像好，而采用湿式显像时显像剂可能集聚在拐角、孔洞、空腔、螺纹根部等部位而掩盖缺陷显示。渗透检验方法的选择指南见表8-4。具体选择时，需根据被检对象的特点综合考虑。

表 8-4 渗透检验方法的优先选择指南

对象或条件		渗透剂	显像剂
要检验的缺陷	浅而宽的缺陷，细微缺陷	FB	S
	深度 30μm 及 30μm 以上的缺陷	FA（VA），FC（VC）	W，S，D
	靠近或聚集的缺陷及需观察缺陷表面形状的	FA，FB	D
被检零件	小零件批量连续检验	FA，FB	W，D
	少量零件不定期检验及大零件局部检验	FC，VC	S
零件表面粗糙程度	表面粗糙的锻、铸件	FA，VA	D，W，N
	中等粗糙的精铸件	FA，FB	D
	车加工表面	FA（VA），FB，VC	S，D，W
	磨加工表面	FB，VC	S
	螺纹和键槽等拐角处	FA，VA	D
	焊缝及其他缓慢起伏的凹凸面	FA，VA，FC，VC	D，S
设备条件	有场地、水、电、气、暗室	FA，FB	D，W
	无水、电，在现场检验	VC	S

(续)

对象或条件		渗透剂	显像剂
其他	要求重复检验（量多重复5~6次）	VC, FB	S, D
	泄漏检验	FA, FB	N, D, S

注：FA 表示水洗型荧光渗透剂；FB 表示后乳化型荧光渗透剂；FC 表示溶剂去除型荧光渗透剂；VA 表示水洗型着色渗透剂；VC 表示溶剂去除型着色渗透剂；D 表示干式显像剂；W 表示湿式显像剂；S 表示快干式显像剂；N 表示自显像剂。

渗透检测适用于具有非吸收（非多孔性）的光洁表面的金属、非金属，特别是无法采用磁性检测的材料，例如铝合金、镁合金、钛合金、铜合金、奥氏体钢等的制品，可检验锻件、铸件、焊缝、陶瓷、玻璃、塑料及机械零件等的表面开口型缺陷。

渗透检测的优点包括：灵敏度较高（可检测开口宽度达 $0.1\mu m$ 的裂缝），检测成本低，使用设备与材料简单，操作轻便简易，显示结果直观并可进一步作直观验证（例如使用放大镜或显微镜观察），检测结果容易判断和解释，检测效率较高。缺点包括：受试件表面状态影响很大，并只能适用于检查表面开口型缺陷，如果缺陷中填塞较多杂质，则会因阻碍渗透剂的渗入而影响缺陷检出的灵敏度。

8.6 电磁特性的检测技术

物理学理论已经阐明，一切物质皆有磁性，只是强弱程度不同而已。物质磁性的根源是电子的自旋磁矩、轨道磁矩和核磁矩。在一个小区域中，原子磁矩是按同一方向排列的，这种小的区域叫作磁畴。正常情况下，材料各磁畴的自发磁化强度取向是杂乱的，磁矩互相抵消，因此对外不显磁性，只有在外加磁化场时，多磁畴的磁矩才会按外加磁化场方向取向，此时，材料对外显示磁性。

由此可知，在磁畴内存在恒定磁场，其强度等于饱和值，而磁化矢量的方向取决于磁结晶轴的方向。当外加机械应力时，材料的晶格组织会发生变化，如位错、滑移等。实际的晶体往往存在着使晶体许多性质发生强烈变化的各种缺陷，如表面缺陷、点缺陷、线缺陷、体缺陷等。目前，根据金属材料及少数石墨、碳纤维复合材料等非金属导电材料的磁电特性进行产品检测，主要利用磁粉检测、漏磁检测和涡流检测等相关的磁电特性的检测技术。

8.6.1 磁粉检测

铁磁性材料受到外加磁场作用时，会产生磁化，如果材料存在表面或近表面的缺陷，或者显微组织状态变化，将会使局部磁导率发生变化，即磁阻增大，从而使磁路中的磁力线相应发生畸变，于是一部分磁力线在材料内部绕过缺陷，还有一部分磁力线会离开材料表面，通过空气绕过缺陷再重新进入材料，从而在材料表面形成了漏磁场，如图 8-27 所示。

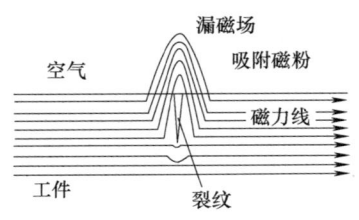

图 8-27 漏磁场的形成

一般来说，表面裂纹越深（深宽比越大），漏磁场超出材料表面的幅度越高，它们之间基本上呈线性关系。在漏磁场处，由于磁力线出入材料表面而在缺陷两侧形成了两个磁极（S、N极），若在此表面上喷洒细小的铁磁性粉末，表面漏磁场处就能吸附磁粉形成肉眼可见的磁痕，显示出缺陷所在的位置及其形状，达到检测缺陷的目的，此即磁粉检测的基本原理。

用于磁化铁磁性材料的电源多采用交流电源，或者经整流的交流电（单相半波整流、单相全波整流、三相全波整流等）。在交流电磁化的情况下，由于有趋肤效应存在，铁磁性材料中的磁通基本集中在材料表面和近表面，一旦有表面或近表面缺陷存在，就会在工件表面产生较强的漏磁场，因此具有较高的检测灵敏度。而在应用直流电磁化的情况下，由于没有趋肤效应，大部分磁通深入工件内部，在表面区域单位面积通过的磁通大大减少，因此对表面缺陷的检测灵敏度不如交流电磁化，但是可检测深度大于交流电磁化的情况。就一般情况而言，用交流电磁化产生的交变磁场的磁通有效透入深度（即检验深度）为$1\sim2$mm，而直流磁化产生的磁通有效透入深度则为$3\sim4$mm。因此磁粉检测技术只适用于检测铁磁性材料的表面和近表面缺陷。

磁粉检测是一项发展历史较长、比较成熟的无损检测方法，已经有了广泛的应用。磁粉检测的优点是检测结果直观、操作简便、检测成本低、检测效率高；缺点是无法确知缺陷的深度和只能适用于检查铁磁性材料的表面和近表面缺陷。另外，其观察评定必须由检测人员的眼睛观察，难以实现真正的自动化检测，检测结果目前主要是通过照相的方式保存。

8.6.2 漏磁检测

漏磁检测的基本原理与磁粉检测相同，都是利用铁磁性材料被磁化时，在表面或近表面的缺陷处能产生漏磁场的现象，但是漏磁检测不使用磁粉而是直接使用特殊的测磁装置（磁带、检测线圈、磁敏元件、磁通量闸门等）探查并记录漏磁通的存在，以达到检测目的。

根据探查漏磁通的方法和记录方式的不同，主要有以下几种类型：

（1）录磁检测（磁带记录法）

利用磁带覆盖在被磁化的工件上，直接记录漏磁通，然后将磁带通过磁带检测装置转换成电信号输出，从而指示缺陷的存在。

（2）检测线圈法

用检测线圈在被磁化的工件上移动扫查，工件表面的漏磁场能在检测线圈中产生感应电势，然后直接以电信号输出，指示缺陷的存在。

（3）磁敏元件法

利用霍尔元件（利用具有霍尔效应的元件，即一块通电的半导体薄片上被施加与薄片表面垂直的磁场时，薄片横向两侧会出现一个电压，称为霍尔电压）、磁敏二极管、磁敏电阻等磁敏元件在被磁化的工件上移动扫查，探测到的漏磁通将转换成电信号输出，指示缺陷的存在。

（4）磁通量闸门法

主要用于探测直流磁化工件的直流漏磁通，并将其转换成电信号输出，指示缺陷的存在。

漏磁检测的基本原理如图 8-28 所示。

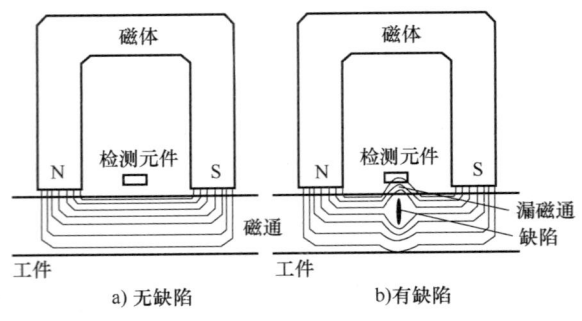

图 8-28　漏磁检测的基本原理

漏磁检测技术主要以自动化检测为目的，不仅能检出缺陷的存在，而且能根据检测到的漏磁通的特征量来确定缺陷的某些特征尺寸，例如缺陷深度、长度等。由于实现了自动化检测，可由计算机根据检测到的信号判断是否存在缺陷，并且可以实现检测结果的永久性保存，因此其检测结果可以不受检测人员的技术水平、视力等主观因素的影响，提高了检测可靠性，并且大大减轻了劳动强度，提高了检测效率，改善了工作环境（如避免了磁粉、磁悬液等造成的环境污染）。

漏磁检测技术的缺点包括：检测灵敏度较低，对于开隙度很小或闭合型裂纹（如初始疲劳裂纹）的检出能力较低，只能对缺陷做粗略定量；检测结果的显示不直观；受被检测工件的形状限制，不适合形状复杂的工件；检测结果容易受周围环境的电磁干扰（如电焊机、电磁起重机等产生强电磁场的装置）影响。

漏磁检测多应用于钢结构件、钢坯、圆钢、钢棒、钢管、焊接管的焊缝、钢缆、输油气管道、储油罐底板等，并且已经能实现抽油杆、油管接箍、输油管、大口径钢管、钢棒等的自动化漏磁检测。

漏磁检测还可用于铁磁性材料的磁特性测量，例如矫顽力、磁各向异性、残余应力等，以及金属材料的过烧、材料分选、铁磁性材料表面非磁性涂镀层厚度的测量、退磁测量等。但是这些测量受材料的磁导率、工件形状（边缘效应）及检测时探头（检测线圈）的提离效应等影响，需要有参考评定标准。

磁粉检验和漏磁检测仅适用于铁磁性材料制成的棒材、管材、锻件、铸件、焊缝、挤压或轧制件，以及机械加工零件等的表面与近表面缺陷的检测，例如裂纹、折叠、缝隙、发纹、疏松、夹杂物、局部冷作硬化等，特别是对细小紧密（深宽比大）的裂纹类缺陷有很好的检测灵敏度。它们的缺点都是对形状复杂的工件磁化时，磁场分布都不均匀，以及存在尖端或端部退磁因子的影响等，从而影响检测灵敏度的均匀性，甚至存在检测盲区。此外，被检测工件在检测后大多情况下都需要做退磁处理，被检工件表面的非磁性涂层或镀层（如油漆、喷塑、镀铬、镀锌、镀铜、镀镍等）以及表面污染均会妨碍缺陷的检出。在检测工艺方面，要求选择适当的磁化方式与磁化方向，使磁场方向尽可能与可能存在的缺陷延伸方向垂直（一般要求磁场方向与缺陷延伸方向的夹角不小于 45°），才能有利于漏磁场的形成。

8.6.3 涡流检测

向一个线圈通入交变电流时，基于电磁感应原理，该线圈将产生垂直于电流方向（即平行于线圈轴线方向）的交变磁场，即涡流检测中应用的激励线圈（激磁线圈），把这个线圈靠近导电体时，线圈产生的交变磁场会在导电体中感应出涡电流（简称涡流），其方向垂直于磁场并与线圈电流方向相反。涡流的分布及大小与激磁条件（如激励线圈的形状、尺寸、交变电流的频率等）、导电体自身的电导率、磁导率、导电体的形状与尺寸、导电体与激励线圈间的距离、导电体表面或近表面缺陷的存在等都有密切的关系，都将引起涡流的变化。导电体中的涡流本身也要产生交变磁场，对激励线圈的磁场起到反磁场的作用，使通过线圈的磁通发生变化，从而使线圈的阻抗发生变化。通过监测线圈阻抗的变化，可以确定导电体对磁场的影响，或者将涡流的反磁场作用于激励线圈，然后线圈中就会产生方向与涡流方向相反而与激励电流方向相同的感应电流，感应电流与激励电流发生叠加，当导电体中的涡流发生变化时，感应电流也会发生变化，导致叠加电流变化。通过监测线圈中电流的变化（激励电流为恒定值），即可探知涡流的变化，还可以采用另一个附加的专用检测线圈来直接感受涡流磁场产生的感应电流，通过监测感应电流的变化来监测涡流磁场变化（即涡流的变化），从而达到检测工件中表面或近表面的不连续性，获得有关试件材质、几何尺寸、形状等变化信息的目的。

涡流是一种交变电流，其频率与激励电流的频率相同。由于趋肤效应而只能集聚在试件表面，随深度方向透入的涡电流按指数幂函数的规律减小。在实际应用中，涡流在试件上的透入深度指在该深度处的涡流密度为试件表面涡流密度的 1/e（即 37% 左右）时的深度。

涡流透入深度与频率、电导率和磁导率之间的关系可表示如下：

$$\delta = 1/(\pi f \mu \sigma)^{1/2} \tag{8-16}$$

式中，δ 为试件上的涡流透入深度；f 为激励电流的频率；μ 为试件的磁导率；σ 为试件的电导率。

此外，激励电流与反作用电流（涡流在线圈中的感生电流）之间存在的相位差与试件有关，因此也是检测试件状态的一个重要信息。

涡流检测的方式基本上分为三种类型，如图 8-29 所示。

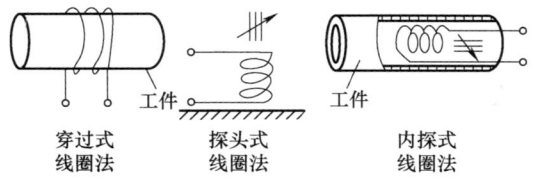

图 8-29 涡流检测的方式

1. 穿过式线圈法

检测线圈套在试件上，其内径与试件外径接近，用于检测棒材、管材、丝材等。

2. 探头式线圈法

平面检测线圈直接置于试件平表面上进行局部检测扫查，为了提高检测的灵敏度，通常在线圈中加有磁芯以提高线圈的品质因数。

3. 内探式线圈法

这种方法是将螺管式线圈插入管材或试件的孔内进行内壁检测，线圈中多装有磁芯以提高检测灵敏度。

涡流检测适用于钢铁、有色金属、石墨等导电材料的制品，如管材、丝材、棒材、轴承、锻件等，它能用于检测这些材料的表面和近表面的缺陷。根据电导率与合金成分相关的特点，可以通过测定材料的导电率来对金属材料进行分选；根据电导率与合金的显微组织相关的特点，可以利用涡流检测对金属材料的热处理质量进行监控，涡流检测还可用于测量工件厚度和导电金属表面涂镀层厚度，以及用于一些其他无损检测方法难以进行的特殊场合下的检测，例如深内孔表面与近表面缺陷的检测。

涡流检测的优点包括：检测速度高，检测成本低，操作简便，探头与被检工件可以不接触，不需要耦合介质，能在高温状态下进行检测，检测时可以同时得到电信号直接输出指示的结果，也可以实现屏幕显示，对于对称性工件能实现高速自动化检测以及永久性记录等。

涡流检测的缺点包括：只适用于导电材料，难以用于形状复杂的试件。由于透入深度的限制，只能检测薄壁试件或工件的表面、近表面缺陷（对于钢而言，目前涡流检测的一般透入深度能达到 3~5mm），检测结果不直观，需要参考标准，根据检测结果还难以判别缺陷的种类、性质、形状、尺寸等。涡流检测时受干扰影响的因素较多，例如工件的电导率或磁导率不均匀、试件的温度变化、试件的几何形状、提离效应、边缘效应等，都能对检测结果产生影响，以致产生误显示或伪显示等。

最新的涡流检测技术已经取得了显著发展，其中包括远场涡流检测技术、涡流阵列检测技术、脉冲涡流检测技术。

8.7 无损检测在安全领域中的应用

根据无损检测技术的作用和公共安全应急管理各环节的特点，无损检测技术可重点应用于风险评估、监测监控及救援处置等过程。利用无损检测技术对压力容器、电梯等特种设备，道路桥梁等基础设施，工业设施，油气管道，供水供气管线等进行单次或不定期的缺陷及性能检测，实际上就是一次风险评估的过程，根据检测结果，可以得到这个设施设备的安全状况。对这些设施设备进行的定期检测或连续检测，则属于监测监控的范畴。比较典型的例子包括对建筑、桥梁等基础设施的结构健康监测，对锅炉、电梯等特种设备的定期检测等。在救援处置环节，可以利用无损检测技术协助进行事故或灾害现场的勘察、人员搜救等作业，提高救援处置效率，减少人员伤亡。

8.7.1 事故灾难的预防

1. 危险化学品储运设施

危险化学品相关企业及储运设施在城市中分布广泛，一旦发生事故，会对人民的生命财产造成严重危害，是各级应急管理部门关注的重点。

针对油气运输管道的腐蚀、裂纹、焊缝缺陷等，可以采用超声导波检测，其优势是检测距离远、检测精度高，采用不同的模态和频率，可实现对不同类型缺陷的检测。在管道内检测时，可以利用漏磁检测或常规超声检测判断管壁的减薄或变形情况，其优点是不受管道外界环境的影响，可用于海底管道或埋地管道的检测。光纤检测技术就非常适合用于管道沿线的扰动监测，可用于对偷盗及施工干扰情况的监测。

针对油气等危险化学品储罐的腐蚀、裂纹等缺陷，通常采用常规超声检测和漏磁检测技术，借助爬壁机器人等运动装置，对储罐底板及壁板进行全面扫查。部分学者则研究了利用超声兰姆波对储罐底板进行大面积无损检测，得到了较好的检测效果。声发射技术通常被用于在役油气储罐的在线监测，但这种技术易受外界因素干扰，检测准确性有待提高。

2. 城市生命线

城市生命线关系到人民的日常生活和城市的正常运行，发生相关事故后会威胁周围群众的生命健康。

对于供水、排水、供暖、供气等管道的检测，国内外相关研究开展较早，缺陷检测手段相对成熟，目前常用的检测方法包括涡流、射线、超声、漏磁及超声导波等。对于混凝土浇筑的大型箱涵式排污管道的腐蚀缺陷，可以采用超声相控阵、探地雷达等手段进行检测。

在轨道交通方面，通常采用超声、涡流、漏磁等方法对在役钢轨进行非接触式的无损检测，不同的检测方法适用于不同位置及类型的缺陷。这些系统可以搭载在特制车辆上进行移动式检测，速度最高可达 80km/h。针对城市地铁杂散电流对沿线燃气管道、供水管道等金属结构的腐蚀影响的监测，以及对地铁拱顶沉降和受沿线施工影响的监测，可以采用光纤传感技术。

3. 特种设备

特种设备检测是无损检测技术的重点应用方向之一。在特种设备中，锅炉、压力容器（含气瓶）、压力管道被称为承压类特种设备。这类设备多处于高温高压的运行环境，运行负荷较大，容易产生老化、腐蚀、开裂等缺陷，具有较大的潜在危险。根据《特种设备安全监察条例》的要求，特种设备的监督检验、定期检验和型式试验应当由《特种设备安全监察条例》核准的特种设备检验检测机构进行。目前针对承压类特种设备的无损检测手段主要为磁粉检测、射线检测、涡流检测和超声检测等，且常采用便携式设备进行检测。

电梯、起重机械、客运索道、大型游乐设施和场（厂）内专用机动车辆被称为机电类特种设备。电梯、客运索道、大型游客设施在城市、景区中较为常见，它们的运行安全与普通群众的生活、娱乐密切相关。钢丝绳为机电类特种设备的重要承载构件，其安全性能一直受到广泛关注。针对钢丝绳的无损检测，最常用的方法是电磁检测，不仅可以检测到断丝等缺陷，还可以检测其应力集中和疲劳损伤的情况。机电类特种设备中的其他零部件的检测往往采用超声、射线等常规检测手段。

4. 建筑工程结构

建筑工程结构是组成城市的基本要素，也是群众进行生产生活的主要载体，对建筑工程结构的安全管理也是城市公共安全的重要内容。

对桥梁、大坝、隧道等结构的健康监测，声发射技术可以发挥重要作用。这些结构在使用过程中，会在外部载荷作用下产生微裂纹，微裂纹的产生和扩展都会释放能量，并以弹性波的形式扩散，接收传感器能够捕捉到这些信号，通过分析可以监测结构的安全状况。超声检测、表面波检测、红外检测等无损检测方法也可用于特定场合的建筑工程结构检测。

在现代化城市，高层建筑中广泛存在的玻璃幕墙也是无损检测关注的焦点之一。针对玻璃幕墙的结构胶失效检测，应用最多的是超声检测，声发射、射线和红外等检测方法也有报道。

5. 其他

城市中的有限空间作业过程也需要无损检测技术提供安全保障。有限空间由于自然通风不佳，容易造成有毒有害、易燃易爆气体积聚和空气含氧量降低。近年来，有限空间作业事故频发，原因就是安全检测手段缺乏、气体检测装置配备不齐全。如果在作业前利用气体检测仪对有限空间内的气体状况进行检测，并在作业过程中持续进行有毒有害气体和氧气浓度监测，将会大大减少甚至杜绝类似事故的发生。

火灾也是城市公共安全领域重点关注的事故灾难之一，无损检测技术在火灾监测中也有应用，烟雾探测器、温度传感器都是火灾监测中常用的传感器类型，也属于无损检测的范畴。

8.7.2 自然灾害的监测预警

针对自然灾害的评估和监测，无损检测技术也可以发挥重要作用。自然灾害发生的区域一般较大，这种情况下采用的评估或监测手段也要能够覆盖足够宽广的范围。城市中的自然边坡、建筑边坡、建筑废弃物收纳场、垃圾填埋场等容易受降雨等因素的影响，发生滑坡事故。针对这类对象的安全监测，可采用的无损检测方法有分布式光纤传感器、合成孔径雷达干涉测量（Interferometric Synthetic Aperture Radar，InSAR）、探地雷达、声发射等。

受各类自然因素和人为因素的影响，城市道路及建成区域会产生地面沉降甚至突然塌陷等灾害，严重危害道路行驶安全和建筑结构安全。地面沉降是一个缓慢变化的过程，对于大范围区域的地面沉降，主要监测手段为基于InSAR的卫星监测，通过卫星合成孔径雷达数据提取的相位信息获取地表的变化信息。地面塌陷则具有突发性和隐蔽性，因此要对地下空洞的产生和发展进行有效监测。利用探地雷达定期、定线路探查是监控地面塌陷最常用的方法，但由于其成本较高，所以更适合短距离、小范围区域的针对性监测。而光纤传感技术价格低廉、耐久性好，有利于进行分布式、长距离、实时远程监控。

暴雨、台风等强对流天气也会对城市公共安全造成直接影响。针对这类突发天气，应加强城市中低洼道路、地下暗河、暗涵的水位监测。干涉型光纤水位传感器具有测量范围大、响应时间快的特点，非常适合强降雨天气下的水位监测。

8.7.3 公共卫生事件和社会安全事件的管控

在公共卫生事件和社会安全事件的监测预警方面，无损检测技术也发挥了不可替代的作用。以新冠肺炎疫情为例，日常接触的各种体温测量仪器，以及对确诊患者或疑似患者进行的肺部影像学检查等，实际上是采用了无损检测技术中的红外检测和射线检测。在社会安全事件方面，各类公共场所的安检仪、交通警察使用的测速仪和酒精测量仪，也是应用了不同的无损检测方法。

思 考 题

1. 简述无损检测的发展趋势。
2. 简述超声波的基本波型和分类方法。
3. 简述红外辐射的两个基本定律。
4. 简述渗透检测的基本步骤。
5. 简述漏磁检测与磁粉检测的异同点。
6. 简述涡流检测的原理。

第 9 章
结构健康监测技术

土木工程基础设施是确保国民经济稳定、可持续发展的物质基础,它们的健康状况和安全性评价更是人民生命和财产安全的重要保障。

9.1 结构健康监测的背景

我国正处于新型城镇化和工业化快速发展时期,大批重大基础设施(如跨江跨海的大跨桥梁结构、作为城市地标的高层建筑结构、举办大型体育赛事的大跨空间结构、开发江河能源的大坝结构、开采海洋油气资源的海洋平台结构、使用核能发电的核电站结构等)已完成或正在建设。

在我国建成的悬索桥、斜拉桥、拱桥和梁桥这四类桥梁的跨径均已居世界同类桥梁跨径的前列。

在建筑结构方面,我国的摩天大楼建设同样也领跑世界。据统计,截至 2018 年,世界上拥有超过 150m 高楼的前 25 位城市中,我国城市就占 14 个,占比高达 56%。据世界高层都市建筑学会(CTBUH)发布的《2020 高层建筑年度回顾》报告显示,我国目前拥有 150m 以上的高层建筑 2581 座,其中,200m 以上的有 861 座,300m 以上的超高层建筑有 99 座。截至 2020 年年底,在铁路方面,我国铁路营业里程达 14.6 万 km,高铁运营里程达 3.79 万 km,居世界第一。在其他方面,公路、港口、隧道、水电、能源工程等建设蓬勃发展,国家的治山、治水、治海、治砂工程也在大规模兴建。

这些大型土木、交通、水利工程结构的设计寿命长达数十年、上百年。在它们漫长的服役期间,会遭受地震、火灾、台风和洪水等自然灾害,以及建筑材料老化、设计或施工缺陷及使用过程中人为因素等多因素综合影响,结构会不可避免地产生性能劣化,甚至引起结构倒塌等事故。

土木工程结构的安全问题依然严峻,仍然是学术界与工程界普遍关注的重点。据不完全统计,截至 2015 年年末,全国公路桥梁达 77.9 万座。其中,特大桥梁 3894 座、大桥 7.9 万座。与此同时,我国公路路网中步入维修期的在役桥梁日渐增多,有超过 10 万座桥梁为危桥。这些病桥危桥承载能力低下,直接影响我国公路网的安全运行,并严重威胁行人与车辆的安全。例如,2010 年 7 月 24 日,河南省栾川县汤营村的伊河大桥因遭遇特大暴雨整体垮塌；2011年7月15日，杭州钱江三桥南端桥面部分塌落。在国外，结构灾难事故同样频繁出现于各类报道中。2007年8月1日，美国明尼苏达州一座跨越密西西比河的钢筋混凝土大桥由于构件疲劳破坏导致整桥坍塌；2018年8月14日，运营了50年的意大利热那亚莫兰迪公路桥9号墩及对应桥面发生垮塌。这些灾难性的事故不仅造成了重大的人员伤亡和经济损失，而且引起了公众舆论的广泛关注，产生了极其恶劣的社会影响。桥梁破坏的主要原因粗略来说可以分为两种主要类型，即主观失察原因和客观触发原因。主观失察原因具体是指在设计、构造、施工、养护中的人为失误及材料性能，而客观触发原因具体来源于外部干扰，例如超载、撞击、洪水、强风、爆炸、火灾、滑坡和恐怖袭击等。

土木工程结构的耐久性提升刻不容缓。结构耐久性就是在设计确定的环境作用和维修、使用条件下，结构构件在设计使用年限内保持其适用性和安全性的能力。在规定的工作环境中，预定的时期内，材料性能的恶化会导致结构出现不可接受的失效状况，在正常维护条件下，结构能够正常使用到规定的设计使用年限。我国在结构耐久性方面进行了较多研究，但实际工程中结构短命现象严重。桥梁、港工等基础设施工程的耐久性问题更为严重，由于钢筋的混凝土保护层过薄且密实性差，许多工程建成后几年就出现钢筋锈蚀、混凝土开裂等问题。海港码头一般使用10年左右就会因混凝土顺筋开裂和剥落问题而需要大修。影响混凝土结构耐久性的主要因素包括混凝土的碳化、混凝土碱集料反应、混凝土的冻融破坏、侵蚀性介质（硫酸盐、海水等）的腐蚀、机械磨损、钢筋锈蚀等。

土木工程结构的健康是社会发展的必要需求。工程结构的安全、耐久与健康三个概念密不可分互相关联。结构健康首先要保证安全和耐久，与此同时，工程结构的众多微小病症会对结构的健康构成威胁，并具有不同程度的结构损伤破坏的潜在风险。以桥梁为例，实际工程中桥梁结构的健康问题主要表现为以下几类：

1）混凝土主梁开裂问题。对于大跨度的钢筋混凝土桥，经常存在由设计、构造、材料和施工中的主观失察原因引起的裂缝及由超载、温度荷载、混凝土收缩和徐变等客观触发原因引起的裂缝。例如，武汉白沙洲长江大桥，于2000年建成通车，至2010年9月，10年间已维修"整容"24次，平均不到1年要修两次。

2）桥梁主跨的过度下挠问题。对于大跨度预应力混凝土梁桥，最大的耐久性问题就是主跨的过度下挠，而造成这一变形问题的原因与混凝土梁体开裂有关。结构下挠会导致箱梁底板产生更多的开裂，进而降低结构刚度，最终产生更大的下挠，形成恶性循环。

3）钢桥疲劳裂缝问题。在我国，大跨度悬索桥和斜拉桥大都使用正交异性钢桥面，这种桥面如果构造不良和焊接工艺不当，在使用过程中会因为车辆反复经过而引起局部集中应力，易于造成纵肋与面板焊缝及纵肋与横肋交叉处的疲劳裂缝。例如，建于1997年的虎门大桥，自2007年起，其正交异性钢桥面逐渐暴露出面板和纵肋焊接处的疲劳裂缝问题，这不仅对该桥的正常通行产生了严重的影响，也引起了我国桥梁界极大的关注。其他因素（如钢结构的腐蚀等）也会不同程度地影响结构的健康。及时发现和解决结构的健康问题是实现结构安全服役及延长寿命的必要手段。

在结构的安全、耐久和健康存在诸多问题的同时，国内外特别是各发达国家的基础设施养护管理费用越发昂贵起来，这是因为发达国家的大规模工程结构大多已进入老龄化时代。

我国的大规模土建交通基础设施的兴建虽相对较晚，但维护管理费用数额庞大且逐渐迅速攀升导致同样压力的存在。交通部数据显示，我国在"十五""十一五"和"十二五"期间，基础设施的维护管理费用分别为 87 亿元、189 亿元和 300 亿元。

综上所述，一方面，基础设施的安全、健康与耐久问题严重，迫切需要维护；另一方面，国内外特别是发达国家的维护费用预算严重不足。为解决这一对互相矛盾的难题，需开发和采用先进的技术与管理系统来进行基础设施的有效维护和管理，在保证结构全寿命周期内安全服役的同时，最优控制结构服役周期内的维护成本。

9.2 结构健康监测技术概念

结构健康监测（Structural Health Monitoring，SHM）是指通过先进传感技术监测结构在环境或人为激励下的响应（如应变、加速度等），结合先进的信号信息处理技术，进行结构特征参数和损伤状况的识别与结构性能的评估乃至未来服役周期内的性能预测，从而保障结构安全，实现结构预防性管养的技术。结构的健康包含结构的安全、耐久及其他所有影响结构安全服役与长寿命的问题。结构健康监测与结构监测字面上意思相近，其实具有一定的区别。结构健康监测包含对结构的使用运营状况的监测、安全性能的评定及长期性能的预测；而结构监测仅指对工程结构进行一定方式的监测，并没有对其健康状况进行深层次的分析和研究。在目前国内外众多土木工程结构的监测应用中，由于当前技术状况的限制，大多数仅实现了结构的监测，并没有深入健康监测的层次。为方便理解结构健康监测，可通过图 9-1 所示的结构健康监测与人体健康监测的对比来进行阐述。

从图 9-1 中可以看出，两者具有以下几方面的可比性：

1）人体结构经过成长期、成年期和老年期三个阶段，各个阶段具有各自独有的特征。类似的，土木工程结构的整个寿命周期也分为成型期、运营前期及运营后期三个阶段。这一层次的类似关系决定了人体监测和工程结构监测具有相同的工作基础。

2）人体包括大脑、心脏等关键部位，这些重点部位的监测与保养对人体的健康起到决定性作用。类似的，工程结构体系庞大、构件复杂，但也可分为关键构件和辅助构件，例如悬索桥的桥塔和桥面主梁的安全对整体结构起到至关重要的作用。

3）人体结构和土木工程结构的监测都可划分为事后性监测和预防性监测两个方面。在人体发生疾病时，可以采取望闻问切等手段或借助各种医疗设备检查相应器官，找出病因，进行针对性治疗，这种方法属于事后性检查。同样的，对于土木工程结构，在发生锈蚀或裂纹等性能退化或发生船撞等突发事件后，可迅速安装监测系统或利用原有监测系统对病变结构进行事后性监测，评估结构现有性能及后续继续使用的可能性或指定相关维修方案。关于预防性监测，针对人体健康，人们可以在日常生活中通过脉搏、血压、心跳等的实时监测对身体进行预防性保健，提前发现和防止病症。这种预防性监测对土木工程结构的安全服役与长寿命同样具有重要意义。通过安装传感器在结构表面或埋入结构，使结构本身具有自传感、自监测的特性，从而可实现结构的智能监测，提前探测或预防结构病变的发生。现有的在土木工程结构上安装的监测系统多为预防性监测。

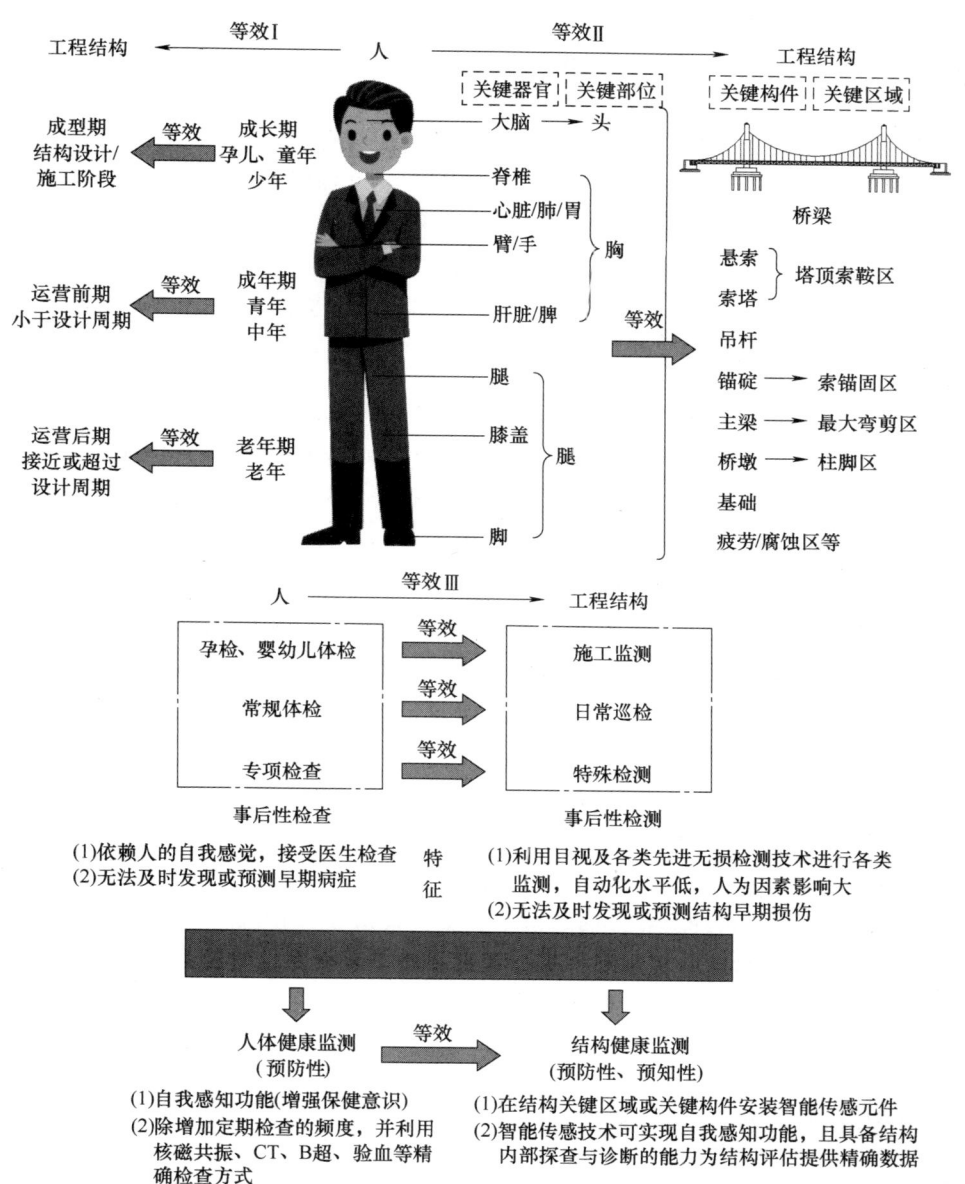

图 9-1 结构健康监测与人体健康监测的类比

结构健康监测的首要因素是传感技术。从传统的温度、压力、位移传感器到先进的无线、光纤、压电材料等各类型传感器，都在采集结构反应与环境数据，在结构健康的评价方面发挥着不可或缺的作用。结构健康监测理论的发展和结构动力学密切相关。结构动力学的研究内容是在已知结构属性（如质量、刚度、阻尼等）的前提下，计算结构在外部荷载下的各类型动力反应（如位移、速度、加速度、应变、内力等），这一过程称为正响应。然后逆向求解结构的特征（如刚度、频率、振型等），进而做进一步的结构损伤识别、性能评估和风险分析，因此结构健康监测理论是一种逆分析理论。由此看出，结构健康监测是结构动力学的延伸，结构动力学分析是结构健康监测理论的基础。

在这样的背景下，新型智能传感技术（如无线传感、光纤传感、基于生物的传感技术等）如雨后春笋般出现并得到迅速推广，各类型传感器和数据采集系统等健康检测技术所需要的硬件基础逐步建立，基于监测信号的各类型结构识别方法、损伤识别方法、结构性能评估预测和风险分析等方法日益成熟。这些技术的发展互相促进，相得益彰，整体推动了结构健康监测技术的发展，提高了这一技术在工程应用中的有效性与可靠程度。

9.3 结构健康监测技术应用

结构健康监测技术起源于20世纪50年代，是传统检测技术的丰富与发展。该项技术大致经历了三个发展阶段：第一阶段是以专家经验为基础的经验诊断技术，对诊断信息只能作简单的数据处理；第二阶段是以传感器技术和动态测试技术为手段，以信号处理和建模处理为基础的现代诊断技术；第三阶段是以知识处理为核心，数据处理、信号处理与知识处理相融合的大型结构智能诊断技术阶段。结构健康监测的最初目的是进行结构的载荷监测。随着结构工程的大型化、复杂化发展和结构整体检测要求的提高，结构健康监测技术涵盖了结构损伤诊断、结构安全状态预警、结构健康状态评估、结构剩余寿命预测和结构损伤自动修复等多种功能。

伴随着现代科学技术的进步，结构健康监测系统的智能化发展，主要表现在以下三个方面：

1) 结构工作状态的智能检测，通过有限数量的传感器的测试，判断结构构件或整个结构的工作状态。

2) 结构未知损伤的自动诊断，通过对结构上有限数量损伤指标的测量，自动确定结构未知损伤的位置、发生的时间和损伤的程度。

3) 结构安全性的实时自动评定，根据结构的实际工作状态和已发生的损伤情况，自动对当前结构安全性能做出评价。

9.3.1 结构健康监测技术的主要应用结构

结构健康监测系统的发展特点主要表现在：①结构健康监测系统在世界重大工程上的应用方兴未艾，应用最多的是桥梁结构，并逐渐推广到其他形式的结构；②监测系统的规模与工程投资相匹配，监测项目与结构形式相匹配；③系统的开发向连续监测、运行便捷、功能全面和高新技术应用等方向发展。应用结构健康监测系统的主要建筑结构包括：

1. 大跨度桥梁

大跨度桥梁是各国经济快速发展的重要基础设施，也是重要的生命线工程。从20世纪80年代中期开始，各种规模的桥梁开始设计与安装结构健康监测系统。该系统能够监测桥梁的运营状况及健康状态，对该系统所采集到的数据进行分析即可评价大桥的动力特性。结构健康监测系统为保障桥梁的安全运营、发现桥梁早期安全隐患提供了硬件支持和技术依据，同时可以大大节约桥梁的维修费用，避免频繁大修、关闭交通所引起的重大损失。例如东海大桥，它的监测内容有：①环境监测、大气温度、风、腐蚀、水文波浪、桥墩基础冲刷状况；②结构特性监测，如结构静力影响系数、结构动力特性；③结构静动态响应监测，如整体结构几何变形、构件应力变化及分布状况、斜拉索索力状况、钢构件疲劳状况、桥墩沉降状况。这些结构健康监测系统的安装和运行对大桥的日常维护、管理和灾害预警具有十分重要的作用。

2. 建筑结构

建筑结构是除桥梁外应用最多结构健康监测系统的结构，主要包括超高层建筑、大型复杂重要历史建筑。

我国在建造高楼方面世界领先。超高层建筑日益蓬勃发展，人们对于超高层建筑与大型空间结构的安全性越发关注，因此在这些建筑或结构上也安装了一些健康监测系统。针对超高层建筑结构特点、监测环境及荷载作用，超高层建筑结构健康监测主要包括风荷载、环境气候、地震、竖向不均匀变形、结构顶层水平变形和基础沉降、层间位移、关键构件和节点的应力、结构振动等。在广州塔等建筑结构上安装了复杂的长期结构健康监测系统以实时监测结构在施工和服务阶段的情况。监测的内容有荷载和结构响应监测，主要包括：①环境风速风压监测；②环境气温度、湿度、雨量、气压监测；③地震监测；④长期健康监测；⑤沉降监测；⑥塔身、桅杆倾斜度监测；⑦关键部位的应变、应力监测；⑧塔体、桅杆静位移监测、结构模态、阻尼监测、关键截面加速度响应、腐蚀度检测。

3. 水利工程结构

我国水利工程产业的高速发展，推动了我国大坝安全监控管理事业的进步。水库大坝的安全是影响国民经济发展的重要因素之一，大坝安全监控管理系统也是国家稳定的重要需求。大坝安全综合评价系统可以为大坝正常运行的状况提供真实数据，并对其安全隐患提出报警，从而更能对大坝有针对性地进行隐患管理，改善安全运行条件。系统可以预测大坝溃堤时的灾害事故，相关部门也能够保证上下游居民的安置，并报告给相关人员做好物资准备。大坝安全监控工作中最重要的就是对渗压与渗流量这两个变量的监测。此外，对大坝内部的监测内容包括大坝承受力、大坝内部开裂情况、大坝内部温度、大坝渗透压及钢筋承受力等。在对大坝内部进行安全监测的同时，对大坝外部环境的安全监测也尤为重要，外部环境的监测内容主要包括对周围环境的监控、对水位的监控及对降雨、温度等气象因素的检测。

4. 海洋平台结构

海洋平台结构健康监测的目的是能够通过长期、连续和在位的监测，及时掌握平台的运行状况，识别结构的隐性损伤并预警，以及评估结构的健康寿命，从而避免生命和财产受到损伤，确保安全生产。海洋平台结构健康监测的方法是对海洋平台的原型系统进行在位、全尺度、长期和连续的监测，将海洋平台及其现场海域环境作为整体的系统进行分析。基于监测的数据，提取能够反映海洋平台结构变化的特征，并依据其变化的规律诊断结构的损伤。海洋平台结构的健康监测有它自身的特点，其环境荷载的非平稳性、结构的复杂性和失效模式的不确定性都是影响识别隐性损伤的不利因素。

除上述结构类型外，健康监测技术在隧道、生命线工程（如地下水管网、油气管网）等方面也有应用。

9.3.2 结构健康监测技术的应用效果

当前,结构健康监测技术已被普遍认为是提高工程结构健康与安全、实现结构长寿命和可持续管理的最有效途径之一。它在我国的土木工程应用中具有广阔的空间,在保证我国土木交通基础设施的安全服役与最小化维护成本等方面被寄予厚望。具体来说,结构健康监测技术所发挥的功能可分为四个方面。

1. 结构全寿命周期安全与成本最优

结构健康监测技术是实现结构全寿命周期安全与成本最优的必要技术。如图9-2所示,一般情况下结构的性能状态会随着服役时间的延长而出现退化。在结构性能发生退化的结构全寿命周期内,一是结构健康监测技术可以作为定期和临时检查的辅助技术,来完成检测无法做到的结构安全评估任务。二是结构健康监测技术能够作为长期连续监测的工具来得出更为详尽的结构评估,从而为预防性管理维护提供更夯实的依据。三是在结构损伤发生后能够有效探明损伤发生原因,并进行结构承载能力和剩余寿命等方面的监测和评估。四是能够在结构维护管养后有效评价结构修复加固的效果。可以看出,只有有效地进行结构健康监测和评估,基础设施的全寿命周期安全和整体费用的最优化才能得到有效的保障。通过对工程结构进行健康监测,对结构现有状况及未来健康状态进行分析和预测,从而进行针对性的管理和维护,可以实现结构长寿命并降低其服役周期内的成本。

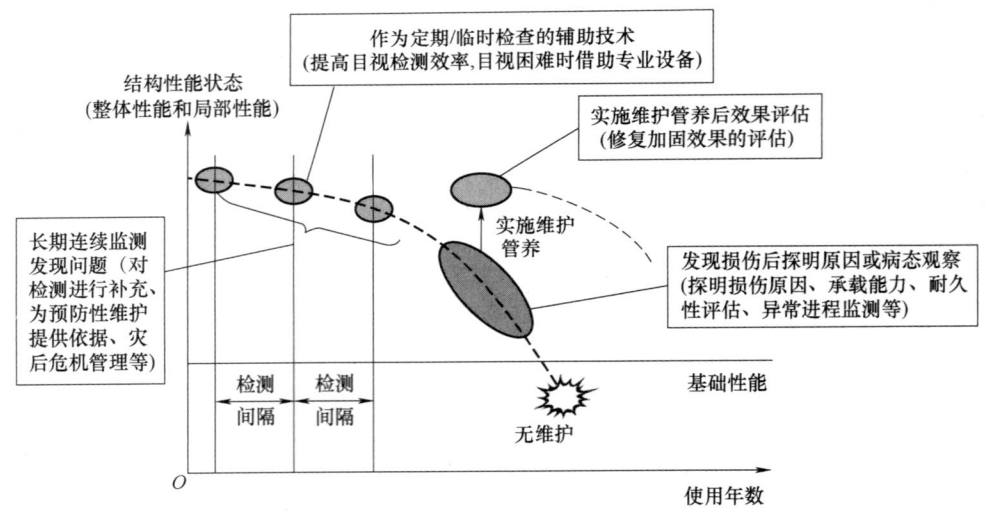

图 9-2 健康监测在结构全寿命周期维护管理中的作用

2. 大型复杂结构的安全保障与新型设计方法验证

随着科技的进步及对人类未来需求的考量,现代土木结构正朝着大型化、复杂化的方向发展。这类大型复杂结构,如飞机场、高层结构、新型桥梁、大跨度网架结构,在复杂的环境中将受到各种突发性外在因素的影响而使结构的安全受到威胁。在当前规范的设计程序中,关于结构的抗震需求和抗震能力计算与设计等都存在不确定性。特别是很大一部分这类大型复杂结构体型独特,超高超限,且设计和使用经验不足,无法完全保证其真实服役性能和内力分配按照设计意图进行。因此,健康监测作为大型复杂结构性能验证的一种重要的工具,对保证它们的安全运营起着举足轻重的作用。

另外,结构的健康监测也能够为近年来兴起的基于性能的设计提供支撑数据。结构基于性能设计的核心思想是,需考虑结构在荷载下反应的各个阶段并进行相应设计,而结构全寿命周期内的实时监测数据可揭示结构在不同阶段的真实特性,从而可用来验证基于性能设计的有效性,并促进基于性能的设计方法的发展。也就是说,结构健康监测能够验证基于性能的结构设计方法并能够为其发展提供充实的来源于实际结构测试的数据基础。

3. 结构维护的自动化和智能化

结构智能化的含义包含两个层次:第一个层次是结构检测手段与管理的智能化,它通过对各种结构检测与无损检测手段进行自动化实施和管理,从而实现结构检测的快速与自动化进行。第二个层次是指利用智能传感和结构健康监测技术使结构自身具有传感和感知功能,从而使结构自身具有智能化。随着结构健康监测技术的不断发展及其在工程实际中与检测手段的不断融合,上述结构智能化的两个层次也逐渐得以融汇和统一。

大型基础设施体型巨大、结构复杂,导致其造价昂贵且日常点检和维护管养费力费时。目前的结构管养以人工检测为主,效率低、费用高,性能评估的准确性受经验因素影响大,容易误判;相关领域已开发出多种以结构检测与管理智能化为目标的软件,并已在工程实际中得到一定程度的应用。

结构健康监测技术在大型基础设施中的应用能够大幅提高结构自身的智能化,进而提高其管养效率。结构的智能化以结构健康监测为基础,通过智能感知、互联互通、协调共享和运营来实现结构的智能化。其中,智能感知系统指运用各类传感器对结构要素进行智能感知和自动数据采集,将采集的数据进行自动化处理,可使管理者清晰把握结构信息并进行及时维护管理。结构健康监测技术是结构智能化的重要组成部分,它利用各类传感技术使工程结构具有智能特征,因此从广义来讲,它和"智慧城市"概念也具有密切联系。智慧城市指运用信息和通信技术手段感测、分析、整合城市运行核心系统的各项关键信息,从而对包括民生、环保、公共安全、城市服务、工商业活动在内的各种需求做出智能响应。其实质是利用先进的信息技术,实现城市智慧式管理和运行,进而为城市中的人创造更美好的生活,促进城市的和谐、可持续成长。城市基础设施的健康监测以传感技术为基础,利用信息技术对监测数据做出及时分析,对城市基础设施实行智慧式管理,因此,城市基础设施的智能传感与健康监测技术也可以说是智慧城市建设的应用之一。

4. 受灾结构的信息收集与快速评估

人为或自然灾害发生后,需要实时获取结构响应,并对结构实施快速评估或发出预警信息。结构本身安装的健康监测系统,以及灾后健康监测手段(如遥感监测)的使用,可大范围快速评价地震等重大自然灾害的影响和提出有效应急方案,从而为灾后应急和重建工作做出贡献。国内外众多大型桥梁安装的健康监测系统,可及时监测结构异常状况并快速收集结构损伤信息以决定后续措施。

从以上四个方面可以看出,结构健康监测技术在保障大型土木工程结构的安全与最小化结构全寿命周期内的管养费用等方面发挥着重要作用。可以说,结构健康监测既具有重要的理论意义和学术价值,也有现实意义和广阔的应用前景。

9.3.3 结构健康监测技术面临的挑战

结构健康监测是结构检测和评价技术的发展方向。利用结构监测技术进行有效地诊断、识别与评价空间网格结构的健康状态。尽管结构健康监测技术已日渐成熟并在上述的各类工程结构中得到一定应用，但还有许多问题需要解决，主要表现为以下几个方面。

1. 适宜的结构损伤指标或指标体系的选取

土木工程结构的形式复杂多样，空间关系复杂，尤其是大型结构，往往采用各种不同材料、不同结构形式的组合，结构的赘余度较高，少数构件或结构局部的损伤与整体结构失效没有必然的关系。同时研究也证明，土木工程结构的失效不仅与构件的失效有关，更主要的是结构稳定性起着控制性作用。

2. 传感器优化布置

土木工程构件繁多，各杆件之间的受力复杂，很难判断与区分主次关系。在损伤识别时，对每个构件逐一诊断，势必需要大量的传感器和带来巨大的工作量。现有的以应变传感器为代表的"局部传感技术"相对于规模庞大的土木工程结构来说太局部，捕捉结构损伤犹如大海捞针；而以加速度传感器为代表的"整体传感技术"又太宏观，对结构损伤不敏感，监测数据与结构损伤相关性弱，因此需要利用有限传感器获取的数据与信息，对结构安全性进行评价。

3. 独立损伤识别方法

结构健康监测技术中的损伤识别方法大多依赖于精确的有限元模型或试验结果，而当前这两类信息都不完善。在结构设计中，结构模型可以独立出来，但对于结构的安全性评价模型却要综合考虑整体结构形式，不能够轻易简化为平面结构模型或空间模型。由于实际工程环境和结构自身的诸多不确知性和不确定性，导致设计模型与实际结构存在巨大差异，进而使得监测信息与模型计算结果不相符，从而形成误判。研究并提出不依附于工程结构早期资料的损伤识别方法是损伤检测方法走向成功的关键。

4. 基于环境激励下的系统识别模式

基于振动的结构监测方法大都是实验室采用的方法，利用激振器产生已知的外在作用，而且事先已经知道结构损伤产生的位置和程度。在实际中，环境激励作用和结构的损伤都是未知的，而这是在役结构健康监测的基本前提。

5. 信号处理的准确性

现在一般都假定噪声信号为不变的高斯分布而且有效的信号都有确定的频率。但实际上并非如此，有效的信号频率范围很宽，而且是在一个非理想的变化环境中得到的。如何从监测信号中提取反映结构特征的有用信号有待深化研究。

6. 科学的结构整体安全性评价方法

既有的结构安全性评价方法主要涉及平面结构，对空间结构还没有具体规定。同时，既有的结构安全性评价采用线性分析方法，从构件的角度对在役结构进行整体安全性等级的评定，但是这些条件与结构的受力特点及失效形式不吻合。结构的整体稳定性往往取决于其极限承载力，因此，正确评价结构的安全性需要考虑非线性分析。目前，结构整体安全性仍然没有形成一套科学实用的评价方法。

9.4 结构健康监测系统的组成

工程结构健康监测技术涉及建筑、结构、计算机、通信、信息、传感器、材料等众多学科，它利用各类传感器对结构的特征信息进行采集，然后用事先设计好的算法对采集数据进行处理，来预测结构的各种响应及限定一些不利于结构正常运行的响应，从而形成一种适合结构安全运行和评定的监测系统。结构健康监测系统是集结构监测、系统辨识和结构评估于一体的综合监测系统。

结构健康监测技术是一种无损的在线监测技术，一般是指利用现场传感系统和相关分析技术来监测结构的行动和性能（结构可操作性、适用性、安全性和耐久性）。结构健康监测包括两类科学问题，即"传感"和"数据"。传感包括各种传感器及其传感原理，监测结构载荷和环境、整体结构响应、局部响应；数据包括数据收集和传输的理论、方法、硬件和软件、数据管理、数据挖掘和分析、结构识别和损伤检测、结构维护决策。

结构健康监测系统的设计要考虑功能要求和效益成分的平衡。首先应该考虑建立该系统的目的和功能，对于特定的结构，建立健康监测系统的目的是可以进行结构监控与评估，或是设计验证，也可以是研究发展。监测系统的规模及所采用的传感仪器和通信设备等需要考虑投资的限度。

一般大型结构健康监测系统需对以下几方面内容进行监控：①正常荷载作用下的结构响应和力学状态；②结构在突发事件（如地震、意外大风或其他严重事故等）之后的损伤情况；③结构构件的耐久性，主要是监控构件疲劳状况的真实情况；④结构重要非结构构件和附属设施的工作状态；⑤结构所处的环境条件，如风速、温度、地面运动等。因此，结构健康监测不只是传统结构检测技术的简单改进，而是运用现代化传感设备与光电通信及计算机技术，实时监测结构服役阶段在各种环境条件下的响应和行为，获取反映结构状况和环境因素的信息，由此分析结构健康状态，评估结构的可靠性，为结构的管理与维护提供科学依据。在偶发事件发生后，可通过监测数据识别结构的损伤和关键部位的变化，对结构的安全性和可靠性做出客观的、定量的评估。

结构健康监测系统主要由四个功能子系统组成并通过网络联系进行工作。

1. 传感系统

传感系统包括各类传感器，如加速度计、风速风向仪、位移计、温度计、应变计等用以采集结构的响应数据。

2. 信息传输与存储系统

信息传输与存储系统包括网络操作系统平台、安全监测局域网、与因特网的连接等。将采集并处理过的数据传输到监控中心，并保存在监控中心的数据库中。

3. 结构状态参数分析与损伤识别

识别结构各类型参数与对照损伤及外部荷载的成套理论，利用具备损伤诊断功能的软硬件分析相应数据，判断损伤的发生、位置和程度，对结构健康状况做出状态评估，若发现异常，发出报警信息。

4. 结构性能评估

利用结构分析和反演结果进行结构的性能评价以支持结构的日常维护与管理决策。

在整个结构健康监测系统中，传感系统提供结构健康所需要的最基本、最直观的信息，是整个系统的硬件支撑。而结构状态参数分析与损伤识别是整个系统的"大脑"，对所收集的错综复杂信息进行梳理和分析，并结合结构自身特征及各种结构识别理论建立对应的数据处理方法，对结构的健康状况进行分析和评价。结构的性能评估部分直接联系监测数据和工程应用，通过监测数据的分析与结构信息的反演达到结构的安全性能评估目的，直接为结构的管养和维护提供必要数据。由该四个子系统组成的结构健康监测系统如图9-3所示。

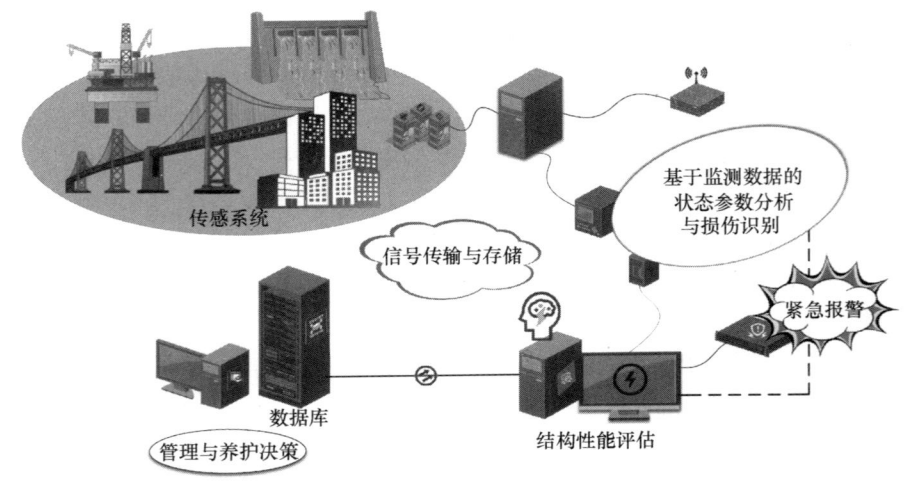

图9-3 结构健康监测系统组成

结构健康监测系统的实施流程主要包括实时监测、数据采集、数据处理、系统分析、损伤识别、状态评估、安全预警、维护决策等，具体流程如图9-4所示。

传感子系统中的传感器包括风速仪、风压计、温度计、各类形变光纤传感器、应变仪、倾角仪、准直仪、GPS和加速度计等。这些传感器被用来获取被监测项目的结构参数的物理量。数据采集与传输子系统对各种不同信息源的物理信号进行量化、记录、传输和管理，实现信号的采集功能，同时也需要对某些不能直接测量的物理量进行分解变换和调试，获取必要的参数并存储为便于交换的数据格式，最终实现对所有实时监测数据的传输与信息交换。结构分析与健康诊断子系统是结构健康监测系统的关键部分，其目的是利用监测所获取的结构信息，对结构进行理论建模、基本结构分析和资料对比、结构静力核算、模态参数识别和模型修正，判断结构损伤的存在、位置和程度，对结构健康状况做出状态评估及安全评定。理论建模与模型修正是获得基准有限元模型的必要环节，结构损伤识别、定位及评估是健康诊断系统的核心，两者对于建立正确的结构健康数据库和准确地进行结构健康状态评估意义重大。

结构健康监测不仅是一种结构检测手段，还是一种集结构检测、系统识别和结构评价于一体的综合监测系统。结构健康监测系统能够对结构的性能进行监测及健康诊断，一旦被监测的工程结构出现问题，系统监测平台便会提示，从而能够及时地分析出结构的损伤状况，预测可能发生的危害，提前做好应对措施，做到未雨绸缪，进而保障结构的安全性、耐久性和健康性。

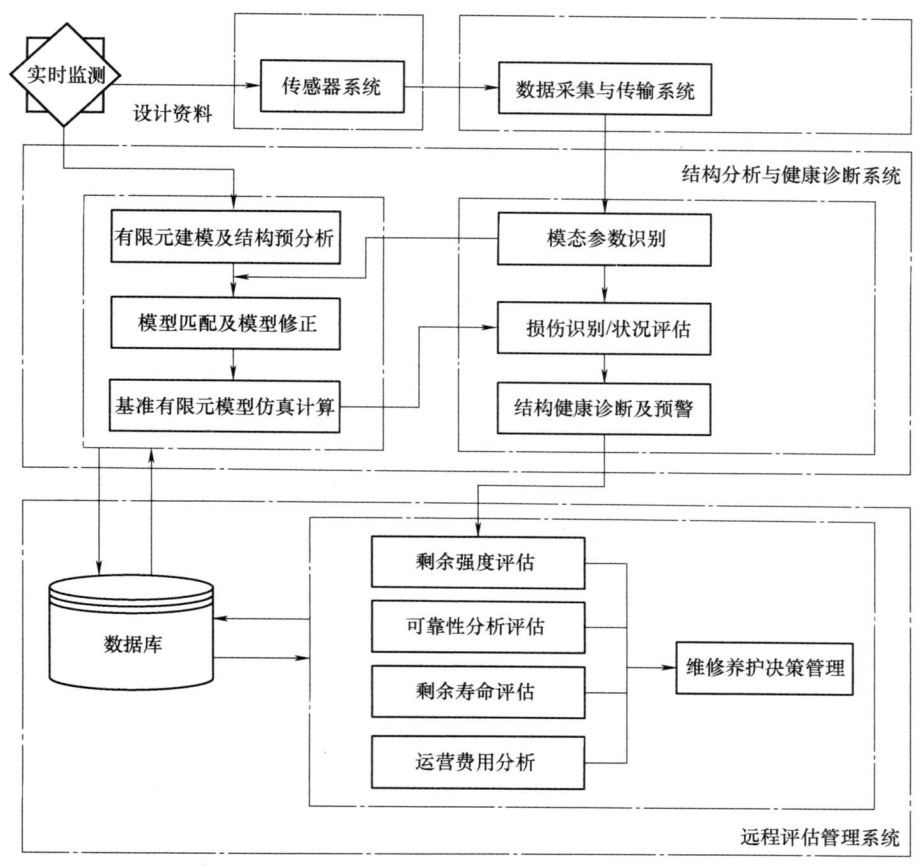

图 9-4　结构健康监测系统的实施流程

9.4.1　结构健康监测传感技术

1. 结构监测的传感技术

长期以来人们一直依靠定期点检、抽样检查或大型负载试验等手段，获得结构安全质量、使用性能和结构寿命等相关信息。从以往的惨痛经验和教训可知，人工或定期点检难以及时掌握结构劣化机理及过程。而传统的负载试验或钻样检测，又容易加剧结构，尤其是既损结构的损伤程度。在此背景下，随着新式传感及检测技术的出现，许多常用传感器被用来检测应变、加速度、位移、温度等参数。

工程人员开始采用各种各样的非破坏方式对结构的实际性能进行检测，也就是无损检测技术。本节对无损检测技术在结构中的应用进行介绍。

（1）混凝土结构中的检测方法

混凝土结构是工程结构中常见的结构形式之一，从构成上可以分为素混凝土、钢筋混凝土和预应力混凝土等，适用于桥、建筑、河堤、边坡等多种结构。在通常情况下，混凝土结构的劣化是非常缓慢的。但是在严酷环境中或在特殊外力作用下，会加速劣化产生损伤导致结构性能降低。以混凝土建筑为例，按照我国《民用建筑设计通则》规定，一般建筑设计使用年限为 50 年。为了保证结构的正常使用，对劣化机理和结构性能变化进行检测，表 9-1 所示为目前混凝土结构应用的主要无损检测技术。

表 9-1 混凝土结构应用的主要无损检测技术

检测方法	原理	检测对象	性能概述
光学检测	光纤内窥管实现内部检测	混凝土内部损伤、桁梁端部、钢筋保护层	图像解析
红外热像检测	利用混凝土的热导率和温度差来检测表层裂缝	表面剥离、漏水、裂缝	受周边条件、温差程度、损伤和未损处比热率差值影响
反弹强度检测	冲击锤回弹程度评价混凝土性能	抗压强度、表层均一性、磨耗特性	测定表面凹凸程度、干湿状况、构件厚度、混凝土材龄
弹性波检测	微小损伤产生的弹性波的检测	裂缝发生监测、连续加载中的劣化监测、加载次数	受噪声、接收器感度、解析精度影响
电磁检测	交流电磁场对钢筋的电磁感生	配筋状况、保护层厚度、钢筋直径变化	非接触检测，可满足混凝土表面 10cm 检测要求
冲击回波检测	冲击波传递速度、多重反射波解析	构件厚度、内部空隙	受冲击回弹、结构尺寸影响
超声检测	超声波传递时间及速度、反射波解析	结构和构件均一性、混凝土品质变化、内部空隙、裂缝深度	非接触检测，3~5cm 测量深度
探地雷达检测	对比反射波实现评价	内部空隙、钢筋位置、混凝土厚度	非接触检测，探知钢筋裂缝、钢材最大深度 20cm
X 射线检测	射线透视检测	配筋状况、钢筋直径、保护层厚度、预应力混凝土筋保护层、预埋构件位置	根据投影图像，识别钢筋、混凝土内部空洞
电化学检测	测量钢筋腐蚀导致的阻抗变化	钢筋腐蚀、保护层损伤	受混凝土内部含水量、环境温度、电极条件影响

（2）钢结构中的检测方法

与混凝土结构类似，钢结构也需要日常检查、定期检查、临时检查及特殊情况下的详细检查，并根据管理的检测规划，有效对其实施管养。以典型的钢桥为例，其检查对象主要是桁梁中点挠度、易发生漏水的支承处、易积水的箱梁内部、易劣化的熔接处、锚固的接合部、阻尼减振器、伸缩器和支承桥台等。检查内容主要是异常挠度变化、异常噪声、异常振动、涂覆层劣化、腐蚀、裂缝、螺栓脱落、变形、屈曲、漏水、积水、错位等。目前工程结构中，主要检测内容对应的典型检测方法见表 9-2。

表 9-2 典型钢结构检测方法

检测内容	检测方法
异常挠度、噪声、振动	水准仪测量、噪声检测、振动检测
涂覆层劣化	摄像及拍照、盐分检测、图像处理
腐蚀	超声波板厚检测、应力检测
裂缝	超声检测、应力检测
螺栓脱落	螺栓标定点检查、超声检测
变形、屈曲	应力检测（承载力评价）
漏水、积水	图像处理
位移、错位	激光测距、图像处理

（3）隧道中的检测

隧道的检查对象一般是衬砌、拱顶、内拱、路面、路肩及排水通风设施等。检查内容主要是裂缝、变形、漏水等，对于检查出明显变形的区域，需要及时实施详细检查。详细检查是指尽可能通过多种检测方法获得多方面的数据，对于变形规律和衬砌脱空等问题进行详细的检测，掌握隧道变形情况，并推定成因，作为对结构完整性评估、性能评价和紧急处理对策的依据。造成隧道变形的主要成因，根据发生位置，可以分为外部原因和内部原因两类，具体特征见表 9-3。

表 9-3 变形成因分类

分类	外部原因		内部原因		
	外力（结构变形）	长期使用及环境改变	材料	施工	设计
自然原因	地形：侧压、边坡蠕滑、滑坡 地质：塑性压剪损伤、沉降、地基承载力不足、岩体蠕动变形 地下水：水压、浮力、冻胀 其他：地震等	长期：山体风化、混凝土碳化、材料劣化	—	混凝土衬砌浇筑时的温度和湿度	—
人为原因	近旁基础施工、列车引起地面振动和内气压变化	通风、火灾	品质不适合	质量不高	不合理

目视检测法在隧道衬砌表面状况检查中应用比较普遍，其内容包括裂缝情况及宽度的测量、积水状况的记录等。另外，在大型隧道中也使用图像解析、数字成像等方法，其性能可参照混凝土结构中无损检测相关内容。

（4）高速公路中的检测

道路是国民经济生产和正常生活中不可或缺的基础设施，特别是高速公路，它是交通运输设施中的重要组成。由于高速公路具有距离长、使用频率高的特点，因此维护管养显得尤为重要。

高速公路的边坡破坏类型主要有水土流失、坍塌、滑坡和泥石流等。边坡的检查内容主要包括开裂、浮石、塌方、冲刷、边坡路堑位移及排水管堵塞等。边坡的破坏主要来自风化和水的作用，特别是当其表面集中大量水流通过时，会造成地基松动、浮石滚落等，这些都是可能发生大面积连续滑坡的征兆。因此对水流的检查显得尤为重要。根据破坏发生位置，高速公路边坡检测内容见表 9-4。

表 9-4　高速公路边坡检测内容

检测对象		边坡主体检测内容	边坡护坡检测内容	管涌状况	排水沟
岩石边坡		是否有浮石、是否有开裂	—	管涌量、位置、程度	—
植生边坡		是否有开裂	植被覆盖程度		是否堵塞
落石主动防护设施	混凝土加固层、喷混加固层	是否有浮石、是否有开裂、溜塌及冲刷情况	混凝土裂缝、充填材料流失		
	锚杆加固		锚头松弛、金属腐蚀		
落石被动防护设施	防护网、防护格栅	是否有浮石、是否有开裂	网、钢丝腐蚀，锚杆松弛	—	—
	防护壁		防护壁沉降，混凝土开裂		
有覆盖层的边坡	块状护坡	开裂、翘起、地基沉降、溜塌、充填物流失、外敷层流失	（同左）	排水泵工作情况、管涌程度	是否堵塞
	喷混覆盖层	开裂、翘起、剥离、内部空洞	（同左）		
	落石防护网、栅	是否有浮石、是否有开裂	网、钢丝腐蚀，锚杆松弛，砂土堆积	管涌量、位置、程度	

利用图像分析技术可进行损伤识别、定位和确诊，并结合数字化图像技术将图像进行数字转换，通过去噪、滤波等技术实现自动化识别与结构损伤有关的信息。在大型工程结构，特别是隧道、公路桥等长距离且结构框架固定的结构监测技术中，出现了结合车载摄像设备和图像解析的动态图像解析监测技术。除了以上介绍的传感装置和技术外，在实际监测工程中根据不同的监测目的，还配备有一些其他传感器，如磁应力传感器（测量钢筋应力）、动态称重系统（用于统计交通量）、湿度传感器（估算土壤含水量）、风速仪（完善结构抗风设计）等。

2. 结构区域监测与遥感

在建筑结构检测中缺乏适合土木结构特点的传感器技术。各类应变传感器的应用相对来说太局部，捕捉规模庞大的土木工程结构损伤犹如大海捞针；各类加速度传感器为代表的又太宏观，对结构损伤不敏感。针对这个问题和挑战，需要开发结构区域分布监测技术来对土木工程进行监测。

以图 9-5 所示的单跨钢筋混凝土简支梁结构为例，根据结构力学知识与有限元分析，该类型结构在日常荷载与环境侵蚀下的典型损伤模式主要包括以下几类：位于跨中梁底的弯曲破坏、位于跨中梁上表面的混凝土受压破坏、梁端的支座退化、靠近支座部位的梁的剪切破坏及由于混凝土开裂引起的钢筋腐蚀破坏。上述容易发生结构损伤又对结构性能起到重要作用的区域称为关键区域。虽然不知道损伤具体发生的位置，但可以知道损伤发生在上述的关键区域内。因此，采用线、网格、面等类型分布传感单元进行串联形成区域覆盖损伤可能发生的位置和影响范围,然后进行高精度、动静态、宏微观监测与多层次分析发现结构早期损伤与隐患,从而能够实现结构状态参数、损伤状况、荷载的全面识别及结构性能的直接评估与预测。

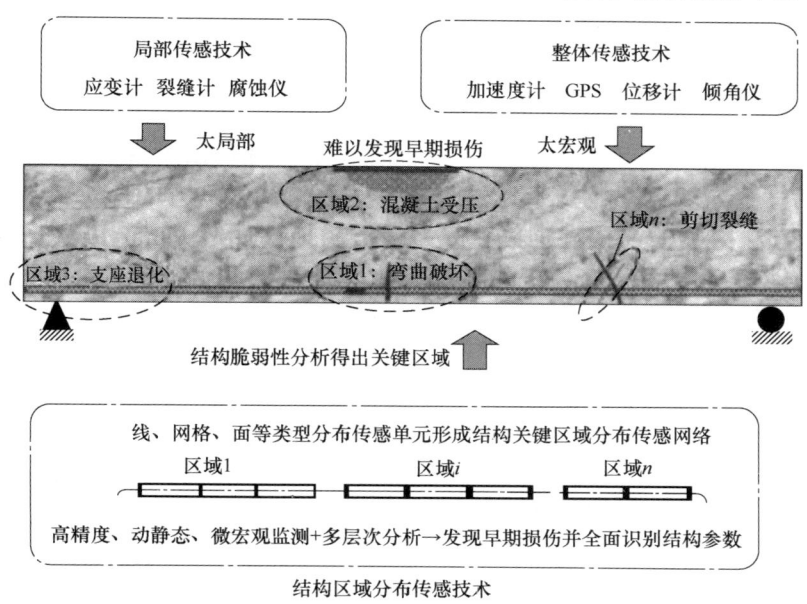

图 9-5　结构区域分布传感理念

对于通过布置传感单元的智能结构而言,如何充分利用有限的传感器监测结构的最关键信息有效评估结构性能,是结构智能化研究的一项重要任务。

土木工程体型庞大、结构复杂,存在各自不同的关键构件和关键区域。大跨悬索桥梁典型的破坏模式包括:跨中的挠度过大区域、柱脚的开裂破坏区域、梁塔结合部位的疲劳开裂区域及拉索断丝区域。在这些关键区域布设传感器实现重点监测,是进行结构有效监测和保证其健康安全的自然而然的思路。图 9-6 所示为结构区域分布传感内容。

首先,根据结构动静态非线性解析和易损性分析得出结构损伤或隐患区域位置。结构的易损性分析也称脆弱性分析,起源于结构抗震性能评估领域,是指结构在确定的地震强度作用下,超越各种破坏极限状态的条件概率。它是地震破坏和损失估计的基础,也是震害预测的基本组成部分,它在地震破坏和损失预测中占有重要地位。因此,分析结构的地震易损性对评定结构的抗震安全性,制定防灾措施有重要的意义,也是正确、合理地分析各类建筑物的抗震性能,提高结构的抗震能力、减少损失的有效途径。

在结构关键区域确定后,根据结构的离散性分析,确定结构可能损伤区域的大小。土木工程结构特别是钢筋混凝土结构存在大的离散性,通过在结构分析过程中引入概率分布的概念考虑材料的离散性,可分析得出结构损伤区域的大小及其影响的范围。该范围在结构的破坏过程中力学特征复杂,可通过传感网络覆盖此区域进行直接测量。

最后,针对结构关键区域的动静态、微宏观和高精度测量数据,进行多层次分析,剖析结构关键区域复杂非线性力学特征,再通过线性插值得出未被传感单元覆盖区域的结构信息,从而实现从结构的区域监测到结构整体的全面识别,为后续的结构性能评估提供了夯实的数据基础。

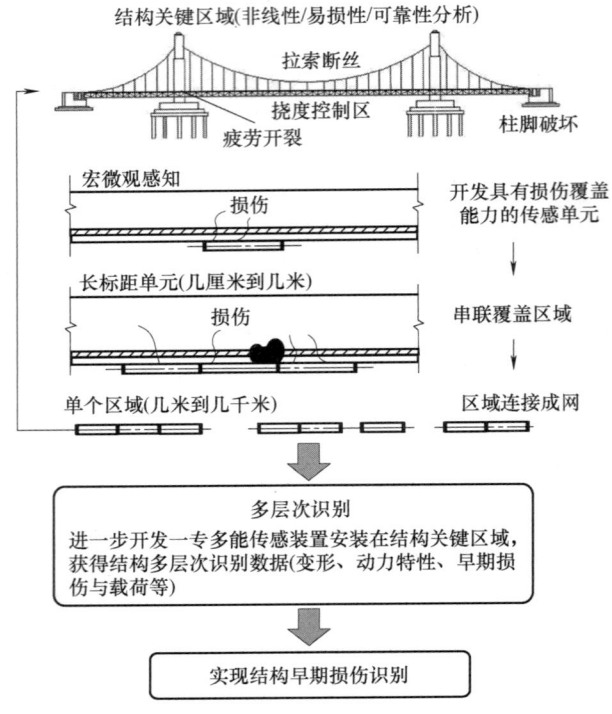

图 9-6 结构区域分布传感内容

除了针对土木工程结构个体的监测,"区域分布传感"概念还可应用于城市基础设施(如结构群、轨道交通结构群体、大规模地下管网系统)的监测。所谓结构群,是指由多个相对独立结构组成的结构集合,这些结构可以为同一类型的结构,也可分属不同类型的结构。结构群又可分为连续型结构群和离散型结构群。由同一大型基础设施上的多个相对独立且在空间上连续分布的结构组成的集合称为连续型结构群;由空间上分散且相对独立的结构组成的结构集合称为离散型结构群。结构群区域分布传感的基本思想是:广域范围的结构群划分为一定界域范围的结构子群(这些结构子群可以是一个特大型结构单体,若干个类似结构体集合或一定距离段的连续结构体集合),对子群里进行监测的部分称为监测体,对监测体内的关键区域进行的分布传感称为结构区域分布传感。

针对城市道路与轨道交通结构群(离散型结构群)的区域分布传感示例如图 9-7 所示。城市道路与轨道交通结构具有安全性要求高,信息化程度低,突发事件预警与应急控制能力差,服役性能退化严重,维修费用巨大等问题,可通过结构群区域分布传感概念进行城市道路与轨道交通结构群的安全监测。针对城市道路与轨道交通结构群体积庞大、占地范围广、难以全面监测的特点,利用可准确监测结构响应和环境因素的高性能、长寿命、多尺度的高新传感技术,基于"区域分布传感"理念,找出城市道路与轨道交通结构群的各个关键子群,进而通过结构分析找出各个关键子群的重点监测体,然后进行这些监测体的重点区域的分布传感监测,再通过数据分析方法从监测数据中进行结构群的全面识别和直接评估,即可实现整个结构群的有效健康监测。也就是说,它通过对离散型结构群的重要部位及隐患区域进行全面重点监测,对其他部分进行散点监测,建立连接于物联网管理中心的各个子网,实现城市道路与轨道交通结构群的安全预警以及应急保障。对于分散型结构群，应根据结构群的分布范围分为若干个区域。其传感器要求、监测频度与单体结构相同，采集设备的位置根据监测频度选择，可以部署在区域工作站或自带采集设备，采集硬件的分布方式为集中采集或混合采集，采集站-监控中心之间数据传输结构为星型结构。

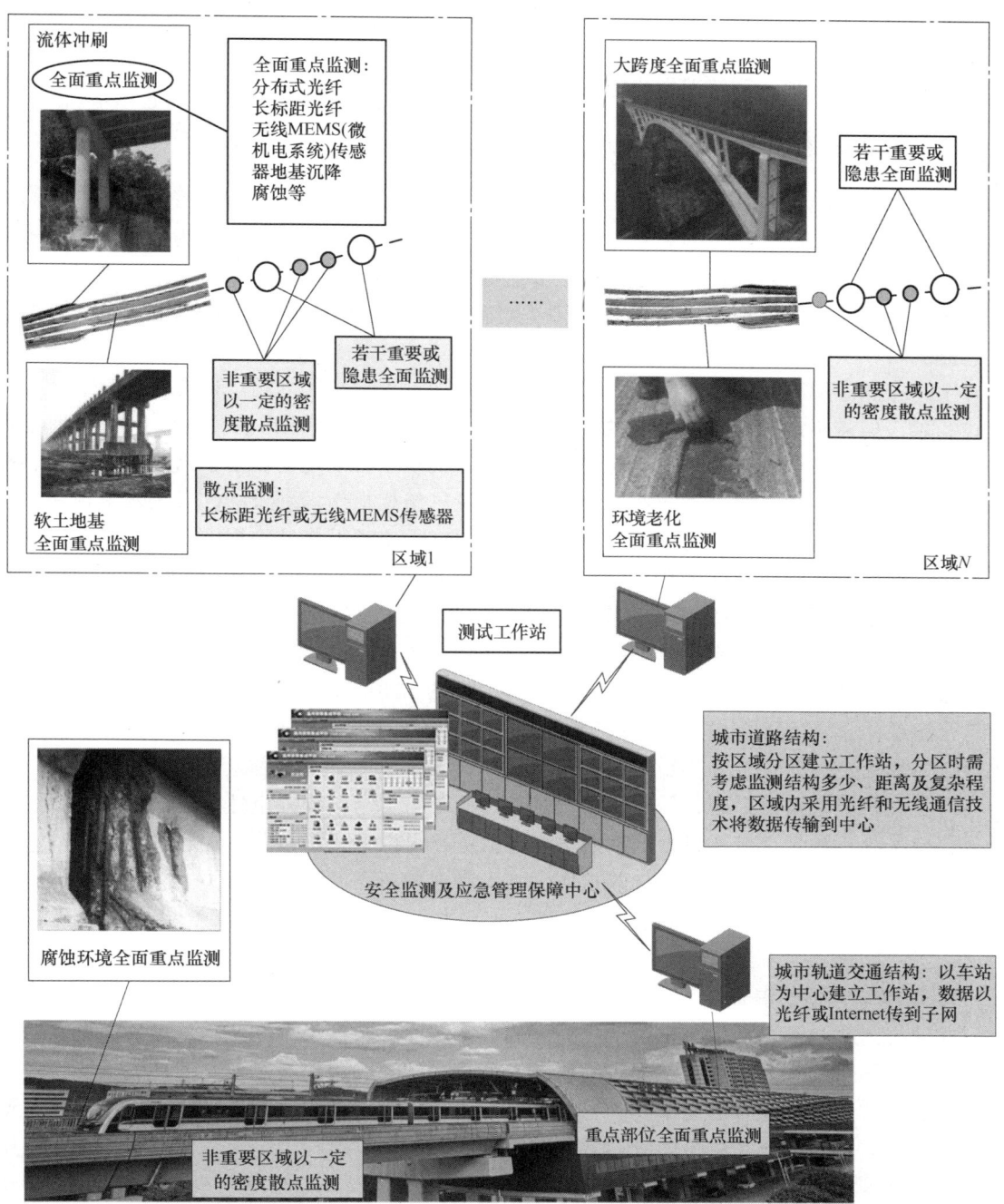

图 9-7 离散型结构群的区域分布传感方法

区域分布传感器法从传感器优化布置、高性能传感和多层次分析等多方面来应对土木工程结构个体或群体难以全面测量的难题，通过必要区域动静态的重点监测，同时辅以整体区域的监测，主次方面统筹兼顾，可在一定传感器数目的条件下，最大限度实现大型结构的有效安全监测。基于区域传感理念的结构监测传感系统的优化布设对结构群进行性能评估，如研究地震作用下城市高架桥的抗震性能快速评价技术、建立城市高架桥结构群的地震易损性风险评价方法等，具有重要的工程意义。它能够实现以成本低、数量少的传感器采集结构的状态变化信息并及时准确地识别和定位结构的安全隐患。

9.4.2 结构状态参数与损伤识别

结构检测的核心内容与主要目的是结构的损伤识别，也就是说，结构检测方法一般就是结构损伤的识别方法。结构的检测方法大致可分为结构量测法和结构监测法。这些方法各有优缺点，但却存在着共同特征，即：①选取适当的损伤标识量（即损伤参数）；②损伤参数对损伤的敏感性；③检测数据或信息量多少对损伤识别精度的影响；④结构损伤识别对设计、施工阶段资料的依赖程度。

上述①和②解决损伤参数问题，③和④解决损伤识别方法的问题。损伤参数的选择似乎比较简单，但若不能针对某种结构类型选取适宜的损伤参数，结构检测的效果势必大打折扣，甚至会造成结构安全性评价的误判。例如，人们基于振动理论提出了以频率、振型、模态应变能、模态柔度和残余力向量等为损伤标识量的结构损伤识别方法，但是基于频率的方法由于无法提供与位置相关的局部信息，因此不适宜于空间网格结构损伤识别；基于振型和模态应变能的方法对模态观测精度、阶次和自由度有较高要求，且损伤单元要用未损伤前刚度代替，不适用于大型复杂结构损伤识别；基于模态柔度的方法反映的也是结构整体特性，其变化最大处必然地与结构局部损伤合二为一，在理论上仍然存在着错误定位的可能；基于残余力向量的方法根据每个节点各自由度对应的残余力判断结构的损伤部位，获得的是节点信息而非单元信息，且只有低阶振型才能够粗略定位。为此，运用基于振动理论的检测方法，以应变类参数为基础的损伤定位方法优于以位移类参数为基础的损伤定位方法。

对于结构健康监测系统，结构损伤识别是传感器布置与结构安全性评价的中间环节，其任务主要是分析和处理传感设备获取的信号与数据，可以采用小波分析法、神经网络和遗传算法等，但这些方法对于复杂结构的损伤识别尚有许多瓶颈问题需要解决。总体来说，结构损伤识别需要解决两个关键问题，即合理选取结构损伤参数和确定简便有效的损伤识别方法。

1. 选取结构损伤参数

在结构健康监测过程中，布置于结构上的传感器通过数据采集系统将采集的数据输送到数据中心。如何从监测数据中识别出结构各类型状态参数、损伤状况及交通荷载情况，对结构的性能评估与预测具有至关重要的意义。各种用于结构健康监测与诊断的损伤指标或对结构损伤状态敏感的特征参数，如应力、应变、挠度、转角、位移、温度、湿度等，都是利用信号处理技术对结构的响应进行识别，得到结构的模态参数（如频率、振型与阻尼等）。结构损伤可通过对各关键区域的分布响应进行多层次分析，依据区域分布传感理念，能够实现动静态、微宏观、多层次、高精度的区域分布传感技术。

区域分布传感是一种基于结构非线性分析和易损性分析确定结构关键区域位置,进而根据离散性分析和子结构方法确定关键区域的范围,然后对关键部位和区域实行分布传感,从而实现结构主次分明、点面结合、整体与局部相统一的健康监测理念,图9-8所示为结构区域分布传感流程。

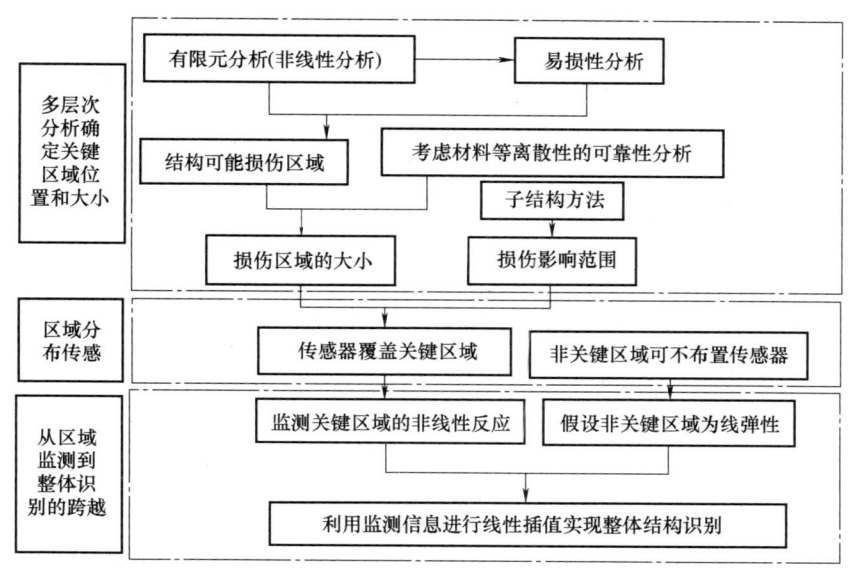

图 9-8 结构区域分布传感流程

2. 确定损伤识别方法

在多种因素的综合作用下,土木工程结构将会产生累积性或突发性损伤,这些损伤将会在不同程度上降低或弱化结构的抗力,当这些损伤达到或超过某一限值时,结构随时有可能出现破坏甚至坍塌。为了避免结构事故的发生,积极开展对结构损伤类型、损伤机理的研究,找出损伤识别的有效方法,对于及时采取补救措施、杜绝安全隐患具有重大的理论意义和较高的应用价值。

信号处理是结构健康监测系统中必不可少的环节。结构健康监测中所采用的信号处理技术主要有时域分析方法、频域分析方法、时频域分析方法及模态域的分析方法等多种,例如傅里叶变换、短时傅里叶变换、Wigner-Ville分布、小波/包分析、希尔伯特-黄变换(Hilbert-Huang Transform,HHT)、盲源分离等。

采用信号处理的方法从监测信号中提取各种参数,在结构健康监测系统中,信息处理的环节将依据这些参数对结构状态进行辨识,将监测到的结构参数同结构的各种工作模式或损伤模式进行对应,以确定给出的结构状态。这个过程是一个信息处理的过程或者说是一个模式识别的过程。常用的信息处理方法主要有统计决策法、结构模式识别法、模糊理论、逻辑推理法、人工神经网络法、主体协作技术及遗传算法等。

9.4.3 结构性能的评估方法

结构性能指在外部荷载的作用下,结构在静态和动态的关于安全性、使用性和耐久性等方面的定性、定量的表现。性能评估指依据检测与监测数据及其分析结果，对结构的当前安全状态及其未来服役周期内的性能进行分析评估和预测，并与其临界失效状态进行比较，评价其安全等级的活动。结构性能评估是实现桥梁有效管理和维护的重要组成部分，它可以准确把握结构的当前性能水平，以便及时进行合适的结构养护和管理，对于性能水平低下的结构需及时进行维修和加固。结构的性能评估除了考察当前的结构性能状态，还需综合考察结构性能下降的程度和速率，分析其性能退化规律，对结构性能的远期状态做出预测，并对结构的使用寿命做出评估。

具体来说，结构的性能评估包括结构的安全性能、使用性能、耐久性能、第三方影响性能及景观性能等几个方面。

1）结构的安全性能是体现结构本身安全度的性能，直接牵涉到人民的财产甚至生命的安全，因此它是结构性能评估的重中之重。

2）结构的使用性能是指结构实现其固有使用功能的特性，主要体现在舒适性和适用性两个方面。

3）结构的耐久性是指结构抵抗其随时间变化而逐步劣化致使性能低下的能力。

4）结构的第三方影响性主要是指由于结构的使用和一些意外事件而对第三方人员造成影响的性能指标。

5）结构的景观性是指结构外表等给使用者及社会第三方人员的美感和舒适感。对于土建交通工程的结构，结构的安全性能、使用性能、耐久性能通常被放在第一位，作为重点考察对象，但并不能忽视第三方影响性和景观性这两个性能。

实用鉴定法是结构安全性评价的主要方法。这种方法主要从结构的构件入手，对在役混凝土结构、普通钢结构、砖混结构等实际结构的安全性等级进行评定。近些年来，国内外人士依据不同的理论方法，如可靠度理论、层次分析法、模糊理论、神经网络及专家系统等，对结构的安全性评价问题进行了研究。

结构安全性鉴定主要有两类评定分级方法：一是以结构的可靠性状态为标准进行等级划分与评定；二是以结构的损伤状态为标准进行等级划分与评定。前者是假定结构不同的构件相继失效，计算出结构的可靠度；后者是以结构构件的损伤程度为依据，评定结构的安全等级。结构的安全性问题实质上是在现有性态下对结构是否拥有防止破坏或倒塌能力的确定。这种能力衰减的快慢与结构的损伤程度密切相关。综合采用传统检测手段和现代结构健康监测技术，可以准确地定位结构损伤，很好地识别结构及结构构件的损伤程度。从结构损伤的角度评价结构的安全性，是研究与发展结构安全性评价方法的有效途径。

这里以桥梁性能评估为例进行介绍。在桥梁性能评估中引入健康监测数据，从桥梁的全周期、动态采集的数据中进行分析评估，可帮助确定有利于桥梁结构全寿命周期内的维护管理。目前，我国现行的桥梁技术状况评定规范主要有住房和城乡建设部的《城市桥梁检测与评定技术规范》（CJJ/T 233—2015）、交通运输部的《公路桥涵养护规范》（JTG 5120—2021）和《公路桥梁技术状况评定标准》（JTG/T H21—2011）。桥梁技术状况评定流程大致由信息采集、评估分析和决策评定三部分组成。桥梁评定普遍继承了层次分析的思想，桥梁评定的过程是一个循序渐进、由低到高的过程。在评定的初级阶段，桥梁的实测数据比较容易获得，同时这个过程也是关系到评定结果是否准确的关键一步。将采集好的数据放入预定的评定模型中，如果对结果不信任则需要采集更多的数据或更加细化评定模型。这反映了层次分析原理在技术和经济上的双重考虑。桥梁技术状况反映了桥梁现状等级。桥梁技术状况评定的主要任务是通过桥梁存在的缺损状况研究桥梁退化的原因，确定维护维修方案，以使结构（或构件）维持在安全的状况。桥梁结构状况评定的另一任务是根据技术状况评定结果得到正确的维修措施，根据桥梁状况评定结果确定哪些桥梁破坏最严重和最迫切需要维修；将有限的资源作最优的分配，使桥梁发挥它最大限度效用。

图 9-9 是基于区域分布传感的三层次桥梁结构性能评估方法及其流程图。基于区域分布传感的三层次结构性能评估方法的核心内容包括三个环节，即①基于检测与监测数据的结构异常分析与预警；②基于结构参数全面识别的结构当前性能状况评估；③基于历史监测数据的结构劣化分析与寿命预测。

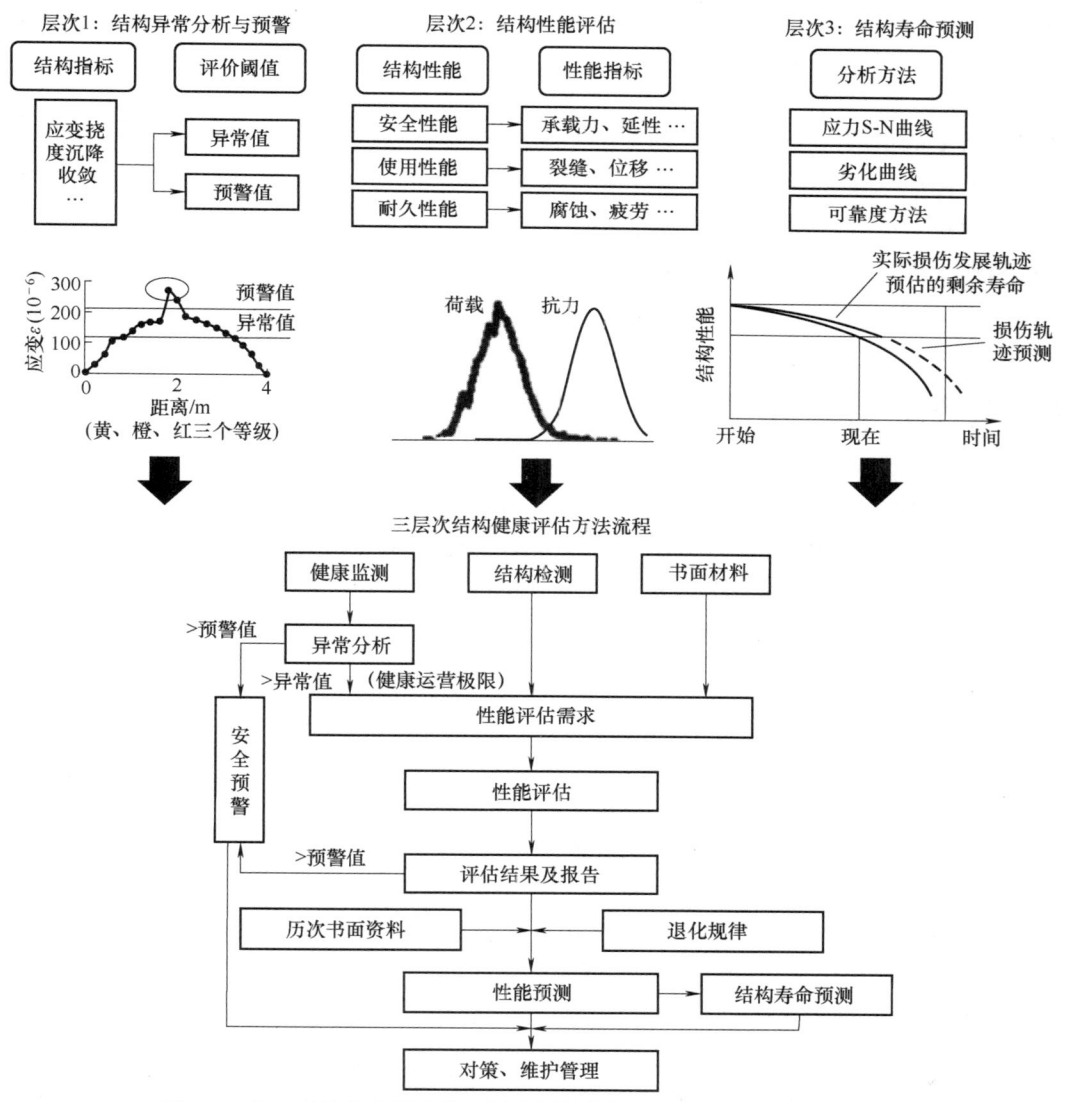

图 9-9　基于区域分布传感的三层次桥梁结构性能评估方法及其流程图

1）第一层次——根据所监测的数据进行结构异常分析，并确定是否进行预警。如果结构异常超过极限指标，则进行异常预警。在大多数情况下，仅发现数据一定程度的异常，但并不清楚其具体原因和其对结构性能到底具有怎样的影响，此时需进入第二层次，即通过结构参数的全面识别和性能评估来具体分析数据异常的原因和当前状况下结构的真实状况，进而根据结果确定是否进行性能预警。

2）第二层次——结构性能评估，即在第一层次数据分析过程中没有发现结构异常状况，或通过程序设定定期（如每3个月）进入，以应对结构缓慢性能退化引起的可能破坏。在第二层次的评估中，可以通过适当的测试手段和具体分析方法来详细评估结构的实际安全状况。粗略地说，结构性能评估方法可分为基于检测数据的等级评定方法、基于现场测试及监测数据的性能评估、基于可靠性理论的性能评估方法等几种。如发现结构的安全性能总体基本满足，没有出现明显性能低下的情况，或是虽然发现了一定程度的性能低下，但是并不严重的情况，一般可不进行功能预警。

3）第三层次——结构寿命预测，即针对特别重要或某些特殊需要的结构，可进行基于历史监测数据的更深层次的结构性能劣化与剩余寿命预测。在桥梁结构的时变特征和剩余寿命预估前，需要先研究清楚结构的性能劣化机理。桥梁的性能劣化不易被发现和及时监测跟踪，但它对桥梁的性能评估结果的影响不容忽视。基于劣化模型预测与外观检查相结合的方法，将有利于确定桥梁所处的真实状态，在此基础上进行维修决策，将使维修加固更具科学性、合理性。

9.5 隧道结构健康监测系统设计与实施

1. 组成架构

盾构隧道结构健康监测系统的组成架构如图9-10所示。系统由用于盾构隧道监测的传感器网络、现场（内场）系统和远程工作站（外场）构成。现场（内场）系统包括现场采集和分析的软硬件、现场数据库和网关路由等。远程工作站包括监控中心、远程数据库和网关路由等。硬件组成的核心和关键点是盾构隧道内布设的传感器网络。

2. 典型结构监测软件设计

在实际工程中以监测需求和实际条件为导向，确定数据子系统和结构分析子系统情况。为了系统集成方便与数据的整合，多采用典型的把数据采集软件和结构分析软件集成到同一个结构监测软件中的设计方法完成结构监测软件的设计。监测软件及其功能示意图如图9-11所示。软件架构可分为四个子模块：数据采集与传输模块，结构指标监控模块，异常识别、性能评估与健康诊断模块和数据管理模块（数据库模块），其中，数据管理模块兼有数据存管和阈值报警及专家模块的功能。

（1）数据采集与传输模块

数据采集与传输模块的功能是采集各种传感器（包括区域分布传感器网及其他传统技术的传感器）的测量数据，数据来源主要有两种，一是读取与各传感器所配套的采集设备的上位机软件保存形成的数据文件，二是与采集设备、采集上位机软件的数据接口直接对接获取数据。前者适用于传统技术的静态监测为主的电传感类传感器数据获取，后者适用于区域分布传感技术光纤传感等动态监测为主的传感器数据获取。

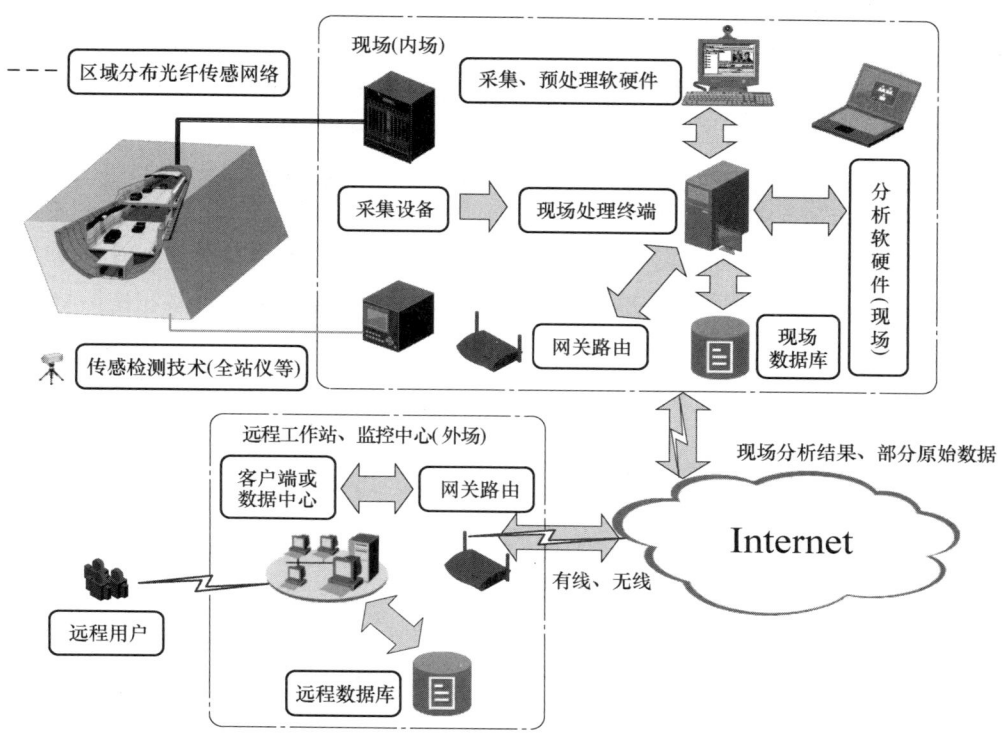

图 9-10　盾构隧道结构健康监测系统的基本组成架构

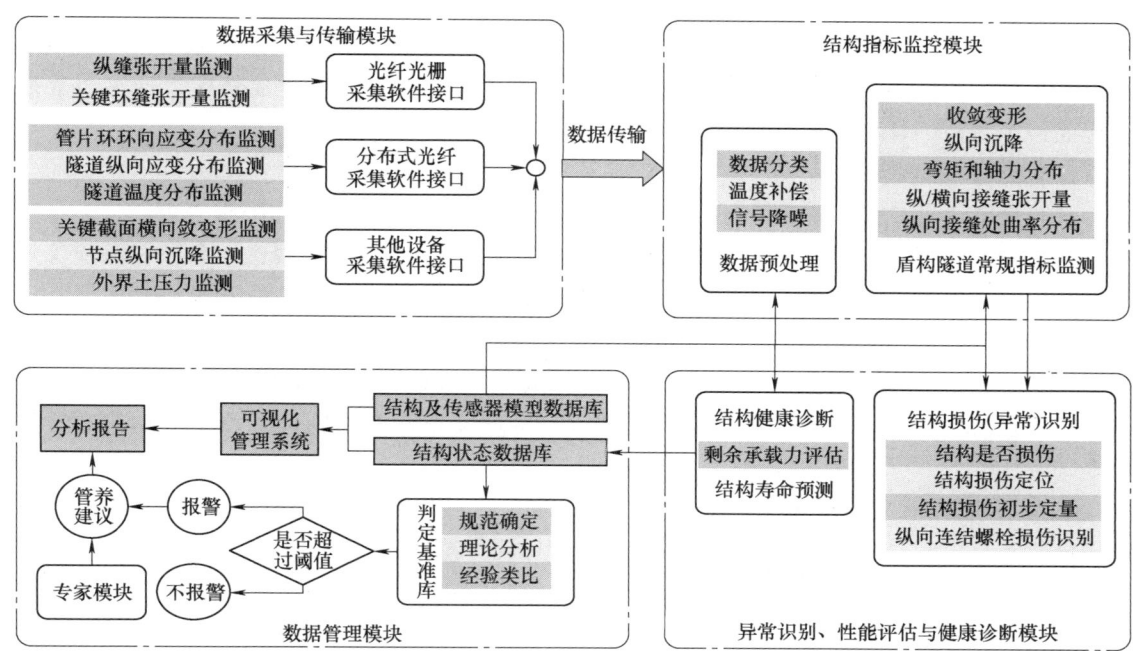

图 9-11　隧道结构健康监测系统软件的功能示意图

（2）结构指标监控模块

主要功能模块包括数据预处理和常规指标监测。

数据预处理模块主要实现数据分类、温度补偿和信号降噪三个功能。

1）数据分类功能是将区域分布传感器网络的测量数据拆分，并对应到不同的监测对象上（如环向应变、纵向应变等），再将这些数据与其他传感器数据一并根据结构及传感器模型数据库提供的隧道各监测点/截面位置坐标进行逐一对应。

2）温度补偿功能是指根据隧道内各处分布式测温段测量得到的结构温度，对自身不带温度补偿的传感器进行补偿。

3）信号降噪功能则主要针对传统技术（如点式传感器）的测量数据进行降噪，根据需要也可以集成区域分布传感器网络的数据处理功能，根据具体传感器类型和指标特点进行程序编写。

常规指标监测模块主要基于测量数据处理后得到的隧道应变分布，对盾构隧道的如下指标进行监测：收敛变形、纵向沉降、环缝/纵缝张开量、结构纵向曲率、弯矩/轴力分布等。

（3）异常识别、性能评估与健康诊断模块

这个模块的主要功能是根据传感器测量数据处理后的输出结果进一步演算后，进行隧道结构损伤（异常）识别、性能评估和健康诊断，并根据评估结果尽可能地预测未知损伤和结构剩余寿命，给出管养建议，并反馈结构设计优化意见给有关单位，辅助后续同类结构的设计决策。该模块具备的功能模块有结构损伤（异常）识别模块、结构健康诊断模块。

1）结构损伤（异常）识别模块。该模块是基于区域分布传感技术的结构损伤识别算法，用于监测隧道结构是否损伤、损伤位置和损伤程度，并将损伤程度表述为连接管片环的纵向连接螺栓的应力状态。

2）结构健康诊断模块。该模块具有两方面的功能：一是基于隧道设计阶段使用的结构有限元模型，考虑结构损伤识别模块给出的损伤识别结果，评估隧道剩余承载能力；二是综合结构损伤（异常）识别模块给出的损伤识别结果和隧道周围水文地质情况，通过可靠度退化曲线等算法，评估结构剩余寿命。

（4）数据管理模块

该模块的主要功能是数据管理、专家管养决策与发布功能、阈值超限报警等。

数据管理包括对测量数据和隧道相关资料的存储、查询、添加、修改、备份和删除等管理功能，并可通过三维建模可视化技术实现测量数据和分析结果的可视化显示与输出。

1）专家管养决策与发布功能是根据异常识别、性能评估与健康诊断模块对隧道工作状态的评估结果，综合实际工程的现场条件、管养成本，从结构安全和经济的角度给出合理的管养建议及各结构模型和算法模型的改进建议，继而发布筛选后的信息给业内用户和普通公众。

2）阈值超限报警功能是结合异常识别、性能评估与健康诊断模块的输出结果，以及专家管养决策与发布功能，对数据库内的数据进行标识和挖掘，对超过预设阈值限值的结果数据进行报警。阈值的来源主要有三个：同类工程经验类比、根据数学与力学模型进行理论解析、国内外相关规范的限值。应结合软件各子模块的输出结果，与多方充分协调（科研设计单位、施工单位、监理单位、业主单位、管养单位、普通公众等）制定报警阈值和机制。

思 考 题

1. 简述结构健康监测的基本概念。
2. 简述结构健康监测系统智能化的主要表现。
3. 简述结构健康监测系统的发展特点。
4. 叙述结构健康监测系统在不同建筑结构上的应用。
5. 叙述健康监测技术在工程结构健康、安全上所发挥的作用。
6. 叙述结构健康监测技术所需要解决的问题。
7. 简述结构健康监测系统的组成与功能。
8. 简述结构区域分布传感的内容。
9. 简述区域分布传感的三个层次及其相互关系。

第 10 章
视频监控技术

近年来，视频监控技术随着计算机、网络、存储、芯片、物联网、云计算、大数据等技术的发展而迅速发展。从早期的模拟视频监控、中期的数字视频监控、后来的智能视频监控技术到目前的高清视频监控系统及云视频监控，产品一直不断升级，系统结构不断变化，功能不断完善，应用领域也在一直不断扩展。

视频信息与其他信息形式相比，具有直观、具体、生动等诸多优点，而且视频所包含的信息量很大。随着多媒体技术及网络技术的迅速发展，各种信息采集和生产的手段也在不断投入使用，视频信息正在对人们的生活方式、安全保障和社会发展发挥着越来越重要的作用。

10.1 视频监控技术的发展

视频监控技术的发展，经历了从开始的模拟式到现在的数字化、网络化的发展，即从第一代的模拟视频监控系统，到第二代的部分数字化监控系统，再到第三代的完全数字化的网络化系统（网络摄像机和视频服务器），直到现在的由网络化向高清化、智能化过渡，并逐步与物联网、云计算结合应用的发展演变。目前在实际视频监控技术的应用中，各种类型的产品和系统架构均有一定比例，并均将继续存在一定时间，但从长远看，智能网络高清视频监控系统代表了视频监控技术未来的发展方向。

为了更好地向智能化方向发展，视频监控技术目前还必须在数字化、网络化的基础上先向集成化、高清化、智能化方向发展。目前，视频监控技术在以下几个方面发展速度较快。

1. 高清晰度与高压缩比

视频监控技术一定会不断地追求更低带宽传输和更高清晰度的视频图像。高清晰度传输可以使相同范围场景下的监控获取更多的视频信息。今后 4K 分辨率甚至更高的分辨率会淘汰低分辨率，更好的压缩算法（如 H.265）或效率更高的视频编码算法会带来更加流畅、无失真的画面效果。

2. 网络接入手段丰富

随着网络技术的进步及网络视频监控摄像机与视频存储设备相分离的特点，网络摄像机的接入方式将多种多样，如无线网络、4G/5G 网络等高性价比的无线技术的接入方式将可以实现视频监控系统的"无处不在"。

3. 海量存储，高性价比的容错机制

大数据技术的应用必将导致存储空间的急剧扩容，视频数据24h不间断写入的特点又会导致磁盘寿命的缩减，所以未来视频监控系统中的存储部件必须具有存储容量大、扩容方便、高性价比的容错机制的特点。

4. 智能应用普及

随着算法的成熟及硬件成本的降低，将场景中的背景和前景目标分离，进而探测、提取、跟踪等智能应用将无处不在。此时视频监控将不仅仅用于安防，还会与商业、制造业更紧密地结合，作为商业决策、生产制造的重要信息来源。

5. 标准化与开放性

任何一种技术的成熟都离不开标准化，视频监控技术也不例外。国际、国家公认的协议标准将覆盖整个生态链，开放式的视频管理平台，可以实现不同厂家设备、不同应用系统的互联互通、统一管理和统一调度。

6. 行业化解决方案

不同行业有不同的需求，未来视频监控技术需要根据行业特点，在硬件、软件平台甚至系统架构上进行针对性开发、设计及部署，而不是只满足安防监控的需要。目前，在公安行业、金融行业已经有所体现，结合智能算法，提出了真正意义上的行业解决方案。

10.2 视频监控系统的组成

根据视频监控系统的功能和设备组成，视频监控系统由前端系统、传输系统、控制系统和终端系统四部分构成。

1. 前端系统

视频监控系统的前端系统是系统信息的总源头，它利用音视频技术从而具备了"视觉"和"听觉"功能。系统的操作者可通过控制设备，按需求去进行设置和布防，以获取必要的影像和声音信息。

2. 传输系统

视频监控系统是一个音视频信息采集系统，需要把分散在不同地点的音视频等对象集中起来进行分析和处理。传输对象有五种，分别是视频信息、音频信息、图片信息、数据信息和控制信令。因此这就需要大量用到各种电缆来进行各种信号的传输，即使在无线视频监控系统中，收发端各种设备之间的信号传输也需要各种电缆。视频监控系统必须通过传输系统来传递信息，其中视频信息是视频监控系统中占比最高的。

3. 控制系统

控制系统是视频监控系统的中枢，通常控制设备中都配置了微处理器，这些微处理器按既定的程序工作，使设备能按照操作者的意愿执行系统所具有的各项功能。

从上述功能和设备的应用中可以看出，视频监控系统主要采用光学成像器件、视频编码压缩算法、视频编解码芯片和视频管理平台等核心技术。

（1）光学成像器件

光学成像器件是监控系统的核心技术部件，主要包括镜头及感光器件，目前感光器件主要有 CCD 和 CMOS 两种。CCD 器件的主要优点是高解析、低噪声、高敏感度等。早期的 CMOS 技术主要用于低端市场，但随着 CMOS 技术的不断完善，在高分辨率、高清摄像机中，也显示出越来越强的技术优势和市场竞争力。

（2）视频编码压缩算法

视频编码压缩的目的是在尽可能保证视觉效果的前提下减少视频数据量。视频可以看成是连续的静态图像，因此，视频的编码压缩算法与静态图像的编码压缩算法有某些共同之处，而运动的视频还有其自身的特性，所以在压缩时还应考虑其运动特性才能达到高压缩的目的。视频的编码压缩是视频监控系统数字化、网络化的前提条件，不经过编码压缩的视频信息的数据量大到计算机、网络带宽及硬盘存储均难以承受，因此，如何对大量视频数据进行有效的编码压缩就成为一个非常关键的问题。

（3）视频编解码芯片

视频编码压缩的核心是算法，而算法的实现依赖于运算处理芯片。视频编码算法在不断地改进，以降低码流、提升图像质量，算法复杂程度的不断提升给芯片的处理能力带来不断的挑战。目前市场上流行的视频编解码芯片主要有 DSP 和 ASIC 两大类。以 DSP 为核心的视频编解码芯片，集成视频单元和丰富的外围接口，通过软件编程实现视频编解码且能扩展多种特色化功能。ASIC 是专用视频编解码芯片，它集成一些外围接口，通过硬件实现视频编解码。

（4）视频管理平台

智能网络视频监控系统中不再具有类似矩阵的硬核心产品，所有的设备、组件、服务变得分散、多元化，在此情况下，网络是依托，同时，视频管理平台是灵魂。整个视频监控系统完全依靠管理平台的有效整合。同时，视频监控系统正从安防监控领域向其他领域应用延伸拓展。

4. 终端系统

终端系统是视频监控系统前端信息的显示、记录、切换和分配等输出设备。常见的显示终端设备包括监视器、切换器、画面分割器、存储设备、数据通信设备、打印设备、自动拨号电话机、警号和警示灯。终端设备通常安放在专门的中央控制室内，由操作人员对它们进行操作控制与使用。

下面从监控技术应用的角度，针对在监控中使用的功能和设备来介绍视频监控系统的组成。一般的视频监控系统由前端系统、传输系统、显示系统、控制系统、存储系统五个部分组成。监控系统的结构既可以在本地构建，也可以远程或通过网络结构构建，如图 10-1 所示。

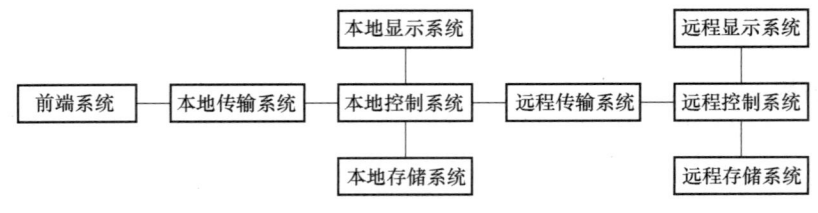

图 10-1　视频监控系统组成

10.2.1 前端系统

前端系统是指视频监控线缆前端连接的设备部分,主要指的是监控系统的现场设备。现场设备主要包括摄像机、镜头、防护罩、支架、立杆、变压器、电源、拾音器、云台、解码器、光端机、防雷器、接地体和抗干扰器等。大部分情况下,拾音器、云台、解码器、光端机、防雷器、接地体、信号放大器、抗干扰器属于可选设备,可以根据项目的实际情况选用。本节主要讲解摄像机和镜头的分类及其相关技术,其他设备可以参考其他相关资料。

1. 摄像机

摄像机是整个视频监控系统的核心,相当于人的眼睛,采用光电转换技术进行成像,主要由镜头、芯片、机板、电源系统、外壳、辅助设备等组成。它布置在需要监控的各个场所的某一个位置上,并使其视角能覆盖整个被监控的区域。有时在摄像机上还可加装电动的(可遥控的)可变焦距(变倍)镜头,使摄像机所能观察的范围更大,更清楚;有时还把摄像机安装在电动云台上,通过控制可以使云台带动摄像机进行水平和垂直方向的转动,从而使摄像机能覆盖的角度范围和面积更大。

摄像机是一种把景物的光学影像转变为电信号的装置,其结构分为光学系统、光电转换系统和电路系统。光学系统主要由多组透镜组成,负责将被摄对象的反射光进行收集和折射,并使其聚焦到光电转换系统。而作为光电转换系统核心的 CCD 和 CMOS 图像传感器负责把被摄对象的光学图像转变成携带电荷的电信号。然后电信号经过电路系统进一步放大,形成符合特定技术要求的视频信号,并从摄像机中输出。摄像机用途广泛、种类繁多,从不同的角度可以分为不同的类型。

(1)按照成像芯片划分

按照成像芯片划分,摄像机可分为 CCD 摄像机和 CMOS 摄像机,在模拟监控时代使用最多的就是 CCD 摄像机,而在数字时代和智能时代大都采用 CMOS 摄像机。CCD 与 CMOS 图像传感器是被普遍采用的两种图像传感器,两者都是利用感光二极管进行光电转换,将图像转换为数字数据,而其主要差异是数字数据传送的方式不同。CCD 图像传感器中每一行中的每一个像素的电荷数据都会依次传送到下一个像素中,由最底端部分输出,再经由传感器边缘的放大器进行放大输出;而在 CMOS 图像传感器中,每个像素都会邻接一个放大器和 D 转换电路,然后用类似内存电路的方式将数据输出。造成这种差异的原因在于:CCD 特殊工艺可保证数据在传送时不会失真,因此,各个像素的数据可汇聚至边缘再进行放大处理;而 CMOS 工艺的数据在传送距离较长时会产生噪声,因此,必须先放大,再整合各个像素的数据。

(2)按照成像色彩划分

按照成像色彩划分,摄像机可分为彩色摄像机、黑白摄像机和彩色与黑白自动切换摄像机三种。目前主流视频监控系统的摄像机大部分采用彩色摄像机。黑白摄像机出现较早而且应用时间较长,具有画面清晰度高、成本低廉的优势,在某些应用场合中还存在,另外在一些高端摄像机市场依然存在黑白摄像机,如工业面阵相机、工业线阵相机等。彩色与黑白自动切换摄像机主要适用于环境照明照度较低的情况(比如晚上,一般是环境照度小于 0.5lx)此时,彩色摄像机无法形成清晰的彩色图像,而如果图像是"黑白"的话,就可以在更低的照度形成清晰的"黑白"图像。因此,黑白自由切换摄像机在环境照度大于一定值时，会自动形成"彩色"图像；在照度低于一定值时，彩色图像会自动切换为"黑白"图像（甚至在白天的情况下）。此外，彩色与黑白自动切换摄像机若配置红外灯，则可以在0lx的环境下工作。

(3) 按照接线方式划分

按照接线方式划分，摄像机可分为无线摄像机、同轴摄像机和网络摄像机。无线摄像机由普通摄像机和音视频发射机组成，在后端需要配合音视频接收机使用，适用于不便布线的场景。摄像机采用专用的无线收发器可以增加传输距离和提高抗干扰性。同轴摄像机是最常见且历史上应用最广的摄像机类型，通常被称为模拟摄像机，最常见的传输介质是同轴电缆，也有通过双绞线（相当于网线）传输的。网络摄像机通过网络传输，不需要额外布线，通常不受传输距离限制，只要有网络的地方，就可以很容易地构建一套网络传输系统。

(4) 按照外形划分

按照外形划分，摄像机可分为枪式摄像机、半球摄像机、全方位云台摄像机、针孔摄像机、防腐蚀摄像机、防暴（爆）摄像机。

1) 枪式摄像机。枪式摄像机是最常见的摄像机类型，也是应用最广、技术最成熟的摄像机，适用于各种场合，尤其适用于户外和安装环境复杂的场所，使用时通常需要单独配置镜头和防护罩。这种摄像机种类也很多，用途广泛，常用于城市道路、高速公路、各种出入口、收费站、平安城市等24h全天候监控的场所，配套辅助照明灯光，可真实记录夜间动态画面。图10-2所示为常用的几种枪式摄像机。

 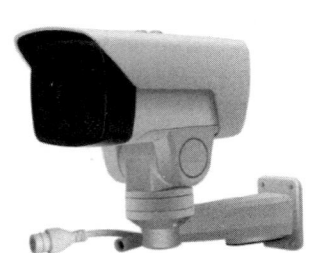 

图10-2　枪式摄像机

2) 半球摄像机。半球摄像机由于体积小巧、外形美观，适合电梯、公交车、户内环境安装，不需要额外配置护罩和支架，安装方便，造价低廉，一般内置镜头。这种摄像机一般都安装有红外照明灯，在夜间可自动开启并进行红外照明，提供清晰图像。图10-3所示为几种常用的半球摄像机。

图10-3　半球摄像机

3)全方位云台摄像机。全方位云台摄像机适用于要求实现拉近、推远和聚焦,监控局部和全景的全方位旋转监控场所,它是将摄像机、云台旋转系统、通信控制系统、支架安装系统和护罩相结合的一体化产品,根据其外形分为全球型云台摄像机和半球型云台摄像机两种。图 10-4 所示为全球型云台摄像机。图 10-5 所示为半球型云台摄像机。全方位云台摄像机内置有两个电机,可以水平和垂直运动,分别负责云台的上下和左右各方向的转动,实现 360°全方位旋转。

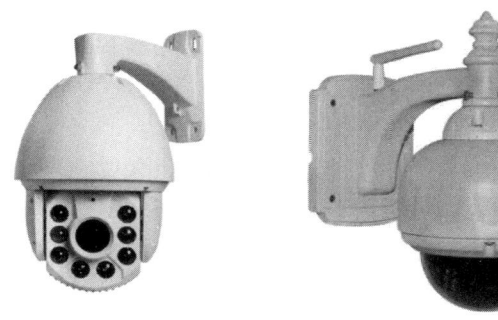

图 10-4 全球型云台摄像机

图 10-5 半球型云台摄像机

4)其他类型摄像机。针孔摄像机外形小巧,安装隐蔽,适合 ATM 机、监狱和需要隐蔽安装的环境使用。全景摄像机可以进行 180°或 360°拍摄,包括鱼眼式、多镜头拼接及枪球联动等多种类型。防腐蚀摄像机是针对特定易腐蚀环境设计的,主要特点是防护罩可以在严苛的腐蚀环境中使用。防暴(爆)摄像机安装有防暴(爆)护罩和支架,可防止外力破坏,适用于环境恶劣的环境,比如矿井、油田、监狱等需要更高安全环境的场所;防暴是指防普通的外力破坏,防爆是指防爆炸的环境。摄像机外形的不同主要是为了适应不同的安装环境。

2. 镜头

镜头是指安装在摄像机前端的光学装置,该装置由许多光学玻璃或者透明树脂镜片及镜筒等组成。镜头用来收集从物体反射来的光线,使其聚焦并投射到摄像器件的受光面上进行成像,其质量直接决定视频影像的清晰和逼真质量。镜头和摄像机配合,调整镜头的焦距长短、聚焦远近和光圈大小,可使摄像机靶面获得清晰的图像。设计人员要根据物距、成像大小计算镜头焦距,以决定选用的镜头;工程施工人员则要进行现场调试,把镜头调整到最佳状态。

按照光圈不同，镜头可分为手动光圈镜头和自动光圈镜头。在实际工程应用中，大多推荐自动光圈镜头，它的光圈可以随亮度变化做自动调整，故适用于亮度变化的场合。

按照视场大小不同，镜头分为标准镜头、广角镜头、远摄镜头、变焦镜头、可变焦点镜头和针孔镜头。

1）标准镜头：视角30°左右，在1/2in CCD 摄像机中，标准镜头焦距定为12mm，在1/3in CCD 摄像机中，标准镜头焦距定为8mm。

2）广角镜头：视角90°以上，焦距可小于几毫米，可提供较宽广的视景。

3）远摄镜头：视角20°以内，焦距可达几米甚至几十米，此镜头可在远距离情况下将拍摄的物体影像放大，但使观察范围变小。

4）变倍镜头：也称为伸缩镜头，包括手动变倍镜头和电动变倍镜头两类。

5）可变焦点镜头：介于标准镜头与广角镜头之间，焦距连续可变，即可将远距离物体放大，同时又可提供一个宽广的视景，使监视范围增加。变焦镜头可通过设置自动聚焦于最小焦距和最大焦距两个位置，但是从最小焦距到最大焦距之间的聚焦，则需通过手动聚焦实现。

6）针孔镜头：镜头直径几毫米，可隐蔽安装。

在工程设计中，室内环境建议采用广角镜头（视角更大），如果是户外环境或者需要变焦的环境，可以采用变焦镜头以适应更多的环境采用（可灵活调整监控范围）。

按照焦距不同，镜头可分为短焦距镜头、中焦距镜头、长焦距镜头和变焦距镜头。短焦距镜头因入射角较宽，可提供一个较宽广的视野。中焦距镜头是标准镜头，焦距的长度视CCD 的尺寸而定。长焦距镜头因入射角较狭窄，故仅能提供狭窄视景，适用于长距离监视。变焦距镜头通常为电动式，可做广角、标准或远望等镜头使用。变焦距镜头有手动伸缩镜头和自动伸缩镜头两大类。

摄像机及镜头通常要放在防护罩中。在室外或其他特殊环境中，还需要采用室外全天候防护罩或其他耐高温、防爆、防水等特殊条件的防护罩。至于支撑它们的支架也可分为室内、室外、轻型与重型云台支架等多种类型。

在前端设备中，还有各种各样的防盗探测器，如主动和被动的红外探测器、双鉴探测器、振动探测器、玻璃破碎探测器及门窗与保险柜的开关探测器等。当这些探测器探测到有非法侵入者时，就会发出报警。若视频监控系统兼有消防报警功能，即接有烟雾、火光和燃气探测等传感器时，也可起到消防报警的作用。

10.2.2 传输系统

随着闭路监控电视系统逐渐向视频监控系统转变，模拟监控向网络监控、数字监控转变，传输方式也发生了较大的变化，主要表现为传输媒介由同轴电缆向网络电缆改变。又随着云计算、大数据技术的发展，部分视频监控系统也可以部署在视频云上，产生了更高阶的应用。传输系统一般包括本地传输系统和远程传输系统。本地传输是指限于地理位置一定范围内的传输，大部分情况下传输距离不会超过3000m。传输系统按照传输方法划分可分为模拟传输和数字传输；按照使用介质划分可分为有线传输方式和无线传输方式；按照距离划分可分为本地传输和远程传输。传输信道的方式如图 10-6 所示。

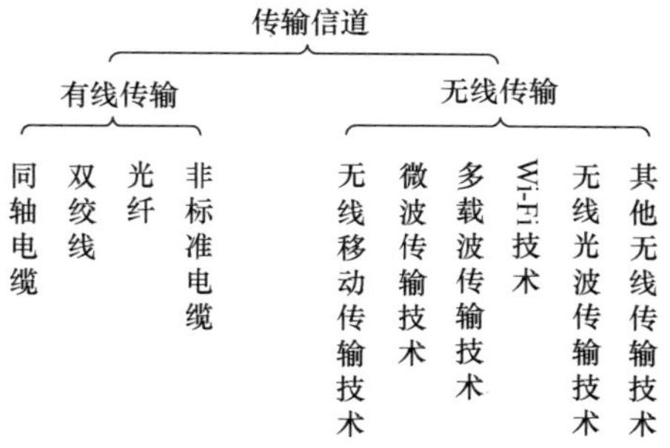

图 10-6 传输信道

```
                        传输信道
              ┌───────────┴───────────┐
            有线传输                 无线传输
        ┌─────┼─────┐         ┌────┬────┬────┬────┐
       同    双    光   非     无   多   Wi-Fi 无   其
       轴    绞    纤   标     线   载   技   线   他
       电    线         准     移   波   术   光   无
       缆              电     动   传       波   线
                       缆     传   输       传   传
                              输   技       输   输
                              技   术       技   技
                              术             术   术
```

1. 有线传输方式

（1）同轴电缆

同轴电缆传输是应用最早、最常见也是主流的模拟传输技术，摄像机和后端设备均直接支持同轴电缆连接，不需要额外的转换器。同轴电缆对外界电磁波和静电场具有屏蔽作用，导体截面积越大，传输损耗越小，从而可以将视频信号传送更长的距离。工程应用传输距离通常限制在 300~500m，超过此距离时则应考虑使用电缆补偿器。视频放大器不仅能对视频信号进行一定的放大，还能通过均衡调整对不同频率成分分别进行不同大小的补偿，以使接收端输出的视频信号失真尽量小。因此，在监控系统中使用同轴电缆时，为了保证有较好的图像质量，一般将传输距离范围限制在 1km 左右。

（2）双绞线

当传输距离大于 1km 时，为了降低传输成本，降低铺设难度，也常采用双绞线平衡传输的方式进行视频信号传输。双绞线是综合布线中最常用的一种传输介质，把两根互相绝缘的铜导线并排放在一起，然后用规则的方法扭绞起来，就构成了双绞线。采用这种绞起来的结构是为了减少对相邻导线的电磁干扰。当传输距离远时，信号频率不能太高，如传输 6MHz 的视频信号，就会衰减很大。因此，要想用双绞线远距离传输视频信号，就必须进行放大和补偿。为此，可以在双绞线上加上一对双绞线视频收发设备，就可将视频信号传输距离放大到 1~1.5km。这种技术一般在发射机和接收机内对高频信号进行额外放大，以弥补双芯线路造成的高频衰减。若需传输更远，就要采用中继方式。双绞线视频传输技术，不仅能有效地解决 300~2000m 距离内的视频图像传输问题，而且给工程布线带来了极大的方便，同时也降低了工程造价。

（3）光纤

当视频信号传输距离超过 2km 时，就应考虑采用光纤进行传输，才能保证达到良好的信号传输效果。光纤通信可同时适用于模拟视频监控和网络视频监控。模拟视频监控光纤通信系统由光纤和光端机组成。常用光纤通信是"视频对射频调幅，射频对光信号调幅"的调制解调传输系统。光纤通信技术源于远程通信系统，技术成熟程度很高，在单路、多路，单向、双向，音频、视频及控制、模拟、数字等方面，光纤通信是远距离传输最有效的方式。光纤通信具有传输容量大、传输损耗低、中继距离长、抗电磁干扰能力强、保密性能好、体积小、重量轻、节省有色金属等优点。由于上述优点，光纤已经广泛应用于以安全防范为目的的大范围视频监控系统中来传输视频信号。

2. 无线传输方式

实际应用现场环境受限而无法用有线传输设备时，就需要使用无线通信来完成信号的传输。无线通信（Wireless Communication）是利用电磁波信号可以在自由空间中传播的特性进行信息交换的一种通信方式。近些年信息通信领域中，发展最快、应用最广的就是无线通信技术。在移动中实现的无线通信又统称为移动通信，人们把两者合称为无线移动通信。

无线通信系统通过发送端对原始信号进行转换，形成已调制射频信号（高频电磁波），通过发射天线送出，在自由空间传播，然后接收端接收信号，放大、变频后，将其进行解调，再送给终端设备，如图10-7所示。

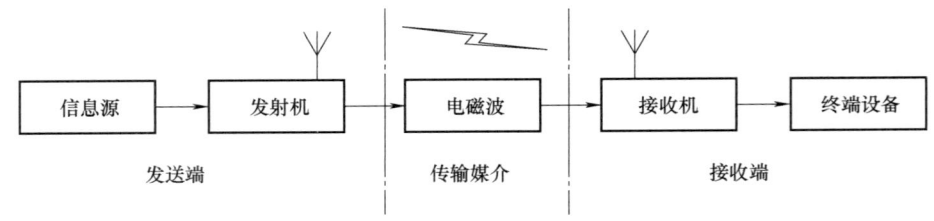

图 10-7　无线通信系统模型

无线传输方式是指在无线通信中，信号传输的具体技术和方法。常用的无线传输方式按照传输距离，分为远距离通信和近距离通信。远距离通信包括无线移动传输、微波传输及多载波传输等；近距离通信包括 Wi-Fi（无线保真）、蓝牙、ZigBee（蜂舞协议）等。

（1）无线移动传输技术

无线移动传输技术是指借助联通、移动、电信等通信运营商的 3G/4G/5G 网络进行传输的一种无线传输方式。这种传输方式原理很简单，就是在移动目标上加装前端视频采集装置，通过无线移动传输单元将视频信号传输至监控中心，实现对移动目标动态实时跟踪、监控、调度的目的。由于基于无线传输技术的移动视频监控系统，可根据需要迅速将新监控点加入网络，无需新建传输网络即可高效实现远程监控，且数字化视频便于存储、检索，对市政、公安等特殊要求的部门尤为合适，因而组网极其灵活、扩展性好；同时，由于地理环境、工作性质限制而采用有线传输可能存在诸多不便，甚至根本无法实现，而利用无线网络可摆脱线缆束缚，且实施周期短、维护方便、扩容能力强，加上网络维护由提供商实施，前端设备是即插即用，因而综合成本低。无线移动通信网络的发展，特别是 5G 数据通信技术的出现，为各种智能设备的远程无线通信提供了新的手段，也成了嵌入式系统应用的一个重要领域。

（2）微波传输技术

在某些特定情况（如公安机关对控制对象的监控、火灾现场的观察等）以及受地形、地物（铁道、河流等）限制等情况下，采用微波开路传输的方式是最佳的选择。微波可泛指波长为 1mm～1m，即频率为 300M～300GHz 范围内的电磁波。细分起来，微波段又可分为分米波、厘米波和毫米波。实际微波通常指常用的 3～40GHz 的电磁波。由于微波在空间中主要是直线传播,且会穿透电离层进入宇宙空间,因此微波传输除了在地面进行中继接力方式外,还可通过空中同步卫星作为中继站的传输方式。

(3) 多载波传输技术

多载波传输技术指的是 OFDM(Orthogonal Frequency Division Multiplexing,正交频分复用)技术和 COFDM(Coded Orthogonal Frequency Division Multiplexing,编码正交频分复用)调制技术,是一种多载波数字调制技术或多载波数字复用技术。多载波数字复用技术适合在城区、城郊、建筑物内等非通视和有阻挡的环境中应用,表现出卓越的"绕射"和"穿透"能力,适合在高速移动中传输,可应用于车辆、船舶、直升机/无人机等平台;适合高速数据传输,速率一般大于 4Mbit/s,满足高质量视音频的传输;在复杂电磁环境中,多载波技术具备优异的抗干扰性能,图像清晰稳定,无雪花;图像可加密,可有效防止信息泄漏。

(4) Wi-Fi 技术

Wi-Fi 是一种允许电子设备连接到无线局域网(WLAN)的技术,遵循电气和电子工程协会(IEEE)所制定的 802.11x 系列标准,通常使用 2.4G UHF(特高频)或 5G SHF(超高频)ISM 射频频段。WLAN 提供了高带宽,但却是在有限的覆盖区域内,即建筑物内及户外的有限距离内。连接到无线局域网通常是有密码保护的,但也可是开放的,这样就允许任何在 WLAN 范围内的设备都可以连接上。与无线移动传输技术相比,无线移动网络支持跨广域网络的移动性,但是目前数据吞吐速度明显低于 WLAN。由于无线移动网络与 WLAN 在覆盖区域和带宽上具有不同优势和局限性,因此,这两种技术支持不同的应用并满足不同的需要,相互补充。

(5) 无线光波传输技术

无线光波传输或无线光通信,又称自由空间光(Free-Space Optical,FSO)通信,是在空气介质中用激光或光脉冲在红外光谱范围内传输,提供无线高速的点对点或点对多点连接。但红外光波传输的光波信号受天气条件的影响非常大,会被不透明的物体完全挡住。因此,它们在雾天和雨天的有效传输距离远远小于在可见度好的天气中的传输距离。一般在红外传输系统中,不希望发射机和接收机之间有任何障碍物。但红外光束可以经过一次或几次镜面反射,以绕过弯角。红外传输系统与射频和微波系统相比,具有保密性好(红外光束很窄,不易窃听)和带宽高等优点。由于红外传输系统的带宽较高,因而可同时传输多路信号。无线光波传输系统具有像无线微波传输系统般的安装快速性,并且传输安全,同时不需要频率执照。但无线光波传输应用的时候要考虑传输距离、天气情况和建筑物的影响。

10.2.3 控制与终端系统

视频监控系统的控制系统是整个系统的中枢,是实现这个系统功能的指挥中心。视频监控控制系统是集视频接入、显示、存储、转发、管理于一体的软硬件设备,系统管理中心包含控制与终端系统的硬件控制设备和视频监控管理软件。硬件控制设备实现前端相机的控制、线路切换、分屏控制、显示与存储的功能;视频监控管理软件实现视频监控的前端接入、媒体调度、视频数据管理、业务管理、存储管理、设备管理、系统管理等功能。

1. 控制与终端系统的硬件设备与功能

控制与终端系统的硬件设备包括控制系统和终端系统两部分。

（1）控制系统

控制系统包括总控制台、副控制台、操作键盘、画面分割器、视频校正与补偿、视频运动检测器、云台镜头控制器、计算机服务器系统等设备。

总控制台通过对摄像机、镜头、云台、防护罩等前端设备进行遥控，完成对被监控的场所全面、详细地监控或跟踪监控。对某些距离较远或由于传输方式的要求等原因，在控制台上要对传输过来的图像信号进行幅频和相频的校正和补偿。经过校正和补偿的图像信号，再经过分配或放大，进入视频切换部分，然后送到监视器上。总控制台上设有多画面分割器，如四画面、九画面、十六画面等。通过这个设备可以在一台监视器上同时显示出4个、9个、16个摄像机送来的各个被监控场所的图像画面，并用终端设备的一台硬盘录像机进行记录，以便事后备查或作为重要的事实依据。

总控制台对摄像机及其辅助设备（如镜头、云台、防护罩等）的控制一般采用总线方式，把控制信号送给各摄像机附近的终端解码器，在终端解码器上将总控制台送来的编码控制信号解出，成为控制动作的命令信号，再去控制摄像机及其附属设备的各种动作（如镜头的变倍、云台的转动等）。总之，根据系统构成的情况及要求，可以综合考虑，以完成对总控制台的设计要求。控制设备的作用可归纳为两方面：

1）对下行信号与终端设备的连接进行调度，这里有三类信号。图像信号、声音信号、报警信号。它们进入微机中央控制器（兼有音频、视频、报警控制切换功能）后，可以按照操作者的意愿，与终端设备的监视器、录像机等音像设备相连，供显示、观察和记录、存储。

2）对前端发出控制指令，指挥其动作。一般采用数字式的码分多址方式对前端进行控制，前端的解码控制器与此密切相关。

（2）终端系统

终端系统是包括视频监控系统前端信息的显示、记录、切换和分配等输出设备。终端系统的常见功能是显示、存储、打印、记录、输出等功能。下面介绍终端系统中的显示单元和存储单元的功能。

显示单元用来显示前端系统监控摄像机拍摄的图像和采集到的各类数据。常见的视频显示设备可分为LCD（液晶显示器）、LED显示器等。显示部分都具有丰富的接口，可接收DVI、VGA、HDMI等各种信号。多个液晶显示器或LED显示器可组合扩展成为电视墙，实现大幅面的显示。适用于大型指挥中心、会议室、展厅、管理中心等场景，可多方位展示视频画面、信号源，并进行实时指挥。

存储设备是用来记录摄像机所拍摄的图像资料和监听资料的，以便备查回放或存储备案的记录设备。为适应视频数据高速、海量、可靠的存储要求，并方便管理与维护，因此对数据存储的需求越来越高。常见的数据存储方式有硬盘录像机、网络硬盘录像机等存储设备及云端存储。

2. 视频监控管理软件

视频监控管理软件应按照《公共安全视频监控联网系统信息传输、交换、控制技术要求》(GB/T 28181—2022)的规定设计,可将各类视频监控系统、卡口监控系统(可选)等各类图像资源统一整合到平台中,实现图像信息的汇集、管理、运维等功能,同时面向不同用户提供视频巡逻防控、可视化指挥、视频侦查研判等实战应用服务。视频监控管理软件具体由视频平台、卡口平台、视频图像信息数据库、视频应用工具和智能分析工具等工具集组成,如图10-8所示。

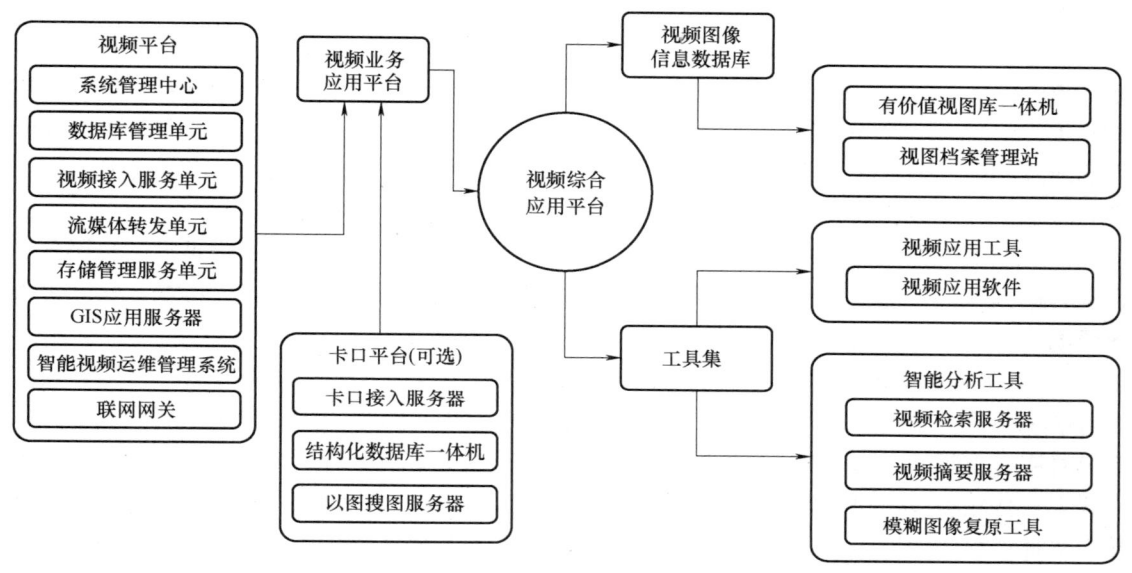

图 10-8 视频监控管理软件结构

(1)视频平台

基于《公共安全视频监控联网系统信息传输、交换、控制技术要求》(GB/T 28181—2022)要求,将各类视频图像资源进行整合接入、联网共享及运维管理,实现图像按需、实时、快速和安全的上传下调,并充分利用视频资源,开发完善针对不同部门的图像综合实战应用。视频平台各部分的功能介绍如下。

1)系统管理中心。安装在系统应用服务器中,作为视频监控平台的核心组件,负责所有系统资源的管理、配置、认证,提供统一的分级配置及查询界面;提供平台的用户管理、权限分配、统一用户认证及鉴权服务;提供日志管理、自动化任务管理、电子地图管理、跨网域访问管理等平台管理服务;提供 B/S 客户端、C/S 客户端、移动客户端的登录管理、信息获取和消息转发服务;提供报警管理、报警联动配置功能,支持报警消息的接收、分发、联动及处理;提供平台对接服务接口,方便第三方平台对视频业务的集成接入。

2)数据库管理单元。数据库管理单元存储平台中所有需要记录的数据信息,提供数据的关联、查询、修改和删除功能,支持数据定期备份,支持数据异常恢复。针对大数据量,采用优化后的存储和查询策略,为整个系统提供底层的数据存储和访问功能。

3)视频接入服务单元。视频接入服务单元提供视频设备接入服务,实现视频设备的注册、接入管理、设备资源管理等功能的一体化,可兼容各厂商的 IP 视频编码设备,屏蔽前端设备接口或协议的差异性。通过视频接入服务单元，可快速实现平台对各类视频监控设备的整合接入。

4）流媒体转发单元。流媒体转发单元提供视频流的转发及分发服务，可将一路视频流分发成多路，减少前端设备连接及传输网络压力，支持标准的 RTSP（实时流传输协议）和 RTP（实时传输协议），支持级联和分布式部署，支持流媒体集群和负载均衡，同时在资源有限的情况下，支持干线管理，实现基于用户的优先级抢占。

5）存储管理服务单元。存储管理服务单元提供对系统中所有存储介质、存储策略、存储计划的管理；同时，提供录像检索服务、录像点播服务及报警联动录像服务；提供录像标签回放、录像锁定与解锁、录像完整性检测、录像异常报警等多种服务功能；支持多样式的存储方式管理，同时支持前端设备存储、NVR（网络硬盘录像机）存储、CVR（中心级视频）存储、视频云存储等存储管理功能。

6）GIS 应用服务器。支持地理信息系统（GIS）引擎的对接服务，提供地理信息服务平台及其运行维护子系统等来实现用户对服务、图层、数据的管理及对系统的维护，同时提供大量的服务接口来实现对业务系统的支撑。

7）智能视频运维管理系统。提供对系统内各项资源的状态巡检采集服务，检测对象包括前端设备、视频编码设备、解码设备、存储设备、平台服务器等设备的在线状态、运行状态及对所有视频质量的分析、诊断和告警。提供状态查询和统计分析功能，支持图形化展现方式，设备故障或出现异常时，能够发出告警信息，并以工单的形式贯穿整个故障报修过程，实现流程化管理。支持按在线率、视频完好率、录像完好率、工单修复率等对视频运维工作进行全面、精准考核。

8）联网网关。在多级平台联网时，联网网关提供用于平台级联/互联的信令服务、媒体服务、转码服务。信令服务用于提供平台信令路由、信令控制、信令交互等功能；媒体服务提供级联/互连视频流的推送服务；转码服务提供媒体码流的标准化转码服务。支持多台网关的媒体服务集群、转码服务集群。提供联网状态及运行状态管理、共享监控点选择性推送、选择性转码、重新编码等功能服务。

（2）视频图像信息数据库

根据《全国公安机关视频图像信息整合与共享工作任务书》的要求，视频图像信息数据库集视频数据采集上传、结构化描述、专题库存储、全文检索、视频数据深度应用等功能于一体。按部署位置不同，视频图像信息数据库包括有价值视图库一体机、视图档案管理站两部分。

1）有价值视图库一体机。对各部门、日常的视频巡逻及事件处理、情报研判等业务中产生的有价值视频、结构化视频线索及其他有价值视频图像等资源进行采集整理，并提供统一规范的入库管理、查询检索、分类共享等服务，为各部门业务应用提供信息检索、交换共享等基础数据支撑服务。

2）视图档案管理站。视图档案管理站部署一线的专用存储设备，能够把文档、视频、图片等各种数据存入视图档案管理站中的个人专属文件夹。视图档案管理站主要具备入库采集和网盘采集功能；支持对视频片段、图片等多种格式文件的存储；支持对资料按时间、用户等多种维度进行统计；支持全文检索；配合工具集，可实现研判入档一体化、离线档案一键入库、在线档案零键入库、自由分配存储空间和局域网内的协同办案等应用。视频图像信息数据库系统可进行级联对接，实现重要数据资源的同步上传、共享共用。

（3）工具集

专门为视频应用服务的工具套件，可解决在视频应用中最常见、最普遍的问题，实现快速查看视频与锁定嫌疑目标，提高工作效率。按具体用途不同，工具集又分为视频应用工具、智能分析工具。

1）视频应用工具。视频应用软件涉及视频业务中所需要的视频下载、视频播放研判、视频报告制作等各个环节，可有效加快视频搜寻的速度。

视频应用工具的常见功能模块包括：

① 视频播放模块。可兼容播放 100 多种视频格式，支持视频快播、慢播、帧播、倒播、片段循环播。

② 视频编辑模块。可直接在视频上进行剪切、拼接、叠加文字、图形标注等编辑操作，以利于案情分析和工作汇报。

③ 视频转码模块。对播放不了的视频，或者能播不能下载的视频进行转码，可转成 WMV（视频文件）、AVI（音视频交错格式）等通用的视频格式。

④ 屏幕录制模块。对不兼容的视频，无法下载的视频，可以用录屏的方式进行录制，输出 WMV、AVI 通用的格式。

⑤ 标注对比模块。桌面级的"电子笔"，用于模拟测量、屏幕标注等实战应用。可在视频播放画面上任意标注点、线、矩形、曲线等图形。

⑥ 尺寸测量模块。专用于测量目标物体的高度和长度，采用先进的 2 维到 3 维的空间映射技术，来测量图像中物体的实际高度。

2）智能分析工具。智能分析工具的意义在于当前成熟的智能视频分析处理技术可以辅助人员快速查看视频与锁定嫌疑目标。利用成熟的算法，提高视频自动化分析处理的能力，有效加快案件视频线索的排查效率。

智能分析工具具体由以下模块组成：

① 视频摘要服务器是对视频内容的一个简单概括，以自动或半自动的方式，先通过运动目标分析，提取运动目标，然后对各个目标的运动轨迹进行分析，将不同的目标拼接到一个共同的背景场景中，并将它们以某种方式进行组合，生成摘要视频，缩短回放视频时长。

② 视频检索服务器可对原始视频通过智能预处理技术进行智能化分析，提炼出符合排查条件的行为、人员、车辆的视频片段，依据排查规则，快速定位目标视频，提高视频查看效率，视频检索服务器支持集群部署方式。

③ 模糊图像复原工具支持对模糊图像进行智能化修复，突出或抑制图像中的部分特征，使图像细节特征更清晰，使图片的信息更容易被识别，提高图片的感官效果。

（4）卡口平台

卡口是指可安装在公路路段断面上并对指定车道内机动车进行不间断自动检测和记录的系统。卡口记录的信息包括：车辆经过时间、车辆全貌、车牌号码、车牌颜色、车速、车身颜色、司乘人员面部特征等。

10.3 城市治安监控系统的设计

构建和谐社会是经济发展的必然需求。社会治安防控体系的建设是"平安城市"的重头戏之一，也就是通过人防、物防与技防相结合的防范模式，达到全面设防、长治久安的目的。平安城市是一个特大型、综合性非常强的管理系统，不仅需要满足治安管理、城市管理、交通管理、应急指挥等需求，而且还要兼顾灾难事故预警、安全生产监控等对图像监控的需求，同时还要考虑报警、门禁等配套系统的集成及与广播系统的联动。本节将讨论城市治安监控系统，也称为天网系统。

天网系统的建设目的是提高案件的侦破率，有效遏制社会犯罪率，对犯罪分子形成威慑作用；解决职能部门人员不足的矛盾，提升社会综合防范水平的需要；充分优化各种政府职能部门资源，提高工作效能的需要，确保政府机关有效调配人力，实现精确管理；整合现有防范系统和各种防范资源，充分利用治安防控网络的需要；整合社会资源，适应社会安全服务发展的需要，进一步提高政府部门机关对违法犯罪的快速反应和有效处置能力，避免重复建设造成的资金和设备的浪费。

天网系统利用 GIS 地图、图像采集、传输、控制、显示等设备和控制软件组成，对固定区域进行实时监控和信息记录的视频监控系统。天网工程监控系统是集安全防范、计算机应用、网络技术、数据库技术、视频传输、访问控制等高新技术为一体的平台系统，采用先进的图像处理技术及图像信息整合技术，提升图像流转、存储、检索、管理的智能化应用水平。它是面向公安机关的治安动态视频监控系统，面向党委政府的应急联动支持系统，面向各级政府和部门的视频资源共享和接入系统，面向入网用户的技术防范系统，面向人民群众的公共安全保障系统。

10.3.1 城市治安监控系统的设计原则

1. 系统的设计思想

系统通过在交通要道、治安卡口、公共聚集场所、宾馆、学校、医院及治安复杂场所安装视频监控设备，利用视频专网、互联网、移动等网络通道把一定区域内所有视频监控点图像传播到监控中心（即天网系统管理平台），运用场景分析、人脸识别、信息分类技术对信息进行筛选、储存、联动，从而实现对刑事案件、治安案件、交通违章、城管违章的处理，强化了城市综合管理水平，提高了预防打击犯罪的能力和应对突发性治安灾害事故的效率。智能化视频在城市治安监控系统中发挥着防患于未然的作用，大大提高了城市监控在预防和报警方面的效能。

2. 系统的建设原则

在系统建立之初就应充分考虑城区监控系统工程的科学化管理、质量控制问题，不仅要涉及系统规模分布、实施的问题，还应与整个城市建设息息相关，确保系统能够随着城市的建设而发展。

根据城市治安监控系统的实际需求、建设标准及安防的需要，遵照国家相关技术规程，并符合先进、可靠、合理、适用等原则，结合现场实际情况，综合运用光电信息技术、计算机网络技术、网络视频监控技术等进行系统设计。同时,还应充分考虑今后使用者的维护、使用、保养及系统扩展的方便性等。《城市监控报警联网系统 技术标准 第7部分:管理平台技术要求》(GA/T 669.7—2008)制定的具体设计原则如下:

(1) 互通性

管理平台之间、管理平台与监控资源、用户终端之间应能按照标准的相关要求进行信息的传输、交换和控制,应能够有效地进行通信和共享数据,应能够实现不同厂商、不同规格的设备或系统间的兼容和互操作。

(2) 扩展性

在设计管理平台方案时,应采用模块化设计原则,便于系统在规模和功能上升级扩充。

(3) 规范性

控制协议、传输协议、接口协议、视音频信号编解码、视音频文件格式等除应符合本部分及其他城市监控报警联网系统相关标准中的规定外,还应符合相应国家标准、行业标准的规定。

(4) 易操作性

管理软件应提供清晰、简洁、友好的中文人机交互界面,操作应简便、灵活、易学易用,便于管理和维护。

(5) 安全性

接入管理平台的设备和用户,都需要进行必要的接入认证,以保证接入的安全性;应采取适当的措施保证信息传输过程中的保密性和真实性。

(6) 可靠性

管理平台应支持对关键设备、关键数据、关键程序模块采取备份或冗余措施,有较强的容错和系统恢复能力,能够保证系统长期正常运行。对管理平台整体性能有影响的关键设备宜支持负载均衡。

(7) 可维护性

管理平台应具备自检、故障诊断及故障弱化功能,在出现故障时,应能快速确定故障点,并及时恢复。

(8) 可移植性

管理平台对运行环境(硬件设备、软件操作系统等)具有一定的适应性,不应只依赖某一款计算机设备和固定版本的操作系统软件。

10.3.2 城市治安监控系统设计实施方案

整个监控系统主要由前端感知系统,以及派出所监控中心、区县局监控中心及市局监控中心各级之间的传输系统,还有显示存储系统和视频综合平台等组成,如图10-9所示。

1. 前端感知系统

从公安实战需要出发,统筹规划辖区监控摄像点布局,利用治安监控点、道路监控摄像点、人脸抓拍、社会面监控摄像点等位置共享监控图像资源。视频监控建立以区县为中心,构建区局-前端二级网络架构,在区县局建设一级监控管理中心,在市区建立指挥管理中心,按照统一规定对监控摄像点进行编号。

安全检测与监控技术

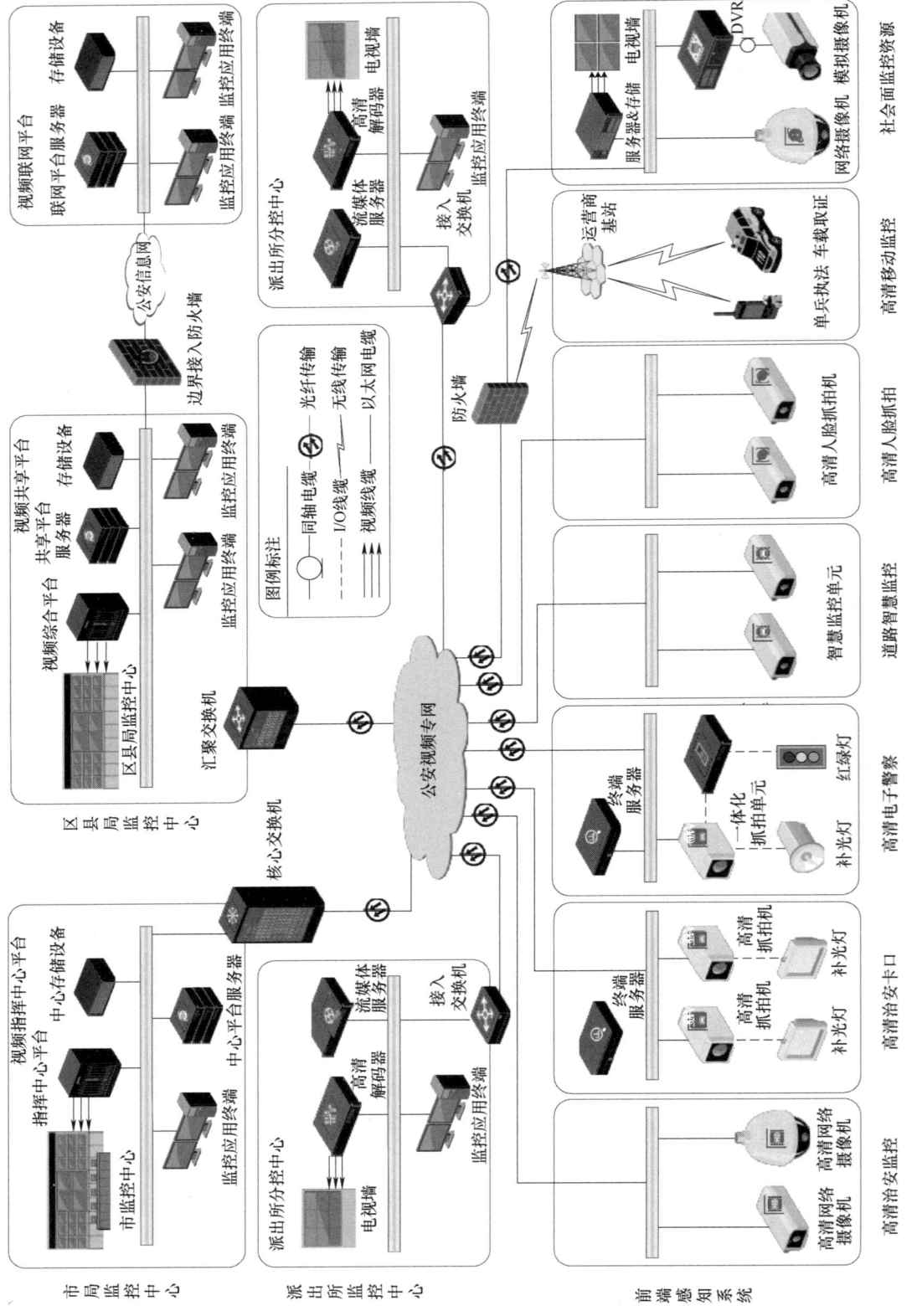

图 10-9 城市治安监控系统总体设计框架

前端摄像机是整个安全防范系统的原始信号源，摄像机由摄像机芯、镜头、罩壳及支架等组成，主要负责各个监控点现场视频信号的采集，并将其传输给视频处理设备。摄像产生图像信号的质量将影响整个系统的质量。在选择摄像机时应遵循以下原则：

1）容易发生群体性事件的重点敏感区域，商场、银行、公园广场、学校、医院等，摄像机应满足可以快速跟踪定位的需要。

2）重要警卫目标、通信枢纽，例如党政机关门口、车站、机场等，摄像机也应满足可以快速跟踪定位的需要。

3）街道路口、治安管理重点和难点区域、易发案区域，需要进行重点部位监控。

街道路口布点和重点单位的布设示例如图 10-10 和图 10-11 所示。

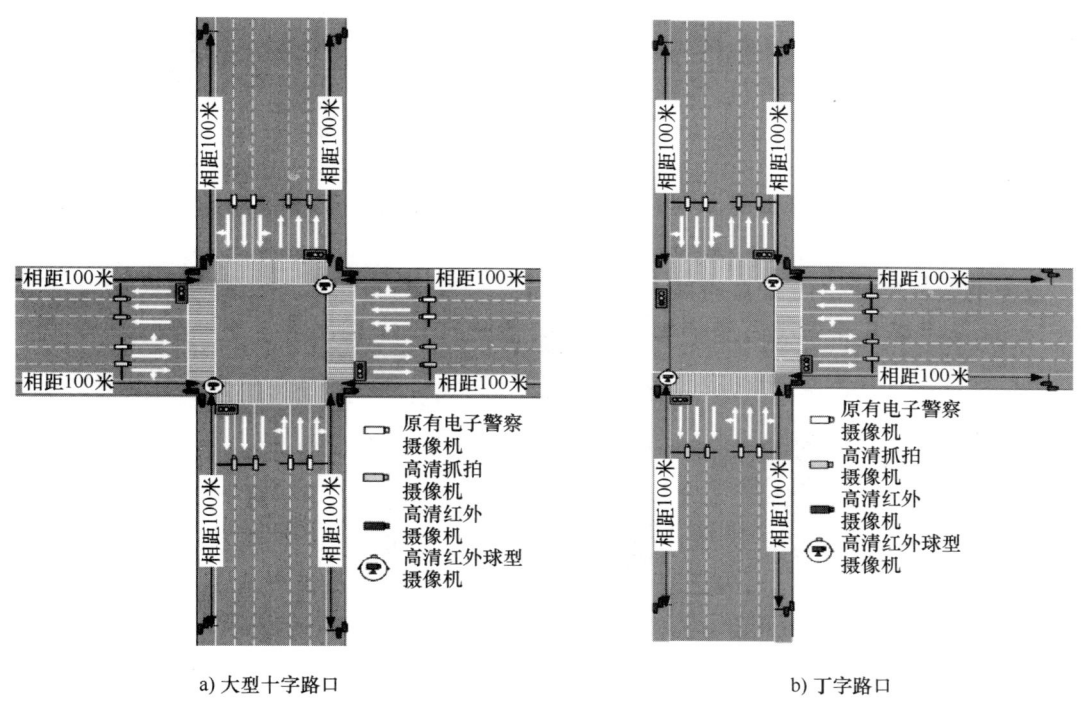

图 10-10　街道路口布点图

前端监控点位功能包括：

（1）视频采集

满足中心实时视频预览和存储录像回放查看的要求，前端感知分系统应具备如下功能：能够采集和传输不同分辨率下的昼夜实时视频；支持视频的亮度、对比度、饱和度等参数的动态调节。

（2）实时透雾

基于大气透射模型，区分图像不同区域景深与雾浓度，进行滤波处理，同时融合图像增强技术与图像复原技术，获得准确、自然的透雾图像。

（3）智能编码

保证同等图像质量下，存储空间减少；将码流资源按需分配，将有限的资源集中在一块或多块感兴趣区域,提升感兴趣区域(如车牌、人脸)图像质量;实现对任意时间段录像抽帧压缩;支持多路独立编码码流。

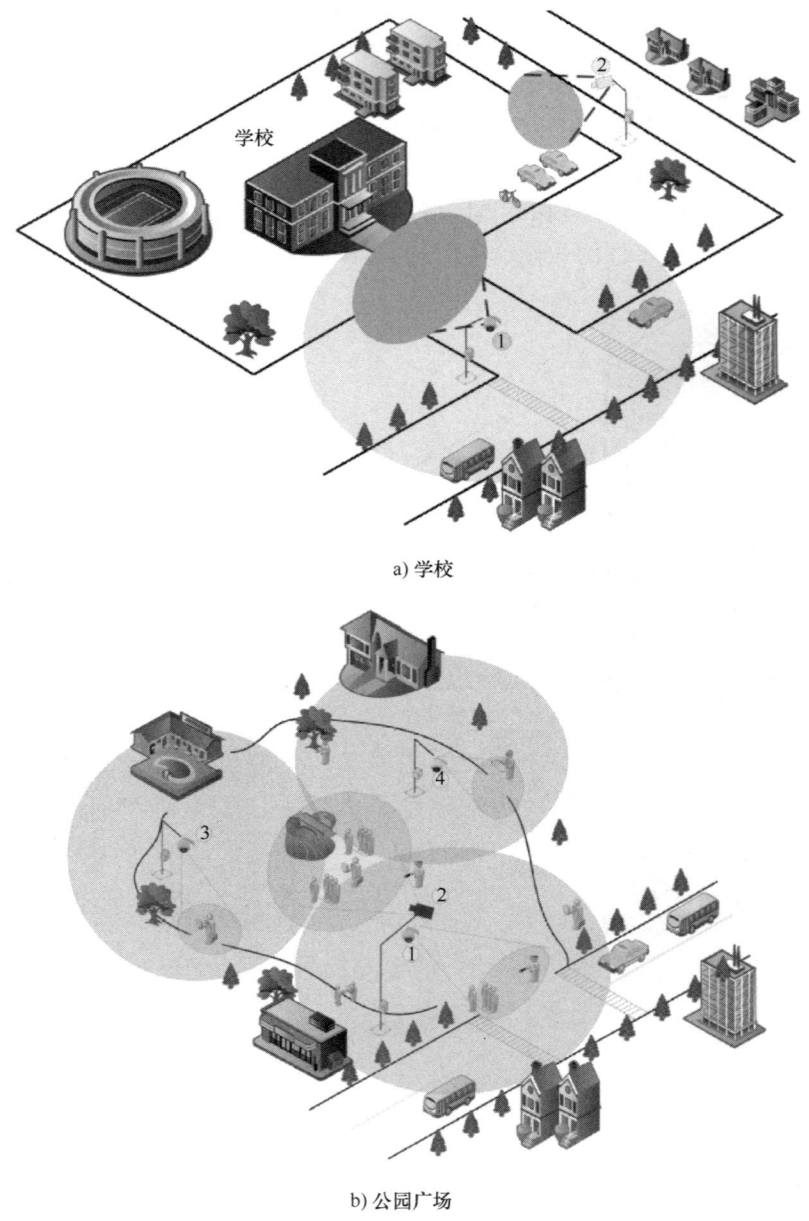

a) 学校

b) 公园广场

图 10-11　重点单位布点图

（4）智能控制

可自动检测画面亮度,通过内部算法自适应调节红外灯亮度及画面亮度,从而达到抑制近处物体过曝的同时保证背景区域亮度的效果。可自动或手动实现图像传感器的细微调整,从而达到微调焦距的作用。支持变倍后自动对焦功能（AF）,无需手动聚清,且聚焦速度快,同时具有自锁功能,抗振效果好。

(5) 智能侦测

智能行为侦测功能支持越界、进入/离开区域、区域入侵、徘徊、人员聚焦、快速移动、非法停车、物品遗留/拿取等异常事件的自动侦测与报警,变被动监控为主动防控,摄像机侦测到以上行为后可联动报警及录像等。人脸侦测支持对画面中的人脸进行自动检测。场景侦测可对场景变更、图像虚焦问题进行自动分析检测,并联动报警。

(6) 云镜控制

实现远程操作机球或云台摄像机水平、垂直转动和图像缩放,以及自动复位和超时回归预置位等功能。

(7) 运行维护

能够提供摄像机的工作状态,支持中心对摄像机的批量校时,远程重启摄像机,以及远程重启摄像机电源。

(8) 前端配套设施

系统前端设备可以根据工程实际情况,采用集中供电或分散式供电,重要点位应配备相应的备用电源装置。

2. 传输系统

城市治安监控系统的传输依靠公安视频专网建设的市-区(县)-所三级立体式平台,该平台主要负责承载高清视频图像传输,为天网全覆盖提供数据保障。通过光纤线路,采用星型网络结构,以市公安局为指挥中心、各区(县)分局为汇聚点、下辖派出所为接入点,形成分级、分层、网格化的建设思路。

市局应用主要侧重于对全市的应急指挥和调度,区(县)分局应用侧重于案事件侦破和车辆管控,派出所应用侧重于治安事件的防控和管制。而治安、交警、刑侦、城管、卫生、环保等其他职能单位应可以提供专业视频图像资源。例如治安的事前防控,车辆的管制和处罚,案件的线索和依据,公共视频资源服务。

在全市主城区重点部位、制高点、路口、街道、社区、公共场所等新建万个以上监控点,结合社会资源接入点,达到全城覆盖效果。以市、区(县)系统监控平台为中心,围绕中心建设监控点位。市公安局负责建设重点单位、高点、路口等一类监控点,形成了"点";区(县)公安局建设街面、道路等二类监控点,形成了"线";派出所负责接入社会资源中的摄像机等三类监控点,整体上形成了"面"。通过"点"、"线"、"面"网络连接编织成整个视频监控网。

各级监控分中心系统主要实现对前端的视频流进行实时显示或回放,并提供系统管理功能。电子监控系统采用监控中心分散设置的原则,分为市公安局、分局监控中心及各区派出所三级架构。派出所负责前端设备的接入汇总,通常设置本地存储、解码、显示系统,实现对本派出所辖区视频资源的整合与管理,同时向上连接至分局;分局设置视频管理、存储、媒体转发、视频分析等服务,实现对分局辖区内所有派出所资源的汇聚、管理;各分局再向上连接至市局,市局具有全市所有资源的浏览、回放、备份等权限,并可根据需要上联至省厅中心。

目前三级联网的系统架构的优点是就近接入,本地存储。缺点也比较明显:首先,大量分散分布的派出所机房需要安装、管理大量的服务器及存储设备，无法发挥规模化优势；其次是各个派出所的视频资源（尤其是录像资源）相对孤立，一旦发生警情，通常需要对各个派出所资源分别进行调阅，效率低下；再者就是分布式架构的维护管理成本较高。所以当前应用云端技术，将所有派出所存储等服务移植到分局，然后在分局建立云中心，就可以通过云技术的虚拟化、分布计算等方式，实现统一接入转码、智能分析、存储、索引等服务。这样派出所就可以只保留视频中转及接入功能，而且不保留存储服务器等设施，而且派出所通过网络，依然可以获得原来需要的视频显示、终端回放等，如图10-12所示。

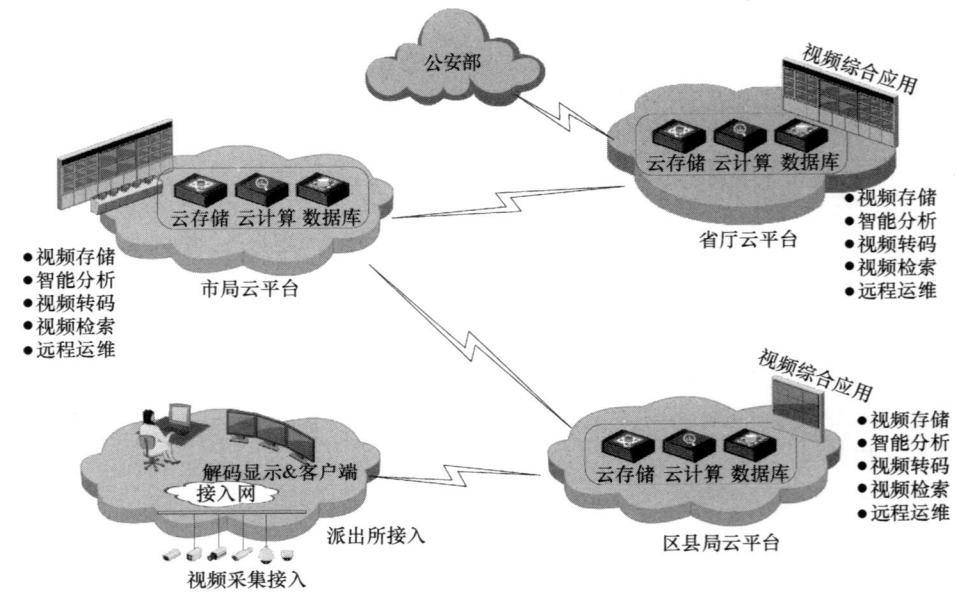

图10-12　城市治安监控系统

整个城市网络视频监控系统，通过专网，可实现主管人员浏览直辖片区的安全情况。若有报警，在监控中心可以对报警点进行声光报警和录像，并可以联动110指挥中心或直属派出所，及时处理报警信息。

3. 显示存储系统

（1）指挥中心大屏显示系统

指挥中心大屏显示系统支持前端各类型信号的接入，如模拟标清摄像机、高清数字摄像机、高清模拟摄像机、网络高清标清摄像机等的BNC信号、VGA信号、DVI信号、HDMI信号等多种信号的接入显示，除接入远端摄像机的信号，还能接入本地的VGA信号及DVD信号等。通过在控制主机上安装拼接控制软件可实现对整个大屏显示系统的控制与操作，可实现上墙显示信号的选择。通过视频综合平台可实现信号的全屏显示、任意分割、开窗漫游、图像叠加、任意组合显示、图像拉伸缩放等一系列功能。

（2）数字处理和存储系统

视频监控数字处理和存储系统常用的存储方式为集中存储模式，在没有采用云存储服务中心时，所有前端视频监控的历史图像均存储在区县局机房内的存储设备或者对应视频共享监控点的存储设备上。

前端高清网络摄像机分布在各个不同的派出所辖区，通过公安视频专用网络，监控点的网络摄像机可以直接将编码后的 IP 数据包发送给存储设备，录像数据集中存储在区县局监控中心的磁盘阵列存储设备中，实现数据集中式管理。派出所通过网络调用县公安局监控中心存储设备上的视频图像，实现监控系统的实时监控和管理。

4. 视频综合平台

视频综合平台是集数字视频切换、视频编解码、视频编码数据网络集中存储、电视墙管理、开窗漫游显示等功能为一体的电信级大规模视频综合处理监控产品。它采用插拔式模块化设计，支持高清编码板、高清解码板等多种业务子板。

视频综合平台一般能够支持网络、数字视频信号的接入和切换输出，可根据需求组合为各种规格的数字视频交换矩阵。采用 H.264 视频压缩标准，支持 HD-SDI（高清串行数字接口）、光纤视频信号接入编码，支持 DVI、HDMI 信号输出显示、1/4/9/16 画面分割，支持 8 个预设场景，用户可以自定义每个场景电视墙布局、图层窗口支持任意跨屏漫游、图像叠加功能，可以支持定时录像、移动侦测录像及 PC-NVR、NAS（网络附属存储）、NVR 等网络集中存储方式，支持光电自适应，用于网络视频预览、解码上墙及网络集中存储等，支持线上远程维护，具备完备的操作、报警、异常及信息日志记录。

在城市治安监控系统中，市、区县局平台主要支撑市、区县局一级的视频综合实战应用。在保障公安用户的图像调用需求的同时为各警种用户提供多种实战业务应用功能，根据业务量减少硬件服务器配置数量。派出所支撑派出所本级的视频综合实战应用，需要部署平台客户端软件，通过网络访问区县局视频综合实战应用平台，同时通过配合视图档案管理站、工具集的使用，实现视频研判、归档入库等应用。

城市治安监控系统平台核心服务器均支持双机冗余部署，对系统管理中心、数据库管理单元等服务器进行双机热备，以保障系统的高可用性。考虑到公安视频综合应用的实时性要求较高、并发量较大，为保障系统稳定运行，系统采用流媒体服务器集群技术，将多台流媒体服务器集中起来提供媒体流转发服务。服务器通过负载均衡算法，实现转发资源的动态分配，同时实现了转发服务的自动备份与接管。

考虑到图像信息对于公安实战的重要意义，因此，本方案中的有价值视图库一体机、视图档案管理站等存储设备均具备强大的容灾性能。提供 Raid 5（独立冗余磁盘阵列）等保护机制，当有磁盘故障发生时，可以最大可能地恢复数据，同时设备底层系统完全自主可控，能够自动保存数据的多个副本，确保数据的高可靠性和安全性。

10.3.3 城市治安监控管理系统的功能

城市治安监控管理系统在功能设计中要遵循易用原则，具有易懂的提示信息，同时提供丰富的操作快捷键，辅助用户快速操作及快捷应用。此外平台还支持批量配置功能，实现系统配置管理的便捷化。视频监控结合 GIS 地图应用后，系统可以将更丰富的信息完整地展示给用户，操作台支持一机多屏的协作工作模式，例如在一机双屏模式下可以第一屏为地图操作相关功能，第二屏为视频浏览相关功能。具体的功能介绍如下：

1. 综合业务应用

综合业务应用为公安各警种用户提供基于视频的全方位应用功能,满足各警种对视频的应用需求。功能包括视频巡逻防控、可视化指挥、视频侦查研判等功能。

(1) 视频巡逻防控

指挥中心、派出所和巡特警大队,根据发案规律特点,利用视频监控系统辅助开展重点时段、重点区域的视频巡逻工作。根据监控区域属性进行分组(例如公交车站、公园、学校门口、江边等),并按照不同时段进行有针对性的视频巡逻(例如早高峰、晚高峰、夜间、凌晨等),确保实时掌握重点区域的治安动向,减轻公安基层单位在治安防控上的人力、物力投入,提升街区、社区防控的效率。

(2) 可视化指挥

通过与 GIS、单兵车载等系统的集成应用,系统可实现可视指挥功能。当出现紧急突发事件时,指挥中心值班民警可根据移动警力 GPS 信息,准确掌握当前时刻的警力分布及执勤状态,就近选择警力,通过动态可视域调度系统,调整监控摄像头资源对准事发地,实现警力调配,全面掌握现场情况,下达指令,指挥现场警务人员开展工作。

(3) 视频侦查研判

视频侦查研判应用主要围绕公安刑侦破案的业务需求,以案件线索收集、分析为业务原型进行功能设计,将视频监控应用贯穿于线索收集、分析过程中,实现视频监控与案件侦查研判的有机结合。

2. 基础视频应用

在整合现有视频信息资源的基础上,系统面向一线实战单位提供视频基础应用功能,解决基层民警在视频应用中对视频预览、视频轮巡、录像回放、地图应用的需求,实现视频资源应用的规模效应。

3. 视图信息中心

视图信息中心围绕视频图像信息数据库实现数据采集、数据存储、数据管理、数据应用、专题应用等功能。系统通过数据库标准接口以在线数据抽取、抓拍上传的方式从视频监控系统、业务应用系统,以及民警办案用的离线视频采集设备中获取数据。提供民警在日常的视频巡逻、案件侦查、情报研判等过程中上传和入库保存采集到的视图资料数据的功能。应用云存储技术实现有价值数据的存储与共享,保证了数据存储的安全可靠,有效解决了海量数据的存储与共享的难题。信息中心能对存储在视频图像信息数据库内的信息进行分类、审核管理,提供文件预览、疑情库、案件库、车辆库、档案管理等数据应用。

4. 视频运维

基于 Web 的统一管理访问入口,实现对运维信息的综合展现分析,能够为各级公安行业用户(运维管理人员、相关技术人员)统一展现设备运行情况、待办事项、最新故障情况,以便更好地开展视频运维工作。

5. 系统管理

系统支持用户登记、注册、优先级管理、鉴权认证等用户管理功能;支持设备、服务器、监视屏组、解码资源、视频综合平台及路口的添加、删除等操作;支持前端设备存储、嵌入式 NVR 存储、嵌入式 CVR 存储、云存储四种存储方式;支持多种方式的报警管理;支持电视墙配置、拼接和控制等管控功能。

思 考 题

1. 叙述视频监控技术的发展趋势。
2. 简述视频监控系统的基本组成。
3. 简述视频监控系统中所使用的关键技术。
4. 简述视频监控系统中前端系统的镜头的分类。
5. 简述视频监控系统中传输系统中各类有线传输方式的应用特点。
6. 简述无线传输方式的基本原理和种类。
7. 叙述视频监控管理软件的构成与功能。
8. 叙述城市治安监控系统的建设原则。

第 11 章 物联网技术及其在生产安全监控领域的应用

随着信息技术的迅猛发展，物联网技术融合了智能感知、识别技术、普适计算、泛在网络，被广泛应用于工业、农业、医疗、交通、物流等领域。在企业安全生产中应用物联网技术，既能为企业的生产管理提供良好的工作环境，有效改善传统生产的缺陷，又能加强对安全生产的监管，规范安全生产风险，促进安全生产性能的提升，实现企业的持续稳健发展。

11.1 物联网的基本概念

物联网把感应器嵌入和装备到电网、铁路、桥梁、隧道、公路、建筑、供水系统、大坝、油气管道等各种实物或系统中，并且连接起来，形成所谓的"物联网"，然后将"物联网"与现有互联网整合起来，实现人类社会与物理系统的整合。人类可以通过互联网获得各种实物的情况，监控周围的环境，保证生产、生活的安全运行。

1. 物联网的特征

物联网一般具有三大特征：

1) 全面感知：利用 RFID（射频识别）、传感器、监控相机等随时随地获取物体的信息。

2) 可靠传递：通过各种专业网络与互联网的融合，将物体的信息实时准确地传递出去。

3) 智能处理：利用云计算、模糊识别等各种智能计算技术，对海量的数据和信息进行分析和处理，对物体实施智能化控制。

2. 对物联网的通用理解

目前对物联网（Internet of Things，IoT）的通用理解是：

1) 从技术方面理解，物联网是指物体通过智能感应装置，经过传输网络，到达指定的信息处理中心，最终实现物与物、人与物之间的自动化信息交互与处理的智能网络。

2) 从应用方面理解，物联网是指把世界上一定范围内的物体都连接到一个网络中，形成"物联网"，然后"物联网"又与现有的互联网结合，实现人类社会与物理系统的整合，从而更加精细和动态地管理生产和生活。

3) 物联网是将各种各样的、被赋予一定智能的设备和设施相互连接构成的"网络"。

4)"物联"的方式包括长距离或短距离、有线或无线通信网络,例如 RFID、蓝牙通信、ZigBee、Wi-Fi、5G 网络等,实现选定范围内的互联互通。

5)目前的"物联网"可以提供在线监测、定位追溯、自动报警、调度指挥、远程控制、安全防范、远程维保、决策支持等管理和服务功能,并可不断扩展应用。

6)"物联网"的目标是对"物"进行联网之后的信息应用,从而实时高效地运行和管理。

11.2 物联网的组成与应用

11.2.1 物联网的组成

标准的物联网结构可分为三层,由感知层(数据采集)、网络层(数据传输)、应用层(业务系统平台)组成。图 11-1 所示为物联网三层网络架构示意图。

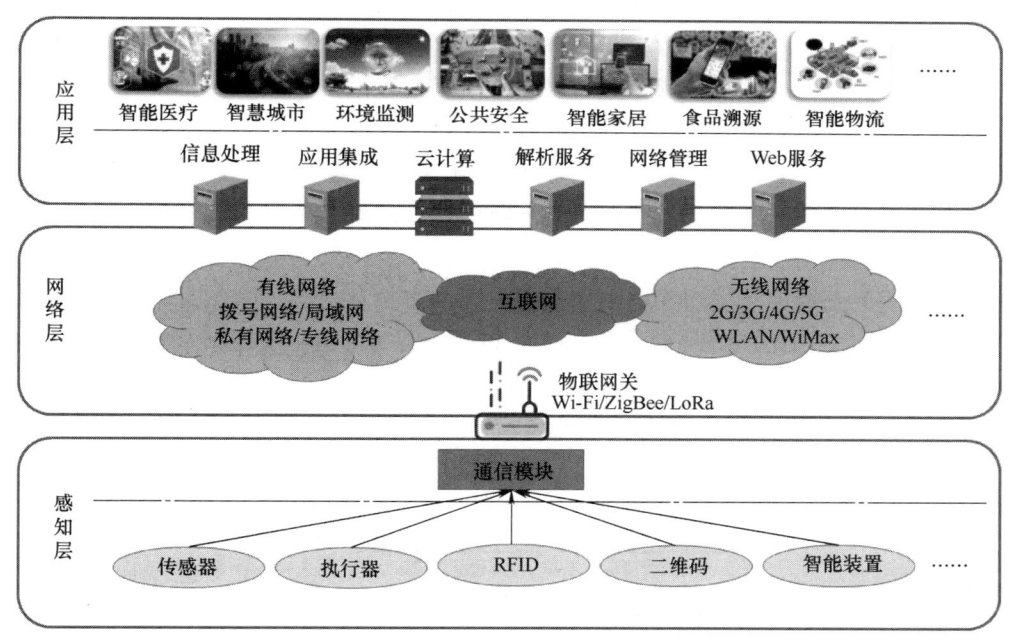

图 11-1 物联网三层网络架构示意图

1. 感知层

感知层是物联网的核心,是信息采集的关键部分,是物联网识别物体、采集信息的来源,其主要功能是识别物体、采集信息。感知层位于物联网三层结构中的最底层,由各类环境传感器、二维码标签、RFID 标签和读写器、摄像头、GPS 等感知终端等构成。感知层中的设备还需要通过自组织网络技术,以协同工作的方式组成一个自组织的多节点网络进行数据传递。

2. 网络层

网络层的功能为"传送",即通过通信网络进行信息传输。网络层作为纽带连接着感知层和应用层,它由各种私有网络、互联网、有线和无线通信网、网络管理系统和云计算平台等组成，相当于人的神经中枢系统，负责将感知层获取的信息，安全可靠地传输到应用层，然后根据不同的应用需求进行信息处理。因此，网络层的主要功能是实现感知层数据和控制信息的双向传递、路由选择和控制。

3. 应用层

应用层位于物联网三层结构中的最顶层。该层是终端设备与网络之间的接口，是物联网社会分工与行业需求的结合，也是物联网技术与行业专业技术的结合，是实现物联网的智能应用。应用层的主要任务是发现服务和承担服务，并根据行业的需求承担着多种功能。物联网应用层支持多种协议，不同协议中的数据有着不同的格式，但总的来说，物联网数据有着海量性、多态性、关联性和时效性的特点。物联网数据处理主要分为五个过程，分别是数据获取、数据处理、数据传输、数据分析和数据存储，并在这些过程中采用了多种关键技术。

11.2.2 工业物联网技术体系

物联网在面向工业生产过程中构建工业物联网，涉及的关键技术可以划分为感知控制技术、网络通信技术、信息处理技术、应用服务技术和安全管理技术五大类，各类技术中既包含物联网的通用共性技术，也包含工业物联网的专用技术。其中，感知控制技术主要包括传感器、射频识别、人机交互、工业控制等，是工业物联网部署实施的核心；网络通信技术主要包括工业以太网、短距离无线通信技术、低功耗广域网等，是工业物联网互联互通的基础；信息处理技术主要包括数据清洗、数据分析、数据建模和数据存储等，为工业物联网的应用提供支撑；应用服务技术提供面向工业生产的各类信息服务生成、组合、重构、更新等，是工业物联网部署的关键；安全管理技术包括加密认证、防火墙、入侵检测等，是工业物联网部署的保障。工业物联网技术体系如图11-2所示。

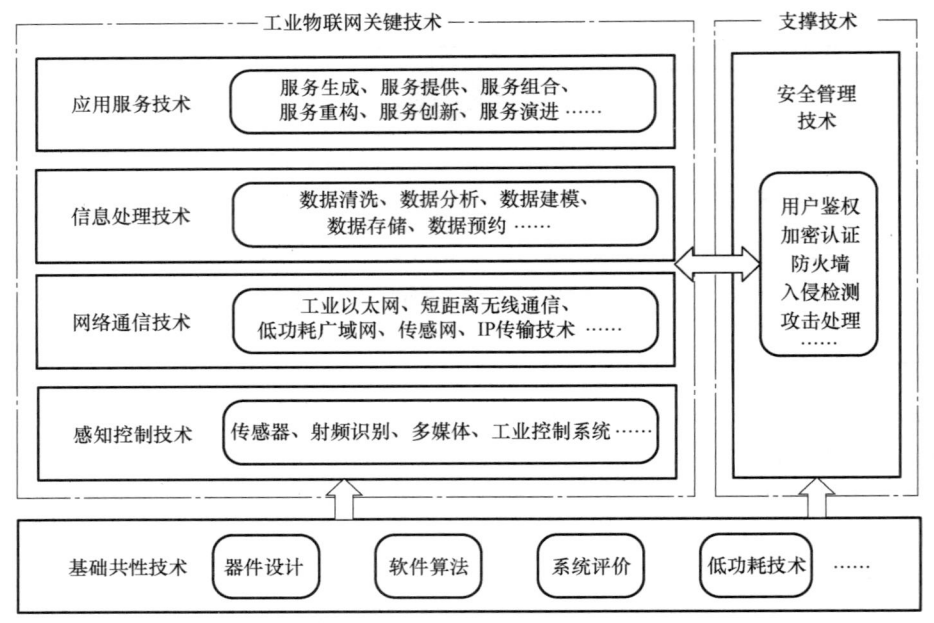

图 11-2　工业物联网技术体系

1. 感知控制技术

工业传感器能够测量或感知特定物体的状态变化，并转化为可传输、可处理、可存储、可控制的电子信号或其他形式的信息，是实现工业过程自动检测和自动控制的首要环节。RFID 主要完成对目标物体的自动识别，可对某一固定区域的设备进行唯一标识（身份信息）。工业控制系统包括监控和数据采集系统（SCADA）、分布式控制系统（DCS）、可编程逻辑控制器（PLC）等。

2. 网络通信技术

工业以太网、工业现场总线、工业无线网络是目前工业通信领域的三大主流技术。工业以太网是指在工业环境自动控制及过程控制中应用以太网的相关组件及技术。工业无线网络则是基于无线通信进行传感器组网及数据传输的技术，是无线技术在工业领域的延伸与应用，可以使工业传感器的布线成本大大降低，有利于传感器功能的扩展，其核心技术包括时间同步、确定性调度、跳信道、路由和安全技术等。

3. 信息处理技术

信息处理技术包括大数据、云计算、信息融合、分布式计算、智能决策等相关技术，主要完成对采集到的工业生产相关数据进行数据解析、格式转换、元数据提取、数据清洗、建模预测等工作，再按照不同的数据类型与数据特点进行分类存储、索引与应用，并以知识的形式参与生产运行决策。工业物联网中的信息处理趋于平台化、边缘化，云数据中心、小型数据中心、边缘控制器等将成为信息处理的硬件平台。

4. 应用服务技术

工业物联网的应用服务主要是面向行业或企业的生产、经营、销售等活动提供信息服务，包括服务生成、服务组合、服务重构、服务访问等。工业领域现有的电子商务（E-commerce）系统、企业资源计划（ERP）系统、产品生命周期管理（PLM）系统、供应链管理（SCM）系统、客户关系管理（CRM）系统、办公室自动化（OA）系统等，可以视为特殊类型的服务。如何基于物联网融合这些子系统实现智能的生产运营管理，是待研究的一项重点问题。此外，人工智能、工业云、边缘计算等新技术，是支持应用服务创新的关键技术。

5. 安全管理技术

安全管理技术主要用于在应用服务基础上的顶层管理，以便实现对监测资源的统一系统的规划、管理、服务、调控、决策等。安全管理技术包括生产安全管理与运营安全管理两个方面。生产安全管理主要是通过分析实时采集的生产现场数据和生产流程数据，确保人、机器、原材料等生产要素的安全和产品生产质量的过程，包括多维度现场监控、环境安全分级告警、产品质量监控、运维管理等。运营安全管理主要指确保企业资源计划系统、产品生命周期管理系统、供应链管理系统、客户关系管理系统、办公室自动化系统等运营子系统的安全，包括预防非法入侵与病毒攻击、检测入侵行为、对入侵的快速响应等。

当今，物联网在日常生活中已被广泛应用，主要表现为智能家居系统、智能交通系统、智能物流系统、平安城市应用、智能农业应用等，如图 11-3 所示。物联网实现"万物互联"，万物互联的信息、数据可以通过大数据技术进行处理、分析和挖掘，做出归纳性的推理，从中挖掘出潜在的模式，帮助决策者调整市场策略，减少风险，做出正确的决策，以提高各部门的管理水平，使海量的数据资源转化为财富。

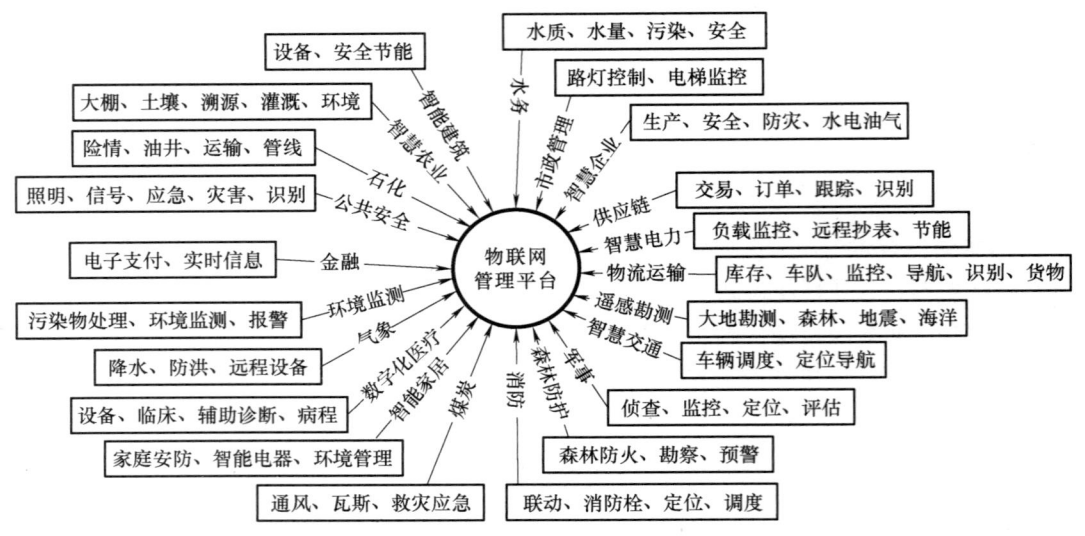

图 11-3　物联网在各行各业的应用

11.2.3　物联网在生产安全领域的应用

安全在工业生产中至关重要。在安全生产中，企业是安全生产的主体，负有对安全生产的全面责任。而在企业管理中，安全生产管理十分复杂，涉及生产过程中的各种设备设施的检测、维修、维护，生产操作人员的规范操作、防护设备的正确使用，特种作业过程中的监护管理等。物联网在安全生产领域的应用主要包括以下几个方面。

1. 物联网在现场与生产过程中的应用

结合物联网广域控制的基本特性，以及在生产现场使用计算机计划模型、通信技术，提升生产设备的自动化水平、安全性水平，方便设备操控人员的使用。尤其是在生产现场有大量复杂型设备，要对其进行合理监控，智能化分析、搜集所需要的数据信息，以便做出合理的智能化决策。通过安装在各种生产设备上的各种类型的传感器对物质属性、环境状态、行为态势等静态、动态信息进行大规模、分布式的信息获取与状态辨识，针对具体感知任务，采用协同处理的方式对多种类、多角度、多尺度的信息进行在线计算与控制，并通过接入设备将获取的信息与网络中的其他单元进行资源共享与交互。

物联网设备在进行生产过程监控时，可以借助网络中流转的信息传递安全风险，达到安全全方位监控的目的。针对安全风险，制定出可行的处理方案，严格执行生产控制方法和设备检测工作流程，遵循国家部门行业的安全生产法律法规，特别是还要采用强制性的标准，使用数据库、移动通信网络技术、嵌入式数据的采集终端设备。利用物联网应用开发技术，可以有效地加强工业生产中的安全管理、动态跟踪设备的运行状况，提高生产运营流程的可行性。物联网技术使这些物联网设备具备了"智能眼"的功能，在施工全过程进行智能监管。通过施工前手续合规示险提醒、施工中前后端智能监管、施工后处罚和评价完成闭环，如图 11-4 所示。

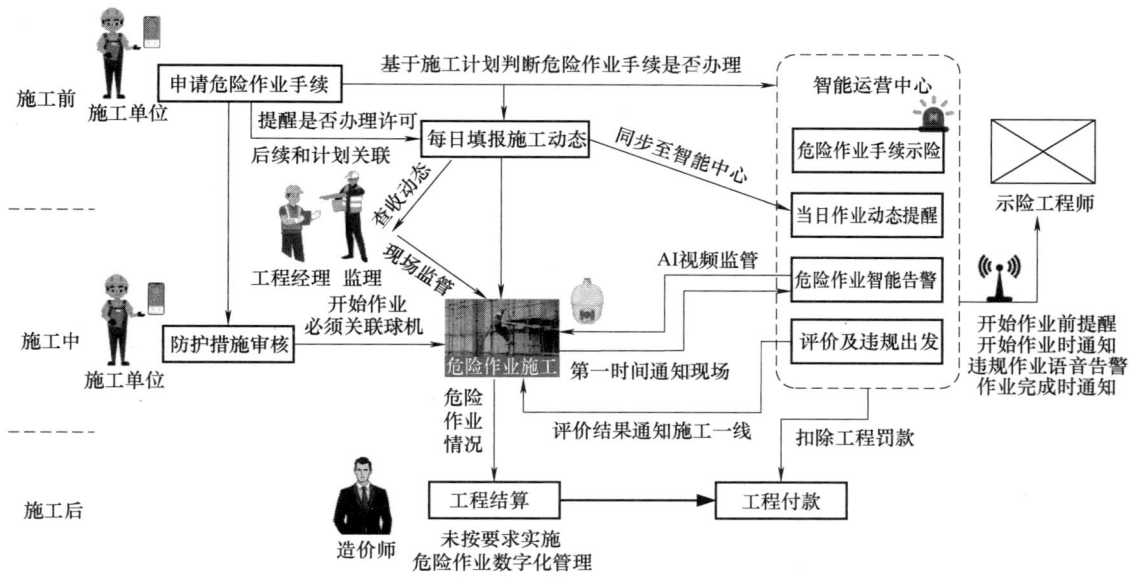

图 11-4 施工作业过程智能监管

在设备安全监控管理中,将各种传感技术与设备运行状态融合,可实现对设备操作使用记录、设备故障诊断的远程监控。例如把感应器嵌入矿山设备、油气管道、化工设备中,可以感知危险环境中工作人员、设备机器、周边环境等方面的安全状态信息,将现有分散、独立、单一的网络监管平台提升为系统、开放、多元的综合网络监管平台,实现实时感知、准确辨识、快捷响应、有效控制,保障设备的安全。

在工艺安全监控管理中,物联网技术的应用提高了过程监控、参数采集、材料消耗监测的能力,实现了生产过程智能监控、智能诊断、智能决策和智能维护。例如化工企业应用各种传感器和通信网络,在生产过程中对加工产品浓度、压力、温度进行实时监控,从而提高了生产效率,保障了生产工艺的安全性。

在对重大危险源监控的过程中,把技术成熟的物联网传感技术应用于重大危险源动态监控系统,可实现对重大危险源的压力、温度、泄漏等参数进行实时感应,并能在参数到达临界的情况下,自动决策处理情况,并将声光报警信号及参数数据传输到重大危险源监控中心进行核实,若确认是事故,可立即进行政府端事故应急指挥,并监督企业采取事故调度和启动应急预案,有效减少人员伤亡和财产损失。同时,由于物联网系统是一个开放、多元的综合管理平台,在保障物联网信息安全的前提下,按照统一的数据传输协议及监控标准,利用无线网络,可将物联网感应节点部署到交通不便、无人监控的生产场所中,能有效地解决安全监管人员力量不足的问题。

2. 物联网在人员与职业危害监管方面的应用

在生产过程中,人的不安全行为是导致事故发生的重要原因,人的精神状况、工作态度等往往是事故的直接诱因。通过物联网,可以及时发现操作人员玩忽职守的现象,工作过程中出现的异常状态也能在系统中显示出来,甚至借助人工智能加上表情识别系统等,能够及时发现工人操作过程中麻痹大意的行为,从而及时发出警报,避免人的不安全行为导致的不良后果。

通过对厂区内人员的动态管理,能及时发现各个工作岗位上工人的工作情况,也可以发现厂区内人员的动态分布，对在特殊时间段内不应该有人存在的危险区域保证没有人员暴露。在特种作业过程中，能起到监护人的作用，甚至能发现作业过程中的违章行为。对诸如在有限空间作业类的特种作业，能及时发现作业人员的状况，避免因救援不及时而导致伤亡。

作业人员在危险有害的环境中施工，例如存在粉尘、噪声危害因素的矿山、建材行业，存在电离辐射类危害因素的石油、冶金、机械加工行业，存在化学类危害因素及高温的化工、石油、冶金、有色金属、制药等行业，都可以应用物联网技术来进行防护。具体方式有：一是根据企业生产工艺及作业场所特点，选择合适的传感器，通过传感技术，实时监测作业场所中的职业危害因素，根据相关职业危害检测标准及法律法规，规定实时监控危害因素的上限值；二是当危害因素达到或超过设定的临界值时，及时发出预警，通知作业场所内的员工撤离，并将预警信息通过无线网络传输到各辖区安全监管部门存档；三是实施全面、系统的职业危害因素检测，协助做好职业危害登记、备案，建立职业卫生信息数据库，有效提高监管水平。

3. 产品供应链流向的安全监管

危险化学品工业运作管理涉及化学品的运输、存储和销售等环节，这些环节均需强化安全检测。通过物联网设备和无线射频技术，企业可构建信息网络和在线监测系统，提高危险化学品安全管控水平，降低运输事故风险。

结合全球移动系统定位（GPS）和地理信息系统（GIS）技术，利用计算机网络和移动通信，可精准定位危险化学品运输车辆，实时监控其动态，实现运输过程的实时监察，提升监督、管理和预防工作的有效性。

在存储和销售环节，物联网技术助力安监部门实时监控危险化学品仓储和销售环节的各个细节，构建开放多元的供应链监控系统。通过智能化物联网，以驾押人员、危货槽车和路况安全为重点，实现全流程可视化、透明化和数据可追溯，保障危险化学品运输安全。通过上述技术手段的综合应用，可实现危险化学品运输的智能保障。

4. 物联网在政府监督方面的应用

政府监管部门可以利用物联网提供的便利及时了解各个企业的安全生产现状，督促企业完成安全隐患的治理，加强对企业的安全监督。同时，监管部门还应对企业工艺的变更、新建、改建、扩建进行管理。对加上了身份标识的企业的重大危险源，安全监管部门可以通过现有的移动通信网络、无线接入网、无线局域网、卫星网等及时了解从感知层传送过来的信息，了解重大危险源的情况，并对其安全监管做出指导。对移动危险源，可以从其出厂起开始全程监管，对违反交通线路、驾驶员连续疲劳驾驶等行为能进行智能识别，从而在事故发生前就可以制止违法违章行为。

利用物联网技术对现场安全生产进行检查，其核心是按照安全生产监督检查的工作程序和工作方法，通过实施信息整合的一体化解决方案，以国家、部委、地方和行业安全生产有关的法律法规、强制性标准等为基础，应用互联网、无线通信、数据库、多媒体影像、数据采集、掌上电脑、嵌入式软件等技术手段，实现安全生产检查过程中的信息采样、存储、传输、管理等各环节的全面信息化、自动化，形成一个向导型、智能化的业务体系，既可方便快捷地完成具体监督检查任务，又可有效地进行全局的控制管理，并可最大限度地实现信息资源共享，进而提高安全监管水平和效率。

在安全生产检查过程中，为安监部门现场检查提供一套全新的工作方法，解决监管工作中的"查什么""怎么查"和"查的结果如何管理"三方面问题，对形成一个公平、公正、公开的安检结果具有一定的现实意义。

"查什么"是指确定现场安全生产检查内容。生产现场安检的规范化与程序化，是整个物联网现场检查系统设计的基础。按照安监部门对安检工作的要求，针对某一企业或工艺过程，物联网系统通过移动设备嵌入式软件，对企业安全生产隐患、相关设计、施工、操作规程等信息分门别类地进行统计、整合，通过嵌入式软件引导确定需检查的内容，有效避免检查过程中不按步骤、漏检的现象。

"怎么查"是要确定现场工作程序及评估标准，开发现场专家系统。监督检查工作所采用的评估标准，可通过物联网系统终端掌上电脑中内嵌的一个向导型、专家型软件，帮助检查人员完成作业场所安全监管。

"查的结果如何管理"，这一问题的解决在于建立基于物联网监控信息数据的远程管理系统。对于安全监管信息后期管理问题，应实现分门别类的查询、统计，通过物联网系统实时接收现场监管的结果数据，并对数据及工作人员实施有效管理，使安监部门和企业的主管部门能方便快捷地管理到每一个作业场所及每一个工作人员。物联网现场检查系统的主要逻辑框架如图 11-5 所示。

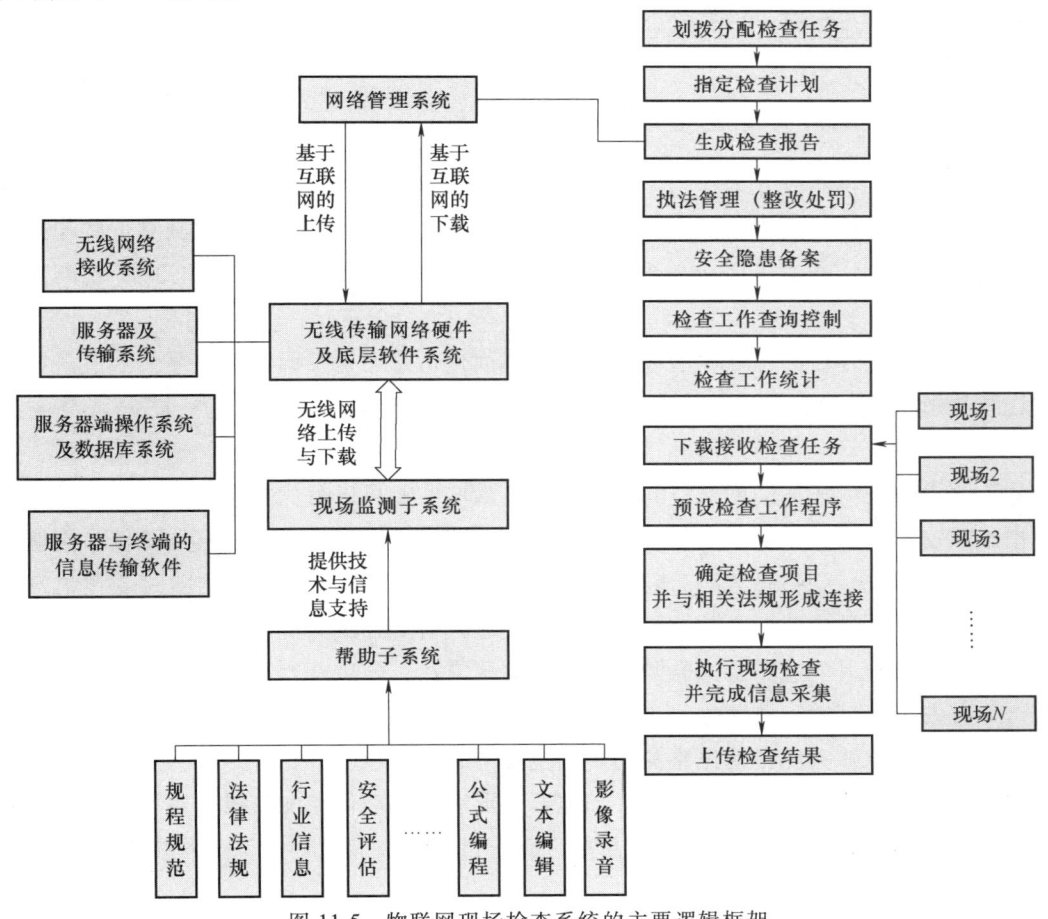

图 11-5　物联网现场检查系统的主要逻辑框架

5. 物联网在应急救援方面的应用

将物联网技术在应急救援的过程中进行应用,可以迅速查找、调用周边资源开展应急工作,在快速获取相关灾害信息的同时,通过对感知信息进行处理,可以有效地组织救援工作,减少或避免应急过程中人员在危险场所的暴露,从而减少应急中的二次伤害,进一步提高救援的效率。利用物联网技术可以感知灾区的温度、湿度、安全地区的范围等,从而使救援人员得到准备的救援信息,对灾区的人员进行安置,保证人们的生命安全。利用物联网技术建立的信息平台,可以使组织救援人员与现场调度人员随时进行沟通与联系,使组织人员能够正确有效地组织救援工作。对于应急救援来说,物资的分配也是其中的重要工作,如医疗器械、饮用水、帐篷等物资。在救援物资到达灾区后,通过RFID技术可以快速获得相关物资的种类、质量等信息,并将其转化为数字化信息,传达到传感网络,从而帮助组织救援的人员进行决策。在应急救援过程中,充分挖掘周围的有效救援力量,对道路交通进行高效的规划,使消防、医疗救援队能迅速顺利到达现场,为救援指挥提供决策依据。同时,利用物联网技术能解决矿难等地下灾难搜救困难的问题,及时发现遇险人员的生命状态,为救治提供宝贵时间。

11.3　物联网在生产安全监控领域的应用实例

11.3.1　基于物联网的滑坡灾害监测预警技术

地质灾害是在自然或人为作用下形成的,对人类或人类生存的环境造成破坏的地质作用或地质现象。重大地质灾害是造成人员伤亡最为严重的自然灾害之一,尤其是近些年来发生的特大型滑坡灾害,造成了巨大的经济损失和人员伤亡,同时也表明我国的滑坡灾害形势严峻。

滑坡监测的主要目的是监测滑坡灾害的发育演化信息、诱发因素等,最大限度获取滑坡时空连续变形数据。滑坡监测方法包含了传统大地测量技术和高精度滑坡灾害空间监测技术。

从监测设备同滑坡体的相对空间关系来看,滑坡监测可以分为接触类和非接触类。接触类是指必须安装于滑坡体上或进行现场施测的监测仪器,如滑坡深部位移监测仪、裂缝仪和全球导航卫星系统(GNSS)等,该类仪器所获得的信息多为灾害体内的实时变化信息,时效性强。非接触类是在现场安装简易标志或直接在灾害体外围施测的监测仪器,如激光微位移监测、测量机器人、遥感雷达监测等,该类监测方法主要以获得滑坡体地表的绝对变形为目的,具有安全、高效和快捷的特点。

目前为止,能够实现自动化监测的要素主要有地表裂缝、地表位移、主滑带(面)、地下水位、内部渗流、内部应力、降水量和地表变形等。自动化监测仪器的监测要素也在不断地扩展,表11-1列出了现阶段国内外主要的滑坡自动化监测仪器及其对应的监测内容和监测要素。

表 11-1　现阶段国内外主要滑坡自动化监测仪器

监测内容	监测要素	滑坡自动化监测仪器
地表裂缝、建筑物裂缝	裂缝	自动激光测距仪
地表位移	位移	GNSS
地下位移	位移	深部位移传感器
主滑带（面）位置、位移速度	主滑带（面）	倾测仪
钻孔、井水、泉水、孔隙水压力	地下水	水位计、孔隙水压力计
岩土体应力变化	内部应力	大推力应力监测仪
常规降雨观测	降水量	雨量计
宏观形变	地表形变	地基合成孔径雷达、三维激光扫描仪、微波遥感传感器

随着滑坡灾害的增多，人们对滑坡监测预警信息发布的时效性需求增加，而现代空间对地观测技术及传感技术的发展为滑坡监测预警带来了革命性的变革。新的空间对地观测技术和智能传感技术可提供灾害体连续实时的监测数据，有效提高了滑坡监测与预警能力。

滑坡监测系统主要由三部分组成：野外监测站点数据采集及处理部分、数据传输部分、监测中心数据汇总部分，如图 11-6 所示。

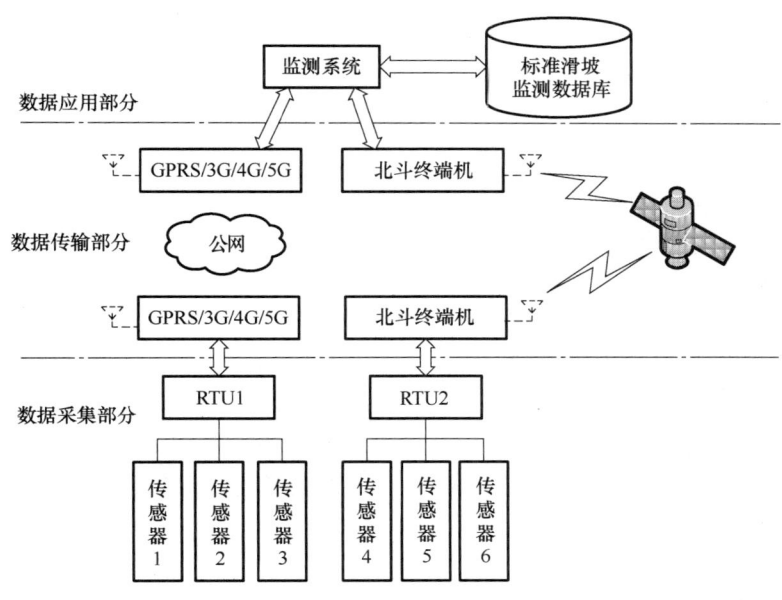

图 11-6　滑坡监测系统的组成

充分利用各种对地观测技术和传感技术，从信息化、智能化角度支持防灾救灾行动，是滑坡监测系统的未来发展方向。基于新型传感技术的滑坡自动化监测仪器可以在滑坡发育的整个阶段提供准确的监测数据，这对滑坡体的临滑预警至关重要。

基于物联网技术的自适应无线组网滑坡监测系统如图 11-7 所示。该系统应用各种类型传感器采集到的数据，采用基于无线局域网（WLAN）和移动 Ad-hoc 自组织网的自适应无线 Mesh（网格网）技术组网，解决了在无基础设施环境下，网络的快速部署和灵活自组织的问题。在需要测量的滑坡区域建立多组测站，每个测站由若干传感器、数据采集仪、Mesh 路由器组成一组 Mesh 节点。测站客户端与物联网网关通过链路状态路由（OLSR）协议组网实现自适应组网，且每个路由器都具备北斗/GPRS/3G/4G/5G 通信功能。路由器之间采用 LoRa（远距离无线电）技术进行物理层的通信，多个物联网网关组成的 Mesh 骨干网，提供集中外网接入能力。经无线公网或者北斗卫星传输至监测中心的接收终端，接收终端的接收设备（GPRS/3G/4G/5G 模块或者北斗终端机）将接收到的数据送进监控平台，监控平台依照同样的数据帧格式对数据进行解译后，存入数据库，并利用这些数据开展预警工作。各级业务部门及应急指挥部门也可以通过平台软件对数据进行在线实时查看，可根据需要以广播、短信、显示屏等方式发出预警信息。

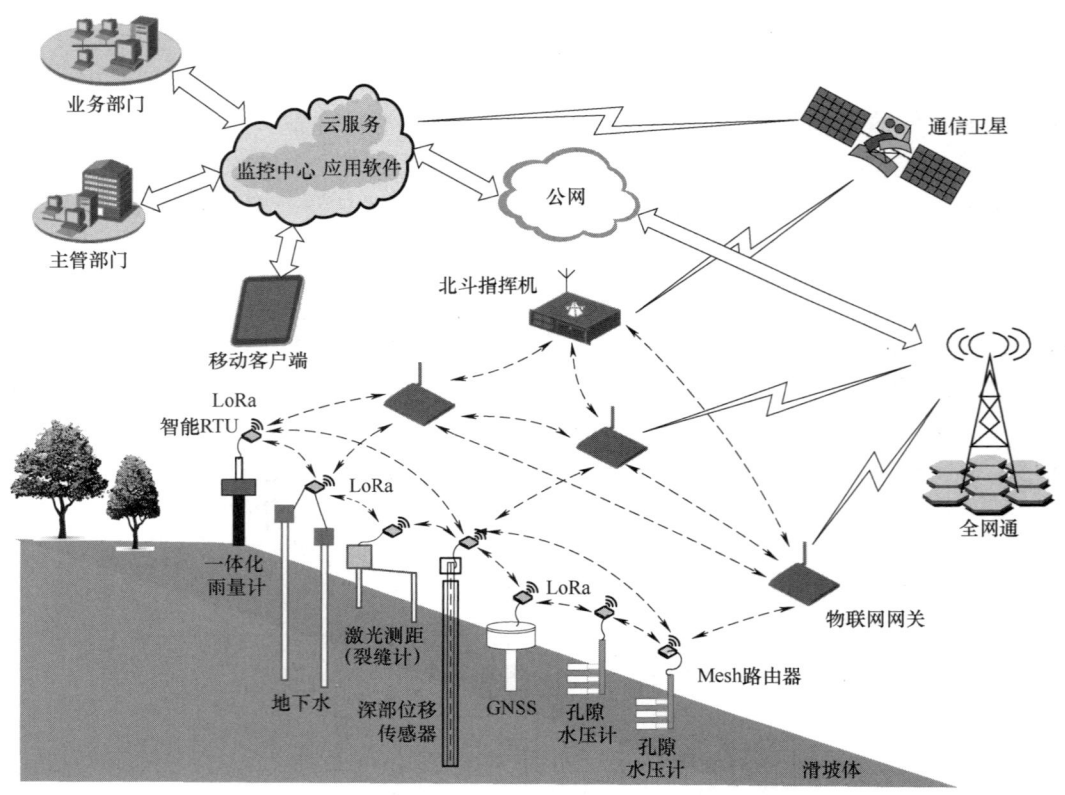

图 11-7　无线组网滑坡监测系统示意图

11.3.2　基于物联网的煤矿粉尘职业危害监测平台构建

煤矿粉尘由煤炭开采过程中产生的各种微粒组成，受微粒形状、大小、质量及矿井内风速、湿度等多方面的影响，一部分会在矿井中形成浮尘，其中直径小于 $5\mu m$ 的呼吸性粉尘进入作业工人的体内后，会在工人的肺里面沉积，并对其身体健康造成很严重的危害。在煤矿粉尘浓度较高时极易发生燃烧或爆炸，对矿井及在其中的作业工人造成极大的伤害。

随着物联网与粉尘分离技术的快速发展，煤矿粉尘检测装置为粉尘实时数据采集与监控提供了重要的技术途径。基于物联网的煤矿粉尘职业危害监测平台，通过引入云服务的模式，在先进的传感技术基础上，结合分布式数据库技术、网络传输技术及云平台的设计方式，对煤矿粉尘进行实时在线监测。采用分级分层的监管方式，提高各级部门的监管力度，跟踪煤矿从业人员的接尘状况，提早预防尘肺的发生，从而促进尘肺病从以治疗为主的现状向以预防为主转变，降低尘肺病的发病率。

煤矿粉尘职业危害监测平台是根据对矿井粉尘浓度的监测、职业危害档案的管理和预警业务需求进行设计的，根据物联网体系结构分为数据采集系统、数据中心和在线监测应用系统三个部分。数据采集系统包括个体呼吸性粉尘浓度和定点环境粉尘浓度采集、多源异构尘肺病基础信息采集等；数据中心部分包括多方式可靠网络传输、职业危害数据整合、分类数据库、数据交换与共享等；在线监测应用系统的功能包括在线监测、扁平化监管、煤矿粉尘在线监测预警、职业危害档案管理等。平台的主要业务功能如图 11-8 所示。

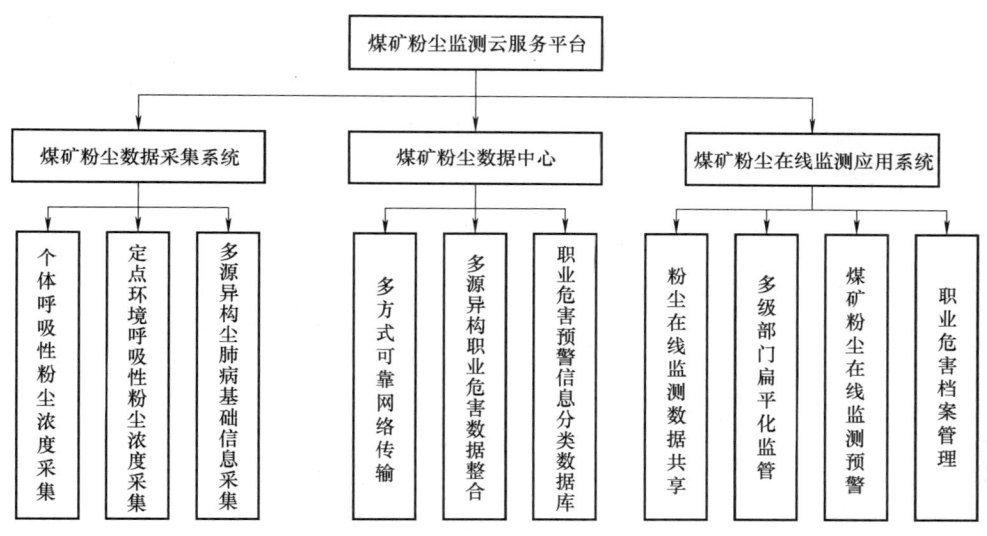

图 11-8　平台的主要业务功能

煤矿粉尘监测云服务平台采用标准的物联网三层体系结构，由感知层（煤矿粉尘数据采集系统）、网络层（煤矿粉尘数据中心）、应用层（煤矿粉尘在线监测应用系统）组成。平台针对不同级别的管理账户提供分层次的监控服务，形成检验检测机构跟踪服务、责任单位短信通知预警及个人累积接尘量超限预警的监管模式，实现在线、实时、连续的煤矿粉尘监测。通过对历史数据进行挖掘，并根据危害程度分级标准评估和预测工人患病风险，有效降低职业病患病概率，提高煤矿作业环境职业危害防护管理水平。煤矿粉尘监测云服务平台拓扑结构如图 11-9 所示。

平台通过在煤矿监控点放置煤矿粉尘传感器，实时采集煤矿粉尘浓度，经矿井工业网络将信息传输至地面系统，地面系统通过有线网络和无线网络（如北斗导航系统、GPRS 等）将实时采集的煤矿多点粉尘浓度信息传输至煤矿粉尘数据中心，构建扁平化的多级煤矿粉尘监测云服务应用系统。平台采用中断预警的工作方式，当监控点粉尘浓度超限时，将立即向地面监控系统报告。通过应用系统，多级政府监管部门、企业、作业工人可实现实时监控煤矿作业粉尘浓度,并为决策提供支撑。当出现粉尘浓度超限预警时,管理人员可通过平台应用系统对超限区域进行除尘操作,确保作业工人的安全生产环境。

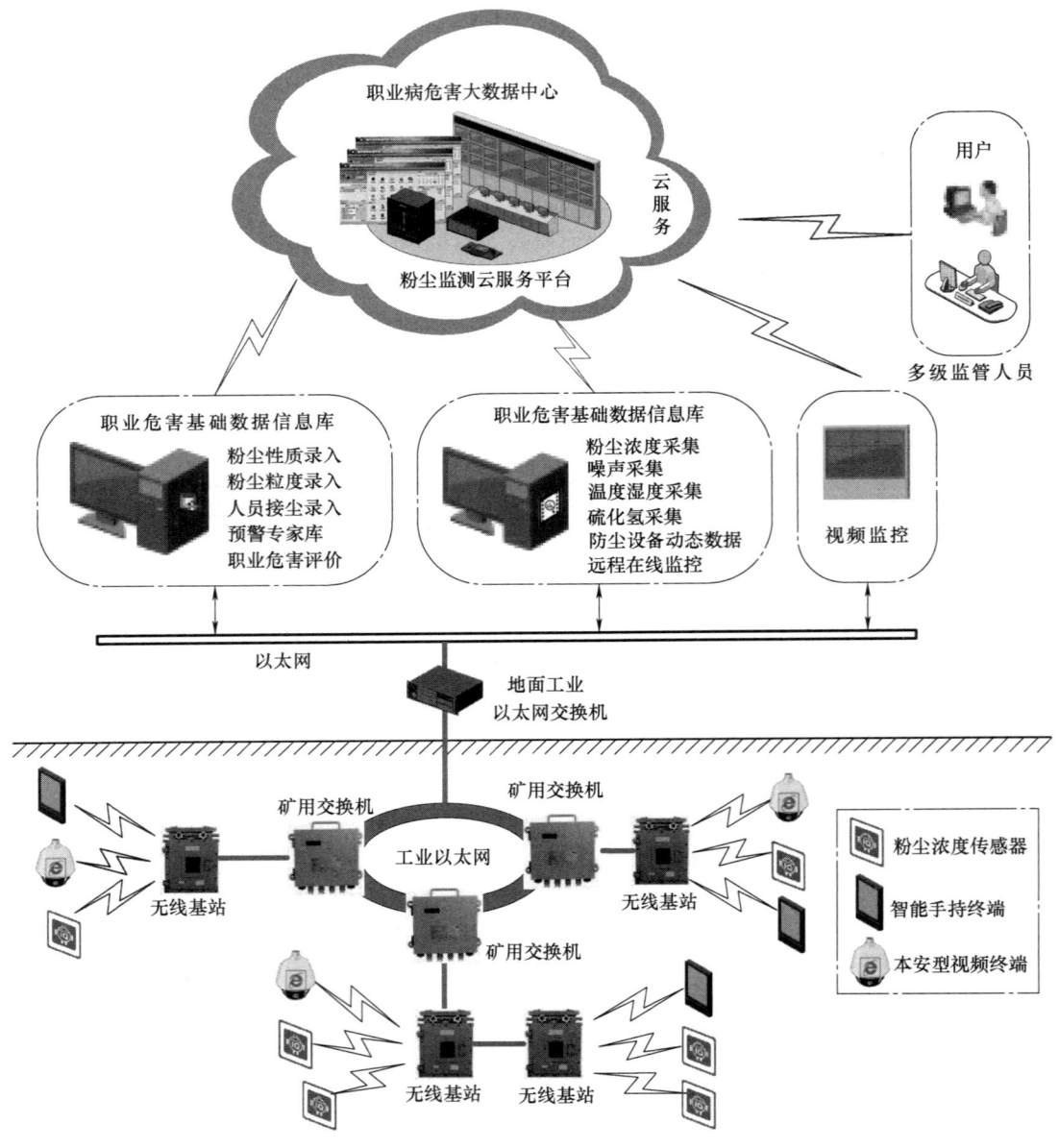

图 11-9 煤矿粉尘监测云服务平台拓扑结构

1. 煤矿粉尘数据采集系统

煤矿粉尘数据采集系统由矿井下粉尘浓度传感器和无线网络节点组成,借助具有灵活性的矿用无线通信系统网络结构方案,扩大矿井下的监测范围,其功能是采集矿井下呼吸性粉尘和总粉尘浓度、作业工人和移动设备等信息,并将采集到的传感数据通过有线和无线传输方式实时传送至上层煤矿粉尘数据中心,为平台提供可靠数据源。数据采集系统结构如

图 11-10 所示。

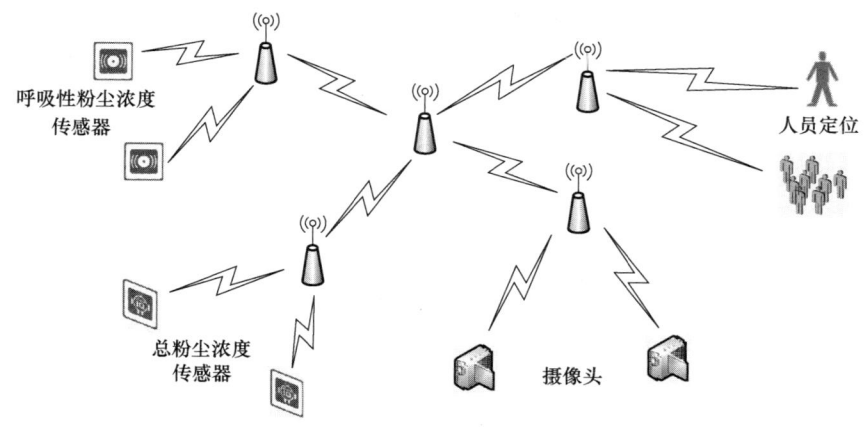

图 11-10 数据采集系统结构

1)呼吸性粉尘浓度传感器的功能是:连续监测矿井下造成尘肺病主要因素的呼吸性粉尘浓度。

2)总粉尘浓度传感器的功能是:对矿井下的总粉尘浓度进行连续监测,用来评价矿井的粉尘危害情况。

3)高清摄像头的功能是:辅助监控矿井扬尘状况及煤矿作业环境中的电源、水房、消防通道等关键位置。

4)定位传感器的功能是:跟踪作业工人在井下的活动轨迹,匹配作业工人所在区域的粉尘浓度。

粉尘浓度传感器的布置位置主要分布于采煤工作面、掘进工作面、转载点和主要峒室。根据工作面大小和巷道长度设置采集点的个数。

2. 煤矿粉尘数据中心

煤矿粉尘数据中心通过数据传输系统来保证传感器数据的可靠性,但目前矿井下多采用有线连接方式进行通信,线路仅敷设在主要大巷,导致在矿井下存在许多盲区;由于煤矿作业面需要经常进行爆破采掘,再加上井下环境长期存在潮湿、高温、地震等不稳定因素,因此仅采用有线方式不足以满足实时在线监测的要求。无线传输网络能够覆盖矿井下所有区域,安装配置灵活且能够进行自我修复,但其作用范围有限,远距离传输难以实现。结合有线传输和无线传输的优点,进行整个监测平台的网络敷设,从而实现井下全覆盖,提高传输系统效率。

数据中心采用开放和面向服务架构(Service-Oriented Architecture,SOA)标准,提供优化快速的数据传输机制,对海量的粉尘数据进行高度并行处理,通过构建统一的粉尘基础数据库,包含企业信息、作业工人职业档案信息、综合监管信息、粉尘浓度历史信息、决策支持信息、空间地理信息等几类数据库,可存储并处理各业务子系统的分类数据。基础数据库的建立参照作业场所职业危害监管信息系统基础数据结构的标准进行设计,粉尘监测基础数据中主要的动态数据项见表 11-2。

表11-2 粉尘监测基础数据

名称	数据参考标准	数据阈值	单位
PM10	环境空气质量标准	≤65	μg/m³
PM2.5	环境空气质量标准	≤10	μg/m³
总粉尘浓度	GBZ/T 192.1—2007	≤4	mg/m³
游离SiO_2含量	GBZ 2.1—2019	<10%	—
噪声	GB 12348—2008	60~70	dB
风速	JB/T 11258—2011	0~10	m/s
风向	JB/T 11258—2011	0~360	(°)
温度	CGPM 协议	-20~40	℃
相对湿度	GB/T 11605—2005	20%~60%	—

数据中心架构如图 11-11 所示。业务数据由动态数据和静态数据组成。动态数据包括作业环境粉尘浓度，作业场所工人位置及时间信息，作业场所风速、温度、湿度等环境参数信息等；静态数据包括煤矿企业基本信息，作业工人基本信息，监测点参数信息等。系统数据包括系统日志、系统配置项、多级用户权限管理等。数据服务包括查询和展示功能，通过用户的各项指令操作反馈给用户。数据管理包括基础数据的安全维护、备份恢复等，采用隐私保护策略及算法保证云平台数据的安全。

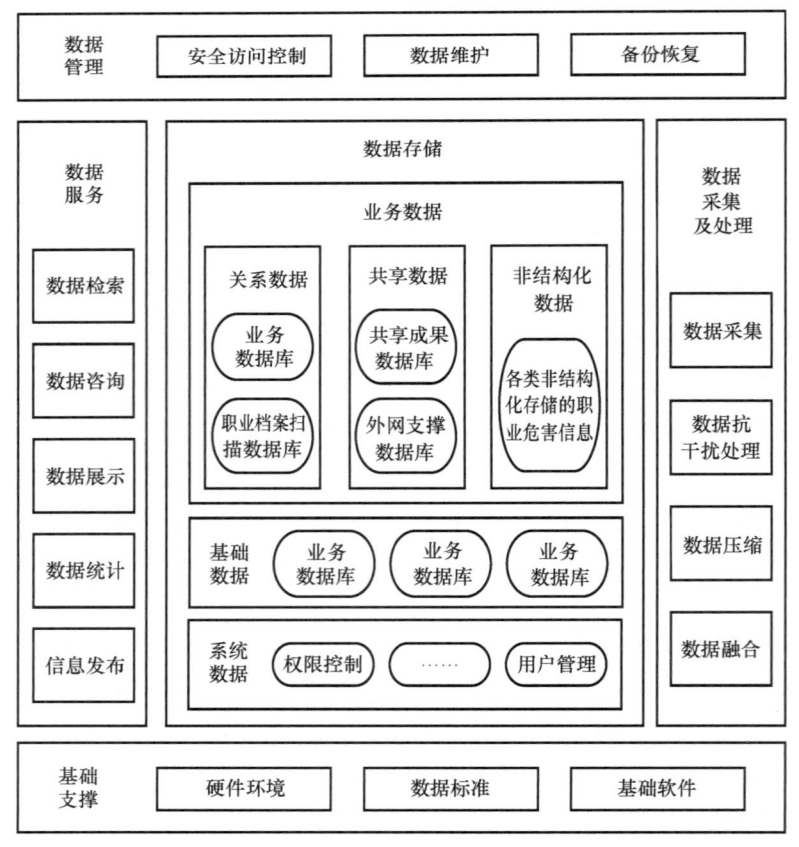

图 11-11 数据中心架构

数据采集及处理部分采用软件滤波的方法对数据进行抗干扰处理，减小与真实值的误差。数据压缩与数据融合算法的加入，能够在井下环境复杂、节点资源受限的情况下，降低节点能耗与通信流量，同时减少信息的冗余度，提高采集信息的可靠性与高效性。

3. 煤矿粉尘在线监测应用系统

（1）数据共享

煤矿粉尘在线监测数据共享子系统是一个开放式的数据应用开发平台，采用互联网租户方式的接入模式，实现对多种数据源的数据进行统一载入、分类、处理及存储。数据共享子系统基于实时采集的煤矿粉尘数据，主要是对各接口信令数据的聚集处理，面向企业、检验检测机构各接口信令及相关数据的聚集，形成数据集市，实现数据共享，提供职业危害监测数据共享服务，同时实现统一的应用门户，帮助企业和检验检测机构实时、方便、快捷地监控职业危害信息。

（2）多级部门扁平化监管

平台提供业务功能多级部署，实现扁平化管理。通过统一门户，形成职业危害预测预警产业链多方（国家监管部门、地方监管部门、企业和作业工人）共同监管的管理模式，可实时监管企业的职业危害情况，其拓扑结构如图11-12所示。煤矿粉尘在线监测应用系统采用扁平化监管模式，打破了传统的根据行政区域划分的管理方式，将全国范围的煤矿粉尘监测进行集中管理，并向各级行政单位及企业提供其负责区域内的相关应用服务。

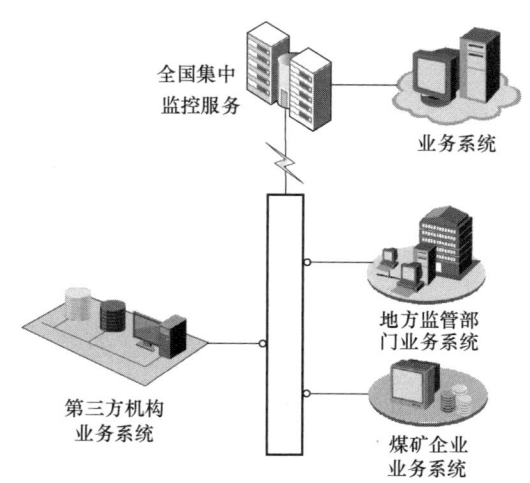

图11-12 多级部门扁平化监管拓扑结构

（3）煤矿粉尘在线监测预警

在线监测预警子系统对煤矿粉尘数据进行实时处理，并进行可视化展现，从而为各级监管部门提供决策支撑。该系统包含监测点的运行概况，监测点粉尘概况，实时的浓度超限报警及设备报警展示，监测点动态实时粉尘浓度，监测点粉尘浓度实时排行，监测点粉尘浓度趋势图及告警信息的处理状态。通过移动地图实时展示单个点的详细信息，并且可以打开监控摄像头查看某个监测点的实时视频画面。

(4) 职业危害档案管理

面向煤矿作业工人和企业，系统提供个人职业健康档案服务。针对作业工人的工作生命周期，企业和作业工人均可实时查看历史监控档案，可分析工人累计接尘状况，提前预警作业工人的健康状况。

(5) 煤矿粉尘监测云服务模式

通过引入以呼吸性粉尘为主的煤矿职业危害在线监测技术，建立煤矿粉尘监测的云服务模式，提升煤矿粉尘职业危害监测专业化服务水平和监管水平，推进煤矿粉尘职业危害监测的市场化运营，培育职业危害监测服务产业。煤矿粉尘监测云服务平台的业务运营和商业服务模式如图 11-13 所示。粉尘检测采用个体携带采样器、固定式传感器采样等多种方式，连续监测煤矿粉尘浓度。采集的粉尘浓度数据集中上传至构建的煤矿粉尘监测云服务平台。平台对数据进行处理和分析，以系统应用的方式为用户提供服务，运营公司负责整个平台的建设和运营。服务对象包括行业多级监管部门、企业、作业工人和检验检测机构。通过建设煤矿粉尘监测云服务平台，将传统的职业危害监测数据服务外包给运营公司，形成职业危害监测监管产业链多方（企业、监管部门、作业工人、运营公司）共赢的商业模式。

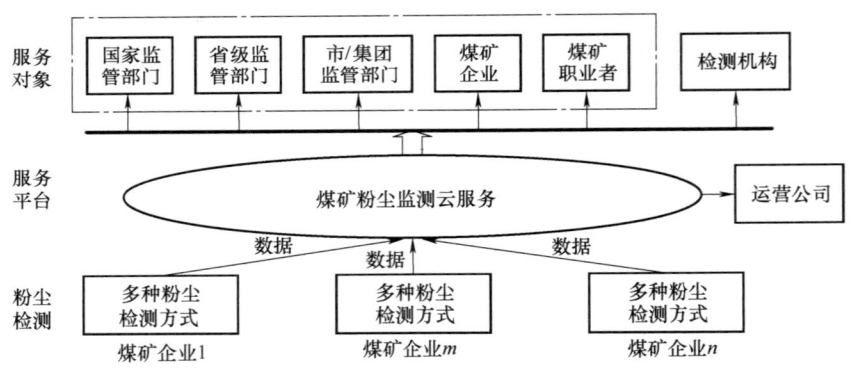

图 11-13　煤矿粉尘监测云服务模式

4. 煤矿粉尘职业病预警

煤矿粉尘职业病预警作为平台的关键服务可分为两个方面：一方面是针对作业工人个体的患病风险提前预测，关键在于通过历史数据掌握作业工人的接尘史，通过累计接尘量的计算来估计患病的概率；另一方面则是针对接触职业危害的整个群体进行集体发病率的预测，使监管部门和煤矿企业提早预知风险，提前做好预防措施。

思 考 题

1. 简述物联网具有哪些特征。
2. 简述标准物联网结构组成及其功能。
3. 叙述物联网在工业生产过程中涉及的关键技术。

4. 简述物联网技术在生活中的应用。
5. 叙述物联网在现场与生产过程中的应用。
6. 叙述物联网在人员与职业危害监管方面的应用。
7. 叙述物联网在政府监督方面的应用。
8. 叙述物联网在应急救援方面的应用。

附录 有关安全监测的标准目录

1. 采样与测定的标准

序号	标准编号	标准名称	实施日期
1	GBZ/T 300.1—2017	工作场所空气有毒物质测定 第1部分：总则	2018-05-01
2	GBZ/T 300.2—2017	工作场所空气有毒物质测定 第2部分：锑及其化合物	2018-05-01
3	GBZ/T 300.3—2017	工作场所空气有毒物质测定 第3部分：钡及其化合物	2018-05-01
4	GBZ/T 300.4—2017	工作场所空气有毒物质测定 第4部分：铍及其化合物	2018-05-01
5	GBZ/T 300.5—2017	工作场所空气有毒物质测定 第5部分：铋及其化合物	2018-05-01
6	GBZ/T 300.6—2017	工作场所空气有毒物质测定 第6部分：镉及其化合物	2018-05-01
7	GBZ/T 300.7—2017	工作场所空气有毒物质测定 第7部分：钙及其化合物	2018-05-01
8	GBZ/T 300.8—2017	工作场所空气有毒物质测定 第8部分：铯及其化合物	2018-05-01
9	GBZ/T 300.9—2017	工作场所空气有毒物质测定 第9部分：铬及其化合物	2018-05-01
10	GBZ/T 300.10—2017	工作场所空气有毒物质测定 第10部分：钴及其化合物	2018-05-01
11	GBZ/T 300.11—2017	工作场所空气有毒物质测定 第11部分：铜及其化合物	2018-05-01
12	GBZ/T 300.13—2017	工作场所空气有毒物质测定 第13部分：铟及其化合物	2018-05-01
13	GBZ/T 300.15—2017	工作场所空气有毒物质测定 第15部分：铅及其化合物	2018-05-01
14	GBZ/T 300.16—2017	工作场所空气有毒物质测定 第16部分：镁及其化合物	2018-05-01
15	GBZ/T 300.17—2017	工作场所空气有毒物质测定 第17部分：锰及其化合物	2018-05-01
16	GBZ/T 300.18—2017	工作场所空气有毒物质测定 第18部分：汞及其化合物	2018-05-01
17	GBZ/T 300.19—2017	工作场所空气有毒物质测定 第19部分：钼及其化合物	2018-05-01
18	GBZ/T 300.21—2017	工作场所空气有毒物质测定 第21部分：钾及其化合物	2018-05-01
19	GBZ/T 300.22—2017	工作场所空气有毒物质测定 第22部分：钠及其化合物	2018-05-01
20	GBZ/T 300.23—2017	工作场所空气有毒物质测定 第23部分：锶及其化合物	2018-05-01
21	GBZ/T 300.24—2017	工作场所空气有毒物质测定 第24部分：铊及其化合物	2018-05-01

附录 有关安全监测的标准目录

（续）

序号	标准编号	标准名称	实施日期
22	GBZ/T 300.25—2017	工作场所空气有毒物质测定　第25部分：铊及其化合物	2018-05-01
23	GBZ/T 300.26—2017	工作场所空气有毒物质测定　第26部分：锡及其无机化合物	2018-05-01
24	GBZ/T 300.27—2017	工作场所空气有毒物质测定　第27部分：二月桂酸二丁基锡、三甲基氯化锡和三乙基氯化锡	2018-05-01
25	GBZ/T 300.28—2017	工作场所空气有毒物质测定　第28部分：钨及其化合物	2018-05-01
26	GBZ/T 300.29—2017	工作场所空气有毒物质测定　第29部分：钒及其化合物	2018-05-01
27	GBZ/T 300.30—2017	工作场所空气有毒物质测定　第30部分：钇及其化合物	2018-05-01
28	GBZ/T 300.31—2017	工作场所空气有毒物质测定　第31部分：锌及其化合物	2018-05-01
29	GBZ/T 300.32—2017	工作场所空气有毒物质测定　第32部分：锆及其化合物	2018-05-01
30	GBZ/T 300.33—2017	工作场所空气有毒物质测定　第33部分：金属及其化合物	2018-05-01
31	GBZ/T 300.34—2017	工作场所空气中有毒物质测定　第34部分：稀土金属及其化合物	2018-05-01
32	GBZ/T 300.35—2017	工作场所空气有毒物质测定　第35部分：三氟化硼	2018-05-01
33	GBZ/T 300.37—2017	工作场所空气有毒物质测定　第37部分：一氧化碳和二氧化碳	2018-05-01
34	GBZ/T 300.38—2017	工作场所空气有毒物质测定　第38部分：二硫化碳	2018-05-01
35	GBZ/T 300.43—2017	工作场所空气有毒物质测定　第43部分：叠氮酸和叠氮化钠	2018-05-01
36	GBZ/T 300.45—2017	工作场所空气有毒物质测定　第45部分：五氧化二磷和五硫化二磷	2018-05-01
37	GBZ/T 300.46—2017	工作场所空气有毒物质测定　第46部分：三氯化磷和三氯硫磷	2018-05-01
38	GBZ/T 300.47—2017	工作场所空气有毒物质测定　第47部分：砷及其无机化合物	2018-05-01
39	GBZ/T 300.48—2017	工作场所空气有毒物质测定　第48部分：臭氧和过氧化氢	2018-05-01
40	GBZ/T 300.51—2017	工作场所空气有毒物质测定　第51部分：六氟化硫	2018-05-01
41	GBZ/T 300.52—2017	工作场所空气有毒物质测定　第52部分：氯化亚砜	2018-05-01
42	GBZ/T 300.53—2017	工作场所空气有毒物质测定　第53部分：硒及其化合物	2018-05-01
43	GBZ/T 300.54—2017	工作场所空气有毒物质测定　第54部分：碲及其化合物	2018-05-01
44	GBZ/T 300.58—2017	工作场所空气有毒物质测定　第58部分：碘及其化合物	2018-05-01
45	GBZ/T 300.59—2017	工作场所空气有毒物质测定　第59部分：挥发性有机化合物	2018-05-01

(续)

序号	标准编号	标准名称	实施日期
46	GBZ/T 300.60—2017	工作场所空气有毒物质测定 第60部分：戊烷、己烷、庚烷、辛烷和壬烷	2018-05-01
47	GBZ/T 300.61—2017	工作场所空气有毒物质测定 第61部分：丁烯、1,3-丁二烯和二聚环戊二烯	2018-05-01
48	GBZ/T 300.62—2017	工作场所空气有毒物质测定 第62部分：溶剂汽油、液化石油气、抽余油和松节油	2018-05-01
49	GBZ/T 300.64—2017	工作场所空气有毒物质测定 第64部分：石蜡烟	2018-05-01
50	GBZ/T 300.65—2017	工作场所空气有毒物质测定 第65部分：环己烷和甲基环己烷	2018-05-01
51	GBZ/T 300.66—2017	工作场所空气有毒物质测定 第66部分：苯、甲苯、二甲苯和乙苯	2018-05-01
52	GBZ/T 300.68—2017	工作场所空气有毒物质测定 第68部分：苯乙烯、甲基苯乙烯和二乙烯基苯	2018-05-01
53	GBZ/T 300.69—2017	工作场所空气有毒物质测定 第69部分：联苯和氢化三联苯	2018-05-01
54	GBZ/T 300.73—2017	工作场所空气有毒物质测定 第73部分：氯甲烷、二氯甲烷、三氯甲烷和四氯化碳	2018-05-01
55	GBZ/T 300.77—2017	工作场所空气有毒物质测定 第77部分：四氟乙烯和六氟丙烯	2018-05-01
56	GBZ/T 300.78—2017	工作场所空气有毒物质测定 第78部分：氯乙烯、二氯乙烯、三氯乙烯和四氯乙烯	2018-05-01
57	GBZ/T 300.80—2017	工作场所空气有毒物质测定 第80部分：氯丙烯和二氯丙烯	2018-05-01
58	GBZ/T 300.81—2017	工作场所空气有毒物质测定 第81部分：氯苯、二氯苯和三氯苯	2018-05-01
59	GBZ/T 300.82—2017	工作场所空气有毒物质测定 第82部分：苄基氯和对氯甲苯	2018-05-01
60	GBZ/T 300.83—2017	工作场所空气有毒物质测定 第83部分：溴苯	2018-05-01
61	GBZ/T 300.84—2017	工作场所空气有毒物质测定 第84部分：甲醇、丙醇和辛醇	2018-05-01
62	GBZ/T 300.85—2017	工作场所空气有毒物质测定 第85部分：丁醇、戊醇和丙烯醇	2018-05-01
63	GBZ/T 300.86—2017	工作场所空气有毒物质测定 第86部分：乙二醇	2018-05-01
64	GBZ/T 300.88—2017	工作场所空气有毒物质测定 第88部分：氯乙醇和1,3-二氯丙醇	2018-05-01

附录 有关安全监测的标准目录

(续)

序号	标准编号	标准名称	实施日期
65	GBZ/T 300.93—2017	工作场所空气有毒物质测定 第93部分：五氯酚和五氯酚钠	2018-05-01
66	GBZ/T 300.96—2018	工作场所空气有毒物质测定 第96部分：七氟烷、异氟烷和恩氟烷	2019-07-01
67	GBZ/T 300.97—2017	工作场所空气有毒物质测定 第97部分：二丙二醇甲醚和1-甲氧基-2-丙醇	2018-05-01
68	GBZ/T 300.99—2017	工作场所空气有毒物质测定 第99部分：甲醛、乙醛和丁醛	2018-05-01
69	GBZ/T 300.100—2018	工作场所空气有毒物质测定 第100部分：糠醛和二甲氧基甲烷	2019-07-01
70	GBZ/T 300.101—2017	工作场所空气有毒物质测定 第101部分：三氯乙醛	2018-05-01
71	GBZ/T 300.103—2017	工作场所空气有毒物质测定 第103部分：丙酮、丁酮和甲基异丁基甲酮	2018-05-01
72	GBZ/T 300.104—2017	工作场所空气有毒物质测定 第104部分：二乙基甲酮、2-己酮和二异丁基甲酮	2018-05-01
73	GBZ/T 300.106—2018	工作场所空气有毒物质测定 第106部分：氯丙酮	2019-07-01
74	GBZ/T 300.110—2017	工作场所空气有毒物质测定 第110部分：氢醌和间苯二酚	2018-05-01
75	GBZ/T 300.112—2017	工作场所空气有毒物质测定 第112部分：甲酸和乙酸	2018-05-01
76	GBZ/T 300.114—2017	工作场所空气有毒物质测定 第114部分：草酸和对苯二甲酸	2018-05-01
77	GBZ/T 300.115—2017	工作场所空气有毒物质测定 第115部分：氯乙酸	2018-05-01
78	GBZ/T 300.116—2018	工作场所空气有毒物质测定 第116部分：对甲苯磺酸	2019-07-01
79	GBZ/T 300.118—2017	工作场所空气有毒物质测定 第118部分：乙酸酐、马来酸酐和邻苯二甲酸酐	2018-05-01
80	GBZ/T 300.122—2017	工作场所空气有毒物质测定 第122部分：甲酸甲酯和甲酸乙酯	2018-05-01
81	GBZ/T 300.126—2017	工作场所空气有毒物质测定 第126部分：硫酸二甲酯和三甲苯磷酸酯	2018-05-01
82	GBZ/T 300.127—2017	工作场所空气有毒物质测定 第127部分：丙烯酸酯类	2018-05-01
83	GBZ/T 300.128—2018	工作场所空气有毒物质测定 第128部分：甲基丙烯酸酯类	2019-07-01
84	GBZ/T 300.129—2017	工作场所空气有毒物质测定 第129部分：氯乙酸甲酯和氯乙酸乙酯	2018-05-01

(续)

序号	标准编号	标准名称	实施日期
85	GBZ/T 300.130—2017	工作场所空气有毒物质测定 第130部分：邻苯二甲酸二丁酯和邻苯二甲酸二辛酯	2018-05-01
86	GBZ/T 300.132—2017	工作场所空气有毒物质测定 第132部分：甲苯二异氰酸酯、二苯基甲烷二异氰酸酯和异佛尔酮二异氰酸酯	2018-05-01
87	GBZ/T 300.133—2017	工作场所空气有毒物质测定 第133部分：乙腈、丙烯腈和甲基丙烯腈	2018-05-01
88	GBZ/T 300.134—2017	工作场所空气有毒物质测定 第134部分：丙酮氰醇和苄基氰	2018-05-01
89	GBZ/T 300.136—2017	工作场所空气有毒物质测定 第136部分：三甲胺、二乙胺和三乙胺	2018-05-01
90	GBZ/T 300.137—2017	工作场所空气有毒物质测定 第137部分：乙胺、乙二胺和环己胺	2018-05-01
91	GBZ/T 300.139—2017	工作场所空气有毒物质测定 第139部分：乙醇胺	2018-05-01
92	GBZ/T 300.140—2017	工作场所空气有毒物质测定 第140部分：肼、甲基肼和偏二甲基肼	2018-05-01
93	GBZ/T 300.142—2017	工作场所空气有毒物质测定 第142部分：三氯苯胺	2018-05-01
94	GBZ/T 300.143—2017	工作场所空气有毒物质测定 第143部分：对硝基苯胺	2018-05-01
95	GBZ/T 300.146—2017	工作场所空气有毒物质测定 第146部分：硝基苯、硝基甲苯和硝基氯苯	2018-05-01
96	GBZ/T 300.149—2017	工作场所空气有毒物质测定 第149部分：杀螟松、倍硫磷、亚胺硫磷和甲基对硫磷	2018-05-01
97	GBZ/T 300.150—2017	工作场所空气有毒物质测定 第150部分：敌敌畏、甲拌磷和对硫磷	2018-05-01
98	GBZ/T 300.151—2017	工作场所空气有毒物质测定 第151部分：久效磷、氧乐果和异稻瘟净	2018-05-01
99	GBZ/T 300.153—2017	工作场所空气有毒物质测定 第153部分：磷胺、内吸磷、甲基内吸磷和马拉硫磷	2018-05-01
100	GBZ/T 300.159—2017	工作场所空气有毒物质测定 第159部分：硝化甘油、硝基胍、奥克托今和黑索金	2018-05-01
101	GBZ/T 300.160—2017	工作场所空气有毒物质测定 第160部分：洗衣粉酶	2018-05-01
102	GBZ/T 300.161—2018	工作场所空气有毒物质测定 第161部分：三溴甲烷	2019-07-01
103	GBZ/T 300.162—2018	工作场所空气有毒物质测定 第162部分：苯醌	2019-07-01
104	GBZ/T 300.163—2018	工作场所空气有毒物质测定 第163部分：甲苯二异氰酸酯	2019-07-01

（续）

序号	标准编号	标准名称	实施日期
105	GBZ/T 300.164—2018	工作场所空气有毒物质测定 第164部分：二苯基甲烷二异氰酸酯	2019-07-01

2. 标准气体制备的标准

序号	标准编号	标准名称	实施日期
1	GB/T 10248—2005	气体分析 校准用混合气体的制备静态体积法	2005-12-01
2	GB/T 14070—1993	气体分析 校准用混合气体的制备压力法	1993-11-01
3	GB/T 5274.1—2018	气体分析 校准用混合气体的制备 第1部分：称量法制备一级混合气体	2019-04-01
4	GB/T 5275.1—2014	气体分析 动态体积法制备校准用混合气体 第1部分：校准方法	2014-12-01
5	GB/T 5275.2—2014	气体分析 动态体积法制备校准用混合气体 第2部分：容积泵	2014-12-01
6	GB/T 5275.4—2014	气体分析 动态体积法制备校准用混合气体 第4部分：连续注射法	2014-12-01
7	GB/T 5275.5—2014	气体分析 动态体积法制备校准用混合气体 第5部分：毛细管校准器	2014-12-01
8	GB/T 5275.6—2014	气体分析 动态体积法制备校准用混合气体 第6部分：临界锐孔	2014-12-01
9	GB/T 5275.7—2014	气体分析 动态体积法制备校准用混合气体 第7部分：热式质量流量控制器	2014-12-01
10	GB/T 5275.8—2014	气体分析 动态体积法制备校准用混合气体 第8部分：扩散法	2014-12-01
11	GB/T 5275.9—2014	气体分析 动态体积法制备校准用混合气体 第9部分：饱和法	2014-12-01
12	GB/T 5275.10—2009	气体分析 动态体积法制备校准用混合气体 第10部分：渗透法	2010-02-01
13	GB/T 5275.11—2014	气体分析 动态体积法制备校准用混合气体 第11部分：电化学发生法	2014-12-01

3. 接触限值与卫生设计标准

序号	标准编号	标准名称	实施日期
1	GBZ 2.1—2019	工作场所有害因素职业接触限值 第1部分：化学有害因素	2020-04-01 2022-11-08（修改） 2024-05-09（修改）

（续）

序号	标准编号	标准名称	实施日期
2	GBZ 2.2—2007	工作场所有害因素职业接触限值 第2部分：物理因素	2007-11-01
3	GBZ 1—2010	工业企业设计卫生标准	2010-08-01

4. 卫生分级标准

序号	标准编号	标准名称	实施日期
1	GBZ 230—2010	职业性接触毒物危害程度分级	2010-11-01
2	GB 12331—1990	有毒作业分级	1991-01-01
3	GB/T 14440—1993	低温作业分级	1994-01-01
4	GB/T 14439—1993	冷水作业分级	1994-01-01
5	GB/T 3608—2008	高处作业分级	2009-06-01
6	GBZ/T 229.1—2010	工作场所职业病危害作业分级 第1部分：生产性粉尘	2010-10-01
7	GBZ/T 229.2—2010	工作场所职业病危害作业分级 第2部分：化学物	2010-11-01
8	GBZ/T 229.3—2010	工作场所职业病危害作业分级 第3部分：高温	2010-10-01
9	GBZ/T 229.4—2012	工作场所职业病危害作业分级 第4部分：噪声	2012-12-01

5. 作业环境气体检测标准

序号	标准编号	标准名称	实施日期
1	GB 12358—2006	作业环境气体检测报警仪通用技术要求	2006-12-01
2	GB/T 50493—2019	石油化工可燃气体和有毒气体检测报警设计标准	2020-01-01
3	SY/T 6503—2022	石油天然气工程可燃气体检测报警系统安全规范	2023-05-04
4	JJG 1125—2016	氯乙烯气体检测报警仪	2016-09-27
5	T/CCSAS 015—2022	气体检测报警仪安全使用及维护规程	2022-02-14
6	JJG 693—2011	可燃气体检测报警器	2011-12-14
7	GB/T 20936.1—2022	爆炸性环境用气体探测器 第1部分：可燃气体探测器性能要求	2023-07-01
8	GB/T 20936.2—2018	爆炸性环境用气体探测器 第2部分：可燃气体和氧气探测器的选型、安装、使用和维护	2018-07-01
9	GB/T 20936.3—2018	爆炸性环境用气体探测器 第3部分：固定式气体探测系统功能安全指南	2018-07-01
10	GB/T 20936.4—2018	爆炸性环境用气体探测器 第4部分：开放路径可燃气体探测器性能要求	2018-07-01
11	GB 8958—2006	缺氧危险作业安全规程	2006-12-01

6. 参数测定标准

序号	标准编号	标准名称	实施日期
1	GB/T 12474—2008	空气中可燃气体爆炸极限测定方法	2009-03-01
2	GB/T 261—2021	闪点的测定　宾斯基-马丁闭口杯法	2022-05-01
3	GB/T 5208—2008	闪点的测定　快速平衡闭杯法	2008-12-01

7. 粉尘检测的相关标准

序号	标准编号	标准名称	实施日期
1	AQ 1020—2006	煤矿井下粉尘综合防治技术规范	2006-12-01
2	AQ 4228—2012	木材加工系统粉尘防爆安全规范	2013-03-01
3	AQ 4229—2013	粮食立筒仓粉尘防爆安全规范	2013-10-01
4	AQ 4230—2013	粮食平房仓粉尘防爆安全规范	2013-10-01
5	AQ 4232—2013	塑料生产系统粉尘防爆规范	2013-10-01
6	AQ 4272—2016	铝镁制品机械加工粉尘防爆安全技术规范	2017-03-01
7	AQ 4273—2016	粉尘爆炸危险场所用除尘系统安全技术规范	2017-03-01
8	DB11/T 1827—2021	粉尘防爆安全管理规范	2021-07-01
9	DB13/T 2793—2018	耐火材料制造企业粉尘危害防治规范	2018-08-16
10	DB13/T 2794—2018	陶瓷生产企业粉尘危害防治规范	2018-08-16
11	DB22/T 2318—2015	粉尘料位计	2015-11-01
12	DB23/T 2815—2021	工业可燃性粉尘除尘系统安全设施设计规范	2021-04-18
13	DB23/T 2816—2021	粮食粉尘危险作业场所风险管控分区技术规定	2021-04-18
14	DB5101/T 121—2021	家具制造企业木质粉尘防爆安全技术规范	2021-04-21
15	GB 15577—2018	粉尘防爆安全规程	2019-06-01
16	GB/T 15604—2008	粉尘防爆术语	2009-10-01
17	GB/T 15605—2008	粉尘爆炸泄压指南	2009-10-01
18	GB/T 16425—2018	粉尘云爆炸下限浓度测定方法	2019-07-01
19	GB/T 16426—1996	粉尘云最大爆炸压力和最大压力上升速率测定方法	1997-04-01
20	GB/T 16427—2018	粉尘层电阻率测定方法	2019-07-01
21	GB/T 16428—1996	粉尘云最小着火能量测定方法	1997-04-01
22	GB/T 16429—1996	粉尘云最低着火温度测定方法	1997-04-01
23	GB/T 16430—2018	粉尘层最低着火温度测定方法	2019-07-01
24	GB/T 16913—2008	粉尘物性试验方法	2009-10-01

（续）

序号	标准编号	标准名称	实施日期
25	GB 17440—2008	粮食加工、储运系统粉尘防爆安全规程	2009-10-01
26	GB/T 17919—2008	粉尘爆炸危险场所用收尘器防爆导则	2009-10-01
27	GB/T 20964—2007	粉尘采样器	2008-01-01
28	GB/T 30360—2013	颗粒状农药粉尘测定方法	2014-06-22
29	GB 32276—2015	纺织工业粉尘防爆安全规程	2017-01-01
30	GB/T 3836.12—2019	爆炸性环境 第12部分：可燃性粉尘物质特性试验方法	2020-07-01
31	GBZ/T 192.1—2007	工作场所空气中粉尘测定 第1部分：总粉尘浓度	2007-12-30
32	GBZ/T 192.2—2007	工作场所空气中粉尘测定 第2部分：呼吸性粉尘浓度	2007-12-30
33	GBZ/T 192.3—2007	工作场所空气中粉尘测定 第3部分：粉尘分散度	2007-12-30
34	GBZ/T 192.4—2007	工作场所空气中粉尘测定 第4部分：游离二氧化硅含量	2007-12-30
35	GBZ/T 192.5—2007	工作场所空气中粉尘测定 第5部分：石棉纤维浓度	2007-12-30
36	GBZ/T 192.6—2018	工作场所空气中粉尘测定 第6部分：超细颗粒和细颗粒总数量浓度	2019-07-01
37	GBZ/T 210.2—2008	职业卫生标准制定指南 第2部分：工作场所粉尘职业接触限值	2008-12-30
38	GBZ/T 229.1—2010	工作场所职业病危害作业分级 第1部分：生产性粉尘	2010-10-01
39	HJ/T 285—2006	环境保护产品技术要求 工业粉尘湿式除尘装置	2006-09-15
40	JB/T 14000—2020	光学粉尘传感器	2021-07-01
41	JB/T 8537—2010	粉尘比电阻实验室测试方法	2010-07-01
42	JJG 846—2015	粉尘浓度测量仪检定规程	2015-12-15
43	JT/T 1376—2021	港口煤炭粉尘浓度控制指标和测试方法	2021-10-01
44	JTS 156—2015	煤炭矿石码头粉尘控制设计规范	2016-05-01
45	LD 84—1995	生产性粉尘作业危害程度分级检测规程	1996-06-01
46	LD 98—1996	空气中粉尘浓度光散射式测定法	1998-01-01
47	MT/T 163—2019	直读式粉尘浓度测量仪通用技术条件	2020-06-01
48	MT/T 394—1995	呼吸性粉尘测量仪采样效能测定方法	1995-10-01
49	MT/T 502—2020	粉尘采样器检定装置通用技术条件	2021-01-01
50	MT/T 713—1997	煤矿粉尘真密度测定方法	1998-07-01
51	MT 79—1984	粉尘浓度和分散度测定方法	1985-07-01
52	WS/T 750—2015	工作场所空气中粉尘浓度快速检测方法-光散射法	2015-09-01

8. 噪声监测

序号	标准编号	标准名称	实施日期
1	GB/T 3241—2010	电声学　倍频程和分数倍频程滤波器	2011-05-01
2	GB/T 15173—2010	电声学　声校准器	2011-04-01
3	GB/T 3785.1—2010	电声学　声级计第1部分：规范	2011-04-01
4	GB 12348—2008	工业企业厂界环境噪声排放标准	2008-10-01
5	GBZ 1—2010	工业企业设计卫生标准	2010-08-01
6	GBJ 122—1988	工业企业噪声测量规范	1988-12-01
7	GB/T 50087—2013	工业企业噪声控制设计规范	2014-06-01
8	GBZ/T 189.8—2007	工作场所物理因素测量　第8部分：噪声	2007-11-01
9	GBZ 2.2—2007	工作场所有害因素职业接触限值　第2部分：物理因素	2007-11-01
10	GBZ/T 229.4—2012	工作场所职业病危害作业分级　第4部分：噪声	2012-12-01
11	HJ 706—2014	环境噪声监测技术规范　噪声测量值修正	2015-01-01
12	GB/T 15190—2014	声环境功能区划分技术规范	2015-01-01
13	GB 3096—2008	声环境质量标准	2008-10-01
14	GB/T 21230—2014	声学　职业噪声暴露的测定　工程法	2015-02-01
15	WS/T 754—2016	噪声职业病危害风险管理指南	2017-03-01
16	GB 12348—2008	工业企业厂界环境噪声排放标准	2008-10-01
17	GB 12523—2011	建筑施工场界环境噪声排放标准	2012-07-01
18	GB/T 18083—2000	以噪声污染为主的工业企业卫生防护距离标准	2001-01-01
19	GB/T 50087—2013	工业企业噪声控制设计规范	2014-06-01
20	GB 22337—2008	社会生活环境噪声排放标准	2008-10-01
21	GB 9660—1988	机场周围飞机噪声环境标准	1988-11-01
22	GB 12523—2011	建筑施工场界环境噪声排放标准	2012-07-01
23	GB 12525—1990	铁路边界噪声限值及其测量方法	1991-03-01
24	GB 1495—2002	汽车加速行驶车外噪声限值及测量方法	2002-10-01
25	GB 16170—1996	汽车定置噪声限值	1997-01-01
26	GB 16169—2005	摩托车和轻便摩托车加速行驶噪声限值及测量方法	2005-07-01
27	GB 4569—2005	摩托车和轻便摩托车定置噪声排放限值及测量方法	2005-07-01
28	GB 19757—2005	三轮汽车和低速货车加速行驶车外噪声限值及测量方法（中国Ⅰ、Ⅱ阶段）	2005-07-01
29	GB 14892—2006	城市轨道交通列车噪声限制和测量方法	2006-08-01

（续）

序号	标准编号	标准名称	实施日期
30	GB 16710—2010	土方机械噪声限值	2012-01-01
31	GB/T 20062—2017	流动式起重机 作业噪声限值及测量方法	2018-07-01

9. 火灾探测

序号	标准编号	标准名称	实施日期
1	GB/T 4968—2008	火灾分类	2009-04-01
2	CB/T 4481—2017	船舶舱室火灾探测器选型及布置原则	2017-10-01
3	DB11/ 1026—2013	吸气式感烟火灾探测报警系统设计、施工及验收规范	2014-05-01
4	DB22/T 2655—2017	独立式感烟火灾探测报警器设置要求	2017-08-12
5	DB22/T 464—2009	独立式感烟火灾探测报警无线远程监控系统设计、安装及验收规程	2009-05-01
6	DB43/T 480—2009	线型光纤感温火灾探测系统设计、施工及验收规范	2009-07-30
7	DB43/T 728—2012	图像型火灾探测报警系统的设计、施工及验收规范	2012-12-30
8	GA/T 974.89—2015	消防信息代码 第89部分：火灾探测器类型代码	2015-03-03
9	GB 50116—2013	火灾自动报警系统设计规范	2014-05-01
10	GB 50166—2019	火灾自动报警系统施工及验收标准	2020-03-01
11	GB/T 12951—2009	离子感烟火灾探测器用镅241α放射源	2010-03-01
12	GB 14003—2005	线型光束感烟火灾探测器	2006-06-01
13	GB 15631—2008	特种火灾探测器	2009-05-01
14	GB 16280—2014	线型感温火灾探测器	2015-06-01
15	GB 19880—2005	手动火灾报警按钮	2006-06-01
16	GB 20517—2006	独立式感烟火灾探测报警器	2007-04-01
17	GB/Z 24979—2010	点型感烟/感温火灾探测器性能评价	2010-12-01
18	GB 29837—2013	火灾探测报警产品的维修保养与报废	2014-08-07
19	GB 30122—2013	独立式感温火灾探测报警器	2014-12-14
20	GB 4715—2005	点型感烟火灾探测器	2006-06-01
21	GB 4716—2005	点型感温火灾探测器	2006-06-01

10. 辐射类标准

序号	标准编号	标准名称	实施日期
1	GB 6249—2011	核动力厂环境辐射防护规定	2011-09-01
2	GB 8702—2014	电磁环境控制限值	2015-01-01
3	GBZ 128—2019	职业性外照射个人监测规范	2020-04-01

（续）

序号	标准编号	标准名称	实施日期
4	HJ/T 10.2—1996	辐射环境保护管理导则　电磁辐射监测仪器和方法	1996-05-10
5	HJ/T 10.3—1996	辐射环境保护管理导则　电磁辐射环境影响评价方法与标准	1996-05-10
6	JGJ/T 163—2008	城市夜景照明设计规范	2009-05-01
7	GB/T 35626—2017	室外照明干扰光限制规范	2018-07-01
8	DL/T 988—2005	高压交流架空送电线路、变电站工频电场和磁场测量方法	2006-06-01

11. 其他标准

序号	标准编号	标准名称	实施日期
1	GB/T 7665—2005	传感器通用术语	2006-02-01
2	GB/T 16839.1—2018	热电偶　第1部分：电动势规范和允差	2019-02-01
3	CJJ/T 233—2015	城市桥梁检测与评定技术规范	2016-05-01
4	JTG 5120—2021	公路桥涵养护规范	2021-11-01
5	JTG/T H21—2011	公路桥梁技术状况评定标准	2011-09-01
6	GB/T 28181—2022	公共安全视频监控联网系统信息传输、交换、控制技术要求	2023-07-01
7	GA/T 669.7—2008	城市监控报警联网系统　技术标准　第7部分：管理平台技术要求	2008-08-04

参考文献

[1] 高洪亮,刘章现,徐义勇. 安全检测监控技术[M]. 北京:中国劳动社会保障出版社,2009.
[2] 陈海群,陈群,王新颖. 安全检测与监控技术[M]. 北京:中国石化出版社,2013.
[3] 陈海群,王凯全. 安全检测与控制技术[M]. 北京:中国石化出版社,2008.
[4] 张斌. 安全检测与控制技术[M]. 北京:化学工业出版社,2011.
[5] 董文庚,刘庆洲,高增明. 安全检测原理与技术[M]. 北京:海洋出版社,2004.
[6] 周真,苑惠娟. 传感器原理与应用[M]. 北京:清华大学出版社,2011.
[7] 徐开先,钱正洪,张彤,等. 传感器实用技术[M]. 北京:国防工业出版社,2016.
[8] 周杏鹏. 传感器与检测技术[M]. 北京:清华大学出版社,2010.
[9] 李润求,周利华. 安全监测监控原理与仪表[M]. 徐州:中国矿业大学出版社,2018.
[10] 董文庚,刘庆洲,苏昭桂. 安全检测技术与仪表[M]. 北京:煤炭工业出版社,2007.
[11] 李雨成,刘尹霞. 安全检测技术[M]. 徐州:中国矿业大学出版社,2018.
[12] 陈金刚. 安全检测技术[M]. 北京:中国建筑工业出版社,2018.
[13] 徐凯宏,董文庚. 安全检测与智能监测[M]. 北京:中国质检出版社,2014.
[14] 浑宝炬,郭立稳. 矿井粉尘检测与防治技术[M]. 北京:化学工业出版社,2005.
[15] 林锦实. 检测技术及仪表[M]. 北京:机械工业出版社,2008.
[16] 苑春苗,栾昌才,李畅. 噪声控制原理与技术[M]. 沈阳:东北大学出版社,2014.
[17] 张乃禄. 安全检测技术[M]. 3版. 西安:西安电子科技大学出版社,2018.
[18] 张乃禄. 安全检测技术[M]. 2版. 西安:西安电子科技大学出版社,2012.
[19] 董文庚. 安全检测与监控[M]. 北京:中国劳动社会保障出版社,2011.
[20] 中国环境监测总站. 环境噪声监测实用手册[M]. 北京:中国环境出版集团,2018.
[21] 中国标准出版社. 环境噪声测量标准汇编[M]. 北京:中国标准出版社,2014.
[22] 奚旦立. 环境监测[M]. 5版. 北京:高等教育出版社,2019.
[23] 李广超. 环境监测[M]. 2版. 北京:化学工业出版社,2017.
[24] 孔昌俊,杨凤林. 环境科学与工程概论[M]. 北京:科学出版社,2004.
[25] 李理,梁红. 环境监测[M]. 2版. 武汉:武汉理工大学出版社,2018.
[26] 胡海翔,李光伟. 电磁辐射对人体的影响及防护[M]. 北京:人民军医出版社,2015.
[27] 曲磊,王金梅,支金虎. 环境监测[M]. 北京:中央民族大学出版社,2015.
[28] 王晓,陈金泉,高勇. 环境监测实用教程[M]. 徐州:中国矿业大学出版社,2016.
[29] 杨毅,林炬,刘颖. 辐射环境监测[M]. 北京:北京航空航天大学出版社,2018.
[30] 蒲汪旸. 一起 Ir 放射事故中 5 例受照者的医学处理和 4 年随访[D]. 苏州:苏州大学,2010.
[31] 郭凯琳. 南京"5.7"^{192}Ir 源辐射事故患者生殖及内分泌功能改变的初步研究[D]. 苏州:苏州大学,2017.
[32] 王优优. 河南"4.26"^{60}Co 源放射事故中 4 名骨髓型急性放射病患者受照后 12 年医学随访[D]. 苏州:苏州大学,2013.

[33] 李宁. 港口泄漏辐射剂量计算机监测与预警系统设计 [D]. 西安：西安石油大学，2020.

[34] 娄悦. 火灾探测报警系统原理与应用 [M]. 杭州：浙江大学出版社，2018.

[35] 吴龙标，袁宏永，疏学明. 火灾探测与控制工程 [M]. 2版. 合肥：中国科学技术大学出版社，2013.

[36] 薛维虎. 火灾自动报警与联动控制系统 [M]. 2版. 北京：中国人民公安大学出版社，2013.

[37] 郭玉伟，王伟杰，张茜. 远程联网消防监控系统研究 [M]. 北京：光明日报出版社，2017.

[38] 张英华，高玉坤，黄志安. 防灭火系统设计 [M]. 北京：冶金工业出版社，2019.

[39] 陈照峰. 无损检测 [M]. 西安：西北工业大学出版社，2015.

[40] 魏坤霞. 无损检测技术 [M]. 北京：中国石化出版社，2016.

[41] 夏纪真. 无损检测导论 [M]. 广州：中山大学出版社，2016.

[42] 丁守宝，刘富君. 无损检测新技术及应用 [M]. 北京：高等教育出版社，2012.

[43] 雷鹰，刘丽君，郑矞鹏. 结构健康监测若干方法与技术研究进展综述 [J]. 厦门大学学报（自然科学版），2021，60（3）：630-640.

[44] 唐礼平，曹益，章蓓蓓，等. 结构健康监测在土木工程中的研究状况与进展 [J]. 兰州工业学院学报，2022，29（4）：21-26.

[45] 何浩祥，闫维明，马华，等. 结构健康监测系统设计标准化评述与展望 [J]. 地震工程与工程振动，2008，28（4）：154-160.

[46] 唐达. 基于长期监测海洋平台结构损伤识别方法研究 [D]. 大连：大连理工大学，2018.

[47] 刘军生，王社良，梁亚平. 大跨空间结构施工监测及健康监测 [M]. 西安：西安交通大学出版社，2017.

[48] 姜绍飞，吴兆旗. 结构健康监测与智能信息处理技术及应用 [M]. 北京：中国建筑工业出版社，2011.

[49] 吴智深，张建. 结构健康监测先进技术及理论 [M]. 北京：科学出版社，2015.

[50] 金恩平. 空间网格结构健康监测与安全性评价 [M]. 北京：中国财政经济出版社，2016.

[51] 郑世杰. 结构健康监测：理论建模和计算智能方法 [M]. 北京：国防工业出版社，2014.

[52] 王冠群，徐国栋. 智能监控技术：修订版 [M]. 北京：清华大学出版社，2017.

[53] 苏志贤. 智能视频监控技术 [M]. 北京：电子工业出版社，2018.

[54] 王公儒. 视频监控系统工程实用技术 [M]. 北京：中国铁道出版社，2018.

[55] 张新房. 智能视频监控系统 [M]. 北京：中国电力出版社，2018.

[56] 雷玉堂. 现代安防视频监控系统设备剖析与解读 [M]. 北京：电子工业出版社，2017.

[57] 潘国辉. 安防天下2：智能高清视频监控原理精解与最佳实践 [M]. 北京：清华大学出版社，2014.

[58] 雷玉堂. 安防视频监控实用技术 [M]. 北京：电子工业出版社，2012.

[59] 王万良. 物联网控制技术 [M]. 北京：高等教育出版社，2016.

[60] 张晶，徐鼎，刘旭. 物联网与智能制造 [M]. 北京：化学工业出版社，2019.

[61] 袁平. 粉尘环境安全监测系统的设计与实现 [D]. 西安：西安电子科技大学，2018.

[62] 王宇廷. 浮游金属粉尘浓度检测技术及传感器研究 [D]. 北京：煤炭科学研究总院，2017.

[63] 陈刚，张晓蕾，徐帅，等. 我国2005—2020年粉尘爆炸事故统计分析 [J]. 中国安全科学学报，2022，32（8）：76-83.

[64] 王俊如. 视频专网下的广电网络环网组网 [J]. 中国有线电视，2021（5）：477-480.

[65] 王全伟. 起重机械健康监测系统理论与应用研究 [D]. 太原：太原科技大学，2018.

[66] 武永波. 基于物联网的滑坡灾害监测预警技术研究 [D]. 武汉：中国地质大学，2021.